国家统计局新疆调查总队 编

Compiled by Survey Office of the National Bureau of Statistics in Xinjiang

U0914753

新疆调查年鉴

XINJIANG SURVEY YEARBOOK

2014

中国统计出版社

China Statistics Press

新疆调查年鉴

XINJIANG SURVEY YEARBOOK 2014

（京）新登字 041 号

图书在版编目（CIP）数据

新疆调查年鉴. 2014 / 国家统计局新疆调查总队编
. -- 北京：中国统计出版社, 2014.8
ISBN 978-7-5037-7136-1
Ⅰ. ①新… Ⅱ. ①国… Ⅲ. ①统计资料 – 新疆 – 2014 – 年鉴 Ⅳ. ①C832.45-54

中国版本图书馆 CIP 数据核字(2014)第 161955 号

《新疆调查年鉴 – 2014》

作　　者 / 国家统计局新疆调查总队
责任编辑 / 佘竞雄　李　冲
封面设计 / 新疆华美隆文化传播有限公司
出版发行 / 中国统计出版社
地　　址 / 北京市丰台区西三环南路甲 6 号　邮政编码 /100073
电　　话 / 邮购（010）63376909　书店（010）68783171
网　　址 / http://csp.stats.gov.cn
印　　刷 / 乌鲁木齐大金马印务有限责任公司
经　　销 / 新华书店
开　　本 / 890mm × 1240mm 1/16
字　　数 / 1600 千字
印　　张 / 26.75 印张　彩插 3 印张
印　　数 / 1- 1400 册
版　　别 / 2014 年 7 月第 1 版
版　　次 / 2014 年 7 月第 1 次印刷
定　　价 / 428.00 元

新疆调查年鉴－2014
XINJIANG SURVEY YEARBOOK

《新疆调查年鉴－2014》编辑委员会

新疆城镇居民人均可支配收入与全国比较

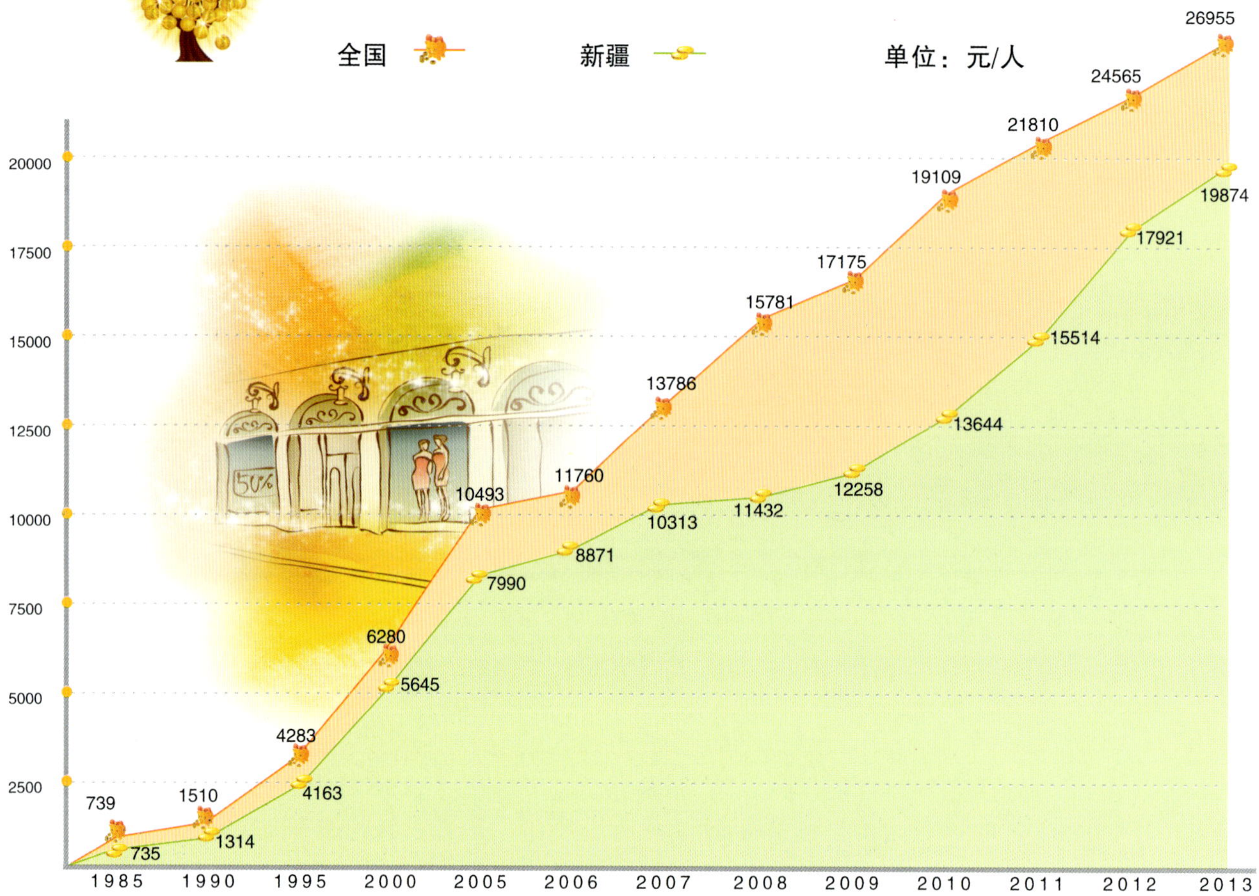

新疆农民人均纯收入与全国比较

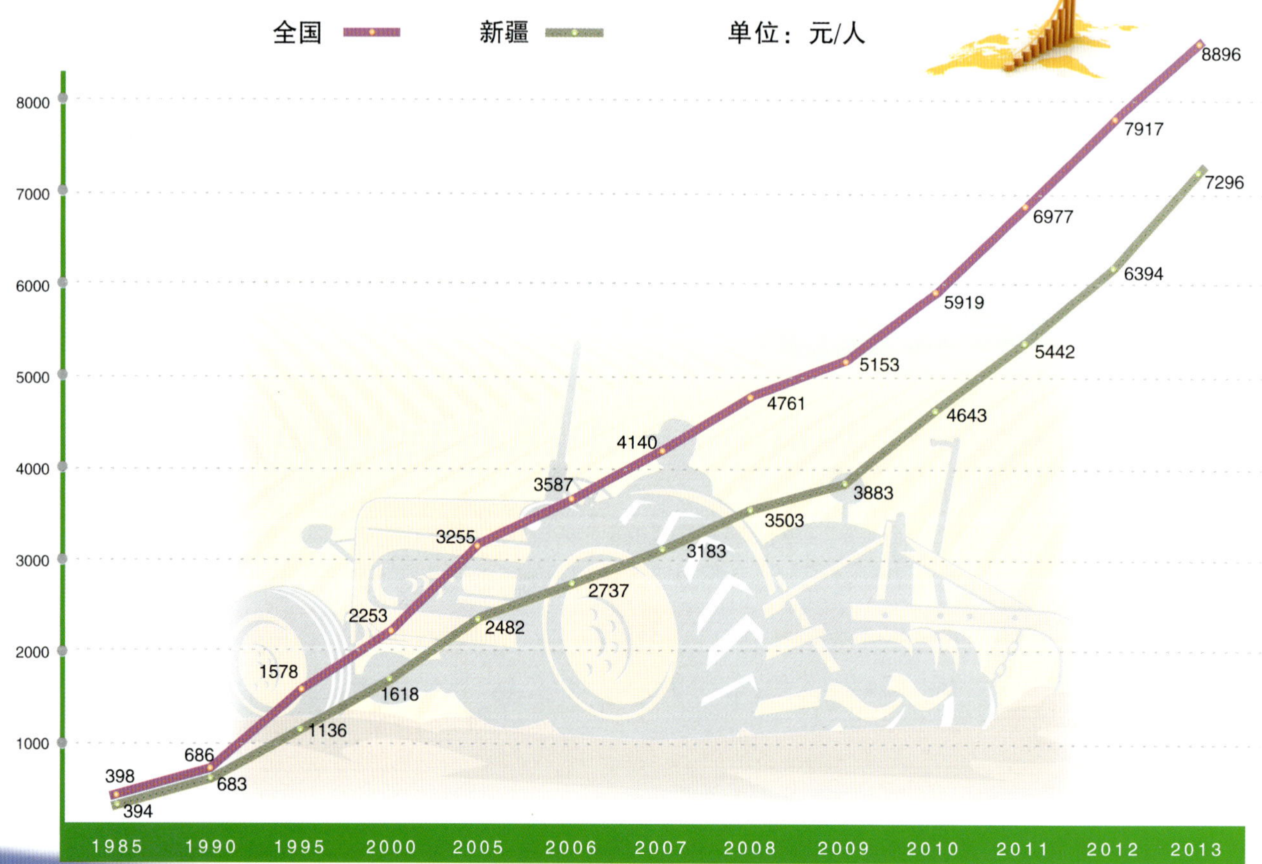

新疆农民人均纯收入与生活消费支出

人均纯收入　生活消费支出　单位：元/人

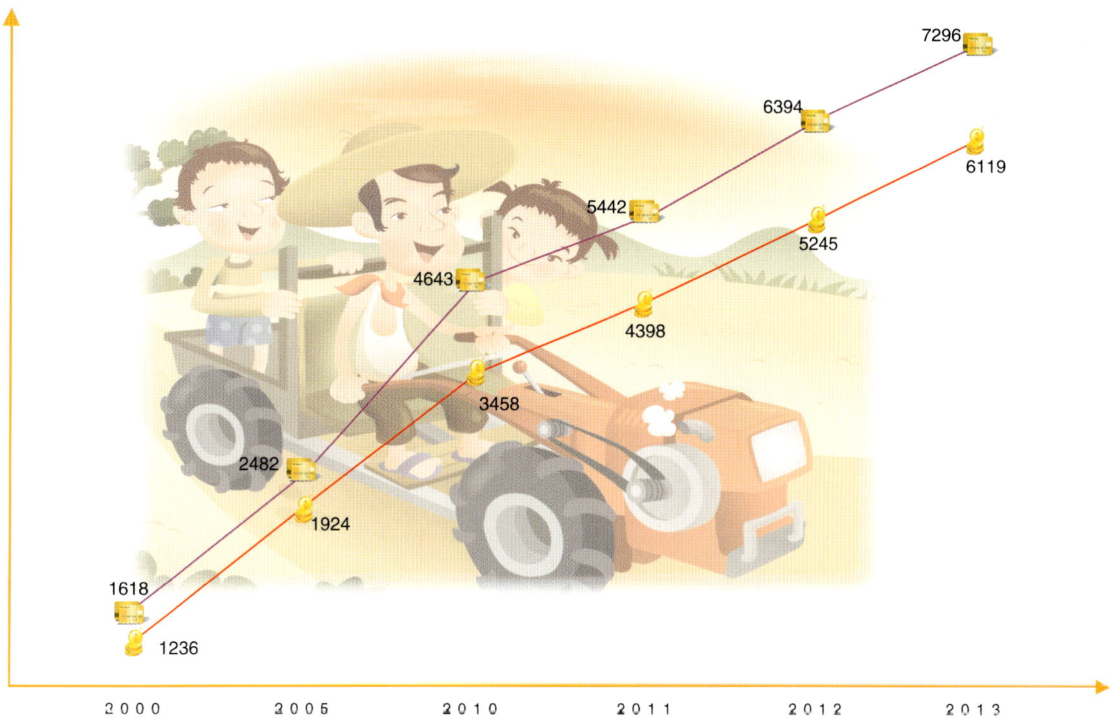

新疆城镇居民家庭人均可支配收入与消费性支出

人均可支配收入　消费性支出　单位：元/人

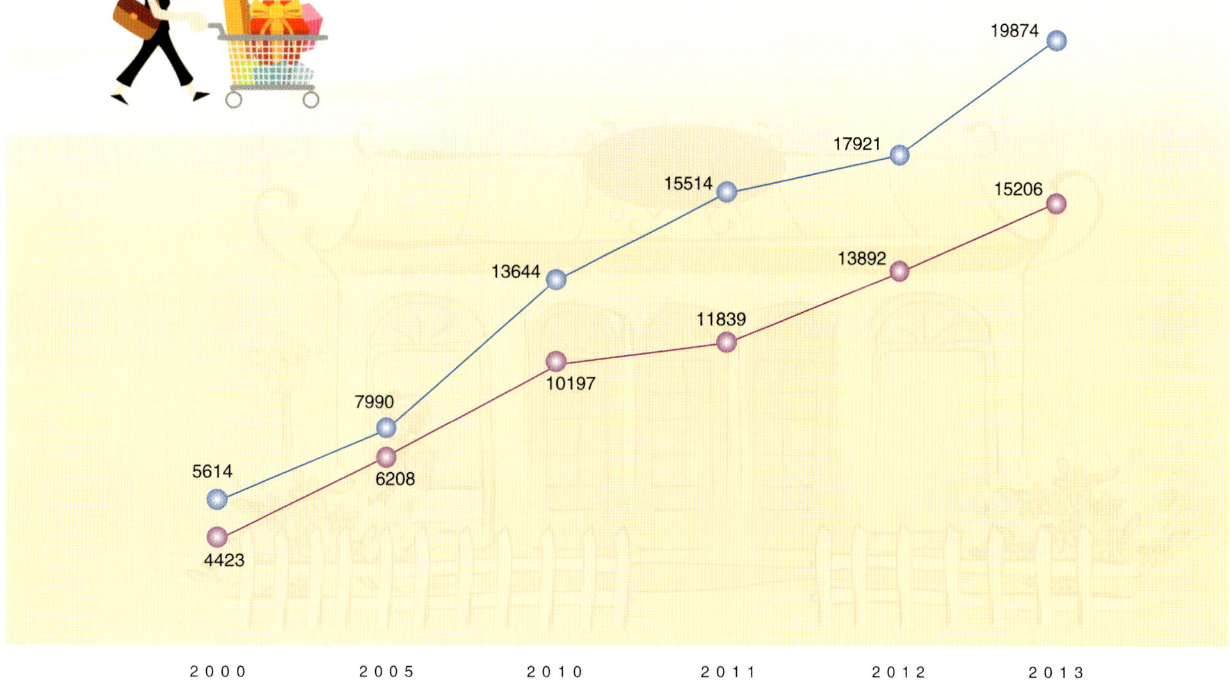

新疆农村居民家庭人均纯收入

单位：元/人

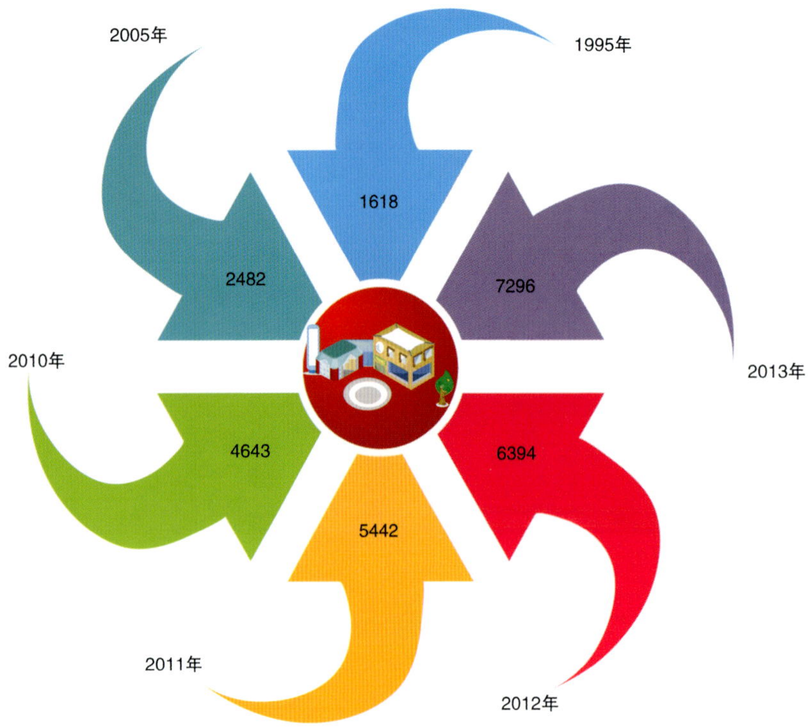

新疆城镇居民家庭人均转移性收入

单位：元/人

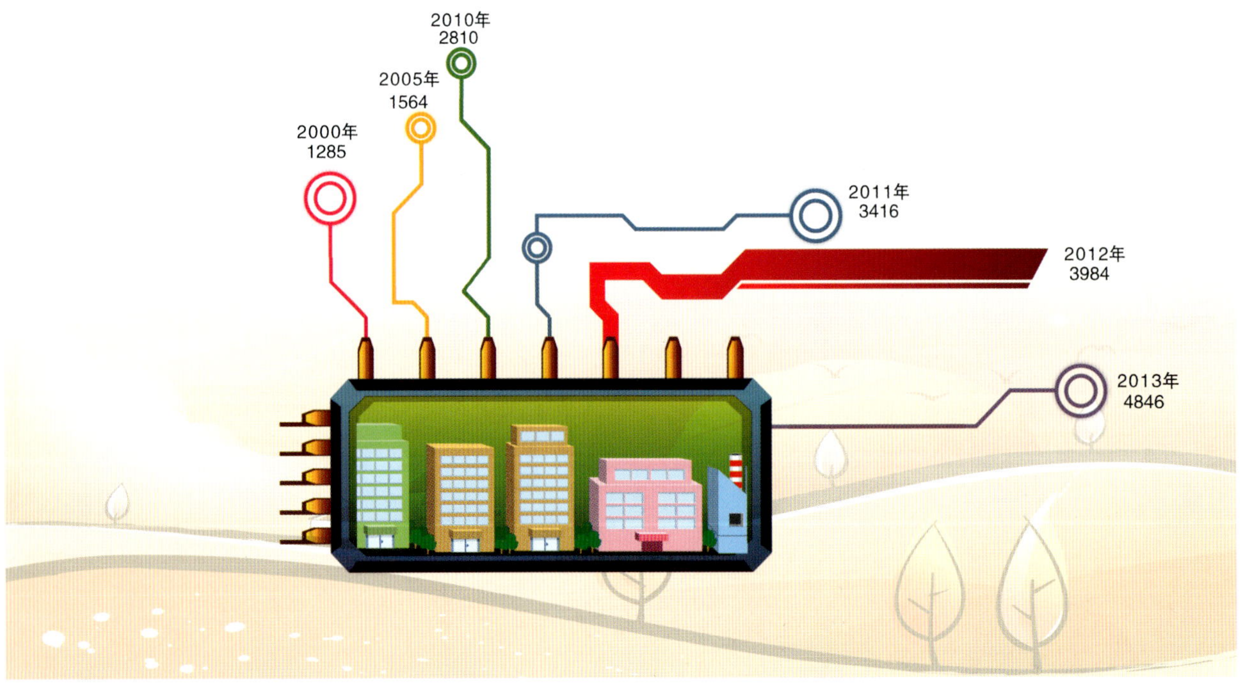

新疆城镇居民家庭人均住房面积

单位：（平方米／人）

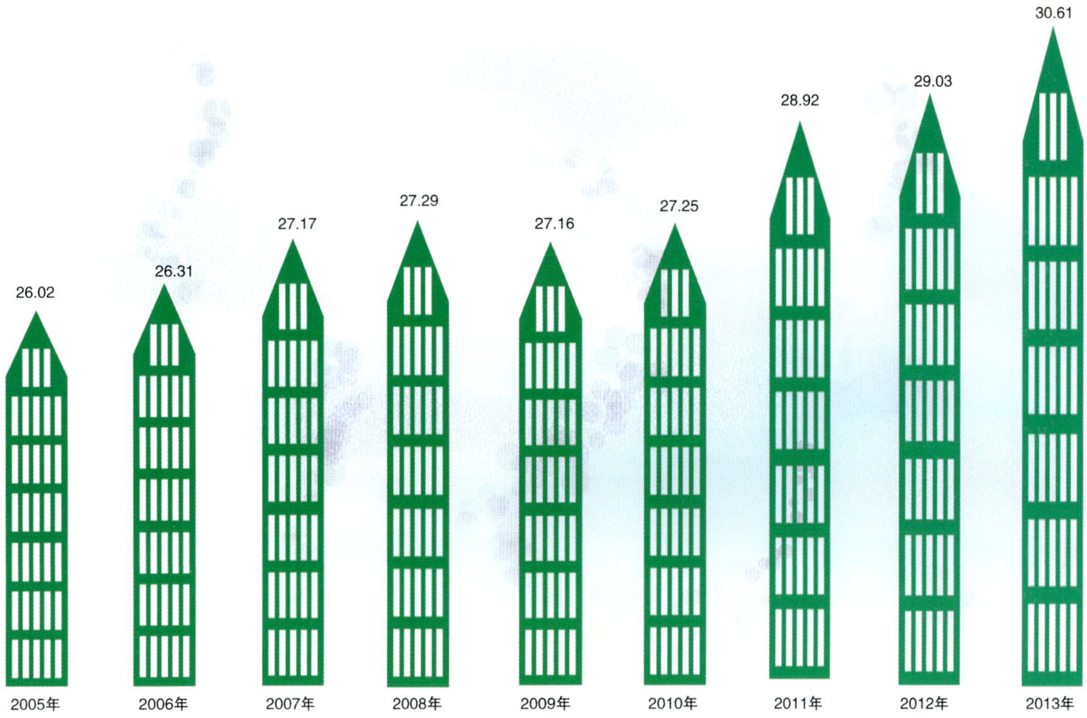

新疆居民消费价格总指数（上年价格=100）

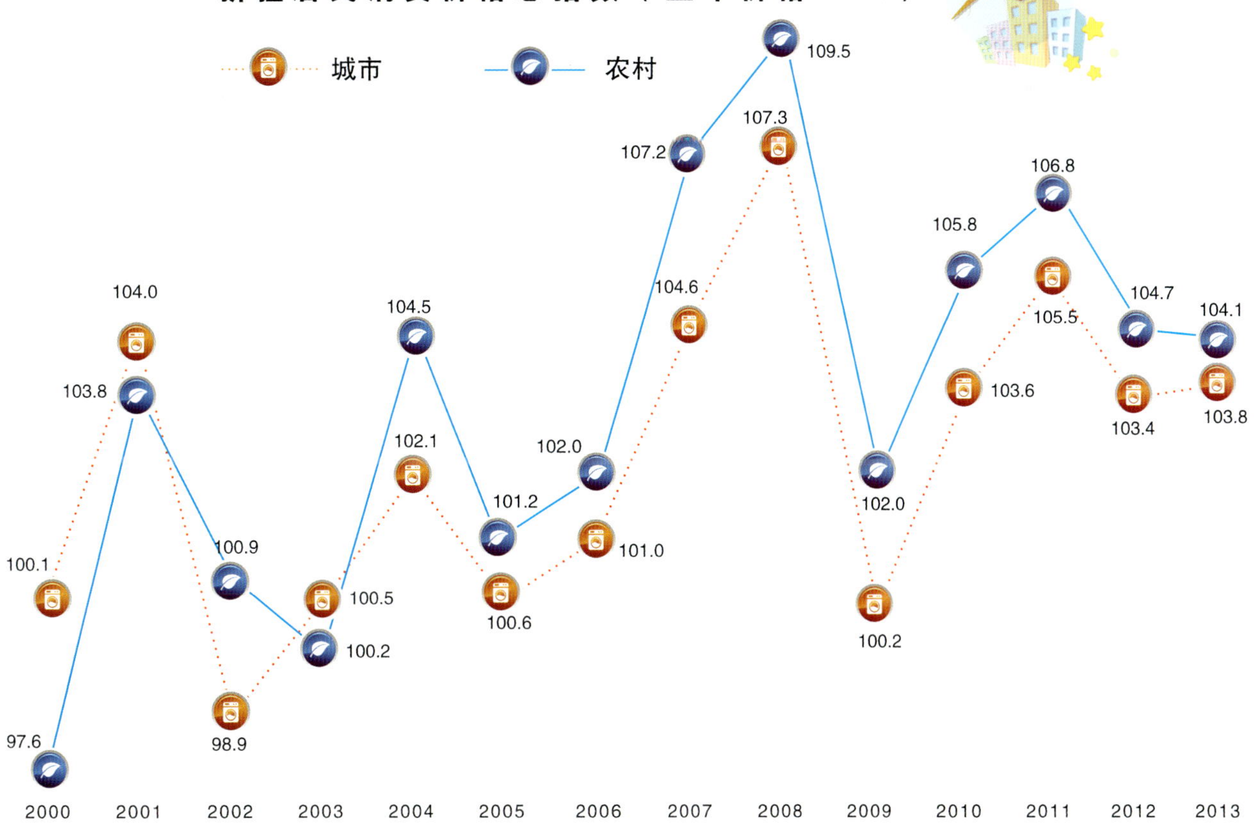

新疆农业生产资料价格分类指数（上年价格=100）

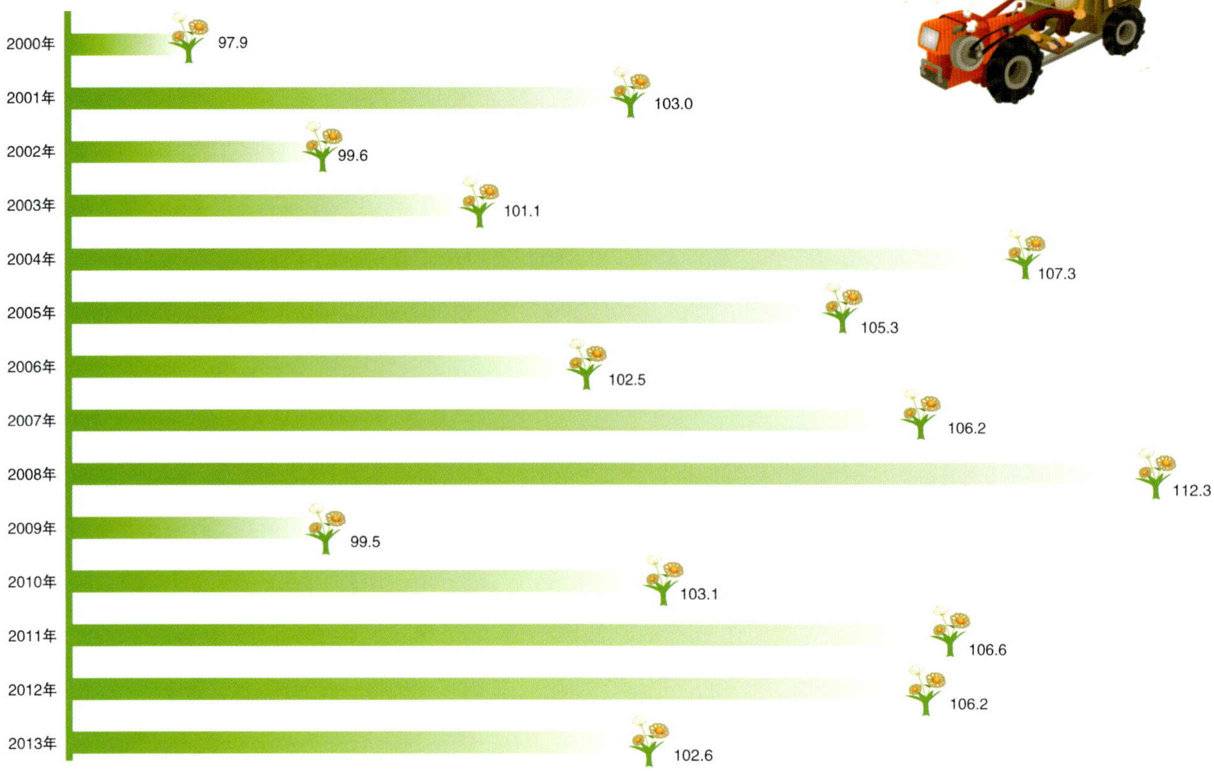

新疆农村居民家庭受教育程度构成（%）

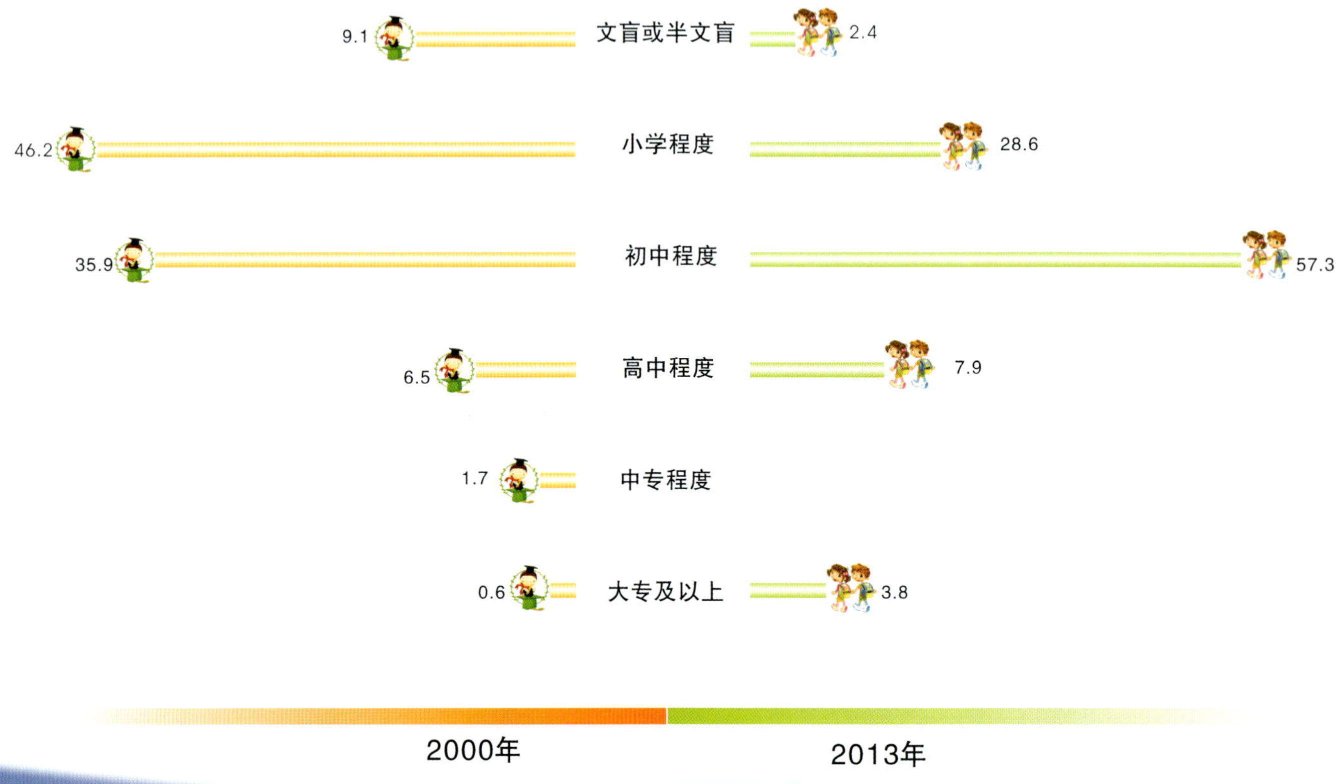

新疆农村居民家庭年末住房面积

单位：平方米/人

新疆农村居民家庭年末生产性固定资产原值

单位：元／户

新疆扶贫开发重点县农民人均纯收入及构成（2013年）

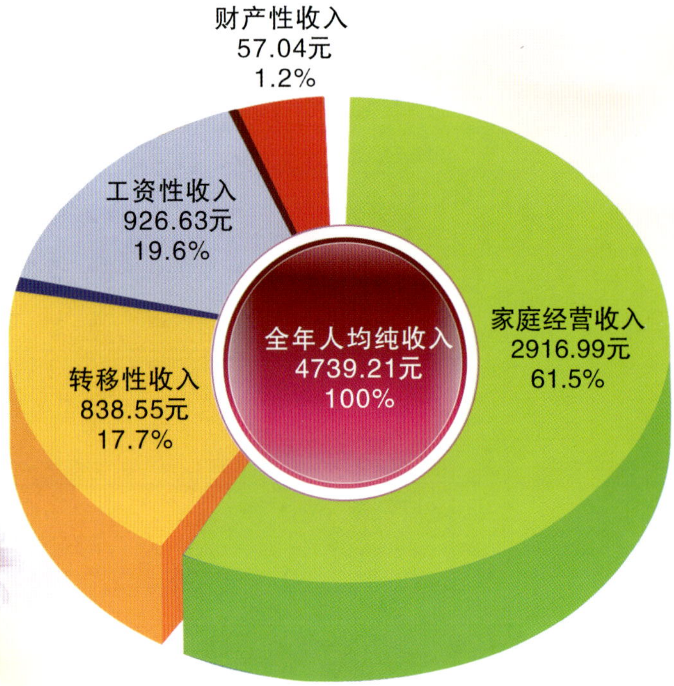

新疆工业生产者出厂价格指数（上年价格=100）

新疆主要农产品中间消耗

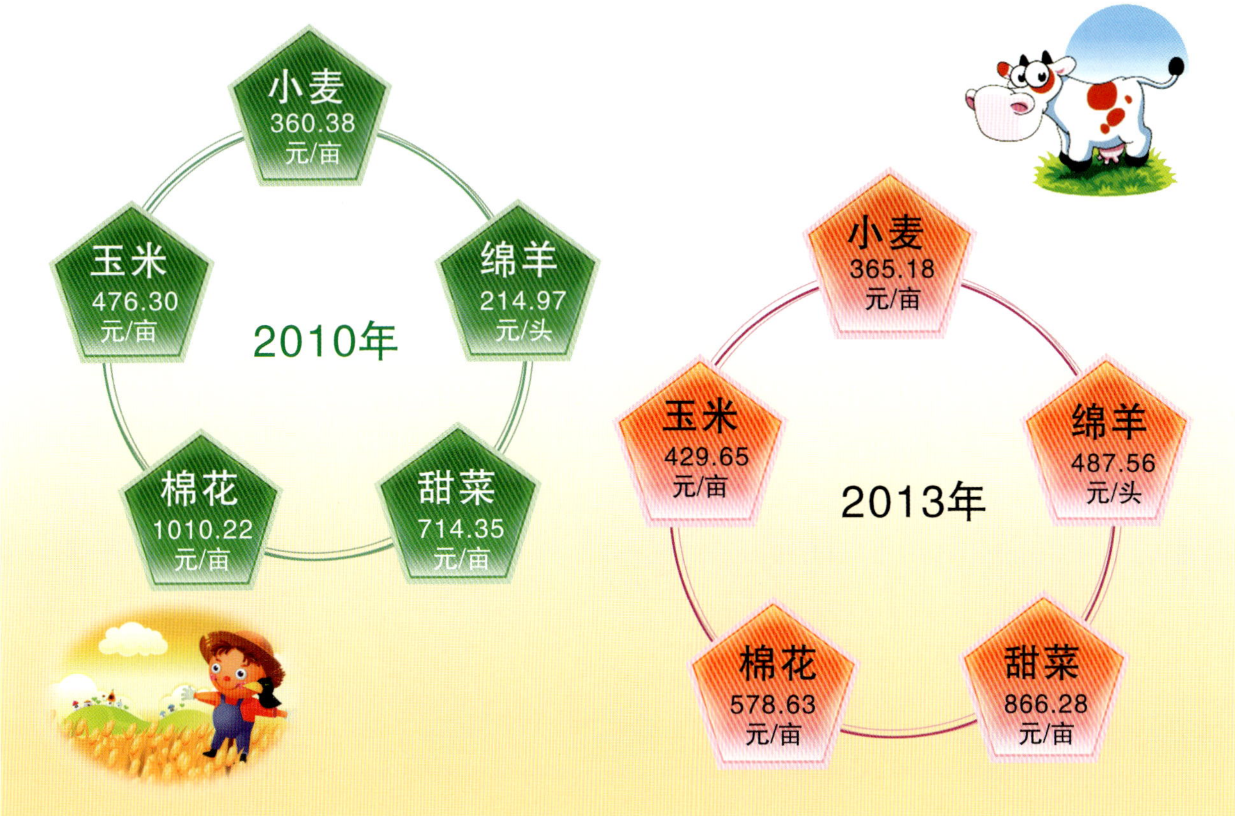

新疆退耕还林户纯收入构成（2013年）

单位：元

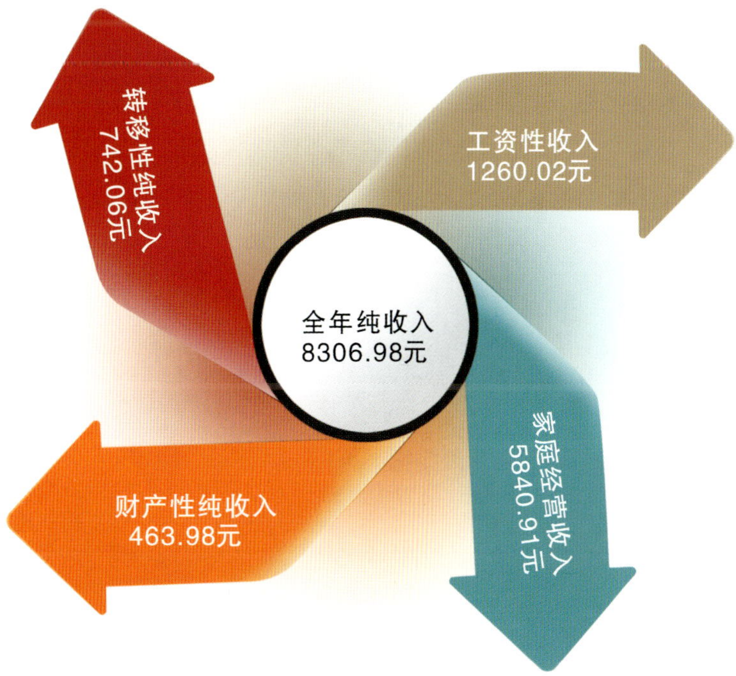

自治区畜牧厅

扎实推进草原生态保护补助奖励机制政策　新疆草原生态保护取得显著成效

自治区副主席钱智同志在自治区草原生态保护补助奖励机制启动会议上讲话

农业部畜牧业司副司长杨振海出席新疆草原生态保护补助奖励机制启动会议并作讲话

畜牧厅党组书记张志恒一行调研草原生态保护补助奖励机制政策落实情况

草原生态保护补助奖励机制是建国以来国家在草原生态保护方面安排资金规模最大、覆盖面最广、补贴内容最多的一项政策。通过贯彻草原禁牧、草畜平衡制度，将草原上超载放牧的牲畜向牧业定居点、养殖小区和农区转移安置，实现禁牧不禁养、减畜不减肉、减畜不减收，使草原得以休养生息，草原生态趋于好转，从而实现生产、生活、生态三方共赢。

2011 年 6 月，新疆维吾尔自治区人民政府在昌吉市组织召开了全区草原生态保护补助奖励机制启动会议，自治区草原生态保护补助奖励机制政策正式启动，连续实施 5 年。政策主要内容包括草原禁牧补助、草畜平衡奖励、牧草良种补贴、牧民生产资料综合补贴四个方面。国家每年拨付新疆草原生态保护补助奖励资金 19.07 亿元，经过三年的政策实施，全区实施草原禁牧 1.515 亿亩，落实草畜平衡 5.385 亿亩，从草畜平衡区核减转移牲畜 870.18 万羊单位，以重点水源涵养区禁牧为切入点，以打造全国乃至世界知名的最美草原为目标，将天池、那拉提、巴音布鲁克、托木尔、喀拉峻、库尔德宁等 8 处草原景区核心区列为水源涵养区实行禁牧保护，每年补助资金 7500 万元，为新疆天山申遗成功做出了重要贡献。全区牧民政策性收入大幅增加、就业增收渠道进一步拓宽、生产生活水平明显提高，草原畜牧业生产方式发生积极转变，草原生态环境明显改善，草原生态保护功能显著增强。2013 年全区禁牧区牧草产量较 2010 年增加 44%，草原植物物种的多样性日趋丰富，草畜平衡区牧草产量较 2010 年增加 14%，全疆暖季放牧场基本达到草畜平衡。

伊犁州举行草原生态保护知识竞赛

落实草原生态保护补助奖励政策　加快发展牧民定居后续产业

——地区召开草原生态保护补助奖励机制暨牧民定居后续产业现场观摩会

在地区推进草原生态保护补奖机制暨牧民定居后续产业发展现场观摩会上的讲话

草原生态保护专版报道

禁牧令宣传牌

草原禁牧区

草原禁牧区

草原禁牧区围栏管护

草原禁牧区围栏管护

核查牲畜数量

开展草原草情监测

依托牧草良种补贴项目建设高标准人工草地

实施质量兴新　维护质量安全　推进质量发展

自治区质量技术监督局

自治区党委副书记、自治区主席努尔·白克力向徐济超等受聘自治区人民政府质量顾问的专家颁发聘书

质量工作是社会经济发展的永恒主题。质量是民生大计，关系到人民群众生命财产安全、关系到党和政府的社会公众形象。今年，国家颁布了《质量发展纲要(2012-2020)》，体现了党中央、国务院对于质量工作的高度重视。自治区党委、政府历来高度重视质量工作，近年来，自治区人民政府先后制定了一系列政策举措，出台了贯彻落实《质量振兴纲要》，《自治区关于加强质量工作的意见》等实施意见，把“质量兴新”作为经济发展的重要战略部署，认真加以研究和推进。

2011 年 1 月 25 日，自治区党委书记张春贤听取了自治区质量技术监督局工作汇报后强调指出：质监部门在社会经济发展中是一个不可缺的部门，特别是在新疆跨越式发展和长治久安的新形势下，质监工作显得尤为重要，加快实施“质量兴新”战略是必然选择。张春贤书记要求质监部门要按照科学发展观的要求，把提高质量监督、改善民生作为工作标准；大力推进名牌战略实施，重视品牌建设，围绕新疆的优势资源和产业进行品牌培育；高度重视产品质量安全，坚持群众第一、民生优先的原则。在经济发展和社会进步的进程中，让人民群众吃上放心的食品，用上安全的产品；围绕民生方面的安全，通过检验检测、执法检查，在保障质量安全方面下工夫，为新疆跨越式发展和长治久安提供质量保障。

在自治区党委、政府和国家质检总局的关心领导下，自治区质量技术监督局以贯彻落实中央新疆工作座谈会、自治区第八次党代会精神为工作中心，认真总结具有新疆特色的工作指导思想，确定抓好宏观质量管理的“一个龙头”；落实食品安全和特种设备安全的“两个安全”；坚持综合监管、行政执法、技术支撑“三个关键”的工作方针，突出重点、解决难点、创新亮点。围绕“民生建设年”活动，在“质量振兴、实施质量兴企、质量兴农、质量惠民”等质监为民工程，在质量技术监督保增长、保民生、保稳定等方面充分发挥了重要的保障职能作用。

宏观质量管理得到加强，经济振兴，质量先行。为进一步营造质量提升和社会经济发展相互促进的良好氛围，自治区质监局认真贯彻落实《新疆维吾尔自治区质量兴新战略发展纲要(2011-2020)》，深入开展产品质量和食品安全专项整治、“质量安全年”、“质量提升”和质量兴县(市)等系列活动，加大了质量安全监管力度。通过出台新疆产品质量状况分析制度，筹建自治区质量专家顾问团、院士团，帮助诊断分析了自治区宏观质量管理状况，举办了以“质量与三化建设”为主要内容的宏观质量管理研修班，并与武汉大学质量发展战略研究院签订了战略合作协议，为全面提升质量保障能力，促进自治区产品质量整体水平的提升，奠定了扎实的基础。同时，质量发展指标首次纳入政府绩效评价体系。2012 年，自治区质监局与全疆各地州市签署了“质量兴新”战略合作备忘录，进一步有效地提升了新疆制造的影响力和竞争力，推动了企业自主创新和产品质量的提高。质量兴新的战略得到了稳步推进，全区宏观质量管理得到了显著加强。全区 92 个县市(区)先后开展了质量兴县(市)活动，全疆产品监督检查覆盖率达 90%，重点产品监督检验覆盖率达 100%。

新疆质监服务产业两院院士调研座谈会

自治区首届质量大会

新疆名牌产品表彰大会

质量成就名牌，名牌提升竞争力。随着全区名牌战略步伐的不断加快，目前我区已形成了自治区、地州、市(县)三级联动、分层培育、滚动提升的名牌培育体系，创立了“政府引导、企业主体、部门参与”的名牌战略推进工作格局。“全国知名品牌创建示范区”建设得到有力推进，在自治区和各级地方政府的大力支持下，各地州市11个产业园区和经济开发区相继开展了知名品牌创建示范区建设申报工作，进一步推动自治区名牌战略向纵深发展。同时，全疆半数以上的地州实行名牌奖励机制。

今年，乌鲁木齐、昌吉州、吐鲁番、哈密、克拉玛依、石河子、阿勒泰等地已对本地区荣获新疆名牌的企业实施了表彰奖励。2013年7月，自治区对三家荣获“首届新疆质量奖”的获奖企业各奖励100万元。截止目前，全疆拥有18个中国名牌产品；236家企业的275个产品荣获新疆名牌产品称号；22个产品成为地理标志性保护产品。实施名牌战略以来，名牌产品的营业收入和纳税总额在我区经济发展中的比重逐年提高，企业质量和效益得到稳步增长。据自治区统计部门统计，2008年，占全区规模以上工业企业总数8.2%的新疆名牌企业实现营业收入、税收总额分别占全区规模以上工业企业的11.9%和9.5%。2010年，我区名牌企业实现营业收入和税收总额已分别占全区规模以上工业企业的25.6%和12.1%，新疆名牌产品实现营业收入和利税分别较上年同期增长56%和93%，名牌产品生产企业已成为我区经济发展的重要支柱及新的增长点。

推进和加强认证认可，夯实质量基础。认证认可作为国际通行合格评定的手段，是质量控制、安全保障、质量管理的有效手段。当前，加强认证认可工作，既是规范市场秩序的重要手段，也是提高产品质量、增强企业和产业竞争力，推动国民经济和社会发展发挥了重要作用。在实施自治区质量兴新战略、提升自治区质量总体水平的进程中，质监部门进一步完善质量认证和评价体系，开展3C产品认证，加强认证机构和检验机构的监管，确保产品质量安全。在提高认证和检测工作质量的同时，在实行全过程风险管理模式，推进节能环保、资源节约产品认证、推进有机农产品认证示范区、能源管理体系认证、新能源新产业等领域取得了明显的经济和社会效益。截至目前，全疆已有2785家企事业单位(组织)通过国家各类认证认可，现已完成4个国家级有机产品示范区的申报，有219家企业通过国家有机产品认证、569家实验室获得实验室资质认定证书；检测领域涉及食品、质量监督检验、建材(工程)、环境监测、卫生医药、石化、消防等行业。认证认可证书已成为企业走出中国，通向国际市场的通行证。“3C认证产品、有机、绿色食品、节能环保产品”等产品认证标志也越来越成为老百姓心目中的放心品牌。

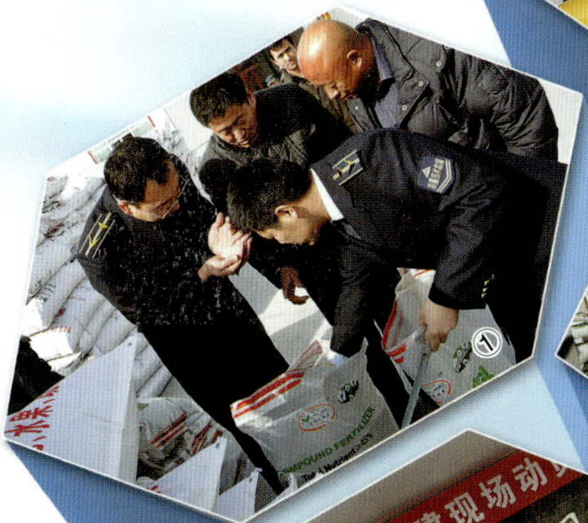

①自治区质监局深入开展农资打假活动，图为阿克苏地区质监局执法人员正在检查化肥。

②自治区质监局深入开展特种设备安全检查，图为昌吉州质监局深入大型企业督查特种设备安全使用情况。

③自治区质监局深入开展食品安全专项检查，图为乌鲁木齐市质监局开展端午节前粽子等时令食品质量专项检查。

④“标准化良好行为企业”创建现场动员会上，为自治区级“标准化良好行为企业”创建试点单位授牌。

⑤质监工作人员深入超市，开展“计量进集市”活动。

⑥“阳光纤检进高校”活动，工作人员现场讲解如何辨识“黑心棉”等知识。

新疆维吾尔自治区测绘地理信息局

全面开展地理国情普查　服务新疆经济社会发展

为全面掌握我国地理国情现状，满足经济社会发展和生态文明建设的需要，国务院决定于2013年至2015年开展第一次全国地理国情普查工作。自治区人民政府高度重视，专门下发了《关于做好第一次全国地理国情普查工作的通知》，成立了由自治区党委常委、自治区常务副主席黄卫担任组长、自治区20多个部门为成员单位的领导小组，并于2013年12月3日召开电视电话会议，全面部署了自治区第一次全国地理国情普查工作。

地理国情普查是一项重大的基本国情和国力调查，是全面获取地理国情的重要手段，是掌握地表自然、生态以及人类活动基本情况的基础性工作。其主要目的是查清全国陆地国土范围内自然和人文地理要素的现状和空间分布情况，为开展常态化地理国情监测奠定基础，满足经济社会发展和生态文明建设的需要，提高地理国情信息对政府、企业和公众的服务能力。

通过开展第一次全国地理国情普查取得的地理国情信息，是制定和实施国家发展战略与规划、优化国土空间开发格局和各类资源配置的重要依据，是推进生态环境保护、建设资源节约型和环境友好型社会的重要支撑，是做好防灾减灾工作和应急保障服务的重要

2014年2月24日，自治区第一次全国地理国情普查出征仪式在自治区第二测绘院办公楼前举行，标志着自治区第一次全国地理国情普查外业调查与核查工作全面铺开。

自治区第一次全国地理国情普查电视电话会议乌鲁木齐市主会场

自治区第一次全国地理国情普查领导小组办公室举行普查项目合同书和目标责任书签订仪式

地理国情普查工作人员在进行业务讨论

地理国情普查外业调查与核查工作人员在野外开展工作

地理国情普查外业调查与核查工作人员在农村开展工作

地理国情普查外业调查与核查工作人员在野外就餐

保障，也是相关行业开展调查统计工作的重要数据基础。对于我区当前发展新形势来说，开展第一次全国地理国情普查，有助于摸清家底，为自治区重要决策提供参考，对于更好地把握全局、找出差距，努力解决各种深层次矛盾和问题，做好稳增长、调结构、惠民生、促和谐各项工作，进一步提高经济社会发展的质量、效益和水平都具有重要意义。

地理国情普查工作人员顶风冒雪开展工作

按照国务院的总体部署，第一次全国地理国情普查的标准时点为 2015 年 6 月 30 日，从 2013 年开始，用 3 年时间，全面完成普查任务。结合自治区实际，我区第一次全国地理国情普查工作分两个阶段进行。2013 年 7 月至 2015 年 6 月为普查工作第一阶段，主要完成普查实施方案和技术方案制定、开展技术培训、卫星遥感影像获取和处理、普查底图制作、数据采集与处理、外业调查与核查、数据集建设等工作。2015 年 7 月至 2015 年 12 月为普查工作第二阶段，主要完成全区普查成果的整理、汇总、入库及统计分析，形成普查报告并上报普查成果等工作。

自治区第一次全国地理国情普查承担单位工作人员正与国家测绘地理信息局工作人员开展技术交流

这次地理国情普查，是推动测绘地理信息事业转型升级的一次重大机遇。全区测绘地理信息部门将以这次普查为契机，解放思想，深化改革，转变职能，完善体制，注重科技创新，不断强化测绘地理信息统一监管，加强基础测绘和地理信息资源建设，着力打造数字城市地理空间框架、“天地图·新疆”、地理国情监测三大平台，积极培育和发展新疆地理信息产业，全面提升测绘地理信息服务保障能力，为服务自治区跨越式发展和长治久安提供更加有力的支持和保障。

新疆维吾尔自治区
食品药品监督管理局

自治区党委常委哈尼巴提·沙布开(左三)、自治区副主席艾尔肯·吐尼亚孜(左四)到自治区食品药品监督管理局宣布新设立的自治区食品药品监督管理局领导班子。

自治区党委常委哈尼巴提·沙布开（左三)、自治区副主席艾尔肯·吐尼亚孜(右一)在自治区食品药品监督管理局党组书记于胜德（左一)陪同下到新疆德源生物工程有限公司调研。

2014年2月8日，自治区人民政府办公厅印发《新疆维吾尔自治区食品药品监督管理局主要职责内设机构和人员编制规定》，设立自治区食品药品监督管理局，为自治区人民政府直属机构，挂"自治区食品安全委员会办公室"牌子。新设立的自治区食品药品监督管理局整合了原自治区食品安全委员会办公室、原自治区质量技术监督局生产环节食品安全监督管理、工商行政管理局流通环节食品安全监督管理和食品药品监督管理局等职责，对全区食品药品实行统一监督管理，自2014年4月15日起正式履行新职能。

2014年，自治区食品药品监督管理局将按照自治区党委"围绕长治久安抓发展"的指导思想，坚持"稳中求进、改革创新"，坚持"以安全保增长、以安全促和谐"，保障各族群众饮食用药安全，为新疆社会稳定和长治久安做出积极贡献。一是加快推进监管体制改革，完善统一权威的食品药品安全监管机构；二是建立最严格的覆盖全过程的监管制度，解决食品药品安全突出问题；三是深入开展专项整治和综合治理，确保公众饮食用药安全；四是切实加强监管能力建设，提升科学监管水平；五是强化协调联动，形成食品药品安全社会共治的格局；六是正确把握监管和服务的关系，促进食品药品产业加快转型升级；七是聚力长治久安，做好维护社会稳定工作；八是加强干部队伍建设和党风廉政建设，改进工作作风、密切联系群众。

乘势而上 加快发展

不断开创博尔塔拉蒙古自治州科学跨越的新局面

自治州党委书记、自治州人大常委会主任赵青一行在五台工业园（湖北工业园）天博辰业公司施工现场进行调研

中国西部第一门户——博尔塔拉蒙古自治州（以下简称博州），位于新疆西北部准噶尔盆地西端，东部与塔城地区相连，南部与伊犁哈萨克自治州毗邻，北部与哈萨克斯坦接壤，总面积 2.72 万平方公里，边境线长 358.8 公里，辖博乐市、精河县、温泉县、阿拉山口市和赛里木湖风景名胜区，境内驻有新疆生产建设兵团第五师及其所属 9 个团场。全州总人口近 50 万人（含兵团第五师），有蒙古、汉、维吾尔、哈萨克、回等 35 个民族。境内旅游资源丰富神奇，历史悠久，文化氛围浓厚，享有“西来之异境，世外之灵壤”的美誉。

2013 年，是巩固提升自治州“一年快起步”成果，确保“三年翻一番、五年大变样”的攻坚之年。一年来，面对严峻复杂的经济形势和低温、冰雹等自然灾害，全州各族人民在州党委、政府的带领下，强力落实中央、自治区的一系列工作部署，坚持“稳中求变、变中求快”的工作总基调，大力实施“产业富民、口岸强州”战略和“七大工程”，坚定信心，凝聚力量，攻坚克难，逆势而上，奋力推进经济社会持续快速健康发展，保持了科学跨越、后发赶超的良好势头。全州生产总值 226.8 亿元，较上年增长 22.4%；地方生产总值 177.8 亿元，增长 20.9%。地方财政收入 19.04 亿元，增长 35.1%；地方财政支出 63.1 亿元，增长 19.4%。农民人均纯收入 10316 元，比上年增加 1002 元；城镇居民年均可支配收入 18863 元，增长 10.2%。经过两年的不懈努力，一些主要经济指标已提前实现“二年翻一番”的目标，其中固定资产投资在 2012 年实现翻番，地方财政收入、工业增加值、全社会消费品零售总额在 2013 年实现翻番，分别是 2010 年的 2.9 倍、2.3 倍、2.3 倍、1.6 倍。农民人均纯收入提前两年完成了“十二五”规划的目标任务。地方生产总值连续两年保持了 20%以上的增速，2014 年如果能完成 15.5%的增长就可以实现翻一番的目标。

阿拉山口国门

石灰石加工

幸福苑一、二期改造全貌

环赛里木湖公路自行车赛

面向未来，在创新发展中不断取得新成就

新疆生产建设兵团第八师石河子市

新疆生产建设兵团第八师石河子市党委带领广大干部群众，创造性地开展工作，社会经济发展呈现逆势上行、效益提升、结构优化的良好态势。

(一)牢牢把握发展的主动权，经济发展走上了快车道。

师市党委在广泛调研、科学研判的基础上，掀起了科学跨越、奋发赶超的热潮。三次产业结构由2012年的25.7:42.2:32.1调整到23:44:33。完成固定资产投资300亿元，增长24.2%。全口径财政收入53亿元，增长27.7%，公共预算收入28.3亿元，增长30.1%。

(二)城镇化快速推进，城镇面貌发生了显著变化。

树立“规划先行”的理念，加大城市建设投入力度，着力提高承载力和城市品位。实施了城市形象“十大精品景观”工程、东西防护林改造和景观河建设，完成了军垦文化广场一期工程和一批街头游园、居民小区健身休闲广场改造，拓展了居民休闲游乐新空间。

(三)工业支撑作用更加强劲，投资和速度实现了新高。

师市提出并实施了以企业为主体的创新驱动、科技支撑、上市融资、资本运作、收购并购、总部经济、资源扩张和人才聚集“八大战略”，加快了工业经济转型升级的步伐。化工产业走内涵式发展道路有较大突破，天业集团实现工业增加值43.5亿元，增长17.6%，连续四年进入中国企业500强。天富集团新增电力装机容量83.5万千瓦，达到480万千瓦，提前两年完成220千伏电网框架建设。新材料产业成为工业新的增长极，新增电解铝产能40万吨，达到90万吨；新增多晶硅产能1000吨，达到6000吨。

(四)农业调结构转方式步伐加快。

每年安排财政资金2亿元，鼓励团场职工开展多元增收工作。以龙头带动，团场职工股份合作形式参与畜牧业、设施农业的生产经营，发展专业合作社，增加职工经营性收入和财产性收入。2013年，师市新增规模化养殖场108个、标准化农业大棚434座、各类专业合作社107个。

游憩广场一角

文化之星

天业天辰化

八师石河子市纺锭规模已达 250 万锭，荣获“中国绵织名城”称号

富民安居工程

世纪公园

鸟瞰西公园

前赴后继

励精图治谋发展

新疆生产建设兵团第九师

自治区党委副书记、兵团党委书记、政委车俊（前排中）在九师调研，九师党委书记、政委周新军（前排右）、九师党委副书记、师长赵亚忠（前排左）陪同

在龙珍公园进行爱国主义教育

召开九师党委全委（扩大）会议

九师现有常驻人口7.3万人，流动人口近3万人，其中汉族占94%，少数民族占6%。辖区耕地总面积102.2万亩，水浇地仅有约50万亩，有一半以上的耕地都是靠天吃饭的旱地。全年无霜期120天左右，年平均降水量350毫米左右，年蒸发量最高接近2000毫米。区域频发干旱、大风、寒潮、冰雹、雪灾等自然灾害。所属10个团场受自然环境、资源匮乏等多种因素的制约，均属于国家级边境贫困团场。

九师是兵团组建较晚的师，驻防在塔城地区三县一市（额敏、塔城、裕民、塔城市）境内，师部驻额敏县，前身是新疆军区生产建设兵团农七师塔额总场，成立于1958年，1969年4月正式组建了新疆军区生产建设兵团农九师。1962年，发生了震惊中外的“伊塔事件”，在前苏联的策动诱骗下，塔城、额敏、裕民等县数万边民外逃，越境者占三县总人口的53.4%，造成30多万亩耕地撂荒无人耕种，近40万头（只）牲畜流散无人放养，各级党政机关瘫痪无法运转。根据党中央、国务院、中央军委的命令，兵团党委迅速集结9000余名军垦战士，组成“三代”工作队奔赴塔城、额敏、裕民等县的11个公社、9个牧场，执行代耕、代牧、代管任务，为平息“伊塔事件”，恢复社会秩序、重建党政机关起到了决定性作用。“伊塔事件”发生后，为适应国防斗争需要，根据上级的决定，九师又奉命将所辖分场全部迁往战略位置重要、“风头、水尾、路尽”，不具备基本生活生产条件的边境一线，形成绵延数百里的农场带，守卫着近500公里的边境线，在兵团各师中人均守卫的边境线最长。九师有9个团场的44个连队与前苏联（今哈萨克斯坦共和国）接壤，团部在边防部队驻地的前面，连队在边防哨所的前面，条田路在巡逻线的前面，种地就是站岗，放牧就是巡逻，在极其艰苦的条件

参观赵机农展馆

戍边军民巡逻

民兵冬训

番茄酱生产线

对口支援屯垦戍边新型连队竣工仪式

出口果蔬产品

机械收获饲草

风云壮观

胡杨秋色

165 团巴依木扎草原

下，与前苏联的挑衅行为进行了百余次面对面的斗争。161 团年仅 29 岁的军垦女战士孙龙珍同志，就是在塔斯提事件中牺牲在前苏军的枪口下，以烈士名字命名的“孙龙珍民兵班”传承至今，这是新疆唯一的戍边守防的女子民兵班。可以说，九师是为戍边而诞生，为戍边而发展，更是为戍边而壮大，虽说是人口小师、经济弱师，但却是戍边大师。2002 年，中哈重新勘界中有 490 平方公里土地划归我国领土，正是由于九师广大干部职工群众始终牢记历史使命，种“政治田”、放“政治牧”，军警兵民合力筑起了牢固的国防屏障，才使当年争议的土地和前苏军据守的地方重新回到了祖国怀抱。

长期以来，九师始终将屯垦戍边作为立身之本和发展之基，不断丰富屯垦内涵，实现屯垦由开荒造田向开发建城转变，不断创新戍边理念，实现戍边由防守封闭向开放融合转变，变人力戍边为实力戍边。倾力夯实维稳戍边基础，以“一连”、“一班”、“一哨”（师民兵轮训备勤连、孙龙珍民兵班、163 团民兵哨所）为载体，打造“争创一流、突出特色”的民兵队伍，不断提高维稳戍边能力，始终保持我军的光荣传统，坚持多为地方各族人民办好事的宗旨，发挥党政军企合一的特殊体制优势，与边防部队、边防武

夏牧场

屯垦戍边铸辉煌——新疆生产建设兵团第九师

机垦作业

采收番茄

一六一团养殖的马鹿

警、地方各族人民群众共守边防，形成了“军、警、兵、民”四位一体的联防体系。同时，九师克服辖区内山大沟深、资源匮乏、地处偏远、交通不畅等诸多困难，负重前行，壮大实力，各项事业从无到有、从小到大蓬勃发展。在创造物质财富的同时，几代九师人用汗水、鲜血甚至生命铸就了以“热爱军垦、扎根边疆、牢记使命、献身国防”为核心内容的“龙珍精神”和以“团结、向上、顽强、奉献”为主要内涵的“小白杨戍边文化”，成为兵团精神在九师的具体体现，成为凝聚干部职工群众意志和力量，推进屯垦戍边事业不断发展的思想保证、精神动力和智力支持。

进入新时期，九师党委审时度势，突出自身特色，科学准确定位，提出了今后一个时期的发展总体思路，即：围绕建设美丽九师的总体目标，坚持“唱响田园牧歌、科学发展九师”的主题，抓住调整经济结构、转变发展方式、创新体制机制、提高综合效益这条主线，实施优势资源转换、大企业大集团融合发展、“西出、东进”、人才科教强师、建城富民、维稳固边六大战略，突出“重基础、调结构、促加工、谋发展、活流通、建城镇、保民生、强职责”八大抓手，把握“加强党的领导、精神文化引领和各项政策机遇”三大重点，努力实现由经济弱师向经济强师、由边境大师向戍边大师转变，为推进区域性跨越式发展和区域性长治久安做出新的更大贡献。

2013 年，全师实现生产总值 25.41 亿元，其中第一产业增加值 11.6 亿元；第二产业增加值 6.98 亿元（工业 3.31 亿元）；第三产业增加值 6.83 亿元。三次产业结构为 46∶27∶27，二产比 2010 年增加了 5.2 个百分点。全社会固定资产投资 30.73 亿元，是 2010 年的 4 倍。招商引资到位额 3.53 亿元，是 2010 年 9 倍；城镇居民人均可支配收入 22869 元，比 2010 年增加 8946 元；农牧工家庭人均纯收入 13076 元，比 2010 年增加 6206 元；城镇化率 79.3%，比 2010 年提高了 24 个百分点。

职工文艺汇演

同学们在宽敞明亮的形体室上课

职工运动会

新型团场新面貌

新疆维吾尔自治区奶业办公室

自治区奶业办公室召开 2013 年度党风廉政建设和党建工作会议

自治区奶业办公室 2013 年 5 月正式成立学雷锋志愿服务队

新疆维吾尔自治区奶业办公室 2013 年全区所辖生鲜乳收购站 301 个，较去年同比减少 115 个，其中机械化挤奶站 216 个，占总数的 71.8%；收购站覆盖奶牛存栏 50.68 万头，日平均收奶量 1204 吨。生鲜乳运输车 306 辆，较去年同期增加 10 辆。全区奶牛规模化养殖场（小区）2906 个（存栏 50 头以上），存栏 37.8 万头。全区 20 头以上养殖大户 7500 余户，奶牛存栏 31.1 万头。规模养殖占全区奶牛总存栏的 27.2%，规模养殖场良种覆盖率达到 100%，奶农专业合作组织 321 个。

（一）深入基层，加强调研

针对我区奶业发展情况，一年来，我办深入基层开展奶业生产调研工作，办领导多次陪同农业部、农业部奶业管理办公室、中国奶协和厅领导到南北疆奶业重点地州、县市调研奶业工作。先后形成了《新疆奶源基地调研汇报》、《关于南达乳业公司奶业相关问题的调研报告》、《2013 年全区奶业生产情况调查报告》、《新疆“学生饮用奶计划”推广工作及产品价格相关问题的报告》等调研报告，为自治区进一步推进奶业发展，出台相关政策提供了决策依据和理论支持。

（二）强化措施，落实任务

完善监管体系建设，一是加强机构建设。目前，全区独立设置奶业管理机构共 3 个地（州、市），内设奶业监管机构的地（州、市）和县（市）44 个，编制 57 人，实有 110 人。二是完善监管制度。畜牧厅下发了《自治区奶业行政执法巡查规定》等相关文件，规范了各地奶业执法工作，有效地推动了我区奶业监管制度化建设。三是加大经费投入。自治区拨付奶业管理专项资金 350 万元，为充分调动各地奶业监管机构工作的积极性，我办给 9 个奶业发展重点地（州、市）的 25 个单位拨付生鲜乳质量安全监管检测专项补贴经费 58 万元，各地财政拨付奶业监管资金 370 万元。

强化质量安全监管。畜牧厅下发了《关于开展 2013 年生鲜乳质量安全监管工作的通知》（新牧字[2013]8 号）等一系列奶业管理的相关文件，进一步强化了生鲜乳生产、收购、运输等重点环节监管，组织开展两次全区生鲜乳质量安全督导检查。现场检查生鲜乳收购站 167 个、运输车 120 辆、抽检奶样 177 批次，分别完成全年绩效考评任务的 100.6%、101.7%和 118%。配合农业部完成生鲜乳违禁添加交叉检查，现场检查收购站 12 个，运输车 10 辆；配合农业部完成质量安全异地抽检 2 次，抽样 217 批次。全区共出动执法人员 2752 人次，检查收购站 1371 站次、运输车 1098 辆次，责令整改 19 起，关停并取缔收购站 31 家，自行关闭 96 家，新建 12 家；查扣运输车 4 辆。

自治区奶业办公室认真组织开展政治学习活动

自治区奶业办公室开展“道德讲堂”活动

奶业办公室参加畜牧厅系统庆“三八”文艺活动

九曲十八弯

县委书记赵文纪与牧民亲切交谈

县委副书记、县长其米格慰问巴音布鲁克牧民

和静县地处天山中段南麓，巴州西北部，全县总面积近4万平方公里；总人口26万人，由汉、蒙、维、回等29个民族组成。县辖6镇、6乡、7个国营农牧场，境内驻有1个自治区级工业园区、兵团农二师3个团场、4个团级以上部队等40多个直属单位。

和静县被誉为新疆的地理中心，周边与乌鲁木齐、伊犁等15个县市毗邻；南疆铁路横贯南北，3条国道、4条省道穿越县域境内。矿产资源丰富，目前已探明具有开采价值的矿产29种127处，潜在经济价值6000亿元以上；铁矿资源探明储量13.5亿吨，远景储量29亿吨。旅游景观独特，巴音布鲁克世界自然遗产、全国十大魅力湿地、候鸟景观、高山森林、天山温泉、冰雪气候等构成了旅游的独特性和不可替代性。文化底蕴厚重，是巴州蒙古族，包括东归英雄土尔扈特后裔的主要聚居地。境内有藏传佛教圣地巴伦台黄庙、汗王府以及察吾呼沟古墓群等文化景观。县域经济发展潜力强劲，有铸管新疆、金特钢铁、实力钢构等钢铁关联企业；凯宏、备战等铁矿企业；国电、新华水利等水电开发企业；隆平高科、泓腾等农畜产品深加工企业，产业链条基本完善。和静县先后荣获国家卫生县城、宜居宜业典范县等国家级荣誉13项，自治区优秀平安县、旅游强县等自治区级荣誉12项。

近年来，在自治区、自治州党委和政府的坚强领导下，和静县紧紧围绕打造巴州副中心城市为目标，统筹城乡一体化同步发展，加速推进"三化"建设，经济建设事业取得长足发展。2013年，实现生产总值75.6亿元，全社会固定资产投资65.6亿元，地方财政收入8.02亿元，城镇居民人均可支配收入21200元，农牧民人均纯收入12482元。

今后，和静县委、县人民政府将遵循"工业强县、农企富民、旅游兴业、生态宜居、和谐共享"的发展战略，着力做强钢铁、做深矿产、做大水电、做优农畜产品加工、做亮文化旅游、做活城市经营、做实民生工程，夯实稳中求好的综合发展基础，努力把和静建成"丝绸之路经济带"上的新疆重点发展县。

中国十大魅力湿地——巴音布鲁克湿地

新兴铸管新疆有限公司

和静县城市夜景

世界玉都丝路名城——和田市

市委书记陈远华、市长阿迪力·努力麦麦提深入基层进行调研

四套班子领导到项目工地现场办公

市委、市政府机关干部为于田地震灾区捐款

和田市南依昆仑、北临瀚海，位于昆仑山与塔克拉玛干沙漠之间，是新疆维吾尔自治区最南端的城市，距首府乌鲁木齐1500公里。1984年8月建市，总面积585.11平方公里。现有耕地面积16万亩，辖6乡2镇，4个街道办事处和1个工业园区。全市共有111个行政村，33个社区居委会，总人口38.02万人，少数民族占88%，汉族占12%，是一个由维吾尔族、汉族、回族、哈萨克族等21个民族共同组成的多民族聚居城市，素以"玉石之都"、"地毯之乡"著称于世。和田玉、地毯、艾德莱丝绸被誉为和田"老三宝"闻名遐迩，维吾尔医药、大芸（沙漠人参）、阿胶被誉为和田"新三宝"饮誉海外。

2013年，是和田市经济快速发展，社会事业取得丰硕成果的一年。全年实现生产总值46.23亿元，同比增长13.8%；全社会固定资产投资51.5亿元，同比增长27.5%；公共财政收入4.65亿元，同比增长22.3%；城镇居民人均可支配收入19270元，同比增长15.4%；农牧民人均纯收入5138元，增加347元。2014年，和田市将继续以党的十八大精神为指引，认真贯彻落实十八届三中全会、第四次全国对口支援新疆工作会议、自治区党委第八届六次全委（扩大）会议和地委扩大会议精神。以维护社会稳定为基础，以促进经济发展为中心，以改善人民生活为主旨，全力打造世界玉都，建设丝路名城。重点完善提升

城市面貌

和田美玉

昆仑湖公园一景

北京和田工业园区玉石文化墙

首都文艺家赴和田演出

“三大园区”，做大做强“六大产业”，加快“八大市场”建设，深入实施“十大工程”。用抓稳定、促发展、重实效的总体思路统领全局，指导工作，全面推进和田市经济、政治、文化、社会、环境统筹发展，努力使2014年全市生产总值达到52.7 和田市第十届玉石文化节长35%；公共财政收入达到5.46亿元，比上年增长17%；招商引资到位资金达到11亿元以上；城镇居民可支配收入达到2.177万元，增长13%；农牧民人均纯收入达到5872元，比上年增长14.3%；实现就业再就业5000人，人口自然增长率控制在14‰以内。

第十届和田玉石文化旅游节暨手工羊毛地毯博览会

棚户区改造后的效果图

和田市团结新村鸟瞰图

城市新貌

伊宁县

伊宁县地处伊犁河谷中部，全县总面积6153平方公里，辖20个乡镇（场），141个村（队），6个社区，总人口44.8万。伊宁县物产资源丰富，尤其以杏花、杏子地方特产被广大宾朋熟知，素有“塞外杏乡”的美誉。

2013年，全县实现生产总值63.7亿元，增长13.1%；地方固定资产投资79亿元，增长11.6%；公共财政预算收入4.95亿元，增长27%；社会消费品零售总额12.1亿元，增长16%；招商引资到位资金52亿元；城镇居民可支配收入1.6万元，增长15.2%；外贸进出口总额440万美元，增长38%。

全县工业企业达111家，全年实现乡及乡以上工业增加值10.48亿元，增长17.2%。煤化工、矿产品加工、新型建材、能源、农副产品加工五大产业格局基本形成。伊宁县努力提高农牧民收入，出台强农惠农一号文件，县财政拿出7000万元资金支持现代农牧业发展，落实粮食种植102万亩，牲畜存栏达百万头（只），农牧民人均增收1100元，达到10424元。大力改善城乡面貌，乡村规划实现全覆盖，一大批城市道路、住房、供水、供热等项目建成投入使用；城市功能日趋完善，人居环境焕然一新。第七批援疆工作顺利完成，三年来，南通市累计在伊宁县投入援助资金3.9亿元，援建了县人民医院、文化艺术中心等46个民生项目，引进了新月湾建材市场、中石油铁路专用线等11个产业项目，有力地助推了伊宁县社会经济发展。

自治区政协主席努尔兰·阿不都满金在伊宁县调研

自治区党委副书记、自治区主席努尔·白克力在伊宁县吐鲁番于孜乡看望群众

伊犁州党委书记黄三平在伊宁县调研指导工作

多浪农场5000亩高效节水工程

巴依托海乡实施安居富民整村推进后的村庄

现代农业科技示范园无土栽培技术

县委书记　张继生

县委副书记、县长　阿不都克尤木·吐达洪

第七届国际男篮邀请赛

江苏南通援建的县人民医院已投入使用

第四届新疆伊犁杏花旅游节开幕式

现代化肉羊养殖小区

新修建的通村柏油路

农村富余劳动力冬季大培训学员汽修技能竞赛

华蓝木业中纤板生产线

新疆庆华循环经济工业园区

深入学习贯彻党的十八大精神

努力推进疆南水乡秀美焉耆建设新步伐

焉耆回族自治县成立于1954年，是新疆六个少数民族自治县之一。位于新疆维吾尔自治区中部，天山中段焉耆盆地中央，东南与烟波浩渺的博斯腾湖毗邻，北与和静县接壤，东北与和硕县相连，南与库尔勒市相望，西南与轮台县为界；全县行政总面积2570.88平方公里，辖4乡4镇3个国营农牧场，45个行政村，215个村民小组，14个社区，总人口16.87万人。县域内居住着汉、回、维、蒙等29个民族，其中：汉族占43.7%、维吾尔族占32.6%、回族占20.75%、蒙古族占2.07%、其它民族占1.3%。全县现有耕地总面积37万亩，农作物70余种。现有自治区级工业园区1个，已探明石油、天然气、红柱石、煤、铜等矿产资源80余种。

焉耆历史文化悠久，是古西域三十六国之一，自汉唐以来就是古丝绸之路上的一颗璀璨的明珠，境内有金疙瘩墓葬、七个星千佛洞、霍拉山古寺遗址、唐王地等历史古迹，文化积淀深厚，有美丽如画的霍拉山自然风光，迷人的阿耆尼风情，独具特色的“花儿”文化艺术，令人口齿留香的回族特色餐饮，口感醇香的乡都美酒，是一个令人神往的好地方。

近年来，在州委、州人民政府的坚强领导下，县委、县人民政府团结带领全县各族干部群众深入学习贯彻党的十八大精神，围绕“五位一体”总布局和“争先进位、全面振兴”的战略部署，坚持“只有努力才能改变、只要努力就能改变”，按照“做大一个园区、做强两大支柱、加速三化进程”的总体要求，以打造“花儿之乡、商贸重镇、美食之城、红酒之都”四张焉耆名片为突破口，抢抓机遇，自加压力，拼搏奋斗，认真践行重实情、讲实话、办实事、求实效“四实”作风，抓好发展第一要务，抓牢稳定第一责任，抓实民生改善第一举措，努力推进疆南水乡秀美焉耆建设新步伐，全县呈现经济快速发展、社会事业进步、民生有效改善、社会大局稳定、党的建设不断加强的良好局面，为加快实现焉耆盆地全面振兴、实现跨越式发展目标任务打下了坚持基础。

2013年，全县完成地方生产总值53.6亿元，增长13%；固定资产投资28.5亿元，增长35%以上；地方财政收入3.2亿元，增长20.7%以上，其中：公共财政预算收入2.6亿元、增长22%；农牧民人均纯收入13288元，增加1775元。

新疆红帆生物科技有限公司

中粮屯河番茄酱厂

县城一隅

北岸核心景观区一角

乡都地下酒窖

辣椒种植

第八届花儿艺术节

机械采收番茄

被誉为“沙漠中的庞贝”——楼兰古城遗址三间房和佛塔

神秘楼兰 缤纷若羌

若羌县地处巴音郭楞蒙古自治州东南部，塔克拉玛干沙漠东南缘，西接且末，北邻新疆尉犁县及鄯善县和哈密市，东与甘肃省、青海省交界，南与西藏自治区接壤。行政面积20.23万平方千米。

全县辖四镇、四乡、一团场，即若羌镇、依吞布拉克镇、罗布泊镇、瓦石峡镇、铁干里克乡、吾塔木乡、铁木里克乡、祁曼塔格乡、农二师36团。总人口5.6万人，由维、汉、回、东乡等19个民族组成，其中少数民族人数占41.73%，汉族占58.27%。

高原风光——依协克帕提湖

若羌县属典型的大陆温带干旱、半干旱气候区。全县共有山地5.92万平方千米，平原8.75万平方千米，沙漠5.56万平方千米。具有得天独厚的风能、光热资源，年均气温11.5℃，年平均无霜期197天，是开发高档瓜果产品的理想之地，生产的“若羌红枣”、“三海”甜瓜等优质瓜果畅销海内外，也是有机食品生产的重要基地，市场开发前景广阔。

若羌县矿产资源丰富，是我国少有矿产资源相对丰富的区域之一，也是国家“358”项目重点实施区域，被誉为新疆的“聚宝盆”。目前，已发现矿产51种(亚种)，主要有钾盐、铜、铅、锌、钨、锡、镍、金、玉石等，特别是钾盐已具备成为世界级钾盐生产基地的资源潜力，钨锡、镍等矿产资源储量将有望成为国内重要的接替区。丰富的矿产资源先后吸引了包括国投、新华联、河北建投集团等一批知名大企业入驻我县。

全国最大的野生动植物保护区

若羌县自古以来就是内地通往中亚和新疆通往内地的第二条战略通道，也曾是古“丝绸之路”的必经要道，地理优势极为突出，战略地位十分重要。若羌是315国道进入新疆的门户，218、315国道在县城交汇，218国道北接南疆重镇库尔勒，经伊宁到达霍尔果斯口岸；315国道向西经且末到达喀什，向东经青海、四川到达广西出海。随着库尔勒—若羌、依吞布拉克—若羌—和田高速公路和哈密—若羌、库尔勒—若羌—格尔木和若羌—且末—和田铁路及楼兰飞机场的相继规划建设，若羌县物流商贸中心、交通枢纽重镇的区位优势和作用将日渐凸显。

楼兰博物馆

若羌具有悠久的历史和深厚的文化底蕴，有国家级文物保护单位4处，自治区级保护单位6处，分布着楼兰古城遗址、米兰古城遗址、小河墓地、神秘的罗布泊；全国最大、保存最完整的动植物王国——阿尔金山自然保护区，全国唯一的阿尔金山——罗布泊野骆驼保护区。

县委书记 党峰

县委副书记、县长 库来西·玉素甫

若羌昆仑黄玉

近年来，在自治区、自治州党委、政府的坚强领导下，若羌县委、政府认真贯彻落实十八大精神，以科学发展观统揽全局，紧抓中央关于加强新疆发展稳定和建设"丝绸之路经济带"重大历史机遇，解放思想，更新观念，促进了经济社会又好又快发展。2013 年全县实现生产总值 62.61 亿元，增长 7.03%；完成全社会固定资产投资 58.2 亿元，同比增长 28.18%；完成地方财政收入 7.44 亿元，同比增长 6%；城镇居民人均可支配收入 24770 元，同比增长 15.07%；农牧民人均纯收入达到 24381 元，同比增长 12.38%，连续多年位居西部十二省(市)区首位。

在经济发展的同时，若羌县坚持把保障和改善民生放在重要位置，每年确定民生重点项目，并下大力气落到实处，让改革发展的成果惠及广大人民群众。与此同时，强化精神文明和民主法制建设进程，成功创建自治区文明县、国家卫生县城，积极推进国家文明县、自治区平安县创建工作，人民群众安全感、幸福感不断增强。

当前，我县正处于加快推进跨越式发展、全面建成小康社会的关键时期。站在新的发展起点上，我们将认真贯彻落实党的十八大、十八届三中全会精神，凝聚全县各族干部群众的智慧和力量，按照深化改革发展"破瓶颈、强产业、兴文化、塑形象"的思路和措施，进一步增强进取意识、机遇意识、责任意识，坚定信心，砥砺勇气，以全面深化改革的新成效，推动若羌跨越式发展和长治久安。

若羌红枣——农民的"摇钱树"

有翼天使壁画

国投新疆罗布泊钾盐有限公司

超越发展谱新篇

察布查尔县

自治州党委常委、察布查尔县县委书记——王奕文(中)走访慰问农牧民

察布查尔县县委副书记、县长——王春光走访贫困户(左一)

锡伯民族博物馆

察布查尔,锡伯语为“粮仓”之意,是全国唯一以锡伯族为主体的多民族聚居自治县,距伊犁哈萨克自治州首府伊宁市仅 15 公里,与哈萨克斯坦国接壤边境线长 73.4 公里,有国家批准开放的一类陆路口岸一都拉塔口岸,区位优势十分突出。全县总面积 4485 平方公里,总人口 19.8 万人,由 25 个民族组成,其中锡伯族人口 2.06 万人,少数民族人口占总人口的 72%。县辖 13 个乡镇、2 个国营农场,县内驻有兵团农四师 67 团、68 团、69 团,伊犁州林业局平原林场和天山西部林业局山区林场等单位。

独特的箭乡文化完整保留,延续中国传统弓箭礼仪、制作技艺,是国家传统弓和现代弓国家研究培育训练基地。弓箭文化博物馆已建成开馆,成功举办了第二届全国传统弓射箭比赛,参赛的本县运动员不负“箭乡”美誉,勇夺个人排名赛冠军、团体淘汰赛冠军及个人淘汰赛亚军。

绚丽的锡伯风情完整保留,延续了锡伯族语言、文字和传统风俗习惯。近年来,察布查尔县抓紧抢救、深入挖掘、系统整理、大力弘扬锡伯文化。锡伯民族博物院完成提升改造,被誉为国内一流的县级博物院。搜集整理锡伯族濒临灭绝的非物质文化遗产项目 108 个,“西迁节”、“贝伦舞”、“弓箭制作技艺”、“锡伯刺绣”等 5 个项目被列入国家级名录,还有 18 个项目被列入自治区级名录;中国首部锡伯族民俗数字电影《箭乡少女》拍摄完成,在中央电视台电影频道播映,启动了实施国家锡伯族传统文化生态保护区建设项目。

8 名锡伯族勇士抵达西迁路终点察布查尔锡伯自治县合影留念

丰富的矿产资源。目前已初步探明的有煤、石灰石、铀、金、铜、铁、铅、锌、锰、重晶石、冰洲石、花岗岩等 21 个矿种,已开发利用 13 种。境内煤田已探明煤炭精渣储量 303 亿吨,是新疆四大煤电煤化工产业基地之一伊犁矿区主战场。自治区级园区伊南工业园区占地 160 平方公里,现有伊泰、中电投、新汶、中煤、华电、国能等中国 500 强企业投资,已有煤基多联产、煤制天然气、煤制烯

箭乡儿女

贝

第三届西迁经贸文化节

卡伦祭奠

卡伦祭奠

烃等一批项目落地建设，投资总额超 3000 亿元人民币。

怡人的自然环境。年水径流量 166 亿立方米，可利用水资源 20 亿立方米。全县现有灌溉面积 138.83 万亩。伊犁河流域水土开发将新增 150 万亩，适合重大项目用地和现代化、集约化、规模化发展。全县天然草场面积 300 万亩，林地面积 156 万亩，森林覆盖率 12%；全年有效光照时数达 2846 小时，无霜期 177 天，积温 3800℃，年平均降水量 222 毫米，适宜种植各类农作物，是发展绿色有机食品原料的天然理想之地。

百万亩生态林

县域经济快速发展。中央新疆工作座谈会召开三年来，察布查尔县委、县人民政府变化变革、敢于担当、务求实效，科学判断县域经济形势，强势推进“九个坚定不移”的发展战略，各项工作在较短时间实现了较大突破。与 2009 年相比，2012 年全县生产总值翻一番，地方公共财政预算收入翻一番半，地方规模以上工业企业增加值翻一番，全社会固定资产投资翻两番，招商引资翻三番。

万亩有机水稻

2013 年全县完成生产总值 41.93 亿元，增长 20%；乡及乡以上工业增加值 5.7 亿元，增长 41.9%；地方公共财政预算收入 3.25 亿元，增长 25%；全社会固定资产投资 80 亿元，增长 21.2%；城镇居民家庭人均可支配收入 16310 元，增长 16%；农牧民人均纯收入增加 1316 元。

伊犁河打渔人

民生投入大幅度增加。自 2010 年以来，察布查尔县民生支出 28.82 亿元，民生投入大幅增加。占公共财政总支出的 77.64%。28 类 136 项重点民生工程全部落实。累计投入 7.48 亿元，稳定脱贫 19203 人。建成安居富民房 16040 套、牧民定居房 1510 套，实现牧民定居 1070 户。投资 13437 万元建成廉租房、公租房 1983 套。出台城乡居民大病医疗、脑瘫儿童、困难群众临时救助等 11 项惠民政策深得民心，惠及各族群众 3.3 万人。财政投入教育经费 8.8 亿元，占财政预算支出 23.74%。实施普通高中免费教育、学前四年免费教育、贫困大学生资助工程等政策。争取项目资金 2.7 亿元，新建、改建校舍 15 万平方米，18526 名学生纳入自治区义务教育学校学生营养改善计划。锡伯文教材编写工作全面启动，城乡义务教育呈现特色化、标准化发展，县乡村三级卫生服务网络体系进一步完善。投资 6047 万元的县综合体育馆已完成主体工程。投入 3.77 亿元，新建、改扩建道路 56.2 公里，供排水、供热管网 107.4 公里。在全疆率先建成城际、城区、城乡、乡村“四位一体”公共交通体系。全力打造伊犁州最低物价区，建立县域价格监测体系，恩格尔系数始终保持在 0.4 左右，居民消费价格总体水平涨幅始终控制在 2% 以下。

自治区级伊南工业园区——天山水泥厂

热情的“箭乡”人民，真诚欢迎五湖四海的宾朋前来观光旅游，期待有识之士来投资兴业，同全县各族人民群众一道，共同建设民生、宜居、人文、幸福的察布查尔。

巴里坤哈萨克自治县

县委书记韩雪峰（右二）在三塘湖能源综合基地调研

巴里坤哈萨克自治县成立于1954年9月30日，地处新疆东北部，东邻伊吾县，南接哈密市，西毗昌吉州木垒哈萨克自治县，北与蒙古国接壤，是全国三个哈萨克自治县之一，也是国家扶贫开发工作的重点县，是新疆典型的边境县、高寒县、易灾县。2006年被国家确定为五类地区，境内中蒙边界线长313.4公里，设有国家一类季节性开放口岸——老爷庙口岸，是新疆与蒙古国发展边贸的重要开放口岸之一。

巴里坤县行政区域总面积3.84万平方公里，其中山地、戈壁2.55万平方公里，占全县总面积的66%。县域总人口10.24万人，由汉、哈、维、蒙等13个民族构成，其中哈萨克族占35%。县辖15个乡镇场区、46个行政村、12个自然村、6个社区。境内驻有69330部队、兵团十三师红山农场和哈密地区伊吾马场。

县委副书记、县长叶尔江（右三）调研哈萨克医疗事业发展

巴里坤县地形特征为“三山夹两盆”，有“新疆缩影”之称。巴里坤属温带大陆性冷凉干旱气候区，平均海拔1650米，冬季严寒，夏季凉爽，光照充足，四季不分明。年均气温1℃，极端最高气温35℃，极端最低气温-43.6℃，无霜期达98-104天，年降水量仅200毫米左右，蒸发量1638毫米。

巴里坤县域经济以资源型工业、农牧业和旅游业为主。主要农产品有马铃薯、大路菜、大麦、小麦、晚熟哈密瓜、牛羊肉、驼奶等，其中巴里坤“力坤”牌牛羊肉、马铃薯获得了国家“绿色食品”认证；主要工业产品有煤炭、风电、芒硝、硫化碱、原油、黄金等。

原煤加工生产

2013年，实现县域生产总值43亿元，同比增长18%，其中一产9.2亿元，同比增长7%；二产22.4亿元，同比增长24%；三产11.4亿元，同比增长16%。全县完成社会固定资产投资56.35亿元，同比增长40%；地方财政收入达到3.86亿元，同比增长27%；社会消费品零售总额达到5亿元，增长16%。城镇居民人均可支配收入达1.88万元，同比增长16.1%；农村居民纯收入达到8444元，增长1432元。

风电

生态

克拉玛依市

乌尔禾区

乡村休闲广场

2013年，乌尔禾区按照克拉玛依市委、市政府“打造世界石油城”的总体要求，紧紧围绕建设生态旅游新区的战略目标，紧扣“增效提速”年的主题，全力稳增长、调结构、抓建设、惠民生，圆满地完成了各项目标任务，经济社会发展呈现出稳中有进、好中见快的良好态势，全年实现地区生产总值99.4亿元（现价，下同），增长24.9%（可比价，下同）；扣除中央石油企业贡献的份额，实现地方生产总值2.45亿元，增长10.8%。地方固定资产投资3.8亿元，增长127.3%；招商引资到位资金3.21亿元，增长81.3%；农牧民人均纯收入15135元，增长19%。

石油产业蒸蒸日上

2013年，乌尔禾区在各项经济指标高速增长的基础上，一系列群众关心的民生问题得到了有效解决，城区建设取得新成果，旅游文化产业得到快速发展，实现区内公交线路全免费，为居民和游客提供了交通便利。天然气入户工程全面竣工，1219户城乡居民及团场职工享受到清洁能源。投资4000余万元的污水处理厂于2013年9月试运行，结束了乌尔禾污水靠蒸发的历史。风城锅炉房项目建成投入使用，第六净化水厂项目顺利推进，电网改造工程开工建设，城区居民采暖、饮水及用电得到保障。重点工程建设全力推进，新建道路11.3公里，“三纵四横”的路网格局基本形成。青少年活动中心及档案馆、人力资源服务中心及实训基地、新建职工公寓楼等11项工程顺利竣工，城乡环境面貌明显改观。成功举办第二届金丝玉雕刻作品大赛、乌尔禾首届全疆山地自行车越野赛等活动，使民俗文化节和金丝玉文化节的品质及内涵得到提升。圆满地完成央视“寻宝”节目录制，提升了乌尔禾及金丝玉的美誉度。

首届全疆山地自行车越野赛

中央电视台《寻宝》栏目摄制组走进乌尔禾

艾里克湖落日

自治区党委副书记、自治区主席努尔·白克力出席新疆第八届冬博会，并参观一五〇团展位。

自治区党委副书记、兵团党委书记、政委车俊在驼铃梦坡红色教育基地合影

新疆生产建设兵团第八师一五〇团

沙海仙境 驼铃梦坡

兵团第八师一五〇团场位于天山北麓古尔班通古特沙漠南缘，东、西、北三面环沙，深入沙漠腹地70千米，素有“沙海半岛”之称，一五〇团被世人称为“三到头”（水到头、路到头、电到头）团场。

“驼铃梦坡”沙漠生态旅游区位于一五〇团行政区内（西古城镇），南距石河子市97公里，东南距玛纳斯县城79公里，景区占地面积1.5万亩。这是一片古老、粗狂、一望无垠的沙漠世界，这里沙丘连绵、沙浪起伏，宛如浩瀚的黄金海岸。

“驼铃梦坡”荣获国家4A级旅游景区称号

1991年2月，台湾诗人许望云慕名来到一五〇团，被美丽壮观的沙漠风光打动，即兴为这一沙漠生态旅游区起了“驼铃梦坡”这个充满诗意的名字。

“驼铃梦坡沙漠生态景区”在2011年9月22日顺利通过国家旅游局评审团的考评，成为国家4A级旅游景区，这也是农八师、石河子市首家4A级自然风光景区。

“驼铃梦坡”恋歌

“驼铃梦坡”景区游人如织

“驼铃梦坡”文艺演出

驼铃梦坡景区有一首好听的歌曲叫《驼铃梦坡恋歌》，它是著名曲作家田歌作曲，《歌曲》杂志社总编晨枫作词，黑鸭子组合伴唱，国家著名青年演员冯瑞丽演唱，旅游卫视为这首歌曲拍摄了 MTV。

目前，景区旅游项目有兵团红色教育基地，包括党旗国旗国徽入党誓词兵团精神雕塑、军垦纪念馆、军垦纪念碑，沙漠越野车体验、沙海徒步探险、CS 真人枪战游戏、沙漠浴场、夏季滑沙、冬季滑雪、沙田农耕等。

驼铃梦坡景区的建成，是一五〇团防风治沙成果的体现。2009 年，该团被国家命名为“全国防沙治沙示范县(团)”；2010 年，荣获全国“三北防护林体系建设突出贡献单位”称号。

“驼铃梦坡”是一座天然的荒漠植物园、野生动物园。景区生长有 24 科 89 属 149 种沙生植物，生活着国家一类保护动物野驴、二类保护动物野猪、黄羊等。

驼铃梦坡景区是沙漠绿洲“四级生态防护林体系”的缩影。在“驼铃梦坡”附近沙漠边缘有一条壮观的防护林，似绿色长城，既保护了“驼铃梦坡”，又防止沙漠对农田的侵袭。许多年前，这片防护林被美国卫星发现后，曾引起联合国和众多国家专家的关注，纷纷前来考察观赏。

来到“驼铃梦坡”，游人可以重温入党誓词、体验兵团精神的内涵、瞻仰军垦第一代热血战士开荒造田使用过的生产工具，观赏被美国人造地球卫星发现，引起世界轰动的沙漠四级生态防护林体系。“沙海明珠观光塔”，原始梭梭林的浩瀚，驼铃泉戏水，梦坡泉游泳；黄花坡采挖沙参；玛河故道垂钓；沙海湾欣赏鸵鸟跳舞；野猪林观赏沙漠野生动物；寻梦亭放飞心情，情人岛追寻梦想。此外，爬沙丘，涉沙海，徒步探险，借助沙漠驼舟，伴随悦耳的驼铃，体味千年丝绸古道绵远悠长的韵味。不仅如此还可以驾驶越野摩托、越野汽车穿越昔日金戈铁马、狼烟滚滚的无烟区，体验惊险和刺激。清晨或傍晚，游客乘上热气球，饱览景区“大漠孤烟直，长河落日圆”的雄奇风光，体会在空中运动飞翔的感觉。每当夕阳西下时，游客可以沿着蜿蜒的玛河故道漫步，体味“清风徐来，落霞与孤鹜齐飞”的意境；傍晚去情人岛赏月，诉说衷肠；夜晚和亲友一起围着熊熊燃烧的篝火，在演艺场载歌载舞，各展才艺，尽情欢唱。

“驼铃梦坡”与石河子军垦博物馆、军垦第一连三处旅游景点各具特色，尤其是驼铃梦坡更具有一五〇团地方特色，这里是有保存完好的军垦居民点，有见证当年拓荒者人进沙退奇迹的一排排防风林。

来吧，五湖四海的朋友们，“沙海仙境驼铃梦坡”欢迎您们！

图文 / 吴欣政

“驼铃梦坡”军垦纪念碑

“驼铃梦坡”寻梦湖吊桥

“驼铃梦坡”寻梦亭游人多

驼铃梦坡寻梦亭

塔里木河流域和田管理局

局党委书记、副局长　王彦国

局党委委员、副局长　阿地里江·奴尔买买提

局领导研究工作

和田河发源于昆仑山和喀喇昆仑山，由南向北横穿塔克拉玛干沙漠。和田河是目前唯一穿越塔克拉玛干沙漠的河流，是南北贯通的绿色走廊，是目前塔里木盆地三条（塔河干流、叶尔羌河中下游、和田河中下游）绿色走廊中保存最好的一条自然生态体系。和田河在北纬 38° 05′ 、东经 80° 33′ 分为二支，东支为玉龙喀什河（以下简称玉河），西支为喀拉喀什河（以下简称喀河）。喀河全长 808km，多年平均径流量 21.48 亿立方米；玉河全长 513km，多年平均径流量 22.19 亿立方米，两河汇合口（阔什拉什）至和田河入塔里木河处（肖夹克）的干流长 319km，从喀河河源算起的和田河全长 1127km。和田河多年平均径流 43.67 亿立方米，多年平均向塔河输送 9 亿立方米。

和田河流域肩负着和田地区洛浦县灌区、和田县玛牙克灌区、和田县苏巴灌区、和田市灌区、墨玉县灌区、兵团农十四师 47 团、皮墨垦区灌区、皮山县皮亚勒玛乡灌区和皮亚勒玛开发区灌区 50 个乡镇、881 个行政村的 308 万亩农业和 170 万亩生态林草灌溉用水。塔里木河域和田管理局严格服从塔里木河流域水利委员会的统一安排，负责完成和田河流域的引水限额和向塔河生态调水工作。

塔里木河流域和田管理局的管理范围主要是：和田河流域，包括玉龙喀什河、喀拉喀什河、和田河等流域。产权隶属和田管理局的有 7 座水工程，其中 2 座大（2）型引水枢纽，即玉龙喀什河（以下称玉河）渠首、喀拉喀什河（以下称喀河）渠首；和渠首以下的 7.764 公里的堤防（含墨玉县萨依巴格一干渠灌区）。截止到 2010 年底我局已建成并投入运行的塔河项目工程有和田河河道疏浚整治工程（喀拉喀什段输水堤）和（玉龙喀什河下段输水堤设计变更），项目法人为塔里木河流域和田管理局，产权也隶属塔里木河流域和田管理局。

塔河流域和田管理局玉龙喀什河渠首闸室

塔河流域管理局喀河下游管理站一角

塔河流域管理局水政监察大队开展水政执法宣传

新疆幼儿师范学校

自治区政协调研组在学校手工教室调研

英国达德利学院深入班级观摩教学

英国伯明翰达德利学院技能中心负责人 Jackie payne(杰克·潘)介绍达德利学院概况

新疆幼儿师范学校(现名为新疆师范高等专科学校学前教育学院),1990 年正式挂牌招生,同时是新疆幼儿教师培训中心和自治区幼儿园园长培训基地、自治区机关事业单位保育员行业技术等级岗位培训考核基地;也是国家中等职业教育改革发展示范学校。2013 年 3 月,根据新疆自治区人民政府决定,新疆幼儿师范学校并入新疆师范高等专科学校(新疆教育学院)。

学校坚持“以服务为宗旨、以就业为导向、以质量为核心”办学方针,突出“专业 + 技能”的办学定位,不断创新和完善“校—(幼儿)园合作”办学模式。学校开设有学前教育和学前双语教育两个专业;学制为初中起点三年制中专、五年一贯制大专和高中起点大专三种类型,五种办学模式。开设有《键盘》、《声乐》、《绘画》、《幼儿文学》、《手工》、《舞蹈》、《儿歌创编》、《舞蹈创编》、《幼儿园环境创设》等 18 个特色课程,其中学前双语教育专业被评为自治区特色专业;《幼儿文学》被评为自治区精品课程。学校与全疆 92 所幼儿园签订合作办学协议,学生在校期间有一个学期的幼儿园实习支教经历。

学院主要设施包括实训教学楼、艺术楼、多功能学术报告厅、体育馆、图书馆、学生宿舍楼、食堂、塑胶运动场等。建有语音、电子钢琴、钢琴、声乐、舞蹈、绘画、手工制作、幼儿文学、幼儿活动、计算机等教学实训室。目前,共有在校生 3600 余人。职后则是每年通过集中培训、送教下乡、直播课堂等方式开展培训达 3000 人(次)以上。

2014 年 4 月,英国著名职业教育院校——伯明翰达德利学院对我校进行了友好访问,为今后双方院校形成定期互访交流机制奠定了基础。

学校概貌

汇报演出

舞蹈教室

实习支教

中华联合财产保险股份有限公司
CHINA UNITED PROPERTY INSURANCE COMPANY LIMITED

新疆分公司

中华保险新疆分公司与自治区邮政公司签订全面战略合作协议

中华保险、乌鲁木齐县财政局、农牧局召开农业保险工作座谈会

中华保险新疆分公司向自治区见义勇为基金会捐赠了50万元

中华联合财产保险股份有限公司创立于1986年7月15日，是新中国之后我国成立的第二家国有保险公司，也是目前全国唯一一家以“中华”冠名的全国性保险公司。截至2013年底，公司已在全国设立了25家分公司，208家中心支公司，1186家支公司，706家营销服务部，获批分公司营业总部1家，机构总计2126家，员工35103人，形成了比较完整的营销服务网络，建立了一支高素质的保险经营与营销专业队伍。2013年，公司实现保费收入297.45亿元，位居国内财险市场第五位，各项主要经营指标名列行业前茅。

新疆是总公司的发源地，新疆分公司于2011年2月24日成立，是在原新疆区各地州机构的组织架构上新设立的省级分公司，新疆分公司所属各级机构共有289家，机构网络遍布天山南北、乡镇团场。新疆分公司成立以来，广大干部员工充分发扬“敬业、责任、争先、奉献”的八字精神，同心协力，积极进取，为着力打造国内领先、专业化的综合保险金融集团而努力拼搏。公司现保费规模位于全公司首位，当地财险市场位居第二。

公司始终践行“服务至上、创造价值”对客户负责的服务宗旨，本着效益为先、专业经营的思想理念，不断提升公司核心竞争能力，勇于承担社会责任。通过诚信服务赢得市场，通过提供全方位的保险保障服务于社会经济发展大局，得到了社会各界的广泛认可。

新疆大明矿业集团股份有限公司
XINJIANG DAMING MINING GROUP CO.,LTD

新疆大明矿业集团股份有限公司成立于1997年2月25日，注册股本15000万股，集团公司主要从事黑色金属矿产资源的采选业务。下设鸿源矿业有限责任公司、明盛铜业有限公司、鑫太化工有限公司、金宏鑫矿业有限责任公司四家子公司。集团公司资产总额达5.65亿元，净资产额达3.5亿元，职工人数400余人，其中少数民族50余人。历经十余年的发展历程，集团公司已成为新疆区域铁矿石采选行业最具影响力的中型矿山企业。

大明人始终以“推动行业技术进步，创建本质安全矿山”为指导思想，以矿山资源配置效率最优为经营原则，专注于采矿技术能力的提升，在矿山生产中积极推进机械化、数字化、信息化技术的应用，实现了地下矿山生产组织及职能管理等方面的高效衔接。天湖铁矿已初具现代化矿山的雏形，并成为区域内矿产资源采掘行业的安全标准化、信息化建设的标杆企业。

大明矿业在多年来的变革历程中，形成了自己特有的企业特质，专注于技术力量的形成和突破，注重于人才的培养和发展；以超前的战略和企业文化，以持之以恒的诚信理念为基础，以国家产业政策的要求为依据，注重可持续发展能力的提升。作为矿产资源转化效率最佳的探寻者和实践者，近年来大明矿业在现代采矿理论应用、安全生产及节能减碳等方面均取得了重大性突破。初步形成了以“短流程、低劳动强度、本质安全”为特征的高效采矿模式，以“短距离、高电压输送、变频技术普遍应用”为特征的节能减碳技术的应用。天湖铁矿目前在多项生产指标上均已达到甚至超过了国家“安全生产标准化”及“清洁生产一级”的评价指标要求。

经过多年的努力，公司掘进效率台班5.01m³，全员劳动生产率4464吨/年，取得了政府和社会的认可。近几年先后获得各级政府机关及部门授予的自治区级“纳税先进企业”、“AAAAA”级诚信单位、“第一批两化融合示范单位”、“节水型企业”、“环境保护优秀企业”、“推动行业进步贡献企业”、自治区重点扶持的100家“成长型企业”、安全标准化一级企业、第三批绿色矿山试点单位、中国矿业行业最具公信力诚信企业等荣誉称号。

碳金奖

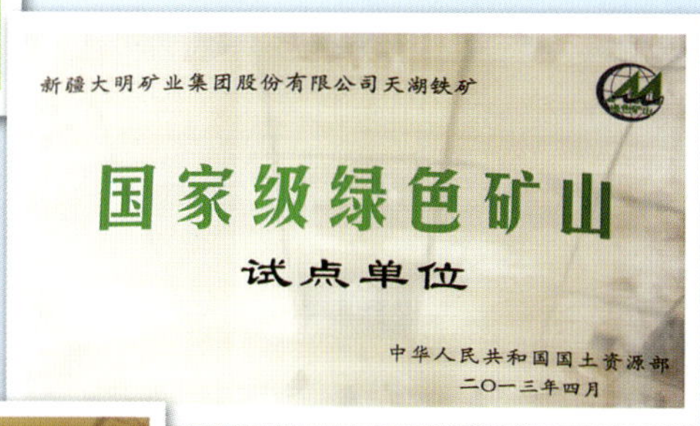

绿色矿山

大明矿业荣获新疆地区矿业行业首家一级标准化企业——奖牌

中国矿产行业最具公信力诚信企业

新汶矿业集团(伊犁)能源开发有限责任公司

伊犁能源大厦

山东能源是国有独资大型企业集团，由新汶矿业集团有限责任公司(以下简称“新矿集团”)等6家集团组成，位列世界500强373位、中国煤炭工业100强前三甲。

新矿集团建企于1956年，是一家以国有资产为主体、多种所有制并存，以煤为主、多种产业共同发展的大型企业集团，企业信贷信誉AAA级。2013年，原煤产量4665万吨，营业收入724亿元，资产总额951亿元。先后荣获全国资源综合利用先进单位、全国煤炭行业节能减排先进单位、中国煤炭工业优秀企业管理奖、全国企业文化优秀奖，全国煤炭行业企业文化建设示范基地等称号，被国家发改委等六部委确定为国家第一批循环经济试点企业，在2010年7月党中央、国务院召开的西部大开发工作会议上，被授予“国家西部大开发突出贡献集体”。2013年荣获全国“五一”劳动奖状称号。

近年来，新矿集团紧紧抓住国家深入实施“西部大开发”战略的宝贵机遇，于2004年进驻开发新疆西部“塞外江南”伊犁河谷。煤田分布在伊犁河南、北两岸，由伊南、伊北两个煤田组成。伊南煤田位于察布查尔县南部，面积338 Km^2；伊北煤田位于霍城县东南部，伊宁市北部及伊宁县境内，面积113.4 Km^2，探明煤炭储量129.6亿t。该煤田煤种以长焰煤为主，低灰、特低硫、中高发热量，挥发分高、化学活性强，是动力、气化、液化优质原料。

2005年7月，注册成立新汶矿业集团(伊犁)能源开发有限责任公司(以下简称“伊犁能源”)，是新矿集团的全资子公司，全面负责新矿集团在疆煤炭资源的开发、转化项目建设，属省级文明单位。先后被授予自治区“双百”优强企业，连续三年被授予集团公司“党风廉政建设先进单位”、“宣传思想工作先进单位”。

经过近年来的艰辛探索和艰苦创业，累计投资154亿元，构建形成了以煤炭生产为基础、资源转化为主导、机械制造为支撑、商贸物流为引擎的“四大产业”发展格局。

全球最大的煤化工单体工程施工现场

新天煤化20亿立方米煤制天然气项目建设场景

新天煤化20亿立方米煤制天然气项目气化炉吊装现场

与驻军部队举行篮球联谊赛

庆“十一”文艺汇演

伊犁四矿办公楼

伊犁一矿南工厂

一支美酒的醇香传记

十余年 茫茫戈壁换新颜

这是霍拉山下，七个星西戈壁的传奇。十六年前，这片广袤的西戈壁荒草丛生，一位在这里生活多年的山东女人——李瑞琴，在山下放飞了一个梦想：我要做一支中国的好酒，就是这个念头，让这里的大地焕发新颜。十余年光景，李瑞琴女士举全家之力，以惊人的毅力和韧性，带领着乡都人在霍拉山下曾经的荒芜戈壁上耕耘出数万亩的葡萄汪洋——建成中国目前最大的连片有机葡萄种植基地，建起了中国最大的家族酒庄——乡都酒堡，形成了集种植、酿造、生物工程、旅游观光为一体的葡萄产业链。仪尔公司旗下的乡都酒业先后获得国家经济林龙头企业、全国农产品加工业示范企业、最佳休闲酒庄等诸多殊荣。

在七个星镇的尽头，一片葡萄绿海在迎风招展，韵味浓厚的酒文化馆、醇香的酒窖、古朴的田园酒吧，让乡都酒堡处处洋溢出浓浓的葡萄酒文化，而那静静散发的葡萄酒香，似乎在向每一位到访者讲述着这里的传奇之酿。

【葡萄酒课堂】享受乡都好时光

为酿制地道法式酒堡的葡萄酒，乡都特邀法国波玛酒庄庄主、法国葡萄酒学院教授多米尼克·华出任首席酿酒师，将法式酿造精粹融入其中，依照葡萄的风味、调教出款款独具风格的醇香佳酿。

每一瓶葡萄酒都是熟睡中的精灵

1.恒温储存一般应在10℃-14℃内

2.湿度在60%-80%比较合适

3.避光储藏

4.防止震动

5.放置：葡萄酒应卧放或倒放

6.储存环境：尽量避免和有汽油、柴油、橡胶水等异味的物品共同存放

葡萄酒小知识

1、为什么瓶口有层塑料封套？

是为了防止虫子咬软木塞；有时封套上留有小孔，这是为了葡萄酒能与外界呼吸交换。

2、为什么瓶底有凹凸？

是为了葡萄酒瓶直立时酒渣沉淀；越需要长时间贮存的葡萄酒，凹凸越深。所以，一般来讲，好酒因需要长期保存瓶底凹凸都比较深，但瓶底凹凸深的不一定是好酒。

3、葡萄酒的瓶盖为什么要用软木塞？

好品质的葡萄酒大部分是使用软木塞的。软木塞是使用橡树的皮制成的天然物品，弹力和复杂性出色，被压缩至瓶内后能完全封闭。不过，干燥时弹力会因缩小而下降，这就是葡萄酒为什么一定要用横放方

式，才能让软木塞保湿以保存葡萄酒。

十尽享瓶中好时光——乡都佳酿

九月的秋日，这些凝聚天地能量的果实，在甜酸度完全平衡的那一刻被摘下，经手工分选、去梗，4 小时内入罐发酵，幻化成流动的精灵，学习着来自法国传统葡萄酒堡的文化精粹，在来自欧洲百年树龄的橡木桶里修身养性，于 ISO 及 HACCP 管理体系下，培养出乡都干白、乡都干红、乡都金贝纳、乡都拉菲特、乡都安东尼、乡都典藏等款款独具风格的醇香佳酿。作为中国知名品牌的乡都美酒，在亚洲葡萄酒质量大赛、国际葡萄酒质量大赛中屡获殊荣，备受全国消费者喜爱。

为传递美好的葡萄酒文化生活，乡都陆续在北京、大连、西安、乌鲁木齐等各大省市建立酒窖会所，为品味人士提供更专业的葡萄酒品赏及私藏服务。在乡都酒窖会所，处处为来宾展示着葡萄酒在新老世界的美妙旅程，来自世界各地的葡萄酒文化在这里会晤、闲谈，款款各具风格的乡都佳酿及世界酒庄名品，让来宾都过足了舌尖之瘾。更有专为爱酒人士藏酒的专业酒窖，一支支来自欧洲百年树龄的橡木桶，静静等待主人的到访。作为尊贵的会员，还可享受会所提供的更多个性化服务：生日宴会、婚庆喜酒、满月寿宴等一系列私属定制，彰显嘉宾温情而与众不同的美妙时光。

乡都酒窖宴会厅

乡都酒吧

乡都酒文化馆

【乡都佳酿赏析】

【慵懒的玫瑰人生 ——乡都桃红葡萄酒】

天山南麓热情的阳光，催生出乡都桃红的天然色晕，精选园中的赤霞珠与黑皮诺，精心酿制而成。酒体飘洒出令人沉醉的浓郁果香，那是桃、梨、杏、哈密瓜、香蕉等迷人的缤纷气息。入口那一刻，如同初恋的情怀尽情释放，如此的清新淡雅以及强烈的新鲜感，平衡协调的果香在唇间完全释放。伴着“La Via en Rose”（玫瑰人生）的慵懒曲调，乡都桃红愿您与爱人共度美妙的玫瑰人生。

【酒庄里的老绅士——乡都拉菲特】

借鉴拉菲特庄园酿制风格的橡木窖藏葡萄酒——乡都拉菲特，绝对是一位倔强的酒庄老绅士，紧致而厚实的口感将赤霞珠特点发挥得淋漓尽致，长年存储后风味更加。

【来自法国的先锋艺术——乡都安东尼】

为表达中法之间的友好情谊，法国先锋艺术家尼古拉·安东尼亲手绘制了此款的酒标，并以其名字命名。法国波玛酒庄庄主多米尼克·华在一次公开品酒会对其更是赞赏有加。此款由赤霞珠精酿，酒体深宝石红色，酒质细腻强丝绸般柔滑，口感匀和醇厚。具有强烈馥郁的红浆果味、甘草味及哈瓦纳雪茄的丰浓香味。

【波尔多的品酒师的赞赏之作——乡都典藏】

再挑剔的波尔多品酒师，也会对乡都典藏——这一收藏级葡萄酒点点头，同样是赤霞珠，却是园里限产最好的，同样是橡木桶窖藏，却是原产法国百年橡木的，同样是酒窖存储，却是酿酒师最在意的。而典藏更讲究品酒环节，如不能过于晃动，醒酒时间、温度都要恰到好处，才能品出其中真谛。

《新疆调查年鉴－2014》特邀编委

（排名不分先后）

新疆维吾尔自治区畜牧厅	张志恒	哈尔肯·哈布德克里木
新疆维吾尔自治区质量技术监督局	刘新胜	
新疆维吾尔自治区测绘地理信息局	平新来	李全战
新疆维吾尔自治区食品药品监督管理局	于胜德	
中共博尔塔拉蒙古自治州委员会	赵　青	
新疆生产建设兵团第八师石河子市	徐志新	盛焉江
新疆生产建设兵团第九师	周新军	赵亚忠
新疆维吾尔自治区奶业办公室	齐新林	
和静县人民政府	赵文纪	其米格
中共库尔勒市委员会	薛　斌	居来提·吐尔地
和田市人民政府	陈远华	阿迪力·努尔麦麦提
中共乌苏市委员会	梁　浩	马依山·扎合帕尔
中共伊宁县委员会	张继生	
中共焉耆回族自治县委员会	胡　雁	席文海
若羌县人民政府	党　峰	库来西·玉素浦
察布查尔锡伯自治县人民政府	王弈文	王春光
巴里坤哈萨克自治县人民政府	韩雪峰	叶尔江·胡斯满
中共克拉玛依市乌尔禾区委员会	魏天峰	
新疆生产建设兵团第八师一五〇团	王建彬	薛世义
塔里木河流和田管理局	王彦国	阿地里江·奴尔买买提
新疆幼儿师范学校	赵　天	
中华联合财产保险股份有限公司新疆分公司	梁英辉	
新疆大明矿业集团股份有限公司	许　明	
新汶矿业集团(伊犁)能源开发有限责任公司	王贯东	
新疆乡都酒业有限公司	李瑞琴	

编 者 说 明

一、《新疆调查年鉴-2014》是国家统计局新疆调查总队编辑出版的大型资料性年刊，本书收录了自1980年至2013年期间的新疆人民生活、物价指数方面的统计调查资料，2013年新疆部分地、州、市、县城乡人民生活资料、物价指数、扶贫开发、企业调查、退耕还林和全国各省市区的部分统计调查资料。

二、本书内容分为8个篇章，即：1、城镇人民生活；2、农村人民生活；3、价格指数；4、扶贫开发；5、退耕还林；6、企业调查；7、其他专项调查；8、各省市区资料。

三、资料中所使用的度量衡单位均采用国际统一标准计量单位。

四、本书总量指标计算所采用的价格均为现行价格。

五、本书中部分数据合计数或相对数由于单位取舍不同而产生的计算误差，均未作机械调整。

六、符号使用说明：

"..."表示数据不足本表最小计量单位数；

"#"表示其中的主要项；

"空格"表示没有、不详或未掌握该项数据。

七、本书在编辑过程中得到有关单位和领导的大力支持，在此深表谢意。由于我们水平有限，加之时间仓促，错误和不足之处不少，敬请各级领导、各界人士和统计战线的同仁不吝批评指正。

目　录

第一篇　城镇人民生活

1-1　城镇居民家庭基本情况……3
1-2　城镇居民家庭人均收入情况……4
1-3　城镇居民家庭人均收入构成情况……5
1-4　城镇居民家庭人均消费性支出……6
1-5　城镇居民人均消费性支出构成……7
1-6　城镇居民家庭人均食品类消费性支出……8
1-7　城镇居民家庭人均食品类消费性支出构成……9
1-8　城镇居民家庭人均非食品类消费性支出……10
1-9　城镇居民家庭人均非食品类消费性支出构成……12
1-10　城镇居民家庭人均现金收入情况……14
1-11　城镇居民家庭人均现金支出情况……16
1-12　城镇居民家庭平均每百户年末耐用消费品拥有量……18
1-13　城镇居民家庭住房情况……22
1-14　城镇居民最低收入户人均现金收入情况……24
1-15　城镇居民低收入户人均现金收入情况……26
1-16　城镇居民中等偏下收入户人均现金收入情况……28

1-17 城镇居民中等收入户人均现金收入情况……30
1-18 城镇居民中等偏上收入户人均现金收入情况……32
1-19 城镇居民高收入户人均现金收入情况……34
1-20 城镇居民最高收入户人均现金收入情况……36
1-21 城镇居民最低收入户人均现金支出情况……38
1-22 城镇居民低收入户人均现金支出情况……40
1-23 城镇居民中等偏下收入户人均现金支出情况……42
1-24 城镇居民中等收入户人均现金支出情况……44
1-25 城镇居民中等偏上收入户人均现金支出情况……46
1-26 城镇居民高收入户人均现金支出情况……48
1-27 城镇居民最高收入户人均现金支出情况……50
1-28 城镇居民最低收入户平均每百户年末耐用消费品拥有量……52
1-29 城镇居民低收入户平均每百户年末耐用消费品拥有量……56
1-30 城镇居民中等偏下收入户平均每百户年末耐用消费品拥有量……60
1-31 城镇居民中等收入户平均每百户年末耐用消费品拥有量……64
1-32 城镇居民中等偏上收入户平均每百户年末耐用消费品拥有量……68
1-33 城镇居民高收入户平均每百户年末耐用消费品拥有量……72
1-34 城镇居民最高收入户平均每百户年末耐用消费品拥有量……76
1-35 城镇居民最低收入户住房情况……80
1-36 城镇居民低收入户住房情况……81
1-37 城镇居民中等偏下收入户住房情况……82
1-38 城镇居民中等收入户住房情况……83
1-39 城镇居民中等偏上收入户住房情况……84
1-40 城镇居民高收入户住房情况……85
1-41 城镇居民最高收入户住房情况……86
1-42 城镇居民家庭年人均购买主要商品数量……87
1-43 城镇居民家庭人均现金收支情况（2013 年）……88
1-44 城镇居民家庭人均消费支出情况（2013 年）……92
1-45 城镇居民家庭年人均购买主要商品数量（2013 年）……96
1-46 城镇居民家庭平均每百户年末耐用消费品拥有量（2013 年）……98

1-47 城镇居民家庭年末住房情况（2013 年）......100

1-48 各地州城镇居民家庭人均现金收支情况......104

第二篇 农村人民生活

2-1 农村居民家庭基本情况......107

2-2 农村居民家庭主要产品生产、出售情况......110

2-3 农村居民家庭总收入来源情况......112

2-4 农村居民家庭分行业纯收入情况......114

2-5 农村居民家庭总支出情况......116

2-6 农村居民家庭现金收支情况......120

2-7 农村居民家庭粮食收支情况......126

2-8 农村居民家庭主要食物消费情况......128

2-9 农村居民家庭每百户主要耐用消费品拥有量......130

2-10 农村居民家庭每百人主要耐用消费品拥有量......131

2-11 农村居民家庭基本情况（一）（2013 年）......132

2-12 农村居民家庭基本情况（二）（2013 年）......133

2-13 农村居民家庭基本情况（二）（2013 年）......136

2-14 农村居民家庭平均每户建房和居住情况（2013 年）......138

2-15 农村居民家庭平均每百户年底耐用消费品拥有量（2013 年）......140

2-16 农村居民家庭人均农业生产情况（2013 年）......142

2-17 农村居民家庭人均出售农产品、畜禽和水产品情况（2013 年）......143

2-18 农村居民家庭人均主要食品消费量（2013 年）......144

2-19 农村居民家庭粮食收支平衡表（2013 年）......146

2-20 农村居民家庭平均每户拥有生产性固定资产（2013 年）......148

2-21 农村居民家庭人均总收入和纯收入来源情况（2013 年）......150

2-22 农村居民家庭年人均支出情况（2013 年）......156

2-23 分地区农村居民家庭人均收入情况（2013 年）......168

第 三 篇　价格指数

3-1　各种价格总指数（上年价格=100）171
3-2　各种价格总指数（1952 年价格=100）172
3-3　商品零售价格分类指数（1978 年价格=100）173
3-4　居民消费价格分类指数（上年价格=100）174
3-5　居民消费价格分类指数（1952 年价格=100）176
3-6　农业生产资料价格分类指数（上年价格=100）178
3-7　城市居民消费价格分类指数（上年价格=100）180
3-8　农村居民消费价格分类指数（上年价格=100）181
3-9　分城乡居民消费价格指数（上年价格=100）182
3-10　分月居民消费价格指数（2013 年）198
3-11　分月居民消费价格指数（2013 年）202
3-12　分月农业生产资料价格指数（2013 年）206
3-13　分月农业生产资料价格指数（2013 年）208
3-14　各调查市县居民消费价格分类指数（2013 年）210
3-15　分城乡商品零售价格指数（2013 年）214
3-16　各调查市县商品零售价格分类指数（2013 年）216
3-17　各调查市县农业生产资料价格指数（2013 年）220
3-18　固定资产投资价格指数（2010 年）221
3-19　固定资产投资价格指数（2011 年）223
3-20　固定资产投资价格指数（2012 年）225
3-21　固定资产投资价格指数（2013 年）227
3-22　各地、州、市工业生产者出厂价格分类指数（2013 年）229
3-23　工业生产者出厂价格分类指数 232
3-24　分行业工业生产者出厂价格指数（按新行业分类标准）234
3-25　工业生产者出厂价格指数（2013 年）240

3-26 工业生产者出厂价格大类及中类（新行业）指数（2013 年）......242
3-27 工业生产者出厂价格指数（2013 年）......252
3-28 工业生产者出厂价格大类及中类（新行业）价格指数（2013 年）......254
3-29 工业生产者购进价格分类指数......264
3-30 工业生产者购进价格指数（2013 年）......265
3-31 工业生产者购进价格指数（2013 年）......265

第四篇 扶贫开发

4-1 扶贫开发工作地区农户基本情况（2012 年）......269
4-2 扶贫开发工作地区农民人均总收入及构成（2012 年）......271
4-3 扶贫开发工作地区农民人均纯收入及构成（2012 年）......271
4-4 扶贫开发工作地区农民人均总支出及构成（2012 年）......272
4-5 扶贫开发工作地区农民人均生活消费支出及构成（2012 年）......272
4-6 扶贫开发工作地区农民人均现金收支情况（2012 年）......273
4-7 扶贫开发工作重点县农民按文化程度分组情况（2012 年）......274
4-8 南疆三地州农民按文化程度分组情况（2012 年）......275
4-9 扶贫开发工作重点县农民按人均纯收入分组情况（2012 年）......276
4-10 南疆三地州农民按人均纯收入分组情况（2012 年）......278
4-11 扶贫开发工作重点县农民按人均生产支出分组情况（2012 年）......280
4-12 南疆三地州农民按人均生产支出分组情况（2012 年）......282
4-13 扶贫开发工作重点县农民按人均生活消费支出分组情况（2012 年）......284
4-14 南疆三地州农民按人均生活消费支出分组情况（2012 年）......286
4-15 扶贫开发地区农村劳动力行业分布情况（2012 年）......288
4-16 扶贫开发工作地区农户基本情况（2013 年）......289
4-17 扶贫开发工作地区农民人均总收入及构成（2013 年）......291
4-18 扶贫开发工作地区农民人均纯收入及构成（2013 年）......291
4-19 扶贫开发工作地区农民人均总支出及构成（2013 年）......292

4-20 扶贫开发工作地区农民人均生活消费支出及构成（2013 年）......292
4-21 扶贫开发工作地区农民人均现金收支情况（2013 年）......293
4-22 扶贫开发工作重点县农民按文化程度分组情况（2013 年）......294
4-23 南疆三地州农民按文化程度分组情况（2013 年）......295
4-24 扶贫开发工作重点县农民按人均纯收入分组情况（2013 年）......296
4-25 南疆三地州农民按人均纯收入分组情况（2013 年）......298
4-26 扶贫开发工作重点县农民按人均生产支出分组情况（2013 年）......300
4-27 南疆三地州农民按人均生产支出分组情况（2013 年）......302
4-28 扶贫开发工作重点县农民按人均生活消费支出分组情况（2013 年）......304
4-29 南疆三地州农民按人均生活消费支出分组情况（2013 年）......306
4-30 扶贫开发地区农村劳动力行业分布情况（2013 年）......308

第 五 篇 退耕还林

5-1 退耕户粮食生产及平衡情况（2011 年）......311
5-2 退耕户退耕还林（草）完成情况（2011 年）......311
5-3 退耕户基本情况（2011 年）......312
5-4 退耕户当年生产经营情况（2011 年）......313
5-5 退耕户总收入与总支出（2011 年）......314
5-6 退耕户纯收入情况（2011 年）......316
5-7 退耕户现金收支情况（2011 年）......317
5-8 退耕户出售产品情况（2011 年）......319
5-9 退耕户粮食收支平衡表（2012 年）......321
5-10 退耕户退耕还林(草)完成情况（2012 年）......322
5-11 退耕户基本情况（2012 年）......323
5-12 退耕户当年生产经营情况（2012 年）......324
5-13 退耕户总收入与总支出（2012 年）......326
5-14 退耕户基本情况（2012 年）......328

5-15　退耕户现金收支情况（2012 年）......329
5-16　退耕户出售产品情况（2012 年）......331
5-17　退耕户粮食收支平衡表（2013 年）......333
5-18　退耕户退耕还林(草)完成情况（2013 年）......334
5-19　退耕户基本情况（2013 年）......335
5-20　退耕户当年生产经营情况（2013 年）......336
5-21　退耕户总收入与总支出（2013 年）......338
5-22　退耕户基本情况（2013 年）......340
5-23　退耕户现金收支情况（2013 年）......341
5-24　退耕户出售产品情况（2013 年）......343

第六篇　企业调查

6-1　规模以下工业主要指标（2011-2013 年）......347
6-2　规模以下工业主要经济指标（2010-2013 年）......347
6-3　规模以下工业企业分行业主要指标（2012 年）......348
6-4　规模以下工业企业分行业主要指标（2013 年）......350
6-5　规模以下工业企业分行业主要指标（2012 年）......352
6-6　规模以下工业企业分行业主要指标（2013 年）......356
6-7　规模以下服务业样本企业发展状况（2012 年）......360
6-8　规模以下服务业样本企业发展状况（2013 年）......368

第七篇　其他专项调查

7-1　主要农产品中间消耗（2010 年）......379

7-2 主要农产品中间消耗（2011 年）......381
7-3 主要农产品中间消耗（2012 年）......383
7-4 主要农产品中间消耗（2013 年）......385
7-5 小麦、玉米种植抽样调查基本情况（2010 年）......387
7-6 小麦、玉米种植抽样调查基本情况（2011 年）......388
7-7 小麦、玉米种植抽样调查基本情况（2012 年）......389
7-8 小麦、玉米种植抽样调查基本情况（2013 年）......390
7-9 主要农作物播种面积、总产量（2012 年）......391
7-10 主要农作物播种面积、总产量（2013 年）......392
7-11 畜牧业生产情况......393

第八篇 各省市区资料

8-1 全国各省市区城镇居民家庭平均每人可支配收入......397
8-2 全国各省市区农村居民家庭平均每人纯收入......398
8-3 全国各省市区居民消费价格指数......400
8-4 全国各省市区商品零售价格指数......402
8-5 全国 36 个大中城市居民消费价格指数......404
8-6 全国 36 个大中城市商品零售价格指数......406
8-7 全国各省市区工业生产者出厂价格指数......408
8-8 全国各省市区工业生产者购进价格指数......410
8-9 全国各省市区固定资产投资价格指数......412

第一篇

城镇人民生活

1-1　城镇居民家庭基本情况

年　份	平均每户家庭人口（人）	平均每户就业人口（人）	平均每户就业面（%）	平均每一就业者负担人数（包括就业者本人）（人）	平均每人全年总收入（元）	#可支配收入	平均每人全年总支出（元）	#消费性支出
1985	4.60	2.14	46.5	2.15	797.26	734.82	714.12	650.80
1986	4.53	2.08	45.9	2.18	920.56	842.75	797.71	721.96
1987	4.46	2.08	46.7	2.14	1010.65	920.42	873.43	789.59
1988	4.16	2.00	48.0	2.08	1160.88	1067.65	1047.36	955.53
1989	3.98	1.87	46.8	2.13	1271.84	1174.20	1072.62	976.52
1990	3.92	1.86	47.4	2.11	1432.38	1313.54	1218.12	1104.42
1991	3.85	2.03	52.7	1.90	1626.48	1475.59	1409.36	1265.98
1992	3.65	1.93	53.0	1.89	1961.10	1951.90	1725.04	1490.54
1993	3.48	1.84	52.9	1.89	2433.72	2422.97	2143.46	1834.72
1994	3.45	1.88	54.5	1.83	3184.46	3170.27	3115.31	2478.51
1995	3.37	1.85	55.0	1.82	4183.81	4163.44	3707.04	3186.76
1996	3.30	1.75	53.0	1.89	4689.08	4649.86	3962.89	3457.14
1997	3.23	1.75	54.2	1.85	4878.52	4844.72	4580.71	3887.06
1998	3.20	1.74	54.4	1.84	5041.67	5000.79	5101.36	3714.10
1999	3.16	1.64	51.9	1.93	5359.70	5319.76	5204.98	4163.98
2000	3.15	1.55	49.2	2.03	5686.52	5644.86	5276.72	4422.93
2001	3.08	1.59	51.6	1.94	6275.06	6215.00	5940.04	4931.40
2002	2.99	1.58	52.8	1.90	7080.13	6553.83	7160.12	5636.44
2003	3.02	1.61	53.3	1.87	7683.22	7006.09	7141.62	5540.61
2004	3.04	1.62	53.3	1.88	8201.82	7503.42	7425.28	5773.62
2005	3.02	1.48	49.0	2.04	8693.67	7990.15	7822.35	6207.52
2006	2.98	1.55	52.0	1.92	9689.07	8871.27	8583.77	6730.01
2007	3.02	1.60	53.0	1.89	11378.32	10313.44	10514.36	7874.27
2008	2.99	1.51	50.5	1.98	12478.61	11432.10	11363.63	8669.36
2009	3.00	1.55	51.7	1.94	13602.18	12257.52	12601.37	9327.55
2010	2.98	1.54	51.7	1.94	15421.59	13643.77	13980.30	10197.09
2011	2.91	1.49	51.2	1.95	17631.15	15513.62	16057.60	11839.40
2012	2.91	1.49	51.2	1.95	20194.55	17920.68	18447.93	13891.72
2013	2.75	1.42	51.6	1.94	22387.85	19873.77	20145.10	15206.16

1-2 城镇居民家庭人均收入情况

单位：元

年 份	家庭总收入	工资性收入	#工资及补贴收入	#其他劳动收入	经营净收入	财产性收入	转移性收入	#养老金或离退休金	可支配收入
1985	797.26	692.47	684.84	7.63	49.14		55.65	6.06	734.82
1986	920.56	813.55	804.79	8.76	44.54		62.47	21.44	842.75
1987	1010.65	871.50	863.48	8.02	44.78		94.37	48.91	920.42
1988	1160.88	953.52	923.40	30.12	22.44	4.08	180.84	111.60	1067.65
1989	1271.84	1048.02	1030.68	17.34	18.28	4.90	200.65	135.13	1174.20
1990	1432.38	1166.64	1146.15	20.49	21.75	8.81	235.18	150.54	1313.54
1991	1626.48	1371.72	1361.58	10.14	55.32	11.02	188.42	103.79	1475.59
1992	1961.10	1636.03	1620.54	15.49	65.92	20.47	238.68	175.10	1951.90
1993	2433.72	1896.62	1875.50	21.12	91.94	66.73	378.44	312.62	2422.97
1994	3184.46	2539.22	2507.08	32.14	102.08	50.35	492.81	351.16	3170.27
1995	4183.81	3509.20	3468.37	40.83	97.26	54.94	522.41	405.53	4163.44
1996	4689.08	3759.39	3730.74	28.65	219.88	73.87	635.94	510.97	4649.86
1997	4878.52	3783.12	3741.62	41.50	168.06	77.06	850.27	685.50	4844.72
1998	5041.67	3970.07	3929.32	40.75	149.73	44.42	877.43	743.89	5000.79
1999	5359.70	3964.50	3909.93	54.57	173.40	45.00	1176.81	945.61	5319.76
2000	5686.52	4128.29	4027.36	100.93	235.04	38.03	1285.16	1105.39	5644.86
2001	6275.06	4767.86	4650.13	117.73	232.22	40.32	1234.66	1050.66	6215.00
2002	7080.13	5382.38	5227.18	155.20	230.29	50.70	1416.77	1151.40	6553.83
2003	7683.22	6074.54	5933.22	141.32	284.82	74.24	1249.62	943.52	7006.09
2004	8201.82	6394.40	6245.29	149.11	371.83	62.95	1372.63	1049.53	7503.42
2005	8693.67	6553.47	6331.74	221.73	522.14	54.51	1563.54	1300.65	7990.15
2006	9689.07	7490.69	7335.50	155.19	594.81	58.39	1545.18	1275.18	8871.27
2007	11378.32	9012.19	8901.01	111.18	681.66	67.97	1616.49	1435.03	10313.44
2008	12478.61	9422.22	9303.90	118.32	938.15	141.75	1976.49	1722.28	11432.10
2009	13602.18	10232.91	10139.46	93.45	974.62	115.77	2278.88	2016.16	12257.52
2010	15421.59	11327.91	11208.19	119.73	1131.78	151.94	2809.96	2447.01	13643.77
2011	17631.15	12653.43	12551.87	101.65	1412.32	149.06	3416.35	3043.39	15513.62
2012	20194.55	14432.12	14273.38	158.74	1633.22	145.50	3983.71	3649.34	17920.68
2013	22387.85	15585.27	15131.85	453.41	1803.48	152.66	4846.44	4279.04	19873.77

1-3　城镇居民家庭人均收入构成情况

单位：%

年　份	家庭总收入	工资性收入	#工资及补贴收入	#其他劳动收入	经营净收入	财产性收入	转移性收入	#养老金或离退休金	可支配收入
1985	100.0	86.9	85.9	1.0	6.2		7.0	0.8	92.2
1986	100.0	88.4	87.4	1.0	4.8		6.8	2.3	91.5
1987	100.0	86.2	85.4	0.8	4.4		9.3	4.8	91.1
1988	100.0	82.1	79.5	2.6	1.9	0.4	15.6	9.6	92.0
1989	100.0	82.4	81.0	1.4	1.4	0.4	15.8	10.6	92.3
1990	100.0	81.4	80.0	1.4	1.5	0.6	16.4	10.5	91.7
1991	100.0	84.3	83.7	0.6	3.4	0.7	11.6	6.4	90.7
1992	100.0	83.4	82.6	0.8	3.4	1.0	12.2	8.9	99.5
1993	100.0	77.9	77.1	0.9	3.8	2.7	15.5	12.8	99.6
1994	100.0	79.7	78.7	1.0	3.2	1.6	15.5	11.0	99.6
1995	100.0	83.9	82.9	1.0	2.3	1.3	12.5	9.7	99.5
1996	100.0	80.2	79.6	0.6	4.7	1.6	13.6	10.9	99.2
1997	100.0	77.5	76.7	0.9	3.4	1.6	17.4	14.1	99.3
1998	100.0	78.7	77.9	0.8	3.0	0.9	17.4	14.8	99.2
1999	100.0	74.0	73.0	1.0	3.2	0.8	22.0	17.6	99.3
2000	100.0	72.6	70.8	1.8	4.1	0.7	22.6	19.4	99.3
2001	100.0	76.0	74.1	1.9	3.7	0.6	19.7	16.7	99.0
2002	100.0	76.0	73.8	2.2	3.3	0.7	20.0	16.3	92.6
2003	100.0	79.1	77.2	1.8	3.7	1.0	16.3	12.3	91.2
2004	100.0	78.0	76.1	1.8	4.5	0.8	16.7	12.8	91.5
2005	100.0	75.4	72.8	2.6	6.0	0.6	18.0	15.0	91.9
2006	100.0	77.3	75.7	1.6	6.1	0.6	15.9	13.2	91.6
2007	100.0	79.2	78.2	1.0	6.0	0.6	14.2	12.6	90.6
2008	100.0	75.5	74.6	0.9	7.5	1.1	15.8	13.8	91.6
2009	100.0	75.2	74.5	0.7	7.2	0.9	16.8	14.8	90.1
2010	100.0	73.5	72.7	0.8	7.3	1.0	18.2	15.9	88.5
2011	100.0	71.8	71.2	0.6	8.0	0.8	19.4	17.3	88.0
2012	100.0	71.4	70.7	0.8	8.1	0.7	19.7	18.1	88.7
2013	100.0	69.6	97.1	2.9	8.1	0.7	21.6	19.1	88.8

1-4 城镇居民家庭人均消费性支出

单位：元

年 份	消费性支出	食 品	衣 着	家庭设备用品及服务	医疗保健	交通通讯	教育文化娱乐服务	居 住	其他商品和服务
1985	650.81	304.67	115.64	70.90	7.11	8.39	99.06	23.01	22.03
1986	721.96	333.86	132.81	68.00	11.79	11.27	92.45	34.01	37.77
1987	789.59	381.89	133.61	83.97	12.40	12.03	87.49	35.05	43.15
1988	955.53	468.60	164.28	122.28	14.52	14.16	90.36	35.40	46.08
1989	976.52	504.19	138.16	101.38	24.74	13.27	109.49	39.83	45.45
1990	1104.42	527.74	172.17	121.51	27.39	17.88	123.95	51.22	62.56
1991	1265.98	609.66	199.46	127.85	23.08	23.27	159.14	57.43	66.08
1992	1490.54	732.13	240.67	112.50	37.89	41.52	157.45	88.44	79.94
1993	1834.72	907.34	294.73	135.05	50.17	70.10	190.92	111.60	74.81
1994	2478.51	1144.38	403.60	190.95	98.16	98.39	275.32	145.56	122.15
1995	3186.76	1428.47	562.41	225.98	133.84	175.95	328.93	201.15	130.02
1996	3457.14	1531.88	600.41	231.70	155.85	191.48	377.27	207.27	161.28
1997	3887.06	1681.77	599.42	248.46	188.80	207.52	534.98	265.11	161.00
1998	3714.10	1647.07	567.77	245.46	197.04	212.30	490.59	221.46	132.41
1999	4163.98	1608.82	536.05	372.76	235.82	250.28	592.33	404.55	163.37
2000	4422.92	1609.17	577.40	335.47	330.54	331.03	670.31	418.66	150.34
2001	4931.40	1716.80	690.14	440.37	302.82	406.72	626.58	474.61	273.37
2002	5636.44	1912.77	780.93	361.26	341.06	643.18	880.98	515.61	200.65
2003	5540.61	1987.42	783.54	271.14	357.64	601.13	806.53	499.93	233.28
2004	5773.62	2083.13	766.73	292.14	375.18	615.19	840.59	566.99	233.66
2005	6207.52	2257.44	825.98	309.97	499.16	757.09	741.35	571.72	244.80
2006	6730.01	2386.97	953.03	364.11	472.35	765.72	819.72	698.66	269.45
2007	7874.27	2760.69	1183.69	475.23	598.78	890.30	896.79	736.99	331.80
2008	8669.36	3235.77	1245.02	535.31	643.48	1003.89	812.36	781.90	411.63
2009	9327.55	3386.33	1357.05	552.50	684.01	1198.65	855.53	856.78	436.70
2010	10197.09	3694.81	1513.42	669.87	708.16	1255.87	1012.37	898.38	444.20
2011	11839.40	4537.46	1715.94	791.43	912.99	1377.67	1122.18	888.16	493.56
2012	13891.72	5238.89	2031.14	950.17	1027.6	1660.27	1280.81	1166.59	536.24
2013	15206.16	5323.50	2036.94	977.80	1179.77	2210.25	1597.99	1275.35	604.55

1-5　城镇居民人均消费性支出构成

单位：%

年　份	食　品	衣　着	家庭设备用品及服务	医疗保健	交通通讯	教育文化娱乐服务	居　住	其他商品和服务
1985	46.8	17.8	10.9	1.1	1.3	15.2	3.5	3.4
1986	46.2	18.4	9.4	1.6	1.6	12.8	4.7	5.2
1987	48.4	16.9	10.6	1.6	1.5	11.1	4.4	5.5
1988	49.0	17.2	12.8	1.5	1.5	9.5	3.7	4.8
1989	51.6	14.1	10.4	2.5	1.4	11.2	4.1	4.7
1990	47.8	15.6	11.0	2.5	1.6	11.2	4.6	5.7
1991	48.2	15.8	10.1	1.8	1.8	12.6	4.5	5.2
1992	49.1	16.1	7.5	2.5	2.8	10.6	5.9	5.4
1993	49.5	16.1	7.4	2.7	3.8	10.4	6.1	4.1
1994	46.2	16.3	7.7	4.0	4.0	11.1	5.9	4.9
1995	44.8	17.6	7.1	4.2	5.5	10.3	6.3	4.1
1996	44.3	17.4	6.7	4.5	5.5	10.9	6.0	4.7
1997	43.3	15.4	6.4	4.9	5.3	13.8	6.8	4.1
1998	44.3	15.3	6.6	5.3	5.7	13.2	6.0	3.6
1999	38.6	12.9	9.0	5.7	6.0	14.2	9.7	3.9
2000	36.4	13.1	7.6	7.5	7.5	15.2	9.5	3.4
2001	34.8	14.0	8.9	6.1	8.2	12.7	9.6	5.5
2002	33.9	13.9	6.4	6.1	11.4	15.6	9.1	3.6
2003	35.9	14.1	4.9	6.5	10.8	14.6	9.0	4.2
2004	36.1	13.3	5.1	6.5	10.7	14.6	9.8	4.0
2005	36.4	13.3	5.0	8.0	12.2	11.9	9.2	3.9
2006	35.5	14.2	5.4	7.0	11.4	12.2	10.4	4.0
2007	35.1	15.0	6.0	7.6	11.3	11.4	9.4	4.2
2008	37.3	14.4	6.2	7.4	11.6	9.4	9.0	4.8
2009	36.3	14.5	5.9	7.3	12.9	9.2	9.2	4.7
2010	36.2	14.8	6.6	6.9	12.3	9.9	8.8	4.4
2011	38.3	14.5	6.7	7.7	11.6	9.5	7.5	4.2
2012	37.7	14.6	6.8	7.4	12.0	9.2	8.4	3.9
2013	35.0	13.4	6.4	7.8	14.5	10.5	8.4	4.0

1-6 城镇居民家庭人均食品类消费性支出

单位：元

年 份	食 品	粮油类	#粮 食	肉禽蛋水产品类	#肉 类	蔬菜类	干鲜瓜果 类	糕点、奶及奶制品类	#奶及奶制品 类
1985	304.67	73.63	51.07	85.33	55.31	28.74	30.36	13.36	6.75
1986	333.86	79.62	53.90	102.31	67.83	32.65	30.59	15.89	8.47
1987	381.89	81.29	56.43	113.28	80.29	35.25	35.56	13.85	6.09
1988	468.60	102.12	66.36	164.04	101.76	57.00	35.40	19.08	10.68
1989	504.19	101.22	67.96	183.74	121.15	54.82	43.14	22.35	13.06
1990	527.74	103.33	67.55	186.59	121.98	53.43	48.72	24.81	14.20
1991	609.66	106.43	69.51	212.63	139.19	66.26	53.48	28.32	15.53
1992	732.13	147.79	101.79	248.53	167.87	69.86	65.37	36.28	21.49
1993	907.34	196.25	132.45	317.16	213.33	92.14	72.21	44.66	26.46
1994	1144.38	260.42	166.79	388.88	261.34	117.37	89.31	55.75	30.28
1995	1428.47	307.66	208.09	490.37	323.42	159.40	120.78	68.50	39.59
1996	1531.88	333.36	236.28	513.41	342.79	175.80	126.14	79.50	45.92
1997	1681.77	362.20	254.89	568.77	371.43	185.24	138.27	88.70	54.20
1998	1647.07	350.15	235.83	518.81	329.69	183.14	140.37	93.43	58.09
1999	1608.82	353.21	231.57	491.01	300.01	162.28	142.05	90.08	56.95
2000	1609.17	290.83	196.02	477.29	304.02	157.92	148.13	96.68	59.95
2001	1716.80	287.90	198.15	521.00	337.14	165.09	158.60	107.22	67.62
2002	1912.77	275.76	187.62	519.21	329.83	166.23	181.53	130.29	84.00
2003	1987.42	302.59	189.65	511.02	331.31	182.13	177.18	157.47	110.10
2004	2083.13	325.13	209.72	510.96	336.76	197.59	190.31	165.53	117.28
2005	2257.44	377.72	252.41	553.85	366.56	205.68	200.17	163.66	113.75
2006	2386.97	380.84	256.71	541.27	361.13	230.53	226.60	178.78	123.65
2007	2760.69	428.58	269.59	684.88	474.61	243.77	267.00	192.80	132.77
2008	3235.77	566.53	347.67	836.11	587.75	305.59	290.98	216.13	148.52
2009	3386.33	528.35	339.64	887.46	626.98	313.42	326.42	228.33	151.64
2010	3694.81	571.82	362.74	972.04	684.07	363.33	363.77	241.61	164.52
2011	4537.46	685.22	441.69	1234.21	884.04	427.51	462.68	290.20	197.70
2012	5238.89	767.72	494.46	1412.22	1031.19	499.33	549.88	342.11	237.05
2013	5323.50	876.15	555.11	1418.59	1058.12	523.62	453.73	341.96	246.31

1-7　城镇居民家庭人均食品类消费性支出构成

单位：%

年　份	食　品	粮油类	#粮　食	肉禽蛋水产品类	#肉　类	蔬菜类	干鲜瓜果类	糕点、奶及奶制品类	#奶及奶制品类
1985	100.0	24.2	16.8	28.0	18.2	9.4	10.0	4.4	2.2
1986	100.0	23.8	16.1	30.6	20.3	9.8	9.2	4.8	2.5
1987	100.0	21.3	14.8	29.7	21.0	9.2	9.3	3.6	1.6
1988	100.0	21.8	14.2	35.0	21.7	12.2	7.6	4.1	2.3
1989	100.0	20.1	13.5	36.4	24.0	10.9	8.6	4.4	2.6
1990	100.0	19.6	12.8	35.4	23.1	10.1	9.2	4.7	2.7
1991	100.0	17.5	11.4	34.9	22.8	10.9	8.8	4.6	2.5
1992	100.0	20.2	13.9	33.9	22.9	9.5	8.9	5.0	2.9
1993	100.0	21.6	14.6	35.0	23.5	10.2	8.0	4.9	2.9
1994	100.0	22.8	14.6	34.0	22.8	10.3	7.8	4.9	2.6
1995	100.0	21.5	14.6	34.3	22.6	11.2	8.5	4.8	2.8
1996	100.0	21.8	15.4	33.5	22.4	11.5	8.2	5.2	3.0
1997	100.0	21.5	15.2	33.8	22.1	11.0	8.2	5.3	3.2
1998	100.0	21.3	14.3	31.5	20.0	11.1	8.5	5.7	3.5
1999	100.0	22.0	14.4	30.5	18.6	10.1	8.8	5.6	3.5
2000	100.0	18.1	12.2	29.7	18.9	9.8	9.2	6.0	3.7
2001	100.0	16.8	11.5	30.3	19.6	9.6	9.2	6.2	3.9
2002	100.0	14.4	9.8	27.1	17.2	8.7	9.5	6.8	4.4
2003	100.0	15.2	9.5	25.7	16.7	9.2	8.9	7.9	5.5
2004	100.0	15.6	10.1	24.5	16.2	9.5	9.1	7.9	5.6
2005	100.0	16.7	11.2	24.5	16.2	9.1	8.9	7.2	5.0
2006	100.0	16.0	10.8	22.7	15.1	9.7	9.5	7.5	5.2
2007	100.0	15.5	9.8	24.8	17.2	8.8	9.7	7.0	4.8
2008	100.0	17.5	10.7	25.8	18.2	9.4	9.0	6.7	4.6
2009	100.0	15.6	10.0	26.2	18.5	9.3	9.6	6.7	4.5
2010	100.0	15.5	9.8	26.3	18.5	9.8	9.8	6.5	4.5
2011	100.0	15.1	9.7	27.2	19.5	9.4	10.2	6.4	4.4
2012	100.0	14.7	9.4	27.0	19.7	9.5	10.5	6.5	4.5
2013	100.0	16.4	10.4	26.6	19.8	9.8	8.5	6.4	4.6

1-8 城镇居民家庭人均非食品类消费性支出

年 份	非食品	衣 着	#服 装	家庭设备用品及服务	医疗保健	#药品费	#医疗费
1985	346.14	115.64	32.80	70.90	7.11	5.11	2.00
1986	388.10	132.81	42.73	68.00	11.79	9.03	2.76
1987	407.70	133.61	36.75	83.97	12.40	8.69	3.71
1988	487.08	164.28	40.92	122.28	14.52	10.92	3.60
1989	472.32	138.16	43.57	101.38	24.74	18.72	6.03
1990	576.68	172.17	57.49	121.51	27.39	21.17	6.22
1991	656.31	199.46	72.56	127.85	23.08	18.67	4.42
1992	758.41	240.67	120.76	112.50	37.89	23.46	8.17
1993	927.38	294.73	150.45	135.05	50.17	33.44	10.69
1994	1334.13	403.60	229.54	190.95	98.16	73.38	17.57
1995	1758.28	562.41	335.11	225.98	133.84	91.37	29.26
1996	1925.26	600.41	352.17	231.70	155.85	113.37	21.40
1997	2205.29	599.42	355.31	248.46	188.80	138.22	35.14
1998	2067.03	567.77	352.16	245.46	197.04	145.01	39.82
1999	2555.16	536.05	333.03	372.76	235.82	163.87	53.35
2000	2813.75	577.40	369.73	335.47	330.54	234.50	62.41
2001	3214.61	690.14	451.26	440.37	302.82	223.51	60.76
2002	3723.67	780.93	541.98	361.26	341.06	210.16	101.06
2003	3553.19	783.54	550.10	271.14	357.64	196.71	116.40
2004	3690.48	766.73	536.28	292.14	375.18	193.82	136.84
2005	3950.07	825.98	578.27	309.97	499.16	241.14	206.99
2006	4343.04	953.03	665.28	364.11	472.35	238.20	190.50
2007	5113.58	1183.69	833.30	475.23	598.78	288.11	261.36
2008	5433.59	1245.02	877.73	535.31	643.48	293.57	290.08
2009	5941.22	1357.05	963.30	552.50	684.01	289.51	313.36
2010	6502.28	1513.42	1073.12	669.87	708.16	313.14	298.15
2011	7301.93	1715.94	1209.04	791.43	912.99	381.91	436.87
2012	8652.83	2031.14	1458.13	950.17	1027.60	434.72	472.39
2013	9882.65	2036.94	1490.38	977.80	1179.77	381.14	719.14

单位：元

交通和通讯	#交　通	#家庭交通工　具	#通　讯	教育文化娱乐服务	#教　育	居　住	#住　房
8.39	7.06		1.33	99.06	9.97	23.01	6.97
11.27	9.93		1.34	92.45	12.96	34.01	14.16
12.03	10.46		1.57	87.49	15.13	35.05	15.51
14.16	12.12		2.04	90.36	20.52	35.40	12.72
13.27	10.85		2.42	109.49	33.16	39.83	12.90
17.88	15.43		2.45	123.95	36.80	51.22	14.85
23.27	20.71		2.56	159.14	46.34	57.43	20.71
41.52	35.68	13.91	5.84	157.45	74.39	88.44	35.89
70.10	60.96	30.43	9.14	190.92	84.53	111.60	46.02
98.39	65.89	25.15	32.50	275.32	98.67	145.56	67.58
175.95	104.04	36.66	71.91	328.93	162.78	201.15	110.91
191.48	89.21	17.17	102.27	377.27	170.19	207.27	88.86
207.52	102.14	18.40	105.38	534.98	212.46	265.11	137.98
212.30	94.95	8.71	117.35	490.59	232.82	221.46	64.98
250.28	115.32	14.03	134.96	592.33	298.47	404.55	226.51
331.03	133.70	16.94	197.33	670.31	332.21	418.66	189.12
406.72	146.42	14.56	260.30	626.58	381.21	474.61	183.66
643.18	246.45	47.34	347.58	880.98	479.04	515.61	186.19
601.13	239.45	29.94	361.65	806.53	504.87	499.93	115.31
615.19	246.45	16.49	368.73	840.59	521.11	566.99	113.99
757.09	375.77	104.42	381.32	741.35	456.25	571.72	125.16
765.72	344.70	57.45	421.03	819.72	461.98	698.66	194.32
890.30	449.70	91.35	440.60	896.79	489.01	736.99	224.08
1003.89	552.94	123.46	450.95	812.36	417.06	781.90	196.14
1198.65	743.58	329.11	455.07	855.53	403.95	856.78	259.91
1255.87	742.61	204.34	513.26	1012.37	433.34	898.38	256.17
1377.67	813.19	225.78	564.48	1122.18	514.57	888.16	200.17
1660.27	1030.83	272.22	629.45	1280.81	600.01	1166.59	402.96
2210.25	1576.83	612.90	633.42	1597.99	819.84	1275.35	483.76

1-9 城镇居民家庭人均非食品类消费性支出构成

年 份	非食品	衣 着	#服 装	家庭设备用品及服务	医疗保健	#药品费	#医疗费
1985	100.0	33.4	9.5	20.5	2.1	1.5	0.6
1986	100.0	34.2	11.0	17.5	3.0	2.3	0.7
1987	100.0	32.8	9.0	20.6	3.0	2.1	0.9
1988	100.0	33.7	8.4	25.1	3.0	2.2	0.7
1989	100.0	29.3	9.2	21.5	5.2	4.0	1.3
1990	100.0	29.9	10.0	21.1	4.7	3.7	1.1
1991	100.0	30.4	11.1	19.5	3.5	2.8	0.7
1992	100.0	31.7	15.9	14.8	5.0	3.1	1.1
1993	100.0	31.8	16.2	14.6	5.4	3.6	1.2
1994	100.0	30.3	17.2	14.3	7.4	5.5	1.3
1995	100.0	32.0	19.1	12.9	7.6	5.2	1.7
1996	100.0	31.2	18.3	12.0	8.1	5.9	1.1
1997	100.0	27.2	16.1	11.3	8.6	6.3	1.6
1998	100.0	27.5	17.0	11.9	9.5	7.0	1.9
1999	100.0	21.0	13.0	14.6	9.2	6.4	2.1
2000	100.0	20.5	13.1	11.9	11.7	8.3	2.2
2001	100.0	21.5	14.0	13.7	9.4	7.0	1.9
2002	100.0	21.0	14.6	9.7	9.2	5.6	2.7
2003	100.0	22.1	15.5	7.6	10.1	5.5	3.3
2004	100.0	20.8	14.5	7.9	10.2	5.3	3.7
2005	100.0	20.9	14.6	7.8	12.6	6.1	5.2
2006	100.0	21.9	15.3	8.4	10.9	5.5	4.4
2007	100.0	23.1	16.3	9.3	11.7	5.6	5.1
2008	100.0	22.9	16.2	9.9	11.8	5.4	5.3
2009	100.0	22.8	16.2	9.3	11.5	4.9	5.3
2010	100.0	23.3	16.5	10.3	10.9	4.8	4.6
2011	100.0	23.5	16.6	10.8	12.5	5.2	6.0
2012	100.0	23.5	16.9	11.0	11.9	5.0	5.5
2013	100.0	20.6	15.0	9.8	11.9	3.8	7.2

单位：%

交通和通讯	#交　通	#家庭交通工　　具	#通　讯	教育文化娱乐服务	#教　育	居　住	#住　房
2.4	2.0		0.4	28.6	2.9	6.6	2.0
2.9	2.6		0.3	23.8	3.3	8.8	3.6
3.0	2.6		0.4	21.5	3.7	8.6	3.8
2.9	2.5		0.4	18.6	4.2	7.3	2.6
2.8	2.3		0.5	23.2	7.0	8.4	2.7
3.1	2.7		0.4	21.5	6.4	8.9	2.6
3.5	3.2		0.4	24.2	7.1	8.8	3.2
5.5	4.7	1.8	0.8	20.8	9.8	11.7	4.7
7.6	6.6	3.3	1.0	20.6	9.1	12.0	5.0
7.4	4.9	1.9	2.4	20.6	7.4	10.9	5.1
10.0	5.9	2.1	4.1	18.7	9.3	11.4	6.3
9.9	4.6	0.9	5.3	19.6	8.8	10.8	4.6
9.4	4.6	0.8	4.8	24.3	9.6	12.0	6.3
10.3	4.6	0.4	5.7	23.7	11.3	10.7	3.1
9.8	4.5	0.5	5.3	23.2	11.7	15.8	8.9
11.8	4.8	0.6	7.0	23.8	11.8	14.9	6.7
12.7	4.6	0.5	8.1	19.5	11.9	14.8	5.7
17.3	6.6	1.3	9.3	23.7	12.9	13.8	5.0
16.9	6.7	0.8	10.2	22.7	14.2	14.1	3.2
16.7	6.7	0.4	10.0	22.8	14.1	15.4	3.1
19.2	9.5	2.6	9.7	18.8	11.6	14.5	3.2
17.6	7.9	1.3	9.7	18.9	10.6	16.1	4.5
17.4	8.8	1.8	8.6	17.5	9.6	14.4	4.4
18.5	10.2	2.3	8.3	15.0	7.1	14.4	3.6
20.2	12.5	5.5	7.7	14.4	6.8	14.4	4.4
19.3	11.4	3.1	7.9	15.6	6.7	13.8	3.9
18.9	11.1	3.1	7.7	15.4	7.0	12.2	2.7
19.2	11.9	3.1	7.3	14.8	6.9	13.5	4.7
22.3	15.9	6.2	6.4	16.1	8.2	12.9	4.8

1-10 城镇居民家庭人均现金收入情况

年 份	家庭总收入	工资性收入	#工资及补贴收入	#其他劳动收入	经营净收入	财产性收入	转移性收入
1985	797.26	692.47	684.84	7.63	49.14		55.65
1986	920.56	813.55	804.79	8.76	44.54		62.47
1987	1010.65	871.50	863.48	8.02	44.78		94.37
1988	1160.88	953.52	923.40	30.12	22.44	4.08	180.84
1989	1271.84	1048.02	1030.68	17.34	18.28	4.90	200.65
1990	1432.38	1166.64	1146.15	20.49	21.75	8.81	235.18
1991	1626.48	1371.72	1361.58	10.14	55.32	11.02	188.42
1992	1961.10	1636.03	1620.54	15.49	65.92	20.47	238.68
1993	2433.72	1896.62	1875.50	21.12	91.94	66.73	378.44
1994	3184.46	2539.22	2507.08	32.14	102.08	50.35	492.81
1995	4183.81	3509.20	3468.37	40.83	97.26	54.94	522.41
1996	4689.08	3759.39	3730.74	28.65	219.88	73.87	635.94
1997	4878.52	3783.12	3741.62	41.50	168.06	77.06	850.27
1998	5041.67	3970.07	3929.32	40.75	149.73	44.42	877.43
1999	5359.70	3964.50	3909.93	54.57	173.40	45.00	1176.81
2000	5686.52	4128.29	4027.36	100.93	235.04	38.03	1285.16
2001	6275.06	4767.86	4650.13	117.73	232.22	40.32	1234.66
2002	7080.13	5382.38	5227.18	155.20	230.29	50.70	1416.77
2003	7683.22	6074.54	5933.22	141.32	284.82	74.24	1249.62
2004	8201.82	6394.40	6245.29	149.11	371.83	62.95	1372.63
2005	8693.67	6553.47	6331.74	221.73	522.14	54.51	1563.54
2006	9689.07	7490.69	7335.50	155.19	594.81	58.39	1545.18
2007	11378.32	9012.19	8901.01	111.18	681.66	67.97	1616.49
2008	12478.61	9422.22	9303.90	118.32	938.15	141.75	1976.49
2009	13602.18	10232.91	10139.46	93.45	974.62	115.77	2278.88
2010	15421.59	11327.91	11208.19	119.73	1131.78	151.94	2809.96
2011	17631.15	12653.43	12551.87	101.56	1412.32	149.06	3416.35
2012	20194.55	14432.12	14273.38	158.74	1633.22	145.50	3983.71
2013	22387.85	15585.27	15131.85	453.41	1803.48	152.66	4846.44

单位：元

#养老金或离退休金	#保险收入	#失业保险收入	出售财物收入	借贷收入	#借入款	#住房贷款	可支配收入
6.06			11.77	136.28	27.23		734.82
21.44			6.99	121.84	24.49		842.75
48.91			4.66	132.50	19.90		920.42
111.60			5.76	207.72	35.28		1067.65
135.13			5.56	187.95	34.65		1174.20
150.54			0.58	213.91	28.59		1313.54
103.79			4.69	250.82	39.63		1475.59
175.10			7.21	359.21	47.16		1951.90
312.62			7.03	444.32	54.57	1.06	2422.97
351.16			10.16	783.03	134.03	0.96	3170.27
405.53			20.70	721.14	122.77	0.05	4163.44
510.97			4.62	659.99	97.12		4649.86
685.50			10.00	973.32	136.00	17.18	4844.72
743.89			6.29	1479.77	240.34	179.38	5000.79
945.61			71.69	1407.18	220.43	108.80	5319.76
1105.39			41.61	1270.20	156.77	73.91	5644.86
1050.66			29.36	1715.64	213.08	71.41	6215.00
1151.40	6.98	1.01	12.26	2193.55	169.70	7.96	6553.83
943.52	2.59	1.34	12.88	1456.87	119.62	39.85	7006.09
1049.53	6.51	6.03	45.89	1417.75	111.70	57.33	7503.42
1300.65	9.08	6.72	48.35	1980.77	119.70	10.11	7990.15
1275.18	6.62	5.18	3.95	2093.22	82.42	17.70	8871.27
1435.03	5.42	0.18	74.01	2793.76	193.17	77.65	10313.44
1722.28	2.64	0.25	11.87	2752.07	173.81	60.32	11432.10
2016.16	3.84	0.94	43.34	2958.94	87.25	97.74	12257.52
2447.01	1.68		73.33	3510.09	143.18	34.19	13643.77
3043.39	3.48	2.97	23.17	3658.66	190.17	0.07	15513.62
3649.34	2.51	1.82	1.59	4079.71	111.84	24.90	17920.68
4279.04	3.15	3.15	16.06	1713.58	208.48	34.76	19873.77

1-11 城镇居民家庭人均现金支出情况

年 份	家庭总支出	消费性支出	#服务性消费支出	购房与建房支出	转移性支出	#交纳的个人收入税
1985	714.12	650.80	45.82		63.31	
1986	797.71	721.96	61.58		75.75	
1987	873.43	789.59	74.75		83.84	
1988	1047.36	955.53	87.60		90.84	
1989	1072.62	976.52	103.71	0.07	94.81	
1990	1218.12	1104.42	135.34		112.32	
1991	1409.36	1265.98	163.27		142.87	0.05
1992	1725.04	1490.54	256.31	19.50	213.81	0.22
1993	2143.46	1834.72	315.47	83.14	223.42	0.43
1994	3115.31	2478.51	442.62	301.71	333.57	0.23
1995	3707.04	3186.76	605.94	159.98	358.24	2.19
1996	3962.89	3457.14	721.03	59.97	439.88	3.63
1997	4580.71	3887.06	862.68	167.59	524.40	4.43
1998	5101.36	3714.10	856.23	796.92	589.32	3.12
1999	5204.98	4163.98	1113.32	466.16	572.40	6.74
2000	5276.72	4422.92	1291.09	247.92	595.75	11.56
2001	5940.04	4931.40	1524.33	308.06	695.96	15.70
2002	7160.12	5636.44	1567.40	192.48	843.79	25.77
2003	7141.62	5540.61	1543.79	105.02	860.53	15.34
2004	7425.28	5773.62	1667.94	210.93	802.63	13.48
2005	7822.35	6207.52	1727.01	133.30	817.99	15.71
2006	8583.77	6730.01	1845.52	170.00	907.29	9.07
2007	10514.36	7874.27	2109.35	427.43	1276.36	24.68
2008	11363.63	8669.36	2128.48	374.02	1331.51	26.65
2009	12601.37	9327.55	2244.91	623.63	1359.33	26.02
2010	13980.30	10197.09	2529.71	512.66	1613.04	60.53
2011	16057.60	11839.40	2868.32	576.28	1658.38	93.00
2012	18447.93	13891.72	3368.16	486.93	1869.11	37.41
2013	20145.10	15206.16	—	456.46	2071.46	33.06

单位：元

财产性支出	社会保障支出	#个人交纳的养老基金	#个人交纳的住房公积金	#个人交纳的医疗基金	#个人交纳的失业基金	借贷支出
						198.57
						221.99
						250.28
0.96						288.72
1.22						367.02
1.38						385.95
0.51						413.48
1.19						543.05
2.17						696.54
1.52						745.55
2.07						1105.90
5.88						1244.93
1.66						1099.58
1.02						1269.01
2.45						1339.83
10.13						1449.84
4.62						2061.01
0.84	486.57	148.77	243.64	63.53	28.83	2318.06
2.59	632.87	223.80	286.24	91.40	30.40	1979.60
0.63	637.46	220.49	286.51	96.37	32.42	1987.97
2.03	661.51	249.27	279.83	99.99	29.04	2546.03
2.59	773.88	281.83	330.35	123.12	32.30	2958.37
4.13	932.18	324.19	412.13	154.26	37.77	3498.78
2.72	986.02	381.16	393.11	168.20	38.26	3566.20
38.71	1252.15	515.68	467.16	217.06	47.71	3791.57
36.24	1621.27	623.63	668.32	264.08	50.53	4728.35
59.26	1924.28	715.99	827.13	309.71	57.64	4839.68
57.17	2143.00	807.08	913.41	350.73	61.81	5460.77
52.56	2358.47	851.72	995.09	417.77	61.39	1709.57

1-12 城镇居民家庭平均每百户年末耐用消费品拥有量

年 份	成套家具(套)	摩托车(辆)	自行车(辆)	助力车(辆)	家用汽车(辆)	洗衣机(台)	电风扇(台)	电冰箱(台)	冰柜(台)
1985	1.20	1.20	134.30			52.20	15.90	8.60	
1986	0.80	1.40	152.00			59.60	17.80	9.60	
1987	1.32	1.66	160.69			62.35	25.06	16.48	
1988	4.69	2.71	173.50			76.21	25.61	18.89	
1989	4.92	1.86	171.19			77.29	29.66	22.88	
1990	9.83	3.22	185.08			79.66	31.86	32.20	
1991	13.90	1.53	186.27			84.07	37.97	40.85	
1992	19.27	2.82	181.61			87.84	37.88	47.34	
1993	23.23	3.92	193.09			87.44	40.31	49.50	0.53
1994	33.75	8.09	182.44			90.34	41.44	57.19	0.97
1995	38.34	6.33	184.51			92.10	42.44	60.36	0.69
1996	42.90	7.31	185.28			92.80	44.12	64.86	1.12
1997	50.36	8.54	169.93		0.99	88.12	40.38	74.11	2.17
1998	53.20	7.97	171.39		0.99	89.92	42.04	76.62	2.17
1999	54.27	7.65	164.46		1.11	91.29	44.79	77.97	3.89
2000	48.52	8.53	137.63		0.82	95.48	51.30	81.76	3.20
2001	52.14	9.34	146.28		0.78	95.60	55.37	82.15	2.77
2002	68.07	12.89	135.92	0.67	0.47	91.03	58.74	86.46	3.93
2003	65.00	14.34	137.44	0.94	0.51	91.93	58.94	84.33	3.14
2004	70.11	19.10	133.58	1.35	0.79	91.46	57.77	83.52	3.75
2005	62.72	16.04	96.83	2.29	0.81	88.53	53.39	79.72	7.71
2006	63.52	16.59	95.42	3.40	1.08	92.97	55.60	82.65	7.33
2007		19.99		3.95	1.80	93.02		88.34	
2008		14.95		6.14	4.62	91.63		87.53	
2009		17.31		6.73	7.61	93.57		89.75	
2010		18.53		8.60	8.63	93.43		90.20	
2011		13.79		13.77	12.32	96.10		94.34	
2012		14.22		15.77	15.58	97.63		96.99	
2013		13.59		17.19	18.18	94.19		95.37	

彩色电视机（台）	影碟机（台）	录音机（台）	录放像机（台）	计算机（台）	组合音响（套）	摄像机（架）	照相机（架）	钢琴（架）
35.10		51.40					8.20	
42.90		60.60					9.40	
48.65		62.89					12.42	
54.71		76.85					16.01	
61.53		77.46	0.30				16.27	
67.80		77.80	1.69		0.51		20.00	
73.22		83.56	2.88		1.53		23.90	
77.48		83.27	8.87		3.35		24.81	0.53
80.43		84.80	11.16		6.21		27.58	0.53
85.32		75.86	15.08		6.30		36.39	1.19
85.50		75.15	13.78		7.38		37.15	1.20
89.93		75.20	15.33		8.46		36.08	0.78
97.74	5.99	69.83	20.33	0.99	15.71	1.46	36.66	0.71
100.91	10.66	72.09	21.60	1.13	16.04	0.71	38.98	0.99
104.08	22.56	71.85	20.46	2.09	16.39	1.03	34.94	0.72
102.41	33.56	53.69	18.71	5.68	17.53	1.02	33.71	1.38
107.56	41.05	55.58	17.33	7.79	17.52	1.13	34.14	1.80
111.41	53.42	62.71	18.77	13.40	18.58	1.04	40.69	1.93
112.39	55.12	64.02	16.07	15.81	19.68	1.09	39.93	2.37
111.95	56.19	59.80	16.26	17.84	18.29	1.16	40.33	2.51
105.70	61.73	50.05	13.43	23.86	16.10	3.12	37.42	2.23
107.97	66.53	47.81	12.98	28.70	18.86	3.12	39.15	1.96
105.34				34.70	21.12	3.58	33.39	1.38
104.49				41.32	14.61	4.50	25.31	1.95
104.64				45.19	14.97	4.28	26.29	2.23
105.61				47.68	15.06	4.57	26.83	2.04
106.42				61.20	15.10	7.98	29.24	1.36
106.72				65.75	15.99	8.52	33.79	2.63
98.59				60.16	4.12	7.45	32.27	0.00

1-12 续表

年 份	其他中高档乐器（件）	微波炉（台）	空调器（台）	取暖器（台）	电炊具（台）	淋浴热水器（台）	排油烟机（台）	消毒碗柜（台）	洗碗机（台）
1985	5.70		0.20		5.90				
1986	8.60		0.60		8.60				
1987	10.10		0.50		19.83				
1988	16.50		1.34		26.99				
1989	13.39		1.02		33.90				
1990	11.53		0.17		39.83				
1991	10.34		0.34		49.83				
1992	11.55		0.40		62.26	18.34	16.01		
1993	13.66		0.26		75.30	22.18	21.12		
1994	12.21		0.79		73.24	30.55	35.32		
1995	11.84		0.93		72.57	32.46	38.06		
1996	10.13		1.17		75.20	33.36	38.85		
1997	8.45	1.70	2.41		83.77	39.64	50.32		
1998	8.59	1.46	2.55		92.22	41.58	54.00		
1999	7.31	3.66	2.00		92.23	41.09	56.99		
2000	9.09	5.39	2.78		82.07	47.91	64.75		
2001	9.20	5.95	2.64		87.14	51.67	70.57		
2002	13.04	12.37	4.93	8.26	88.15	61.08	78.32	3.08	0.58
2003	13.57	12.96	4.92	8.68	86.02	61.83	76.36	3.82	0.36
2004	12.24	14.29	6.15	7.58	76.99	61.46	75.98	4.23	0.14
2005	5.97	19.68	7.02	6.81	77.97	59.58	76.68	4.56	0.78
2006	6.78	24.15	8.62	8.79	83.37	65.73	78.22	5.38	1.01
2007	7.02	27.80	6.70			69.63		6.08	0.52
2008	4.82	32.40	11.18			69.98		4.01	0.28
2009	6.63	33.76	11.22			72.55		4.05	0.18
2010	6.54	34.84	12.42			74.27		3.80	0.31
2011	5.05	37.75	11.87			76.53		4.76	0.25
2012	6.21	41.58	13.73			79.50		5.41	0.33
2013	5.40	42.49	16.37			80.44		3.02	1.18

饮水机（台）	吸尘器（台）	健身器材（套）	固定电话（部）	移动电话（部）	传真机（部）	接入有线电视电视机（台）	接入互连网计算机（台）	接入互连网移动电话（部）
	9.26		6.10					
	10.45		8.98					
	12.12		15.25					
	15.64		23.05					
	15.07		25.50					
	16.53	0.99	50.63					
	17.10	1.42	54.75	0.43				
	17.30	2.52	56.88	1.38				
	17.43	2.35	37.45	4.81				
	16.42	2.30	79.60	13.72				
23.63	16.73	3.55	91.87	52.54	0.14			
24.97	17.30	3.22	92.73	72.36	0.07			
26.82	16.59	2.72	91.69	87.13	0.14			
32.65	16.24	3.89	87.23	108.61	0.37	97.86	12.43	0.52
36.42	16.79	3.33	87.70	126.56	0.61	97.17	16.09	0.30
		2.58	90.15	140.12		89.58	22.65	0.53
		2.88	82.19	144.40		87.45	28.14	5.63
		2.44	82.80	154.47		87.22	31.40	6.84
		2.65	82.42	159.79		88.34	32.20	7.89
		1.08	77.15	181.54		83.85	48.17	23.05
		1.36	78.33	192.21		85.32	51.93	23.37
		2.24	68.19	188.94		83.02	52.43	74.88

1-13 城镇居民家庭住房情况

年 份	家庭居住人口（人/户）	住房建筑面积（平方米/人）	住房使用面积（平方米/人）	装修状况（%）		有自来水（%）	卫生设备（%）		
				有装修	无装修		无卫生设 备	有厕所浴 室	有厕所无浴室
1985	4.59	14.27	10.70			91.2	68.2	3.1	23.5
1986	4.48	15.89	11.92			86.5	73.5	3.5	21.2
1987	4.45	16.04	12.03			87.8	60.2	4.1	25.9
1988	4.15	16.41	12.31			88.2	59.3	4.2	29.8
1989	3.98	17.27	12.95			90.7	61.8	4.8	29.5
1990	3.92	18.07	13.55			91.3	55.7	5.6	31.7
1991	3.84	19.19	14.39			91.7	56.3	6.6	29.8
1992	3.60	21.11	15.83			90.3	55.8	18.1	24.1
1993	3.47	22.43	16.82			90.7	52.5	25.4	19.5
1994	3.45	21.41	16.06			88.9	44.3	36.5	17.5
1995	3.37	22.09	16.57			90.9	41.9	31.2	23.6
1996	3.29	23.48	17.61			91.0	40.9	29.7	26.1
1997	3.23	18.16	13.62			95.1	30.2	36.1	33.7
1998	3.20	25.27	18.95			95.4	24.8	42.4	32.4
1999	3.16	26.35	19.76			92.2	27.8	50.3	20.0
2000	3.15	26.75	20.06			94.0	25.2	54.2	19.5
2001	3.09	27.47	20.60			95.0	20.7	56.0	21.6
2002	2.99	23.78	18.17	46.0	54.0	96.9	11.4	54.4	28.3
2003	3.03	23.36	17.91	45.9	54.1	96.7	11.3	55.0	25.6
2004	3.04	24.44	18.82	44.6	55.4	97.5	9.6	55.4	27.0
2005	3.03	26.02	20.15	50.9	49.1	98.0	7.2	61.9	23.9
2006	3.00	26.31	20.33	54.4	45.6	98.3	6.0	62.7	25.3
2007	3.02	27.17	20.38	55.1	44.9	98.0	4.8	68.1	21.3
2008	2.99	27.29	20.52	58.7	41.3	99.1	5.8	68.9	20.4
2009	2.99	27.16	20.42	61.6	38.4	95.8	5.7	71.1	20.0
2010	2.97	27.25	20.48	61.8	38.2	96.5	5.7	72.7	18.4
2011	2.89	28.92	21.70	64.6	35.4	97.6	4.8	76.1	17.1
2012	2.91	29.03	21.80	67.6	32.4	98.6	4.4	79.2	15.2
2013	2.81	30.61	22.96	0.0	0.0	99.6	0.0	86.7	10.3

取暖设备（%）			炊用燃料情况（%）			通信设备使用情况		
无取暖设　备	暖　气	其　它	管道天然　气	罐装液化石油气	煤　炭	固定电话（部/百户）	移动电话（部/百户）	使用互联网（条/百户）
	28.6	71.4		23.9	73.9			
	29.0	71.0		21.8	78.2			
	35.9	64.1		24.5	75.5			
	38.7	61.3		31.9	68.1			
	40.9	59.1		34.3	65.7			
	42.9	57.1		34.5	65.6			
	51.2	48.8		39.8	60.0			
	54.9	45.1		48.3	51.7	6.10		
	57.8	42.2		49.0	50.9	8.98		
	67.8	33.2		61.3	38.7	15.25		
	69.5	30.5		62.7	37.3	23.05		
	71.0	29.0		64.8	35.3	32.37		
	71.9	28.1	5.6	76.8	17.6	50.68		
	74.8	25.3	4.2	77.0	18.8	54.75		
	72.4	27.6	3.5	78.7	17.8	56.88		
	73.5	26.6	3.7	85.1	11.3	76.20		
	76.2	23.8	6.4	79.3	14.2	79.60		
	83.4	16.6	9.4	82.4	8.0	91.87	45.20	0.05
	80.7	19.3	12.2	77.6	10.0	92.73	72.36	0.06
	82.0	18.0	16.0	72.9	9.8	91.69	87.13	0.06
	82.5	17.5	30.6	54.4	13.6	87.23	108.61	7.96
	84.8	15.2	38.2	48.8	12.0	87.70	126.56	16.09
	84.7	15.3	53.3	37.3	7.9	90.15	140.12	23.18
	83.7	16.1	52.2	34.2	13.6	82.19	144.40	28.14
	85.3	14.5	54.4	34.2	11.1	82.80	154.47	31.40
	85.1	14.7	53.2	34.3	12.1	82.42	159.79	32.20
	89.4	10.5	62.5	25.6	11.7	77.20	181.50	48.20
	89.8	10.1	67.3	23.0	9.5	78.30	192.21	51.93
	0.0	0.0	75.3	13.1	7.8	68.19	188.94	52.43

1-14 城镇居民最低收入户人均现金收入情况

年 份	家庭总收入	工资性收入	#工资及补贴收入	#其他劳动收入	经营净收入	财产性收入	转移性收入
1985	326.59	265.45	260.48	4.96	43.43		17.71
1986	322.70	208.37	199.60	8.77	78.60		35.74
1987	438.21	348.09	345.98	2.11	53.67		36.45
1988	561.84	402.12	374.16	27.96	32.16	0.96	126.60
1989	514.20	353.64	341.88	11.76	46.08	0.24	114.24
1990	578.60	424.31	397.47	26.84	61.12	0.17	93.00
1991	833.18	705.38	692.53	12.85	49.81	2.63	75.36
1992	944.38	794.57	787.20	7.37	50.25	4.45	95.11
1993	882.03	608.37	595.79	12.58	131.61	7.66	134.38
1994	1296.24	941.36	926.06	15.30	224.91	15.89	114.07
1995	1733.29	1242.33	1204.25	38.08	237.79	14.24	238.94
1996	1961.49	1368.59	1354.92	13.67	398.61	7.57	186.72
1997	1748.95	1379.38	1328.64	50.74	185.11	0.95	183.51
1998	1834.07	1286.75	1257.06	29.69	255.07	2.43	289.81
1999	1897.06	1338.15	1262.35	75.80	210.28	4.55	344.08
2000	1917.58	1383.71	1272.21	111.50	189.87	12.35	331.65
2001	2191.05	1486.96	1375.70	111.27	214.53	17.30	472.26
2002	1746.91	1122.16	996.09	126.08	186.10	36.17	402.48
2003	2558.23	1536.91	1292.64	244.26	416.67	40.52	564.12
2004	2314.49	1287.10	908.99	378.11	461.61	31.51	534.27
2005	2467.54	1466.37	1153.21	313.15	462.50	28.09	510.57
2006	3129.61	2180.90	1734.25	446.65	457.30	10.90	480.51
2007	3733.16	2518.98	2269.73	249.25	647.49	11.29	555.40
2008	3303.51	1764.13	1575.09	189.03	856.12	13.06	670.21
2009	4203.29	2565.53	2402.28	163.25	789.80	25.87	822.09
2010	4658.33	2668.41	2489.52	178.89	902.06	52.99	1034.87
2011	5428.85	3654.06	3489.63	164.43	646.38	24.83	1103.58
2012	7072.02	4538.29	4401.30	136.99	1204.97	24.76	1304.00
2013	7398.71	4207.66	3563.44	644.22	1288.99	95.39	1806.67

单位：元

#养老金或离退休金	#保险收入	#失业保险收入	出售财物收入	借贷收入	#借入款	#住房贷款	可支配收入
			1.00	27.94	12.15		300.53
12.01			6.46	26.89	4.47		302.77
18.29			0.20	37.53	12.58		405.25
74.40			8.76	45.72	17.40		517.68
84.00			2.76	43.32	15.72		467.88
58.78			2.59	60.42	7.59		532.91
15.49			1.01	73.53	23.28		751.51
68.06			1.33	228.22	45.24		930.53
111.56			2.58	204.20	31.28		874.40
90.60			1.74	356.90	67.56		1260.79
209.93			5.70	354.78	94.65		1706.27
144.55			0.32	416.45	115.85		1774.54
122.31			2.39	204.24	62.55		1723.69
210.83			1.58	319.16	103.36		1790.01
263.42			2.09	476.25	100.01		1870.67
276.06			0.82	461.13	241.31		1890.13
370.83			1.90	414.89	88.98		2149.48
152.36	1.03		6.21	1499.63	196.26	63.20	1408.42
194.97	3.21	1.37	16.21	680.43	156.99		2286.13
245.41	3.64	3.64	184.58	462.23	149.96		2152.55
226.20	36.68	36.38	4.03	405.66	119.70		2258.20
276.16	29.45	29.45	3.50	626.60	170.59		2727.16
333.70	0.30	0.30	74.01	1031.34	295.84		3258.57
320.72			30.57	1024.48	149.02		2934.48
415.80			43.49	731.44	59.28		3711.12
490.96			29.94	1346.92	149.73		3922.06
554.86			4.06	1617.56	320.20		4707.66
708.51			0.77	1861.24	51.15		6148.36
998.94	40.03	40.03	2.63	550.17	24.70		6348.46

1-15 城镇居民低收入户人均现金收入情况

年份	家庭总收入	工资性收入	#工资及补贴收入	#其他劳动收入	经营净收入	财产性收入	转移性收入
1985	469.52	406.91	402.23	4.68	32.64		29.96
1986	524.04	465.84	452.85	12.99	25.89		32.31
1987	651.15	507.11	496.84	10.27	74.48		69.57
1988	781.12	673.87	662.97	10.90	21.21	0.71	85.34
1989	776.33	698.17	682.81	15.36	18.27	1.27	58.62
1990	888.36	780.91	771.95	8.96	6.87	0.51	100.07
1991	1077.38	853.13	838.42	14.71	71.42	2.60	150.22
1992	1287.73	1120.74	1104.49	16.25	58.66	3.33	105.01
1993	1425.73	1200.31	1185.30	15.01	139.08	3.37	82.97
1994	1939.43	1761.61	1741.47	20.14	48.21	14.26	115.34
1995	2419.30	2002.56	1954.71	47.85	222.20	7.36	187.17
1996	2634.01	2167.99	2147.25	20.74	112.26	11.19	342.56
1997	2657.38	2014.64	1940.95	73.69	370.33	10.19	262.22
1998	2698.70	2288.83	2283.76	5.07	95.00	4.88	309.99
1999	2811.49	1999.34	1969.55	29.79	187.05	7.61	617.49
2000	2978.99	1751.46	1595.77	155.69	413.91	11.56	802.05
2001	3386.26	2347.11	2166.25	180.86	382.41	28.76	627.97
2002	3520.84	2652.46	2331.73	320.73	316.54	50.38	501.45
2003	4167.52	3090.40	2900.77	189.63	527.13	73.11	476.87
2004	4401.54	3434.07	3240.88	193.19	499.22	23.09	445.16
2005	4184.22	3098.23	2819.69	278.53	431.28	45.00	609.72
2006	5139.32	3661.59	3470.05	191.53	683.96	18.96	774.81
2007	6450.91	4622.86	4405.60	217.26	808.85	40.76	978.44
2008	6130.25	3949.40	3758.31	191.09	907.17	7.32	1266.37
2009	7371.96	5596.78	5458.56	138.22	734.48	63.31	977.39
2010	8350.93	5778.21	5620.77	157.44	1141.50	30.04	1401.19
2011	9528.22	6888.64	6784.58	104.06	1506.47	84.93	1048.18
2012	11692.02	8246.31	7985.96	260.35	2121.05	47.22	1277.44
2013	10562.04	6690.60	6322.12	368.48	1548.74	30.81	2291.88

注：1980 年低收入组占 20%。

单位：元

#养老金或离退休金	#保险收入	#失业保险收入	出售财物收入	借贷收入	#借入款	#住房贷款	可支配收入
5.60			5.44	55.77	23.96		432.02
12.05			2.15	26.74	5.56		489.38
32.78			1.43	91.73	21.91		583.95
45.11			0.61	113.47	17.15		712.51
21.17			3.27	62.89	16.23		721.77
96.47			3.47	74.41	10.16		809.54
77.56			4.55	222.83	22.69		942.89
55.65			10.33	248.13	29.92		1280.34
45.20			2.26	185.62	32.87		1415.83
57.42			8.14	349.71	58.86		1921.12
140.12			7.42	397.72	160.23	0.45	2400.06
277.77			2.65	376.60	127.27		2624.67
168.25			3.84	437.19	131.59		2614.86
240.68			0.73	563.17	110.29	259.65	2669.26
541.24			17.20	500.69	169.14		2777.47
690.05			5.04	696.41	76.27		2956.76
535.80			1.90	522.08	86.00		3331.13
301.62	1.44	1.44	4.82	1688.12	159.92		3232.93
287.74	4.10	3.74		792.53	74.33	105.71	3766.00
193.95	1.61	1.61	3.05	778.26	121.42		3900.66
399.35	10.16	10.16	1.19	1214.64	316.88		3759.28
633.18	0.65		3.18	902.16	66.24		4591.31
783.80	1.43		1.52	1208.38	171.16	14.06	5668.41
946.48			26.54	1228.52	18.68		5490.84
759.51	1.50		18.50	1373.16	53.18		6357.86
1144.44			5.60	1732.63	80.95		7159.58
783.67	2.77	1.30	6.23	1864.17	168.36		8222.87
1052.61	2.62	2.62	1.70	2211.05	108.39		10156.18
1729.55			0.77	744.39	27.45		9402.73

1-16 城镇居民中等偏下收入户人均现金收入情况

年 份	家庭总收入	工资性收入	#工资及补贴收 入	#其他劳动收 入	经营净收入	财产性收入	转移性收入
1985	607.05	546.04	536.41	9.62	16.14		44.88
1986	763.88	708.67	701.55	7.12	6.76		48.46
1987	813.48	706.48	690.91	15.57	38.42		68.57
1988	951.96	808.32	770.52	37.80	29.52	2.40	111.72
1989	1017.00	856.80	848.04	8.76	0.96	1.56	157.68
1990	1153.34	985.74	966.39	19.35	6.81	3.88	156.91
1991	1316.99	1155.51	1148.99	6.52	12.67	3.83	144.98
1992	1562.62	1418.86	1409.02	9.84	34.56	11.73	97.46
1993	1789.66	1522.44	1490.45	31.99	72.29	31.79	163.14
1994	2491.66	2150.87	2110.72	40.15	60.05	29.35	251.38
1995	3088.60	2667.33	2604.20	63.13	86.32	36.53	298.42
1996	3544.74	3095.99	3070.93	25.06	120.80	34.19	293.75
1997	3530.38	3039.46	3016.56	22.90	110.05	15.33	365.55
1998	3537.83	3074.94	3059.66	15.28	105.53	19.80	337.56
1999	3852.24	3010.41	2965.78	44.63	98.73	18.68	724.42
2000	4091.71	3038.05	2872.60	165.45	206.05	43.87	803.75
2001	4528.58	3386.31	3190.37	195.94	303.22	13.61	825.44
2002	5172.16	4315.49	4154.03	164.46	134.42	13.73	708.52
2003	5694.64	4567.36	3628.00	177.03	184.09	74.72	868.47
2004	5953.59	4777.74	4635.52	142.22	403.80	122.03	650.02
2005	6133.80	4363.55	4199.24	164.31	664.57	38.33	1067.35
2006	6960.75	5536.53	5418.06	118.46	667.47	33.39	723.36
2007	8729.40	7180.05	7080.24	99.81	712.93	32.48	803.94
2008	9030.83	6733.82	6626.38	107.44	729.25	165.77	1401.98
2009	9831.74	6517.89	6368.55	149.33	1283.01	65.20	1965.64
2010	11444.68	8478.36	8339.89	138.46	1071.35	103.06	1791.91
2011	13393.90	9895.81	9810.03	85.78	1706.03	69.84	1722.18
2012	16004.34	11729.49	11619.41	110.08	2212.38	75.77	1986.70
2013	17130.35	12604.36	11991.62	612.74	1677.81	40.97	2807.21

单位：元

#养老金或离退休金	#保险收入	#失业保险收入	出售财物收入	借贷收入	#借入款	#住房贷款	可支配收入
4.47			4.12	71.40	21.31		557.25
18.40			2.73	89.27	22.12		688.18
30.50			4.74	94.99	15.84		739.27
63.12			5.04	105.96	18.60		874.20
104.52			3.36	121.92	27.36		930.12
83.82			1.61	160.71	27.50		1050.30
77.15			4.60	192.41	27.40		1180.29
66.46			4.70	164.94	20.55		1555.15
111.75			6.77	313.70	33.00		1780.78
138.26			14.77	442.50	118.12		2487.86
242.23			2.45	391.49	70.55		3074.92
206.72			6.73	469.63	63.08		3516.84
290.17			0.64	386.46	59.75		3506.38
269.13			4.88	936.03	131.54	289.09	3507.59
631.02			6.76	1248.29	387.38		3828.72
718.55			1.25	1083.60	120.32	212.46	4046.42
732.07			13.41	1769.43	56.64	0.34	4479.41
569.62	0.92	0.92	7.54	1304.74	54.13	1.38	4708.65
546.77	4.81	3.50	2.14	755.89	47.98	2.01	5117.27
494.32	14.95	14.95	2.91	641.06	56.76	2.40	5433.73
881.38	3.67	2.90	3.30	1099.91	58.83	1.26	5619.70
610.45	3.06	2.22	1.14	1401.10	37.75	2.59	6302.00
703.41	0.10	0.10	1.60	1593.93	12.93	0.62	7813.01
1259.44	0.50	0.01	8.40	1908.66	94.98	1.04	8223.73
1784.39			8.49	1588.71	132.50		8829.03
1532.08	0.29		233.02	2388.96	107.93	155.23	9931.05
1463.21	12.55	11.93	4.79	2800.37	74.36		11528.80
1785.40	3.00		1.08	2903.16	136.14		14023.62
2524.37			33.74	1238.15	52.62	10.88	14723.90

1-17 城镇居民中等收入户人均现金收入情况

年 份	家庭总收入	工资性收入	#工资及补贴收 入	#其他劳动收 入	经营净收入	财产性收入	转移性收入
1985	794.66	730.13	722.58	7.55	18.21		46.33
1986	963.96	885.00	875.78	9.21	6.74		72.22
1987	1031.13	909.71	903.46	6.25	18.23		103.18
1988	1180.20	996.60	977.52	19.08	14.40	2.64	166.56
1989	1318.56	1128.00	1110.48	17.52		2.76	187.80
1990	1487.02	1239.31	1217.33	21.98	0.72	4.52	242.47
1991	1663.01	1485.73	1478.86	6.87	35.65	7.78	133.83
1992	2033.98	1703.95	1676.84	27.11	65.92	19.95	244.15
1993	2374.29	2078.55	2067.29	11.26	4.94	31.10	259.70
1994	2985.60	2526.11	2494.79	31.32	82.27	34.81	342.40
1995	4023.91	3600.79	3584.71	16.08	42.53	36.22	344.36
1996	4441.70	3570.35	3553.42	16.93	228.76	57.86	584.72
1997	4444.15	3803.90	3800.59	3.31	41.92	48.34	549.99
1998	4589.53	3945.35	3907.19	38.16	43.92	26.72	573.54
1999	5054.25	4107.49	4061.08	46.41	118.67	17.15	810.93
2000	5630.97	4087.88	3999.69	88.19	208.23	15.29	1319.55
2001	6144.74	4983.66	4870.83	112.83	173.01	21.69	966.38
2002	6930.44	5636.36	5567.96	68.40	114.65	18.49	1160.95
2003	7547.32	6190.61	6104.37	86.25	201.86	30.25	1124.60
2004	7841.95	6642.07	6507.69	134.38	206.80	34.72	958.36
2005	8279.86	6546.16	6380.54	165.62	580.78	36.35	1116.57
2006	9020.59	7816.45	7735.29	81.17	363.53	7.02	833.60
2007	11293.26	9026.75	9005.98	20.78	854.76	59.34	1352.41
2008	12702.84	9824.37	9748.61	75.77	1208.74	174.22	1495.51
2009	13607.94	11220.46	11166.59	53.87	847.92	71.19	1468.37
2010	15472.47	12464.18	12371.49	92.69	1064.82	111.48	1831.99
2011	17883.00	13696.30	13623.50	72.79	1627.79	92.70	2466.18
2012	20704.85	15338.50	15225.16	113.33	1280.12	96.91	3989.32
2013	22672.01	15177.38	14607.07	570.31	2205.24	218.11	5071.28

单位：元

#养老金或离退休金	#保险收入	#失业保险收入	出售财物收入	借贷收入	#借入款	#住房贷款	可支配收入
4.68			4.62	126.55	29.96		728.23
28.16			10.69	121.40	29.44		874.26
57.41			3.25	163.70	27.56		931.22
101.88			0.96	182.76	37.92		1086.96
120.60			1.32	212.04	43.68		1212.72
159.29			2.07	221.94	26.98		1355.31
52.12			3.75	279.55	55.16		1508.94
175.61			7.09	529.68	87.54		2401.27
195.50			5.18	397.13	80.39		2365.13
252.07			9.31	620.61	81.66		2980.13
265.41			8.04	478.44	89.19		3984.83
499.50			7.19	506.48	102.86		4422.64
455.92			0.77	969.20	297.24	13.56	4414.88
437.87			12.59	1062.95	216.95	29.26	4561.74
644.49			6.16	1160.12	106.26	135.02	5025.06
1192.88			6.67	1299.15	153.85	21.20	5588.47
848.22			0.50	1945.75	348.46	169.44	6093.24
1022.41	0.68	0.68	7.70	2312.80	185.47		6374.09
808.01	5.75		7.78	1538.82	115.84		6871.01
760.30	9.40	8.16	123.56	2159.85	214.56	230.09	7139.05
956.47	3.75	2.94	187.13	1563.50	40.85	10.02	7653.15
684.70	7.91	6.97	7.10	1742.78	25.65	0.13	8325.90
1228.99			62.62	2227.34	74.66		10264.05
1265.04	9.79	1.26	2.44	2828.83	144.42	1.99	11473.25
1253.94			1.84	2667.94	74.13	41.82	12306.84
1541.52			2.12	3370.71	192.69		13593.46
2216.19			0.21	2907.21	180.13		15711.60
3700.08	2.56	2.56	1.68	2974.47	26.51		18337.10
4797.57	0.83	0.83	3.64	1194.14	336.06	4.42	20218.20

1-18 城镇居民中等偏上收入户人均现金收入情况

年 份	家庭总收入	工资性收入	#工资及补贴收 入	#其他劳动收 入	经营净收入	财产性收入	转移性收入
1985	990.24	910.16	902.25	7.90	13.35		66.73
1986	1163.32	1051.75	1047.16	4.60	46.96		64.61
1987	1289.37	1152.65	1149.38	3.27	18.52		118.20
1988	1469.88	1272.96	1253.52	19.44	1.44	6.60	188.88
1989	1635.12	1409.76	1390.32	19.44	10.20	6.24	208.92
1990	1779.47	1471.56	1457.14	14.42	1.38	9.68	296.84
1991	1966.32	1692.95	1687.78	5.17	12.26	10.03	251.07
1992	2407.70	2070.02	2055.05	14.97	110.14	31.49	196.05
1993	3098.19	2423.56	2409.22	14.34	38.35	34.90	601.39
1994	3885.91	3242.74	3209.55	33.19	11.33	58.50	573.33
1995	5153.91	4497.63	4475.48	22.15	56.04	54.19	546.05
1996	5744.88	4646.86	4570.41	76.45	41.64	117.26	939.13
1997	5922.54	4678.28	4651.98	26.30	179.01	89.28	975.98
1998	6095.16	4978.33	4945.34	32.99	145.93	48.34	922.55
1999	6477.58	5146.65	5112.18	34.47	106.84	39.70	1184.40
2000	7048.12	5613.67	5602.23	11.44	179.68	87.21	1167.55
2001	7789.88	6506.13	6488.15	17.98	112.12	59.45	1112.18
2002	8897.33	7368.11	7297.45	70.65	242.20	33.88	1253.15
2003	9737.07	8513.22	8400.53	112.70	171.89	50.34	1001.61
2004	10446.27	8510.31	8439.86	70.45	361.69	82.26	1492.01
2005	10912.43	8757.54	8659.66	97.88	498.28	65.40	1591.21
2006	11579.77	8882.19	8827.58	54.61	625.71	73.44	1998.43
2007	14357.80	11702.94	11660.59	42.35	756.63	76.06	1822.17
2008	16176.06	13077.43	12986.61	90.82	771.13	185.76	2141.74
2009	17631.97	14738.40	14682.79	55.62	707.80	136.11	2049.65
2010	19931.63	16189.91	16062.85	127.06	887.00	208.36	2646.36
2011	23408.60	16195.90	16104.00	91.99	1336.85	260.32	5615.44
2012	26507.66	19005.86	18992.52	13.34	1962.33	142.97	5396.50
2013	29573.41	20238.56	19825.05	413.52	2006.87	175.88	7152.10

单位：元

#养老金或离退休金	#保险收入	#失业保险收入	出售财物收入	借贷收入	#借入款	#住房贷款	可支配收入
12.81			8.60	232.41	41.54		908.64
14.35			7.71	194.23	27.62		1072.92
59.67			12.29	137.54	18.08		1170.85
107.16			7.08	239.64	46.44		1354.92
130.32			5.28	242.28	37.44		1529.88
209.35			7.39	280.03	27.22		1652.99
152.44			6.29	238.23	45.25		1795.86
131.92			2.81	324.11	43.49		2401.27
514.57			2.04	549.08	27.86		3080.58
454.95			12.86	998.17	193.66		3875.93
424.63			17.94	1072.71	220.30		5140.82
744.19			1.11	687.82	94.04		5738.15
785.89			6.86	1191.74	92.34		5887.66
770.66			11.45	1639.94	287.26	54.92	6032.53
895.32			44.17	1598.52	179.10	1.16	6406.00
993.55			2.93	1235.77	160.02	3.10	7006.91
945.37			4.89	1526.91	280.53	88.50	7728.54
1036.54	11.30	1.45	35.68	2500.44	268.60	0.79	8242.00
767.81	1.17	0.03	3.57	1967.93	129.83		8809.03
1181.62	2.90	2.00	2.59	1282.88	38.64	48.75	9505.17
1378.81	7.34		4.39	2048.51	51.27	34.93	10069.53
1804.83			6.17	1795.93	82.21	11.54	10730.39
1695.20	4.80	0.60	24.11	3627.22	356.40	11.45	13064.33
1914.64	1.18		0.18	4163.38	317.32	288.32	14917.64
1791.44	19.72	5.03	0.77	3791.66	58.64	149.80	15815.16
2400.74	3.39		0.02	4159.38	189.62		17727.84
5209.69	0.79	0.79	5.98	6351.59	371.08		20843.20
5127.51	6.08	6.08	0.44	5917.75	212.60	136.20	23533.65
6816.89			1.56	1581.62	232.36	5.27	26488.14

1-19 城镇居民高收入户人均现金收入情况

年 份	家庭总收入	工资性收入	#工资及补贴收入	#其他劳动收入	经营净收入	财产性收入	转移性收入
1985	1230.82	1156.95	1152.11	4.85	2.64		71.23
1986	1402.38	1299.95	1289.86	10.10	20.54		81.89
1987	1526.08	1408.26	1395.47	12.79			117.82
1988	1750.04	1419.13	1368.76	50.37	72.97	5.22	252.71
1989	2025.02	1628.54	1610.91	17.63	89.06	18.32	289.10
1990	2212.18	1804.77	1754.64	50.13		21.13	386.28
1991	2344.75	1977.16	1965.66	11.50	20.21	47.44	299.93
1992	2911.42	2459.83	2445.98	13.85		54.13	397.46
1993	4052.40	3087.23	3068.54	18.69	27.90	59.01	878.25
1994	4912.66	3589.57	3542.45	47.12	24.20	127.57	1171.31
1995	6428.55	5003.54	4966.80	36.74	51.34	156.42	1217.27
1996	7312.16	5734.50	5725.40	9.10	161.84	131.25	1284.58
1997	7864.94	6052.51	6005.21	47.30	154.75	158.20	1499.49
1998	8226.13	6303.72	6260.19	43.53	54.18	37.30	1830.92
1999	8224.50	5665.25	5606.52	58.73	157.33	67.41	2334.51
2000	8967.21	6429.92	6397.74	32.20	308.45	22.03	2206.79
2001	9846.36	7014.86	6933.25	81.61	239.87	85.75	2505.87
2002	11593.56	7784.97	7670.29	12.07	374.59	116.09	3317.92
2003	12154.32	8645.24	8615.87	29.37	503.98	229.75	2775.35
2004	13256.45	10710.54	10647.42	63.12	213.26	35.92	2296.74
2005	14193.51	11376.60	11291.09	85.51	430.72	87.15	2299.04
2006	15319.48	11829.40	11734.44	94.96	857.89	226.19	2405.99
2007	18164.01	15895.73	15833.97	61.76	268.05	136.12	1864.12
2008	20430.28	15046.14	14972.83	73.31	1262.29	280.50	3841.35
2009	22808.61	16370.73	16348.32	22.41	1038.27	264.28	5135.33
2010	25697.86	16540.41	16486.25	54.16	1190.39	426.95	7540.11
2011	30283.30	21781.70	21726.50	55.17	1379.14	334.89	6787.60
2012	33189.02	23492.97	23340.87	152.10	728.31	217.55	8750.18
2013	37011.70	26701.29	26691.08	10.21	1716.07	218.01	8376.32

注：1980 年高收入组占 20%。

单位：元

#养老金或离退休金	#保险收入	#失业保险收入	出售财物收入	借贷收入	#借入款	#住房贷款	可支配收入
1.43			17.73	272.71	28.46		1137.50
34.76			7.23	203.60	32.62		1278.39
63.13			2.54	219.81	24.65		1402.08
163.82			5.94	620.28	85.38		3257.24
196.27			3.32	365.22	60.14		1868.70
284.42			2.67	386.08	85.46		2010.80
188.44			4.25	359.84	52.56		2156.16
279.01			27.18	618.32	66.04		2901.01
780.32			14.44	720.27	64.09	13.73	4032.21
947.41			1.09	1437.23	291.35		4881.00
978.17			9.41	1375.32	126.20		6411.48
1038.63			8.63	1190.05	69.47		7294.17
964.26			6.92	1978.19	60.58	157.89	7820.91
1650.88			2.71	2142.60	445.26		8189.95
2116.41			35.19	2418.29	160.04	888.95	8171.29
2047.24			3.47	2015.22	161.78	45.59	8918.75
2079.29			18.26	1951.63	213.15	45.70	9756.71
2940.96	15.82	2.50	0.48	3250.36	237.06	4.88	10860.29
2436.10	1.39		31.02	2426.14	330.42	152.51	11256.30
1959.41	0.57		0.14	2514.25	227.67	4.77	12125.04
2039.42	2.81		112.36	3231.11	206.88		13054.70
1960.27	0.87		2.19	3671.61	198.02	117.00	14013.89
1605.42	38.01	0.60	316.80	5263.91	328.91	239.00	16491.18
3450.33	4.59		37.60	3045.90	180.08	12.52	19002.80
4802.29			1.07	4896.67	53.81		20543.89
7062.35	1.46		224.24	5288.41	107.48	1.65	23008.35
6487.28	1.92		0.47	5624.86	57.07		26612.30
8322.88	0.09		2.28	7493.85	5.71	27.91	29817.89
7819.78				4270.94	531.29	65.93	33108.56

1-20 城镇居民最高收入户人均现金收入情况

年　份	家庭总收入	工资性收入	#工资及补贴收　入	#其他劳动收　入	经营净收入	财产性收入	转移性收入
1985	1703.33	1179.48	1166.17	13.32	358.29		165.56
1986	1926.90	1535.66	1522.27	13.39	240.48		150.76
1987	1964.70	1573.02	1569.92	3.10	178.39		213.29
1988	2226.36	1580.16	1502.76	77.40		18.96	627.24
1989	2610.60	1907.76	1855.56	52.20		17.88	684.96
1990	2874.66	2096.44	2087.04	9.40	129.28	45.92	603.02
1991	3062.49	2249.44	2222.72	26.72	348.62	29.02	435.41
1992	3815.47	2509.96	2496.11	13.85	174.59	40.51	1090.41
1993	5634.59	3502.91	3443.88	59.03	407.52	540.02	1184.14
1994	6912.05	4594.84	4552.83	42.01	421.40	150.72	1745.09
1995	8934.33	7201.12	7115.50	85.62		160.64	1572.57
1996	9960.00	7621.46	7605.20	16.26	761.66	239.81	1337.07
1997	11793.73	7443.32	7298.26	145.06	290.93	397.09	3662.39
1998	11898.32	7665.33	7476.48	188.85	541.66	260.20	3431.13
1999	12692.59	7874.57	7727.41	147.16	608.81	280.94	3928.27
2000	13174.91	8875.75	8715.10	160.65	239.08	57.05	4003.03
2001	13908.00	9590.73	9451.15	134.73	297.54	111.35	3908.38
2002	17501.50	10889.36	10458.43	430.93	580.67	253.84	5777.63
2003	17172.08	12695.72	12545.66	150.06	283.61	135.13	4057.62
2004	18190.80	11523.57	11381.62	141.96	629.28	32.71	6005.24
2005	19844.21	13730.78	13026.15	704.63	362.44	127.53	5623.46
2006	22216.85	15592.80	15306.18	286.62	695.79	145.37	5782.89
2007	24599.98	16972.20	16737.86	234.35	323.61	240.91	7063.26
2008	29125.18	21806.56	21624.92	181.64	1183.33	96.33	6038.97
2009	32789.57	21977.98	21952.71	25.27	1925.20	462.34	8424.05
2010	36943.26	24048.64	24034.21	14.43	2602.23	355.99	9936.40
2011	42047.90	28569.30	28375.40	193.92	1439.50	442.60	11596.50
2012	43268.57	29851.08	29174.34	676.74	1229.36	850.87	11337.26
2013	43939.74	30245.70	30245.68	0.01	2842.46	12.46	10839.13

单位：元

#养老金或离退休金	#保险收入	#失业保险收入	出售财物收入	借贷收入	#借入款	#住房贷款	可支配收入
15.23			75.24	288.54	35.64		1592.34
47.36			17.48	294.52	69.74		1777.13
122.22			7.18	288.95	20.21		1811.77
445.56			19.68	558.12	66.24		170.54
526.92			37.68	505.92	67.80		2405.04
379.94			34.94	539.22	38.73		2651.94
296.05			10.62	594.07	63.02		2880.92
906.15			8.13	730.67	43.18		3794.84
1031.81			31.72	1256.14	174.18		5632.47
1115.61			21.21	2175.81	216.23	11.99	6901.19
1122.03			162.64	1584.48	94.40		8928.80
1038.32			6.16	1593.86	135.95		9942.36
3313.71			86.43	2824.29	249.41		11737.03
3064.73			1.70	5659.08	616.80	873.56	11832.32
2866.34			687.54	3447.63	485.73	6.75	12644.47
3097.24			496.40	3108.54	228.90	272.13	13099.44
3348.08			261.73	4892.83	596.57	207.65	13798.00
4601.63	40.74	2.50	9.82	4363.07	80.97	2.90	16769.14
3576.37			80.85	3148.62	85.25	172.16	16051.54
4620.83			4.33	3255.87	4.93		17066.24
4788.64	5.77	1.21	1.80	6839.35	322.22	17.15	18210.55
4603.94	10.75		1.90	7003.07	116.75	50.41	20417.90
6509.40	10.56		174.67	8252.25	256.51	760.52	22872.33
5670.55			0.99	6275.84	383.38	16.44	27056.83
8017.80			529.61	10978.33	232.70	970.51	30413.99
8996.09	12.98		3.36	11033.78	112.59	7.79	33810.81
10588.50	0.25		314.99	7054.15	84.81	1.09	37845.80
10779.35	0.41		6.47	10274.23	306.64		39236.07
10172.70				4234.82	254.20	32.19	39799.63

1-21 城镇居民最低收入户人均现金支出情况

年份	家庭总支出	消费性支出	#服务性消费支出	购房与建房支出	转移性支出	#交纳的个人收入税
1985	301.72	281.93	17.21		19.79	
1986	310.76	297.60	16.77		13.16	
1987	412.39	387.52	25.53		24.87	
1988	512.04	467.76	35.76		44.28	
1989	464.28	424.68	37.80		39.60	
1990	540.67	500.83	65.30		39.82	
1991	738.99	668.14	62.94		70.81	0.12
1992	969.43	832.49	153.06	0.55	136.17	
1993	922.22	821.45	176.26	0.55	98.20	0.16
1994	1481.08	1245.47	212.41		235.42	
1995	1777.19	1512.69	292.01	67.13	197.38	0.05
1996	2071.48	1669.76	303.89		400.89	0.22
1997	1717.68	1541.02	307.25	4.24	171.90	
1998	1982.95	1758.61	332.42	52.21	171.35	
1999	2076.23	1891.63	508.89	39.72	141.04	1.12
2000	2077.40	1862.17	521.11	59.76	152.86	2.59
2001	2360.80	2170.40	664.12	2.25	187.52	0.39
2002	3436.01	2839.84	766.92	0.01	287.43	8.93
2003	2980.04	2511.35	628.71		230.05	0.19
2004	2568.35	2284.84	524.01	28.24	129.72	0.03
2005	2634.92	2262.79	453.35		178.96	0.76
2006	3314.30	2703.52	557.28	49.08	187.89	0.32
2007	4307.02	3481.40	721.58	60.49	341.84	0.65
2008	3976.69	3171.79	599.63		470.21	0.31
2009	4370.96	3621.20	686.88		315.99	0.72
2010	5361.46	4243.09	821.97	42.47	415.51	1.62
2011	6372.75	5262.41	1013.54		469.05	5.57
2012	7997.31	6620.27	1272.47		547.94	13.55
2013	8255.72	6606.09		19.99	668.89	

单位：元

财产性支出	社会保障支出	#个人交纳的养老基金	#个人交纳的住房公积金	#个人交纳的医疗基金	#个人交纳的失业基金	借贷支出
						49.41
						29.56
						56.69
						64.32
						85.32
0.02						71.26
0.04						123.10
0.22						168.83
2.03						155.71
0.20						142.79
						256.14
0.84						230.40
0.52						159.37
0.78						165.94
3.86						222.88
2.59						165.72
0.61						294.47
0.06	308.67	201.12	54.56	38.94	12.48	479.78
3.55	235.10	141.15	37.31	45.22	10.35	324.16
	125.55	87.25	13.27	20.92	4.06	322.86
0.66	192.52	148.47	20.88	18.43	4.41	187.67
	373.81	209.00	88.01	56.98	10.91	410.47
	423.29	281.40	68.84	61.31	11.41	500.12
13.06	334.69	193.39	69.51	60.80	6.91	321.89
3.10	430.66	290.05	62.55	65.50	10.04	517.63
1.23	659.16	458.92	69.72	114.39	12.26	594.32
0.19	641.11	366.78	123.55	117.44	14.03	582.88
0.85	828.25	425.95	236.83	146.87	15.85	790.35
95.39	944.34	557.28	119.19	244.20	12.26	314.41

1-22 城镇居民低收入户人均现金支出情况

年份	家庭总支出	消费性支出	#服务性消费支出	购房与建房支出	转移性支出	#交纳的个人收入税
1985	437.79	405.68	24.91		32.11	
1986	462.83	432.43	37.16		30.39	
1987	612.39	552.25	58.39		60.14	
1988	765.19	701.56	58.68		63.64	
1989	644.27	594.89	56.34		49.38	
1990	745.33	670.50	67.71		74.81	
1991	1055.67	928.68	120.06		125.99	0.17
1992	1286.53	1103.61	170.21		182.40	
1993	1283.42	1051.78	213.85	0.12	229.24	0.72
1994	1903.27	1603.80	298.40	39.35	260.13	
1995	2310.24	2028.34	405.49	36.79	244.41	0.58
1996	2440.15	2138.64	472.61	19.08	281.37	1.04
1997	2678.32	2422.39	436.59		253.14	1.92
1998	2945.11	2325.97	530.26	342.65	276.27	0.19
1999	2876.19	2516.57	645.50	70.93	288.66	0.73
2000	2982.03	2706.69	805.90	21.15	253.47	0.54
2001	3359.79	3056.05	930.89		298.54	2.30
2002	5021.73	3697.55	962.24	712.75	340.50	4.78
2003	4276.93	3497.79	871.10	3.10	404.45	3.40
2004	4442.48	3578.70	1082.13	82.48	331.64	3.65
2005	4782.48	3690.27	830.86	255.69	435.42	0.93
2006	4753.11	3860.89	922.62		375.69	0.31
2007	6264.18	4828.37	1102.74	151.78	610.54	1.94
2008	6242.07	5060.78	973.41	1.30	581.52	2.23
2009	7460.49	5773.70	1262.45	27.89	706.66	6.43
2010	8211.87	6408.72	1337.26		712.79	4.91
2011	9401.97	7395.11	1579.69	16.89	783.06	19.67
2012	11471.78	8897.41	1988.44	5.68	1089.96	7.80
2013	11849.06	9706.50		78.00	1005.50	0.18

注：1980 年低收入组占 20%。

单位：元

财产性支出	社会保障支出	#个人交纳的养老基金	#个人交纳的住房公积金	#个人交纳的医疗基金	#个人交纳的失业基金	借贷支出
						80.31
						68.09
						122.52
						107.36
						161.80
0.02						169.12
1.00						206.12
0.52						223.73
2.28						303.17
						335.02
0.70						465.62
1.05						485.45
2.80						341.01
0.24						247.57
0.03						306.54
0.71						505.22
5.20						537.75
0.36	270.58	125.72	88.31	39.51	16.47	658.27
	371.59	207.46	88.81	61.05	13.18	685.38
0.23	449.45	278.81	82.27	65.76	22.52	577.52
	401.10	237.06	96.93	49.46	13.89	467.66
	516.53	279.42	96.92	118.21	20.52	1166.22
0.39	673.11	352.34	160.69	140.59	18.69	1208.95
	598.47	354.12	102.92	120.83	16.10	949.37
7.36	944.89	537.99	177.04	195.24	32.79	1195.63
1.29	1089.07	642.62	193.31	215.19	32.46	1610.68
15.32	1191.59	647.46	253.94	255.26	31.10	1701.34
34.14	1444.60	821.69	302.03	279.07	34.61	2160.97
1.18	1057.89	528.88	299.19	196.08	21.43	509.84

1-23 城镇居民中等偏下收入户人均现金支出情况

年　份	家庭总支出	消费性支出	#服务性消费支出	购房与建房支出	转移性支出	#交纳的个人收入税
1985	552.20	505.62	34.71		46.58	
1986	677.48	603.15	53.67		74.33	
1987	716.16	652.62	59.46		63.54	
1988	843.36	768.24	66.48		74.76	
1989	882.00	798.12	90.12	0.36	83.52	
1990	1037.96	941.58	108.29		96.38	
1991	1145.58	1008.83	120.69		136.75	
1992	1333.35	1159.86	204.56	5.61	167.49	0.21
1993	1749.91	1493.59	243.16	73.45	179.01	0.53
1994	2495.88	2060.22	329.32	144.79	290.33	
1995	2886.98	2513.12	436.98	117.34	256.31	0.15
1996	3232.78	2779.80	542.48	35.89	417.07	0.85
1997	3257.24	2930.40	586.57	2.54	323.85	0.49
1998	3866.80	2939.83	647.59	473.19	453.78	0.54
1999	4317.33	3250.26	829.29	722.77	344.19	2.11
2000	4311.48	3470.15	910.95	390.58	425.92	4.29
2001	4438.36	3901.11	1231.57	97.52	437.49	5.24
2002	5628.37	4405.26	1161.99	202.59	581.17	12.00
2003	5390.85	4324.66	1171.51	12.97	497.61	2.34
2004	5525.13	4512.65	1250.62	50.48	482.83	2.01
2005	5627.36	4698.79	1212.92	33.96	406.75	3.50
2006	6679.08	5281.49	1312.24	175.55	596.07	2.71
2007	8094.21	6363.28	1655.21	81.88	781.31	17.11
2008	8637.76	6885.40	1629.00	170.86	810.79	10.60
2009	9363.60	7362.38	1635.34	227.03	777.23	3.08
2010	11042.96	8069.31	1933.33	578.97	970.33	10.06
2011	13005.60	9859.01	2511.40	217.50	1184.58	60.74
2012	14913.99	11593.10	2715.09	59.84	1353.65	27.55
2013	16196.85	11842.04		652.25	1417.29	32.50

单位：元

财产性支出	社会保障支出	#个人交纳的养老基金	#个人交纳的住房公积金	#个人交纳的医疗基金	#个人交纳的失业基金	借贷支出
						112.70
						161.62
						164.77
0.36						186.24
						243.24
						253.94
						306.61
0.39						349.61
3.86						324.10
0.54						390.70
0.22						465.62
0.02						691.33
0.44						536.44
						560.60
0.12						611.54
24.84						698.27
2.24						1876.12
0.55	438.81	169.50	177.39	66.90	23.04	1105.75
	555.62	283.03	172.12	70.81	28.45	1094.79
0.13	479.04	205.46	168.00	77.44	27.85	846.70
0.37	487.48	251.43	139.79	74.75	18.54	1321.51
	625.96	293.61	195.93	103.49	29.83	1474.93
1.37	866.37	390.97	285.33	150.77	34.29	2001.82
0.63	770.08	376.80	231.88	130.32	27.89	2040.68
6.83	936.52	475.61	239.80	188.18	30.22	1875.74
15.83	1408.51	629.85	477.87	253.42	41.15	2711.57
28.55	1715.93	771.47	570.73	316.62	46.38	2870.33
35.94	1871.48	844.33	597.09	373.20	46.73	3776.42
25.79	2259.48	996.10	731.55	442.91	61.26	1252.83

1-24 城镇居民中等收入户人均现金支出情况

年份	家庭总支出	消费性支出	#服务性消费支出	购房与建房支出	转移性支出	#交纳的个人收入税
1985	716.08	649.95	43.88		66.14	
1986	840.58	750.00	68.66		90.58	
1987	916.64	818.37	71.85		98.28	
1988	1063.56	977.76	94.56		85.56	
1989	1130.40	1030.92	111.48		99.48	
1990	1324.94	1201.44	152.45		123.51	
1991	1497.20	1346.45	214.53		148.90	0.10
1992	1960.56	1634.09	313.68	85.18	237.68	
1993	2114.16	1880.72	362.38	46.76	185.22	
1994	2849.94	2404.63	436.65	199.96	244.95	
1995	3555.68	3180.29	594.42	51.37	323.59	0.04
1996	3685.15	3260.22	680.21	35.28	383.14	0.75
1997	4524.63	3783.63	798.38	324.84	415.89	0.73
1998	4536.29	3621.70	886.14	416.62	496.62	0.76
1999	4936.47	4081.51	1033.49	324.87	528.57	2.03
2000	5181.71	4461.50	1219.74	102.15	606.88	7.33
2001	6309.95	5045.81	1527.28	661.48	601.02	8.39
2002	6623.04	5334.84	1437.77	21.06	742.66	21.23
2003	7196.24	5771.77	1661.75	1.66	773.54	8.50
2004	8135.03	6196.24	1700.05	503.63	783.90	9.08
2005	7522.90	6217.45	1746.18	30.77	680.59	9.08
2006	7987.27	6572.63	1678.19	18.36	732.45	5.88
2007	9987.76	7867.17	2067.63	21.41	1218.79	12.89
2008	11749.78	8939.33	2201.62	288.55	1349.06	23.64
2009	12438.05	9258.36	2181.82	551.27	1353.25	12.38
2010	14037.25	10395.39	2329.48	169.61	1708.93	61.35
2011	15567.80	11624.60	2637.51	346.40	1498.27	31.71
2012	17801.49	13763.03	3390.90	85.25	1626.10	24.10
2013	19986.70	15713.37		49.24	1811.12	18.19

单位：元

财产性支出	社会保障支出	#个人交纳的养老基金	#个人交纳的住房公积金	#个人交纳的医疗基金	#个人交纳的失业基金	借贷支出
						188.26
						225.74
						256.43
0.24						271.20
						387.36
						358.32
1.85						392.84
3.61						560.99
1.47						638.14
0.40						646.78
0.42						847.34
6.50						1086.31
0.28						716.27
1.36						925.98
1.51						1053.85
11.19						1546.16
1.63						1715.63
0.16	524.31	133.16	284.17	71.49	34.76	2704.77
8.62	640.65	238.53	287.83	81.53	32.42	1812.85
1.59	649.67	236.20	279.73	94.60	34.22	1800.49
0.75	593.34	234.77	231.90	92.61	32.53	2175.49
8.03	655.82	236.92	281.17	103.96	26.39	2504.33
0.31	880.08	284.80	428.64	128.19	36.42	3300.21
1.13	1171.71	461.44	477.74	182.70	46.04	3452.91
45.21	1229.96	487.46	487.37	201.32	51.11	3693.46
28.87	1734.45	639.07	722.30	292.04	58.03	4538.76
49.40	2049.15	807.15	812.10	355.71	62.21	4757.09
58.32	2268.78	893.48	890.08	403.68	69.48	5351.56
84.58	2328.39	937.48	868.72	418.34	66.99	1350.09

1-25　城镇居民中等偏上收入户人均现金支出情况

年　份	家庭总支出	消费性支出	#服务性消费支出	购房与建房支出	转移性支出	#交纳的个人收入税
1985	925.33	847.21	61.59		78.12	
1986	1030.24	939.34	77.24		90.90	
1987	1073.20	960.20	97.53		113.00	
1988	1293.60	1180.08	114.72		113.52	
1989	1329.60	1223.64	136.92		105.96	
1990	1476.30	1356.86	159.35		119.44	
1991	1655.88	1499.54	183.14		156.17	
1992	1922.90	1678.12	282.10	11.22	233.11	0.04
1993	2600.12	2250.58	344.51	59.52	288.50	0.28
1994	3747.25	2852.91	488.95	492.27	401.88	1.22
1995	4476.98	3864.76	656.09	152.25	453.48	5.89
1996	4952.55	4403.30	880.74	88.59	457.15	3.45
1997	5660.34	4855.85	1092.69	140.21	664.18	2.28
1998	5979.84	4456.55	1065.06	794.07	727.54	3.32
1999	6204.15	5274.46	1451.44	211.15	711.83	9.65
2000	6222.43	5350.61	1669.60	131.53	737.29	18.14
2001	6800.03	5873.82	1803.40	219.96	693.04	21.77
2002	8780.51	6978.24	1995.43	141.70	1054.72	43.70
2003	8999.06	6637.97	1842.20	305.32	1182.84	24.03
2004	8834.58	6671.54	1966.46	104.55	1184.38	16.20
2005	9203.03	7333.67	2154.45	13.01	1062.49	21.39
2006	9692.23	7751.94	2154.78	29.02	1113.60	13.92
2007	12875.76	9763.73	2649.84	416.14	1622.32	34.12
2008	15085.13	11250.22	2779.74	901.33	1729.37	29.68
2009	16224.17	12186.08	2950.91	457.17	1808.50	30.79
2010	17468.14	13155.58	3394.90	278.88	1984.60	90.87
2011	22535.80	15986.50	3813.30	1659.68	2482.09	124.76
2012	24190.55	17882.40	4254.98	1065.28	2338.67	44.05
2013	24593.17	18643.95		719.13	2204.58	32.90

单位：元

财产性支出	社会保障支出	#个人交纳的养老基金	#个人交纳的住房公积金	#个人交纳的医疗基金	#个人交纳的失业基金	借贷支出
						271.63
						309.46
						323.17
						380.52
						512.40
						515.00
0.16						494.88
0.44						734.24
1.51						1001.85
0.19						999.93
6.51						1624.34
3.52						1359.33
0.10						1257.28
1.68						1617.20
6.71						1590.58
3.01						1772.24
13.20						2541.36
1.59	604.26	138.26	363.44	65.00	36.43	2861.09
0.13	872.79	229.28	474.54	128.11	39.91	2614.13
	874.10	254.15	445.68	132.72	40.49	2653.98
0.23	793.63	252.96	381.08	123.73	33.06	3336.50
0.20	797.48	254.26	382.61	122.25	32.50	3367.19
0.42	1073.14	281.04	567.76	175.19	45.57	4879.69
6.39	1197.83	361.77	562.03	218.67	49.66	4918.49
53.72	1718.71	598.53	750.31	294.39	68.76	4987.04
34.47	2014.61	645.16	989.57	299.86	63.45	6314.37
88.26	2319.27	703.68	1189.93	342.59	70.21	6728.06
76.61	2827.59	893.84	1432.51	399.35	92.24	7801.59
32.88	2919.33	919.29	1358.15	521.69	80.49	1676.56

1-26 城镇居民高收入户人均现金支出情况

年　份	家庭总支出	消费性支出	#服务性消费支出	购房与建房支出	转移性支出	#交纳的个人收入税
1985	1087.01	996.70	76.38		90.31	
1986	1134.46	1014.41	82.33		120.06	
1987	1273.78	1148.79	108.83		124.99	
1988	1618.08	1476.95	121.89		129.87	
1989	1647.78	1477.83	171.77		155.51	
1990	1841.06	1646.61	183.75		194.45	
1991	1855.74	1680.47	229.27		175.29	
1992	2353.38	2050.54	303.36		302.84	0.32
1993	3448.66	2872.58	415.25	254.12	320.59	1.10
1994	4704.23	3626.54	795.97	620.29	457.39	
1995	5805.80	4736.73	918.37	492.86	572.82	5.56
1996	6021.90	5015.70	1037.34	255.51	709.74	11.41
1997	7095.38	5861.38	1452.29	329.31	898.37	12.26
1998	7529.81	5640.09	1381.72	1005.80	881.75	4.00
1999	8286.60	5787.83	1542.73	1439.97	1058.53	27.32
2000	7917.44	6741.90	1788.17	173.72	981.26	21.74
2001	8110.79	7021.80	2142.05	230.09	853.66	43.66
2002	10582.74	8561.04	2494.09	93.97	1257.90	46.13
2003	10992.29	8169.02	2409.43	238.55	1758.66	34.49
2004	11907.47	9208.33	2717.96	255.45	1398.46	29.36
2005	12473.75	9424.94	2971.29	579.20	1406.25	39.58
2006	13223.58	10297.01	3190.43	112.52	1564.49	25.51
2007	16814.27	12102.63	3489.22	981.13	2323.65	95.05
2008	15839.87	12612.94	3225.34	112.36	1763.19	42.68
2009	19969.87	14962.70	4141.78	597.68	2279.74	94.26
2010	20812.40	15106.19	4381.54	339.17	2883.93	133.21
2011	26298.30	18134.40	5101.08	1688.07	3097.46	287.08
2012	30357.89	22509.20	6227.71	778.91	3743.43	48.83
2013	33005.06	23086.79		855.55	5290.82	93.01

注：1980 年高收入组占 20%。

单位：元

财产性支出	社会保障支出	#个人交纳的养老基金	#个人交纳的住房公积金	#个人交纳的医疗基金	#个人交纳的失业基金	借贷支出
						399.02
						429.41
						482.47
11.26						696.65
14.44						712.02
						675.51
						789.16
						1124.07
1.37						1246.64
						1439.82
3.39						1878.86
40.95						2243.61
6.32						2462.48
2.17						2543.30
0.28						2082.46
20.57						2790.86
5.25						3688.47
3.33	666.50	150.18	384.41	82.96	42.71	4285.86
5.65	820.41	159.84	479.51	141.15	39.63	3562.51
1.78	1043.46	226.16	608.15	152.15	53.52	3418.00
1.22	1062.15	275.28	550.09	178.52	49.81	4446.77
8.75	1240.82	362.61	634.15	182.54	54.05	5344.26
2.84	1404.02	330.15	769.01	230.96	65.87	6534.60
3.34	1348.04	461.28	599.21	224.59	59.68	7117.93
39.02	2090.74	766.07	901.57	333.17	80.96	7437.29
46.79	2436.32	698.46	1272.31	358.94	83.08	9876.29
118.87	3259.47	906.85	1822.54	403.40	112.26	8898.11
140.34	3186.01	943.31	1691.62	437.58	100.78	9984.21
126.42	3645.47	980.85	1924.03	587.18	96.20	3444.20

1-27　城镇居民最高收入户人均现金支出情况

年　份	家庭总支出	消费性支出	#服务性消费支出	购房与建房支出	转移性支出	#交纳的个人收入税
1985	1393.65	1235.47	93.00		158.18	
1986	1577.95	1431.23	129.33		146.73	
1987	1591.48	1451.09	155.29		140.38	
1988	1985.40	1787.52	187.20		197.88	
1989	2228.76	2012.64	184.68		216.12	
1990	2197.50	1963.76	295.53		216.51	
1991	2579.60	2352.95	274.48		226.65	
1992	3246.69	2901.73	547.99	1.51	339.84	1.98
1993	4528.00	3745.99	640.82	364.37	416.02	0.91
1994	6656.25	4958.62	866.70	1043.26	638.55	
1995	6989.68	5869.80	1208.74	470.56	645.41	5.51
1996	7016.57	6400.87	1461.48	48.42	566.26	17.51
1997	10106.68	8016.33	2028.74	581.37	1502.47	29.63
1998	12364.96	6848.00	1467.76	3965.28	1550.17	22.16
1999	10087.09	7848.47	2320.53	820.84	1413.23	17.03
2000	11391.05	8679.34	2685.01	1245.10	1466.58	47.19
2001	13591.70	9641.59	3084.50	1176.45	2771.73	58.30
2002	14407.73	10833.69	3203.59	321.00	2619.27	69.57
2003	14025.20	10708.29	3086.52	282.53	2015.86	71.25
2004	13672.19	10329.98	3353.85	608.43	1755.39	70.27
2005	17224.66	12835.44	3653.02	444.65	2398.98	63.60
2006	19044.26	13509.15	4301.42	1255.70	2559.52	27.10
2007	22843.56	14675.58	4465.77	3073.93	3419.52	39.21
2008	24082.64	16851.98	4849.19	1300.31	4052.96	146.60
2009	29830.71	18454.28	4900.38	4919.39	4109.52	132.81
2010	32559.51	20738.02	5899.14	4044.70	4801.84	263.95
2011	31386.20	23022.90	5867.23	445.74	3987.82	379.51
2012	37170.69	25319.35	6521.97	3115.36	4903.03	178.77
2013	33418.56	25895.86		183.90	3410.71	77.65

单位：元

财产性支出	社会保障支出	#个人交纳的养老基金	#个人交纳的住房公积金	#个人交纳的医疗基金	#个人交纳的失业基金	借贷支出
						507.74
						567.66
						621.63
						754.08
						876.36
17.23						1128.49
						987.99
3.61						1173.60
1.62						2233.42
15.82						2150.42
3.90						3435.43
1.04						4230.58
6.49						4115.38
1.51						4675.82
4.56						5562.27
0.05						4399.18
1.93						5333.98
0.77	633.01	121.09	386.24	83.92	37.93	6759.40
0.03	1018.49	221.34	596.73	143.62	53.49	6313.57
1.56	976.83	228.95	549.70	146.92	49.92	7070.32
18.21	1527.38	394.71	830.54	223.25	90.60	8648.36
0.87	1719.03	431.11	953.99	248.58	71.41	9874.06
50.02	1624.51	380.59	884.53	275.47	72.27	10013.17
11.88	1865.51	491.20	971.02	300.71	80.95	10647.43
207.82	2139.69	592.70	1104.00	336.74	92.58	13634.66
248.38	2726.57	702.04	1512.28	382.95	90.63	14911.45
256.96	3672.84	914.61	2135.15	458.08	123.83	17134.50
130.79	3702.16	851.10	2259.77	459.67	110.70	15496.29
63.39	3864.70	739.84	2506.38	495.43	90.33	3556.01

1-28 城镇居民最低收入户平均每百户年末耐用消费品拥有量

年份	成套家具（套）	摩托车（辆）	自行车（辆）	助力车（辆）	家用汽车（辆）	洗衣机（台）	电风扇（台）	电冰箱（台）	冰柜（台）
1985			110.20			12.20	10.20	2.00	
1986			134.70			18.40	6.10		
1987		4.97	139.01			38.54	13.71	8.28	
1988	1.34		153.28			37.68	5.36	8.04	
1989			183.69			43.61	9.25	2.64	
1990	3.39	3.39	177.97			47.46	11.86	3.39	
1991	6.78	1.69	147.46			59.32	16.95	15.52	
1992	7.94	1.32	167.34			74.44	24.65	29.53	
1993	2.65	2.65	197.70			65.18	23.33	16.71	
1994	16.29		178.41			69.57	28.62	14.97	
1995	11.99		175.74			78.98	34.16	18.93	
1996	22.85	18.48	186.22			77.47	41.33	12.97	
1997	39.59	4.25	172.19			75.90	35.34	38.17	1.42
1998	40.47	4.25	188.22			79.71	30.20	34.90	2.83
1999	49.49	9.09	133.67			77.78	32.85	55.42	0.78
2000	30.62	3.56	109.37			57.89	20.63	46.28	7.41
2001	45.43	3.80	123.66			61.37	38.24	56.15	3.34
2002	54.58	2.67	156.52	0.74		76.86	57.96	69.46	5.67
2003	34.86	12.82	147.17			79.90	49.02	57.97	5.58
2004	56.70	15.81	126.00			70.44	40.61	47.72	4.47
2005	52.82	12.72	86.59	0.77		64.55	33.93	45.98	10.78
2006	38.42	16.29	98.46	0.58	0.53	69.77	37.98	52.72	11.35
2007		22.30		2.81	0.95	72.11		55.64	
2008		10.18		5.09	2.96	71.67		52.85	
2009		11.63		4.87	2.85	79.42		58.20	
2010		14.42		5.92	2.90	78.69		59.18	
2011		19.12		15.43	4.28	92.85		80.11	
2012		21.87		19.79	5.70	97.82		86.18	
2013		16.22		36.77	8.91	87.06		95.54	

彩色电视机（台）	影碟机（台）	录音机（台）	录放像机（台）	计算机（台）	组合音响（套）	摄像机（架）	照相机（架）	钢琴（架）
6.10		24.50					4.10	
10.20		30.60					6.60	
15.36		43.97					6.62	
16.25		52.60					6.70	
19.38		45.38					1.32	
18.64		55.93					1.69	
28.81		67.80					3.39	
55.50		95.12	2.65				12.33	1.32
29.04		83.22					9.68	
40.95		60.79					6.62	
43.20		49.10			1.33		4.00	
37.93		51.70	2.59				5.19	
81.14	1.42	56.59	13.64		2.83		11.78	1.42
83.00	1.42	71.75	6.10		6.10		14.61	
93.14	5.00	64.87	24.70		4.73		29.06	
91.99	12.46	48.23	6.92		7.04		12.57	
90.48	12.20	45.19	15.08	1.33	3.58	0.74	15.97	
96.20	24.24	56.12	15.62	1.33	5.65		16.14	
95.43	23.80	54.06	10.44		2.21		13.31	
97.97	22.32	46.68	13.66	2.59	0.49		16.38	
90.95	28.37	41.58	6.99	2.47	1.12		5.57	
94.42	39.24	44.30	8.22	6.61	4.68		8.39	
96.32				6.04	5.35	0.55	11.72	
97.53				9.09	6.22	0.19	5.54	
99.41				15.15	6.38	0.77	6.68	
99.56				16.78	5.54	1.56	7.96	
100.00				24.91	3.70	1.87	5.28	
100.40				31.55	9.01	0.40	8.77	
100.00				25.75	0.97	0.00	8.09	

1-28　续表

年　份	其他中高档乐器（件）	微波炉（台）	空调器（台）	取暖器（台）	电炊具（台）	淋浴热水器（台）	排油烟机（台）	消毒碗柜（台）	洗碗机（台）
1985	2.00				2.00				
1986	4.10								
1987	8.28				1.66				
1988	16.08				5.36				
1989	10.57				8.37				
1990	8.47				6.78				
1991	6.78				18.64				
1992	1.32				27.30				
1993	9.68				25.07	1.32	7.03		
1994	3.97				33.01	1.32	1.32		
1995	5.33				42.73	2.66	1.33		
1996	1.30				29.66	5.19	2.59		
1997					35.34	6.10	13.64		
1998	5.68				54.20	16.47	10.36		
1999	4.57				67.30	32.58	46.56		
2000	1.59		3.20		29.75	14.68	32.89		
2001	4.33	1.49	1.16		41.17	17.28	36.52		
2002	6.54	3.70			53.63	30.89	49.36	2.23	
2003	9.28				47.88	14.63	34.74	1.47	
2004	0.91			0.86	41.84	18.58	24.68		
2005		1.14	1.13	2.28	34.17	15.92	32.11		
2006	2.06	3.87	1.21	4.41	51.95	35.34	42.15		
2007		5.75	0.36			30.75		0.45	
2008		5.97	1.18			24.56		2.96	
2009	0.77	9.64	0.74			30.72		2.67	
2010	0.97	5.44	2.06			29.97		3.46	
2011		6.49	1.94			44.32		0.60	
2012	1.23	11.59	1.84			50.29		1.43	
2013	1.72	10.16	1.29			61.68		1.95	

饮水机（台）	吸尘器（台）	健身器材（套）	固定电话（部）	移动电话（部）	传真机（部）	接入有线电视电视机（台）	接入互连网计算机（台）	接入互连网移动电话（部）
	2.65							
	7.03							
	6.95							
	2.59							
	1.42							
	4.25							
	4.76	1.57						
	5.51	0.80		1.59				
	3.31			0.74				
	5.95	2.21	80.76	19.57				
	1.11	1.47	71.36	19.10				
0.05	1.35		58.94	17.61				
4.60			71.73	29.32		70.00	0.23	0.91
9.94	4.92	0.97	73.72	42.82		79.41	1.21	
			74.64	65.78		59.21	2.75	
		0.80	74.28	57.78		45.84	2.59	
			75.32	79.75		57.33	7.00	1.04
		0.19	73.98	77.77		54.65	6.65	1.84
			66.33	129.91		57.42	15.03	6.04
			65.86	135.61		52.37	17.73	6.88
			41.92	172.82		69.41	24.12	56.87

1-29 城镇居民低收入户平均每百户年末耐用消费品拥有量

年 份	成套家具(套)	摩托车(辆)	自行车(辆)	助力车(辆)	家用汽车(辆)	洗衣机(台)	电风扇(台)	电冰箱(台)	冰柜(台)
1985			134.70			38.80	10.20	2.00	
1986			149.00			32.70	10.20		
1987			152.72			35.23	8.28	4.97	
1988	4.02		176.24			65.00	16.08	8.04	
1989	3.96	1.32	196.91			59.03	13.23	6.62	
1990	3.39	1.69	218.64			74.58	30.51	11.86	
1991	5.08	1.69	169.49			76.27	30.51	18.64	
1992	6.62		177.51			89.00	21.59	26.46	
1993	5.29	1.32	208.36			77.09	40.95	14.56	
1994	16.29	12.74	213.65			84.12	39.62	22.91	
1995	15.98	12.56	181.53			76.03	31.21	25.59	
1996	19.45	13.29	172.13			75.36	36.14	47.00	
1997	32.95	11.64	188.66			82.02	31.19	59.88	1.42
1998	43.41	8.51	202.41			81.58	37.29	50.49	
1999	45.35	2.80	162.16			81.67	25.38	67.05	3.00
2000	36.34	3.81	134.65			88.58	44.59	73.65	1.59
2001	31.48	4.09	151.10			89.78	44.35	61.45	7.31
2002	72.07	10.40	138.88			80.46	64.87	68.18	4.92
2003	55.46	9.66	153.76			82.51	48.90	74.23	2.72
2004	63.06	9.12	134.32	0.45		76.74	58.78	72.69	1.17
2005	60.46	11.65	112.77	3.08		78.40	47.10	61.19	5.66
2006	56.33	12.96	105.56	3.07	0.21	87.97	49.31	68.85	6.86
2007		14.56		3.48	0.39	88.78		76.08	
2008		11.63		4.91	0.20	87.17		78.82	
2009		17.58		4.97	1.46	92.79		83.49	2009
2010		14.68		4.85	2.45	88.80		85.71	
2011		12.50		12.11	6.11	91.50		89.94	
2012		17.42		15.55	9.12	95.48		91.01	
2013		17.90		25.60	10.67	96.50		98.81	

彩色电视机（台）	影碟机（台）	录音机（台）	录放像机（台）	计算机（台）	组合音响（套）	摄像机（架）	照相机（架）	钢琴（架）
16.30		42.90					2.00	
12.20		36.70					2.00	
23.64		33.57					8.28	
46.07		61.98					17.76	
36.56		61.68					19.38	
49.15		69.49					16.95	
61.02		83.05	1.69				8.47	
51.95		85.44	3.97				6.62	
58.56		83.29	1.32		1.32		11.00	
59.89		75.76	2.65		1.32		13.65	1.32
50.14		60.80	2.66		2.66		6.66	
62.07		71.47	9.89				21.07	
85.83		72.63	10.36		7.53	4.69	20.29	
89.64		77.32	16.47		1.42		22.14	
95.24	4.19	62.23	12.48		11.47	1.05	16.77	0.78
96.76	22.04	45.37	12.01	3.46	9.80		16.81	0.80
101.62	20.06	53.09	9.74	2.81	15.81	0.74	19.34	0.74
102.17	43.10	62.04	12.43	2.41	11.29	0.67	32.62	
103.44	45.78	75.15	9.90	2.70	20.91	0.67	36.64	
100.66	35.54	49.65	10.10	2.88	11.24	0.72	22.19	0.02
100.71	45.10	48.27	10.13	9.18	7.17	1.70	11.70	
106.48	53.81	38.51	3.90	11.78	12.14	0.90	21.86	0.85
104.04				19.90	12.62	2.14	22.97	1.07
104.29				24.26	10.75	2.21	11.77	
102.95				29.19	11.11	1.14	14.10	
103.65				21.12	7.32	1.01	14.57	0.78
105.08				51.54	12.78	3.57	23.17	0.75
101.78				57.30	15.20	7.92	24.32	
97.92				43.51	2.58	3.86	13.08	

1-29 续表

年 份	其他中高档乐器（件）	微波炉（台）	空调器（台）	取暖器（台）	电炊具（台）	淋浴热水器（台）	排油烟机（台）	消毒碗柜（台）	洗碗机（台）
1985	2.00				6.10				
1986	6.10				2.00				
1987	4.97				3.31				
1988	18.76				31.50				
1989	11.91				22.03				
1990	11.86				33.90				
1991	8.47				30.51				
1992	7.94				46.65	1.91	7.94		
1993	6.62				41.36	2.65	2.65		
1994	6.62		1.32		63.37	18.03	7.94		
1995	7.99				56.80	14.94	4.00		
1996	2.59				49.60	6.48	10.37		
1997	10.80	1.42			54.20	17.88	26.39		
1998	8.95				72.63	21.69	29.22		
1999	8.95	0.78			86.66	25.56	39.23		
2000	3.23	1.86	1.86		64.09	25.81	51.20		
2001	6.01	1.33	1.16		49.78	37.81	47.43		
2002	14.80	2.71	1.75	6.26	68.94	32.99	68.42	3.46	
2003	8.50	4.47	2.10	9.14	74.84	41.72	71.23	5.58	
2004	9.01	2.15		1.51	48.07	30.01	65.08	2.15	
2005	2.80	3.92	1.04	1.87	49.96	38.59	49.72	0.19	
2006	0.84	13.42	1.06	2.02	72.78	50.52	68.11	5.37	0.85
2007	5.72	16.33	1.66			46.16		3.42	0.21
2008	2.55	15.73	1.58			45.16		3.21	
2009	2.93	15.73	0.92			58.42		0.37	
2010	3.18	15.96	1.62			54.08		0.19	
2011	9.31	26.11	6.09			60.00		1.85	
2012	8.03	32.22	7.02			70.77		2.45	
2013	2.17	33.79	6.20			67.80		3.43	0.16

饮水机（台）	吸尘器（台）	健身器材（套）	固定电话（部）	移动电话（部）	传真机（部）	接入有线电视电视机（台）	接入互连网计算机（台）	接入互连网移动电话（部）
	2.65							
	1.32							
	2.66							
	4.25							
	4.25							
	7.97	2.42		1.57				
	6.20	1.86		3.46				
	4.65	1.33		4.01				
12.87	4.82		84.06	30.58				
14.27	7.21	1.23	87.26	37.96				
9.53	5.85	0.76	88.32	41.27				
12.58	3.38	0.83	80.83	56.77		88.45	2.90	1.13
27.09	7.05	1.91	91.49	85.69		94.52	1.07	1.16
		0.41	89.55	110.78		89.57	9.19	0.36
		1.26	81.11	117.05		85.07	12.33	2.36
		1.14	81.52	131.95		88.33	18.45	1.78
			80.29	123.48		88.14	15.09	4.06
		0.18	69.25	162.31		79.37	38.98	9.61
		0.20	75.09	188.43		84.90	44.75	15.05
		1.64	63.39	183.93		83.10	32.49	61.00

1-30 城镇居民中等偏下收入户平均每百户年末耐用消费品拥有量

年 份	成套家具(套)	摩托车(辆)	自行车(辆)	助力车(辆)	家用汽车(辆)	洗衣机(台)	电风扇(台)	电冰箱(台)	冰柜(台)
1985	2.00		132.70			37.80	7.10	2.00	
1986	1.00	1.00	162.20			51.00	12.20	3.10	
1987	4.14		145.99			52.85	20.10	12.65	
1988	3.35	5.45	183.92			68.84	15.49	12.73	
1989	3.97	0.66	161.45			73.35	27.31	12.78	
1990	4.24	2.54	189.83			82.20	25.42	16.10	
1991	8.47	1.69	184.75			82.20	30.51	28.81	
1992	9.92	0.66	184.08			86.56	28.41	32.63	
1993	17.20	5.29	184.78			83.91	35.69	31.76	
1994	28.66	5.50	190.95			86.77	34.57	49.55	
1995	37.35	6.95	186.30			92.15	37.87	54.66	
1996	45.87	1.95	204.21			91.98	30.39	62.88	1.30
1997	53.76	10.14	179.02		0.71	78.57	40.57	59.21	0.71
1998	48.86	10.85	166.31		1.42	83.53	36.36	72.68	2.35
1999	40.83	5.80	145.42		1.56	84.52	36.48	67.59	3.81
2000	48.94	6.13	146.78		0.88	95.46	45.56	78.85	4.39
2001	47.05	5.88	137.58		1.97	100.73	50.08	84.40	3.08
2002	65.60	10.49	131.63			90.70	53.45	87.51	3.92
2003	71.55	12.10	137.77	1.95	0.19	89.12	62.45	85.36	2.09
2004	72.72	17.44	150.95	3.38	0.53	92.26	63.43	85.20	3.66
2005	64.54	14.26	97.95	1.35	2.22	87.31	59.43	78.05	8.41
2006	67.32	15.32	88.96	2.00	2.11	92.18	57.66	81.98	6.08
2007		13.87		1.91	2.54	95.81		92.09	
2008		16.00		5.38	1.66	92.48		84.17	
2009		11.38		8.58	5.57	92.69		91.44	
2010		17.08		11.47	6.24	93.23		89.06	
2011		17.17		17.98	9.91	96.08		90.63	
2012		11.40		15.87	11.57	98.45		96.43	
2013		15.87		17.81	18.61	93.00		94.00	

彩色电视机（台）	影碟机（台）	录音机（台）	录放像机（台）	计算机（台）	组合音响（套）	摄像机（架）	照相机（架）	钢琴（架）
20.30		37.70					6.10	
39.80		58.10					7.10	
37.12		54.27					6.62	
43.97		80.41					12.06	
50.00		67.18	0.66				7.93	
57.63		71.19					13.56	
61.02		80.51	1.69				18.64	
66.50		80.18	6.62				20.93	0.66
75.97		85.65	5.95		1.32		12.57	0.66
81.27		67.41	16.75		3.97		29.28	
90.16		83.21	14.13		1.33		36.54	
92.38		66.86	11.02		3.24		29.09	
96.24	2.13	63.96	9.92		15.10		19.58	0.71
90.84	2.84	71.97	16.52		10.63	0.71	27.64	1.42
92.08	12.00	67.09	8.35	1.70	11.77		20.38	0.70
98.96	24.66	44.08	20.80	2.53	16.03	0.80	27.51	0.53
107.65	35.26	49.15	18.65	2.42	16.19	0.91	25.55	4.15
110.55	47.88	66.48	14.24	15.08	14.06	0.18	33.96	0.55
105.29	46.55	58.40	10.62	14.34	17.85		32.67	0.68
106.64	50.65	60.86	11.90	15.29	17.84		31.49	0.32
102.61	55.22	49.16	9.37	12.95	12.69	1.17	25.07	1.69
106.31	63.21	48.21	12.74	21.30	15.68	0.80	32.07	2.21
103.77				34.07	19.22	2.05	31.66	1.02
102.03				31.68	11.08	1.33	16.74	1.31
103.62				35.92	13.96	2.67	19.63	1.82
106.37				44.74	14.34	5.11	22.83	1.66
107.34				65.80	18.34	9.67	28.72	0.66
105.53				68.85	17.14	5.32	31.90	2.31
99.15				56.17	4.82	7.34	25.97	0.00

1-30 续表

年 份	其他中高档乐器（件）	微波炉（台）	空调器（台）	取暖器（台）	电炊具（台）	淋浴热水器（台）	排油烟机（台）	消毒碗柜（台）	洗碗机（台）
1985	3.10		1.00		3.10				
1986	6.10				6.10				
1987	7.45		1.66		25.53				
1988	11.39		0.67		21.02				
1989	9.91		1.98		33.25				
1990	6.78				27.12				
1991	6.78				37.29				
1992	4.63				44.67	11.25	10.59		
1993	12.12		0.66		63.86	9.26	9.92		
1994	13.44				65.39	21.38	24.69		
1995	6.66				63.23	20.79	30.78		
1996	8.83		0.65		76.66	22.61	31.04		
1997	7.08				63.25	27.37	38.93		
1998	6.38				76.22	25.03	39.91		
1999	4.54	1.96	2.62		71.61	27.04	41.92		
2000	8.86	3.46	1.60		65.73	44.68	55.28		
2001	12.10	3.37	0.88		74.48	38.83	58.70		
2002	9.53	6.87	3.10	5.77	88.43	54.89	74.47	2.59	
2003	13.38	5.22	1.67	6.33	83.47	54.99	76.13	1.71	0.69
2004	15.04	6.03	1.63	8.60	78.49	51.22	75.13	0.98	
2005	2.33	11.64	1.40	5.29	70.96	51.21	76.29	2.99	0.38
2006	6.77	17.15	4.39	6.88	75.51	63.73	71.22	1.54	0.40
2007	6.64	23.62	2.51			72.19		5.09	0.26
2008	2.93	23.56	4.98			64.28		1.94	
2009	6.74	27.01	6.98			63.34		2.93	
2010	5.76	31.82	11.06			74.53		1.95	
2011	6.06	35.50	9.84			80.76		4.23	
2012	6.47	38.25	13.39			78.34		3.85	
2013	6.09	37.90	14.39			78.76		2.94	2.61

饮水机（台）	吸尘器（台）	健身器材（套）	固定电话（部）	移动电话（部）	传真机（部）	接入有线电视电视机（台）	接入互连网计算机（台）	接入互连网移动电话（部）
	4.63							
	3.97							
	8.60							
	11.32							
	7.78							
	9.92	0.71						
	11.34	0.71						
	13.63	2.09		0.78				
	12.67	2.93		3.46				
	8.44	2.04		7.56				
12.76	13.47	1.10	89.72	43.68				
15.79	11.19	0.69	97.53	58.26				
18.52	13.07	1.79	95.05	75.12				
26.80	7.18	2.74	89.57	90.37		96.20	6.44	0.47
28.07	11.20	2.08	86.58	115.48		92.39	10.96	0.95
		2.31	89.53	141.07		94.36	22.92	0.36
		0.71	80.09	137.03		91.79	18.12	3.99
		0.54	82.37	140.17		91.98	23.40	8.80
		1.11	84.36	162.30		95.51	25.03	3.60
			79.33	202.65		86.00	50.47	29.63
		0.11	77.12	203.66		88.86	56.80	26.70
		3.26	66.38	188.64		82.64	48.24	57.84

1-31 城镇居民中等收入户平均每百户年末耐用消费品拥有量

年 份	成套家具 (套)	摩托车 (辆)	自行车 (辆)	助力车 (辆)	家用汽车 (辆)	洗衣机 (台)	电风扇 (台)	电冰箱 (台)	冰柜 (台)
1985	1.00	1.00	135.70			60.20	16.30	8.20	
1986			148.00			71.40	21.40	12.20	
1987		3.31	160.99			66.09	30.86	20.10	
1988	3.35		179.73			89.95	31.07	22.11	
1989	2.64	3.52	172.46			84.58	27.98	21.15	
1990	11.86	5.08	183.90			75.42	32.20	32.20	
1991	17.80	2.54	191.53			88.98	40.68	45.76	
1992	25.35	6.16	184.57			87.43	53.27	54.42	
1993	27.33	0.66	202.61			92.72	45.58	48.92	0.66
1994	33.25	14.73	155.50			94.71	38.54	62.57	
1995	34.11	4.00	183.78			96.15	46.00	64.79	
1996	46.60	10.53	187.19			92.87	48.46	65.80	
1997	50.98	10.14	156.82		1.42	89.86	28.57	80.42	3.05
1998	61.08	10.14	159.34		0.71	90.57	43.41	85.39	0.71
1999	57.25	8.89	173.26		1.92	91.10	44.08	81.56	1.61
2000	50.14	10.71	143.85		0.93	97.92	54.97	86.34	1.53
2001	54.06	7.26	152.42		0.29	94.98	66.28	82.37	1.83
2002	66.55	20.95	145.38	1.77	1.05	94.76	61.14	86.62	0.34
2003	65.99	17.38	136.61	0.21		94.31	58.18	81.66	1.41
2004	70.90	26.72	134.33	1.30	0.91	93.41	57.02	84.29	4.67
2005	62.73	22.68	97.81	3.08	1.33	88.91	55.92	79.95	7.85
2006	64.85	23.09	97.88	4.01	1.66	94.85	56.41	83.33	7.24
2007		19.71		7.79	1.57	95.74		92.30	
2008		21.42		7.11	4.55	93.70		92.60	
2009		28.61		5.81	8.96	94.79		89.81	
2010		27.02		10.15	11.14	94.21		92.32	
2011		13.74		11.35	12.30	97.48		98.96	
2012		15.57		12.79	16.08	97.91		98.32	
2013		19.53		13.56	16.18	95.85		96.60	

彩色电视机（台）	影碟机（台）	录音机（台）	录放像机（台）	计算机（台）	组合音响（套）	摄像机（架）	照相机（架）	钢琴（架）
36.70		51.00					5.10	
44.90		63.30					7.10	
46.22		80.50					17.38	
48.57		74.03					15.49	
74.67		84.15					12.78	
72.03		72.88	0.85				13.56	
76.27		82.20	4.24				31.36	
83.25		86.35	9.92		6.16		35.24	0.66
89.97		81.06	5.29		3.97		32.17	
96.24		74.02	14.56		13.65		39.21	
92.01		82.40	17.31		9.47		37.72	2.00
94.81		78.04	13.62		10.78		32.58	1.30
99.52	3.54	82.07	19.36	1.42	11.34	1.42	43.89	0.71
104.25	7.31	72.90	19.36	2.13	18.16		38.71	
107.15	22.69	69.63	22.46	2.35	11.15	1.11	35.25	
105.01	39.22	60.03	18.93	5.20	15.54	1.21	39.30	3.17
109.73	42.59	58.55	18.69	9.42	15.95	1.08	37.83	1.12
114.17	59.00	67.33	19.40	12.54	15.30		40.44	1.67
114.44	56.24	50.93	19.66	15.57	17.99	0.55	32.61	2.70
113.56	63.43	47.71	21.61	19.72	21.20	0.18	37.38	4.72
105.44	67.33	49.62	13.86	27.46	17.20	1.70	37.28	2.42
105.23	69.98	54.96	7.58	28.27	18.23	1.02	35.65	1.94
106.88				33.54	23.24	3.21	28.93	1.92
104.17				44.62	14.91	4.99	30.38	2.56
104.53				48.05	14.40	6.00	25.37	1.76
106.43				50.42	16.44	4.98	25.44	1.61
101.72				59.95	16.41	8.09	31.74	1.13
107.89				68.09	13.43	9.23	39.62	4.24
100.29				67.79	5.82	6.04	34.70	0.00

1-31 续表

年　份	其他中高档乐器（件）	微波炉（台）	空调器（台）	取暖器（台）	电炊具（台）	淋浴热水器（台）	排油烟机（台）	消毒碗柜（台）	洗碗机（台）
1985	5.10				8.20				
1986	4.10		1.00		11.20				
1987	11.59				14.54				
1988	20.18		0.67		26.21				
1989	9.91		1.32		40.74				
1990	10.17				47.46				
1991	9.32		0.85		54.24				
1992	17.62		0.66		73.29	20.06	15.88		
1993	13.65				90.95	21.38	19.19		
1994	14.10				67.37	32.84	38.37		
1995	12.13				68.41	24.78	44.76		
1996	5.59				73.91	37.93	39.95		
1997	8.51	2.13	0.71		97.61	35.87	55.50		
1998	7.80	0.71			103.28	41.54	59.48		
1999	4.44	1.96	1.96		86.28	38.81	58.65		
2000	15.14	3.63	2.54		84.16	50.92	65.56		
2001	8.61	3.35	2.89		82.14	54.85	77.79		
2002	12.50	13.93	5.17	10.57	92.76	64.17	79.14	2.48	1.70
2003	12.51	10.56	2.63	7.86	75.35	61.01	77.38	3.49	1.11
2004	12.13	13.36	8.2	7.08	72.77	63.91	76.97	4.66	0.72
2005	8.69	19.01	5.89	5.77	82.99	67.57	83.93	5.17	1.28
2006	6.23	23.08	7.16	8.91	83.93	64.67	83.70	5.47	1.58
2007	9.10	27.13	6.07			75.58		7.62	0.87
2008	4.06	33.00	12.56			79.27		4.07	
2009	4.31	33.74	11.49			81.26		2.61	
2010	7.16	33.77	8.77			81.24		3.31	0.42
2011	6.69	39.13	8.65			77.47		3.61	0.51
2012	6.72	44.36	14.89			79.73		6.29	0.50
2013	6.28	44.46	16.19			84.92		1.47	1.15

饮水机（台）	吸尘器（台）	健身器材（套）	固定电话（部）	移动电话（部）	传真机（部）	接入有线电视电视机（台）	接入互连网计算机（台）	接入互连网移动电话（部）
	11.91							
	5.95							
	14.76							
	15.32							
	17.26							
	14.18							
	15.59	1.42						
	15.64	1.87		1.57				
	17.56	1.51		4.53				
	19.15	2.37		9.53				
26.63	16.11	4.54	95.26	55.52				
22.60	14.98	2.02	95.18	69.49				
24.25	15.87	1.45	95.40	87.79				
36.85	14.78	2.96	84.79	115.57		100.61	10.77	0.53
33.76	11.95	3.51	86.57	131.81		95.99	13.79	
		1.44	92.30	149.28		92.95	20.67	0.82
		2.02	84.50	163.74		92.75	29.58	6.55
		0.56	82.43	176.89		86.19	31.81	5.32
		0.65	79.65	182.98		86.80	34.62	8.98
		0.32	79.27	186.33		85.05	50.32	35.24
		2.89	83.37	203.42		87.19	56.30	30.29
		2.42	73.25	197.75		86.23	56.69	83.38

1-32 城镇居民中等偏上收入户平均每百户年末耐用消费品拥有量

年份	成套家具(套)	摩托车(辆)	自行车(辆)	助力车(辆)	家用汽车(辆)	洗衣机(台)	电风扇(台)	电冰箱(台)	冰柜(台)
1985		1.00	141.80			64.30	21.40	12.20	
1986	2.00	2.00	157.10			69.40	19.40	8.20	
1987	1.66	1.66	175.06			75.66	30.86	14.90	
1988	6.70	1.34	175.13			78.31	34.33	20.10	
1989	6.61	0.66	174.67			85.68	38.33	29.08	
1990	8.47	2.54	165.25			83.90	31.36	46.61	
1991	17.80	0.85	196.61			87.29	47.46	55.93	
1992	30.64	3.31	192.72			88.34	40.77	55.33	
1993	30.85	5.29	185.41			97.81	44.50	71.63	1.32
1994	41.64	3.97	198.15			97.35	47.56	78.00	1.32
1995	54.81	8.95	180.98			96.00	42.82	76.78	0.67
1996	42.71	4.54	175.44			98.70	49.76	80.88	
1997	55.19	6.60	180.77			94.82	38.22	89.42	1.42
1998	60.81	5.89	186.93			92.69	41.28	91.50	2.84
1999	66.18	11.00	191.72		0.39	99.77	50.73	88.39	5.25
2000	52.14	9.58	136.42		1.19	104.73	61.15	95.16	2.58
2001	55.33	10.59	152.61			99.35	59.57	91.85	2.52
2002	79.55	14.82	133.05	0.34		94.31	59.85	95.48	3.94
2003	74.10	16.07	150.76	1.79		96.59	62.80	93.44	3.51
2004	77.59	22.36	133.81	0.19	0.50	98.85	57.34	89.49	3.62
2005	63.84	21.54	108.34	2.75	1.17	94.46	53.55	88.54	7.47
2006	68.39	20.68	113.70	2.68	1.11	94.76	60.76	87.53	6.35
2007		31.55		4.86	3.19	94.59		94.35	
2008		15.91		5.02	9.58	94.37		96.24	
2009		21.48		8.44	10.71	95.43		96.63	
2010		21.58		7.63	8.30	96.46		94.54	
2011		8.57		13.40	13.27	95.61		97.89	
2012		10.64		16.85	20.35	97.02		103.14	
2013		7.10		11.60	20.54	96.12		97.15	

彩色电视机（台）	影碟机（台）	录音机（台）	录放像机（台）	计算机（台）	组合音响（套）	摄像机（架）	照相机（架）	钢琴（架）
49.00		61.20					14.30	
55.10		77.50					9.20	
63.71		69.87					9.93	
74.96		87.01					21.52	
74.67		92.95					23.57	
79.66		85.59					29.66	
87.29		79.66	2.54				32.20	
88.54		80.65	10.59		2.65		24.03	0.66
91.19		83.95	20.72		15.84		37.01	1.98
96.03		81.73	15.88		3.97		48.88	1.98
97.34		69.97	15.98		13.46		43.34	0.67
103.65		81.85	19.45		16.61		48.86	
101.91	6.82	76.66	28.52		16.52		45.31	
107.53	20.72	76.40	25.47	0.71	17.94		50.49	1.42
106.92	36.44	88.89	28.32	2.11	23.16	1.78	45.43	0.78
107.01	41.14	62.63	15.27	8.80	21.19	1.75	39.05	1.20
105.88	52.56	67.58	17.26	11.36	25.54	1.03	39.87	1.12
114.48	66.61	59.59	19.07	16.55	29.72	0.51	45.40	2.54
122.03	73.03	75.13	20.77	15.10	30.02	2.33	52.98	3.83
117.19	69.53	72.35	18.88	22.29	25.05	2.80	55.58	4.12
108.71	72.94	52.72	13.92	29.34	18.23	2.54	50.10	1.91
110.13	69.98	43.97	15.12	34.21	22.16	3.10	41.25	2.57
107.39				40.22	23.07	3.16	36.79	1.32
106.68				52.56	17.60	5.90	31.54	2.76
105.75				58.95	17.18	4.73	40.73	2.90
103.09				61.41	16.03	5.63	31.80	2.00
110.40				70.33	15.38	7.30	29.80	1.48
105.60				69.07	18.27	12.08	37.40	4.03
95.72				67.64	5.82	12.39	41.10	0.00

1-32 续表

年份	其他中高档乐器（件）	微波炉（台）	空调器（台）	取暖器（台）	电炊具（台）	淋浴热水器（台）	排油烟机（台）	消毒碗柜（台）	洗碗机（台）
1985	7.10				6.10				
1986	11.20				5.10				
1987	9.11				22.81				
1988	16.08		3.35		35.35				
1989	16.74		1.32		40.97				
1990	11.86		0.85		44.92				
1991	14.41		0.85		63.56				
1992	16.09		0.66		70.06	26.01	19.85		
1993	19.81				82.59	33.08	32.42		
1994	12.12		0.66		81.93	45.20	53.55		
1995	14.13				80.92	51.04	51.71		
1996	14.67				87.52	44.49	55.92		
1997	11.34	0.71	1.42		103.06	46.51	60.46		
1998	14.40	2.13	0.71		109.92	49.08	71.48		
1999	9.91	1.96	2.80		113.38	53.42	67.30		
2000	10.23	5.19	3.01		102.01	57.03	74.72		
2001	11.71	10.55	1.25		120.58	60.05	76.76		
2002	16.60	12.17	10.01	9.35	103.39	78.73	89.27	2.19	0.67
2003	19.52	21.34	5.72	10.09	116.11	80.22	85.88	4.26	
2004	15.51	20.58	10.16	11.01	96.75	80.18	87.22	6.30	
2005	7.99	27.04	6.24	8.40	90.71	67.89	86.55	4.87	0.41
2006	8.54	26.93	9.98	8.90	87.80	69.51	87.48	4.83	0.75
2007	9.87	35.10	8.69			76.53		5.82	0.98
2008	7.63	45.85	19.01			87.53		4.60	0.18
2009	10.80	46.07	17.25			89.32		7.11	0.41
2010	8.47	44.09	13.44			89.00		3.74	0.42
2011	4.42	44.59	17.79			85.81		5.38	0.44
2012	6.30	45.71	18.34			90.00		6.48	0.49
2013	7.05	51.63	23.67			91.88		3.19	1.85

饮水机（台）	吸尘器（台）	健身器材（套）	固定电话（部）	移动电话（部）	传真机（部）	接入有线电视电视机（台）	接入互连网计算机（台）	接入互连网移动电话（部）
	9.92							
	18.53							
	13.89							
	21.45							
	20.75							
	17.01	1.42						
	21.97	0.71		1.42				
	20.34	1.31		2.88				
	20.43	2.39		6.41				
	19.69	2.41		20.83				
37.23	27.53	1.37	95.94	71.30				
41.41	25.71	5.01	96.07	99.41				
44.94	22.97	2.82	95.75	121.20				
39.90	21.53	2.67	91.09	136.04	0.94	102.25	15.73	0.55
42.66	18.73	1.43	88.91	142.47	1.32	100.70	20.76	
		3.14	93.76	151.64		90.70	25.44	1.30
		0.18	83.40	168.24		89.82	38.14	9.05
		2.76	84.48	176.86		90.07	41.39	5.95
		2.92	83.07	176.54		92.82	44.82	12.12
		0.71	76.34	187.79		90.05	52.90	22.40
		1.39	77.26	196.11		90.90	51.62	24.12
		1.64	79.68	185.41		90.35	62.28	81.97

1-33 城镇居民高收入户平均每百户年末耐用消费品拥有量

年 份	成套家具 (套)	摩托车 (辆)	自行车 (辆)	助力车 (辆)	家用汽车 (辆)	洗衣机 (台)	电风扇 (台)	电冰箱 (台)	冰柜 (台)
1985		4.10	144.90			69.40	18.40	12.20	
1986		2.00	138.80			81.60	18.40	18.40	
1987		1.66	197.15			81.32	26.49	24.83	
1988	2.68	10.88	180.90			85.26	33.84	32.15	
1989	5.28	7.04	150.23			93.39	44.49	46.26	
1990	15.25	1.69	194.92			100.00	40.68	57.63	
1991	18.64	1.69	213.56			96.61	50.85	52.54	
1992	21.17	2.65	203.06			100.00	43.18	61.70	
1993	38.79		199.93			87.67	34.40	67.90	1.32
1994	38.79	12.74	154.59			94.71	50.21	67.90	7.03
1995	41.58	9.61	221.71			97.34	54.14	80.49	
1996	70.66		172.12			97.41	45.71	84.12	
1997	42.97	11.78	159.88		1.42	100.00	61.29	91.05	4.25
1998	45.80	8.95	156.07		1.42	100.00	62.71	86.37	1.42
1999	59.11	8.73	181.04		2.52	96.56	63.15	87.52	7.44
2000	60.57	18.78	151.48			110.33	65.91	95.33	2.85
2001	62.95	10.64	144.72			106.23	61.83	92.07	1.10
2002	64.03	10.15	132.22	0.78		96.10	57.96	92.87	8.32
2003	73.19	17.75	108.78	1.20	2.40	97.60	64.36	94.08	3.61
2004	77.36	13.05	136.92	2.74	0.38	95.39	54.99	94.13	3.18
2005	67.95	16.40	88.84	1.71	1.17	94.97	48.49	92.63	5.21
2006	73.19	15.07	93.68	5.71	0.95	100.26	56.87	95.27	8.58
2007		25.63		1.99	0.40	100.95		99.59	
2008		9.25		10.90	6.41	100.00		98.04	
2009		10.68		6.95	11.20	99.02		102.14	
2010		14.25		7.41	12.15	98.33		102.68	
2011		12.35		13.84	24.94	101.94		99.39	
2012		7.67		15.70	20.69	99.78		103.01	
2013		8.68		11.56	27.80	95.39		97.84	

彩色电视机（台）	影碟机（台）	录音机（台）	录放像机（台）	计算机（台）	组合音响（套）	摄像机（架）	照相机（架）	钢琴（架）
57.10		71.50					8.20	
69.40		67.40					10.20	
77.55		77.08					16.55	
72.86		86.26					16.08	
75.78		93.85	1.32				21.16	
86.44		101.69	3.39				27.12	
88.14		105.08	3.39		1.69		30.51	
96.03		87.67	11.91		3.97		33.50	
102.65		89.00	22.49		7.94		38.79	
101.32		88.09	23.82		9.26		44.08	2.65
101.33		93.34	17.31		7.99		70.41	2.66
108.59		80.55	23.34		9.08		45.71	
103.81	16.03	68.37	29.22	2.83	28.80	2.83	58.02	
109.49	24.54	68.37	36.32	2.83	33.47	1.42	56.15	
118.09	35.43	83.62	21.76	3.92	28.62		37.20	0.78
108.82	55.32	71.90	32.91	12.19	31.20		44.01	0.80
118.09	67.45	59.99	17.12	9.97	21.22	1.66	44.38	0.74
118.55	62.26	65.57	19.82	10.94	16.97	4.47	48.15	6.14
118.66	63.17	73.67	10.36	26.81	15.27	1.53	44.91	5.25
119.27	65.24	76.20	13.20	21.20	15.96	2.62	51.41	1.53
112.51	75.16	44.77	14.92	45.58	25.78	5.61	49.51	3.88
113.15	81.58	47.32	14.81	45.98	24.28	7.52	58.19	3.30
109.84				55.63	41.37	5.95	45.95	2.50
105.93				59.64	21.45	8.21	39.76	3.47
107.14				64.82	24.47	6.73	31.38	4.91
110.50				61.60	23.51	4.18	46.29	4.57
111.49				74.89	18.52	9.55	39.15	3.82
109.83				76.67	20.38	12.61	42.07	3.11
101.47				71.25	1.80	9.98	48.02	0.00

1-33 续表

年 份	其他中高档乐器（件）	微波炉（台）	空调器（台）	取暖器（台）	电炊具（台）	淋浴热水器（台）	排油烟机（台）	消毒碗柜（台）	洗碗机（台）
1985	6.10				6.10				
1986	8.20				8.20				
1987	16.55				32.38				
1988	10.73				28.64				
1989	15.87		1.32		48.90				
1990	10.17				50.85				
1991	11.86				67.80				
1992	18.94				76.18	17.20	25.14		
1993	14.56				89.00	38.37	33.08		
1994	18.94		2.65		99.58	37.05	47.64		
1995	17.31		4.00		87.15	57.56	50.61		
1996	22.37		3.89		89.30	52.68	56.57		
1997	14.17	1.42	7.08		103.27	71.22	85.39		
1998	7.08	7.53	9.92		109.39	77.86	83.53		
1999	11.58	14.59	3.15		107.91	57.48	76.41		
2000	10.66	12.09	2.67		115.78	59.67	91.71		
2001	2.91	8.52	5.20		106.22	71.76	92.31		
2002	12.61	26.10	4.47	5.02	95.69	72.99	87.41	2.23	
2003	11.62	18.73	10.89	7.16	100.07	89.59	89.47	3.34	
2004	13.92	26.25	7.58	7.71	85.06	84.68	92.70	10.78	
2005	12.80	30.05	14.74	8.50	89.43	76.92	92.45	6.83	2.66
2006	8.02	34.65	10.39	12.60	99.23	79.30	89.17	4.75	1.71
2007	7.40	37.41	12.70			88.57		8.51	0.40
2008	7.12	49.95	18.75			82.30		9.24	0.88
2009	11.93	56.68	18.11			88.51		5.34	
2010	7.92	50.19	29.71			85.13		6.36	
2011	2.86	52.28	15.70			86.49		6.68	0.20
2012	7.57	59.52	14.42			94.79		7.92	0.83
2013	5.42	47.47	14.70			87.97		2.73	0.00

饮水机（台）	吸尘器（台）	健身器材（套）	固定电话（部）	移动电话（部）	传真机（部）	接入有线电视电视机（台）	接入互连网计算机（台）	接入互连网移动电话（部）
	14.56							
	22.49							
	18.53							
	22.64							
	22.04							
	37.73	2.83						
	33.47	2.83		1.42				
	27.39	2.54		1.73				
	30.66	4.78		7.66				
	24.95	6.93		20.83				
28.28	17.00	11.05	94.83	77.94	0.78			
43.21	29.48	6.01	96.07	108.96	0.76			
50.20	23.29	7.94	96.11	117.81				
45.15	31.81	8.26	91.92	146.75	0.76	106.16	28.35	
46.85	29.41	4.60	90.15	161.88	2.47	105.77	30.41	
		2.02	91.92	182.97		96.28	42.12	
		4.51	85.82	172.02		93.95	10.25	
		5.47	84.76	183.32		94.78	50.92	14.87
		6.34	91.42	172.91		93.78	40.34	6.71
		2.69	86.88	195.84		90.05	61.69	22.45
		1.60	83.63	196.61		90.04	61.86	21.98
		0.00	70.83	196.68		82.68	65.97	96.11

1-34 城镇居民最高收入户平均每百户年末耐用消费品拥有量

年 份	成套家具(套)	摩托车(辆)	自行车(辆)	助力车(辆)	家用汽车(辆)	洗衣机(台)	电风扇(台)	电冰箱(台)	冰柜(台)
1985	6.10	4.10	132.70			77.60	30.60	24.50	
1986	2.00	6.10	163.30			79.60	36.70	30.60	
1987	1.66		153.91			79.20	38.54	31.45	
1988	12.06	2.68	147.06			100.00	39.02	30.81	
1989	13.22	1.32	163.87			88.99	42.73	47.58	
1990	25.42	5.08	181.36			93.22	55.93	59.32	
1991	20.34	1.69	184.75			89.83	40.68	62.71	
1992	25.14	3.97	145.41			90.32	44.50	70.96	
1993	34.82	12.74	179.32			95.61	52.85	91.23	
1994	58.98	7.03	188.51			97.35	54.59	85.94	
1995	61.38	1.33	164.04			100.00	51.48	86.10	5.62
1996	45.71	7.29	188.65			110.70	60.78	85.41	8.59
1997	68.37	4.25	145.36		1.42	96.73	61.29	93.90	4.25
1998	60.85	4.25	142.08		1.42	104.25	48.10	95.31	5.68
1999	60.24	4.52	146.94			106.10	63.97	94.67	6.28
2000	55.23	6.29	126.68		1.06	101.73	58.48	81.63	3.19
2001	68.69	27.38	158.16		0.58	108.50	57.44	94.59	1.10
2002	63.45	10.96	105.36	0.86	1.59	98.27	56.12	96.53	5.02
2003	61.28	12.40	105.49		1.99	101.07	60.40	97.41	6.08
2004	56.73	18.95	90.73		3.96	99.57	64.45	97.95	5.10
2005	62.03	4.79	74.76	3.03	2.49	101.26	62.68	97.34	8.29
2006	61.16	5.12	61.89	2.95	2.55	101.88	58.19	95.12	7.71
2007		5.95		2.77	1.54	98.30		97.92	
2008		10.91		6.23	5.10	96.74		100.79	
2009		8.49		5.06	11.19	100.28		102.13	
2010		10.12		9.60	19.91	103.35		107.73	
2011		14.76		10.48	18.32	97.18		101.10	
2012		19.74		15.63	27.14	96.13		95.52	
2013		4.81		19.78	23.52	87.83		91.37	

彩色电视机（台）	影碟机（台）	录音机（台）	录放像机（台）	计算机（台）	组合音响（套）	摄像机（架）	照相机（架）	钢琴（架）
59.20		75.50					16.30	
57.10		71.40					24.50	
75.89		65.03					24.83	
76.88		84.74					21.44	
84.58		85.03	1.32				33.04	
105.08		89.83	3.56				40.68	
105.08		91.53	6.78		1.69		30.51	
94.71		70.06	15.88		7.94		35.24	
100.00		91.15	23.82		10.59		52.85	
103.97		87.67	29.94		9.26		64.76	3.97
101.33		77.07	22.93		13.32		55.18	4.00
109.08		94.81	29.43		14.26		67.75	5.19
111.34	17.46	55.29	34.46	4.25	32.07	4.25	59.00	2.83
121.71	18.86	60.95	34.46	2.83	25.95	4.25	63.25	4.25
122.05	38.70	56.54	27.37	4.71	26.99	3.43	64.22	2.65
104.61	35.73	37.96	25.27	8.08	21.70	2.70	52.00	2.42
118.87	50.01	47.00	22.17	17.35	19.20	2.12	55.23	3.80
120.13	55.72	55.39	25.91	22.69	23.56	5.02	63.99	4.29
124.89	67.76	67.31	29.94	35.31	25.68	3.25	71.31	4.63
127.22	67.17	60.80	21.35	36.99	23.76	2.43	63.75	5.32
116.21	73.06	60.90	26.06	38.06	27.36	11.56	74.69	5.63
117.87	76.34	52.03	28.00	46.32	30.25	10.71	72.13	1.54
108.40				52.87	22.34	11.19	61.55	1.97
112.17				65.51	21.76	11.09	41.66	2.93
110.13				61.98	18.18	8.05	43.45	5.14
112.14				71.80	23.30	8.26	44.84	5.32
108.97				71.71	16.35	15.98	47.27	2.66
118.67				84.46	18.48	12.47	48.68	2.52
97.63				61.84	2.72	8.35	47.87	0.00

1-34 续表

年份	其他中高档乐器（件）	微波炉（台）	空调器（台）	取暖器（台）	电炊具（台）	淋浴热水器（台）	排油烟机（台）	消毒碗柜（台）	洗碗机（台）
1985	16.30				10.20				
1986	18.40		4.10		26.50				
1987	14.90		1.66		32.38				
1988	24.11		4.02		39.20				
1989	22.47				29.52				
1990	27.12				66.10				
1991	15.25		1.69		69.49				
1992	10.59		1.32		96.45	30.43	25.14		
1993	14.56		1.32		122.84	52.02	45.41		
1994	13.23		2.65		107.03	50.28	63.02		
1995	21.89		5.33		113.90	56.23	70.12		
1996	16.86		6.48		107.29	59.16	65.16		
1997	5.68		12.76		117.02	81.68	68.03		
1998	7.08	1.42	14.17		107.08	68.47	75.12		
1999	10.23	9.42	2.10		117.82	56.77	71.95		
2000	6.92	15.42	5.77		107.29	73.71	80.57		
2001	13.87	13.71	8.85		119.86	82.43	102.92		
2002	7.71	29.00	5.90	8.57	93.17	80.34	93.63	9.44	
2003	15.16	35.84	18.77	12.39	84.33	83.45	90.38	9.68	
2004	10.21	36.48	14.33	10.91	92.52	87.77	91.83	5.73	
2005	5.82	41.51	23.45	14.87	108.23	83.67	91.35	11.19	0.89
2006	11.74	46.65	25.79	16.80	104.68	86.00	88.66	17.17	1.71
2007	6.66	50.07	19.33			86.47		12.47	0.43
2008	9.70	49.48	18.29			85.96		4.36	1.68
2009	8.29	46.78	23.72			84.63		7.70	1.12
2010	11.88	65.20	28.60			90.77		11.34	1.61
2011	3.53	58.51	24.49			91.04		13.16	0.45
2012	6.52	59.81	23.75			87.17		9.96	0.50
2013	2.92	61.01	23.50			83.36		7.61	0.00

饮水机（台）	吸尘器（台）	健身器材（套）	固定电话（部）	移动电话（部）	传真机（部）	接入有线电视电视机（台）	接入互连网计算机（台）	接入互连网移动电话（部）
	19.85							
	25.14							
	19.85							
	27.97							
	34.52							
	39.69	2.83						
	31.19	5.68						
	33.67	8.10						
	30.66	2.39		6.54				
	26.70	1.08		35.77				
25.90	25.77	10.05	97.43	56.09				
28.76	34.58	5.41	94.51	110.27				
29.68	31.04	6.90	95.13	118.53	1.62			
51.58	35.81	11.31	93.34	154.66	0.89	110.91	23.69	0.18
61.38	36.10	10.13	94.08	169.48	0.69	108.21	30.48	
		10.15	96.34	165.99		97.54	36.24	
		13.74	85.63	160.92		101.13	51.03	4.73
		11.37	89.12	168.53		98.75	49.21	12.15
		12.33	85.85	192.51		99.87	57.62	19.02
		6.34	80.80	177.82		91.68	62.06	21.17
		3.43	84.30	200.01		96.04	69.13	29.88
		6.02	67.58	195.30		81.09	55.76	70.57

1-35 城镇居民最低收入户住房情况

年份	家庭居住人口（人/户）	住房建筑面积（平方米/人）	住房使用面积（平方米/人）	装修状况（%）		有自来水（%）	卫生设备（%）		
				有装修	无装修		无卫生设备	有厕所浴室	有厕所无浴室
2005	3.98	21.50	16.95	7.8	92.2	90.9	14.0	18.4	46.6
2006	3.75	21.78	17.12	19.1	80.9	94.4	13.3	36.6	27.8
2007	3.69	22.76	17.11	20.8	79.2	91.4	16.7	28.9	29.7
2008	3.79	18.17	13.66	17.5	82.5	90.6	17.9	23.8	37.7
2009	3.67	18.65	14.02	20.6	79.4	93.5	15.0	30.7	43.5
2010	3.69	18.75	14.10	22.8	77.2	93.6	17.6	30.0	42.2
2011	3.91	22.31	16.74	38.8	61.2	95.0	12.4	41.4	35.8
2012	3.96	23.89	17.92	42.3	57.7	97.2	11.4	47.6	33.2
2013	3.38	23.95	17.97						

年份	取暖设备（%）			炊用燃料情况（%）			通信设备使用情况		
	无取暖设备	暖气	其它	管道天然气	罐装液化石油气	煤炭	固定电话（部/百户）	移动电话（部/百户）	使用互联网（条/百户）
2005		42.6	57.4	17.9	22.0	49.3	71.73	29.32	0.23
2006		50.1	49.9	18.1	28.4	42.9	73.72	42.82	1.21
2007		41.4	58.6	21.3	44.5	23.8	74.64	65.78	2.75
2008		39.2	60.8	28.0	22.6	49.4	74.28	57.78	2.59
2009		52.3	47.2	33.0	27.6	38.0	75.32	79.75	7.00
2010		47.0	52.5	29.5	30.7	38.7	73.98	77.77	6.65
2011		54.9	45.1	33.5	18.4	47.6	66.33	129.91	15.03
2012		55.6	44.4	42.0	15.6	42.0	65.86	135.61	17.73
2013							41.92	172.82	24.12

1-36　城镇居民低收入户住房情况

年　份	家庭居住人口（人/户）	住房建筑面积（平方米/人）	住房使用面积（平方米/人）	装修状况（%）		有自来水（%）	卫生设备（%）		
				有装修	无装修		无卫生设备	有厕所浴室	有厕所无浴室
2005	3.36	23.14	17.78	28.6	71.4	97.3	14.2	43.7	21.6
2006	3.25	24.10	18.60	34.2	65.8	97.4	10.7	52.5	24.4
2007	3.22	23.93	17.99	32.1	67.9	96.4	7.9	44.9	43.7
2008	3.31	22.00	16.54	38.3	61.7	95.2	12.9	44.1	33.9
2009	3.29	23.48	17.65	49.4	50.6	94.4	13.8	57.5	25.9
2010	3.18	22.63	17.02	46.3	53.7	94.4	13.2	54.1	28.1
2011	3.28	23.75	17.82	57.5	42.5	94.4	8.7	60.8	26.6
2012	3.21	23.44	17.58	60.2	39.8	96.4	9.3	70.8	18.9
2013	3.29	30.38	22.79						

年　份	取暖设备（%）			炊用燃料情况（%）			通信设备使用情况		
	无取暖设备	暖　气	其　它	管道天然气	罐装液化石油气	煤　炭	固定电话（部/百户）	移动电话（部/百户）	使用互联网（条/百户）
2005		58.3	41.7	18.1	49.6	31.6	80.83	56.77	2.07
2006		76.3	23.7	28.4	51.7	19.1	91.49	85.69	1.07
2007		82.0	18.0	43.1	42.1	13.6	89.55	110.78	23.28
2008		73.1	26.9	45.1	32.7	22.3	81.11	117.05	12.33
2009		80.5	19.1	57.3	30.2	12.5	81.52	131.95	18.45
2010		79.2	20.5	48.1	33.5	18.0	80.29	123.48	15.09
2011		84.0	16.0	60.5	22.4	17.1	69.25	162.31	38.98
2012		84.8	15.2	60.0	24.8	15.2	75.10	188.43	44.75
2013							63.39	183.93	32.49

1-37 城镇居民中等偏下收入户住房情况

年份	家庭居住人口（人/户）	住房建筑面积（平方米/人）	住房使用面积（平方米/人）	装修状况（%）		有自来水（%）	卫生设备（%）		
				有装修	无装修		无卫生设备	有厕所浴室	有厕所无浴室
2005	3.20	24.26	18.80	43.9	56.1	97.1	8.6	57.3	27.1
2006	3.21	24.54	18.98	48.6	51.4	97.0	8.3	59.8	24.6
2007	3.10	24.22	18.21	52.3	47.8	99.0	4.3	69.9	20.5
2008	3.17	25.06	18.84	52.3	47.7	97.1	5.4	63.9	25.8
2009	3.15	24.14	18.15	54.5	45.6	96.0	6.4	63.2	26.1
2010	3.11	26.02	19.56	59.4	40.6	96.2	4.3	73.9	18.7
2011	3.18	25.67	19.26	65.8	34.2	97.4	5.5	79.9	14.0
2012	3.12	25.95	19.47	74.4	25.6	98.1	4.1	78.3	17.5
2013	3.01	26.88	20.17						

年份	取暖设备（%）			炊用燃料情况（%）			通信设备使用情况		
	无取暖设备	暖气	其它	管道天然气	罐装液化石油气	煤炭	固定电话（部/百户）	移动电话（部/百户）	使用互联网（条/百户）
2005		82.2	17.9	29.5	54.4	14.6	89.57	90.37	4.78
2006		78.8	21.2	39.2	43.8	16.5	86.58	115.48	10.96
2007		89.3	10.7	61.1	32.4	6.6	89.53	141.07	23.28
2008		86.8	12.9	57.0	32.6	10.4	80.09	137.03	18.12
2009		87.0	12.6	59.6	30.7	9.8	82.37	140.17	23.40
2010		89.9	10.1	62.5	28.7	8.8	84.36	162.30	25.03
2011		92.1	7.9	63.4	28.2	8.4	79.33	202.65	50.47
2012		92.2	7.8	69.3	23.8	6.9	77.12	203.66	56.80
2013							66.38	188.64	48.24

1-38　城镇居民中等收入户住房情况

年　份	家庭居住人口（人/户）	住房建筑面积（平方米/人）	住房使用面积（平方米/人）	装修状况（%）		有自来水（%）	卫生设备（%）		
				有装修	无装修		无卫生设备	有厕所浴室	有厕所无浴室
2005	3.09	25.93	20.23	60.0	40.0	98.9	6.1	72.4	17.1
2006	3.12	25.68	20.04	55.3	44.7	99.5	3.1	67.4	25.2
2007	3.04	27.33	20.55	62.6	37.4	98.9	3.7	74.8	17.6
2008	2.98	27.71	20.83	67.8	32.2	97.3	3.7	78.2	15.3
2009	3.08	27.71	20.83	68.3	31.7	96.8	3.6	80.1	13.6
2010	3.03	27.38	20.59	69.1	30.9	98.6	3.8	80.2	13.6
2011	2.83	29.55	22.17	69.0	31.0	98.4	4.8	77.5	17.0
2012	2.89	28.74	21.56	63.7	36.3	99.3	3.6	79.7	15.9
2013	2.87	29.46	22.10						

年　份	取暖设备（%）			炊用燃料情况（%）			通信设备使用情况		
	无取暖设备	暖　气	其　它	管道天然气	罐装液化石油气	煤　炭	固定电话（部/百户）	移动电话（部/百户）	使用互联网（条/百户）
2005		87.6	12.4	35.2	57.4	7.4	84.79	115.57	8.41
2006		87.0	13.0	41.3	50.1	8.5	86.57	131.81	13.79
2007		91.4	8.6	55.8	38.0	4.7	92.30	149.28	21.49
2008		87.5	12.5	48.7	40.8	10.5	84.50	163.74	29.58
2009		85.9	14.0	50.3	40.3	9.3	82.43	176.89	31.81
2010		88.4	11.4	47.5	42.3	10.0	79.70	183.0	34.60
2011		92.6	7.3	61.7	29.7	8.5	79.27	186.33	50.32
2012		94.7	5.1	70.2	24.3	5.1	83.37	203.42	56.30
2013							73.25	197.75	56.69

1-39 城镇居民中等偏上收入户住房情况

年份	家庭居住人口（人/户）	住房建筑面积（平方米/人）	住房使用面积（平方米/人）	装修状况（%）		有自来水（%）	卫生设备（%）		
				有装修	无装修		无卫生设备	有厕所浴室	有厕所无浴室
2005	2.82	28.03	21.74	58.0	42.0	99.4	5.3	69.4	23.3
2006	2.79	28.54	21.99	65.4	34.6	99.1	4.8	68.9	24.1
2007	2.93	29.98	22.54	67.4	32.6	99.2	1.6	75.0	21.8
2008	2.82	31.50	23.68	71.9	28.1	96.1	3.0	85.1	11.3
2009	2.82	30.12	22.65	72.9	27.1	96.6	1.5	85.7	11.9
2010	2.81	29.67	22.31	69.4	30.6	98.0	2.8	84.2	11.2
2011	2.50	32.86	24.65	69.3	30.7	99.5	1.5	85.8	12.2
2012	2.60	32.58	24.44	74.3	25.8	99.7	2.4	89.5	7.6
2013	2.54	32.62	24.47						

年份	取暖设备（%）			炊用燃料情况（%）			通信设备使用情况		
	无取暖设备	暖气	其它	管道天然气	罐装液化石油气	煤炭	固定电话（部/百户）	移动电话（部/百户）	使用互联网（条/百户）
2005		91.9	8.2	33.2	60.8	6.0	91.09	136.04	7.09
2006		93.2	6.8	41.9	52.3	5.8	88.91	142.47	20.76
2007		88.4	11.6	55.7	38.5	5.8	93.76	151.64	26.74
2008		92.2	7.8	55.6	37.2	7.1	83.40	168.24	38.14
2009		94.4	5.6	54.9	40.0	4.5	84.48	176.86	50.90
2010		91.5	8.2	56.8	36.5	6.1	83.10	176.50	44.80
2011		97.2	2.8	69.4	24.5	6.1	76.34	187.79	52.90
2012		96.1	3.9	70.4	25.1	4.5	77.26	196.11	51.62
2013							79.68	185.41	62.28

1-40　城镇居民高收入户住房情况

年　份	家庭居住人口（人/户）	住房建筑面积（平方米/人）	住房使用面积（平方米/人）	装修状况（%）		有自来水（%）	卫生设备（%）		
				有装修	无装修		无卫生设　备	有厕所浴　室	有厕所无浴室
2005	2.63	28.98	22.03	70.5	29.5	99.8	3.4	74.1	20.6
2006	2.61	28.38	21.80	65.8	34.2	99.0	3.8	63.2	32.0
2007	2.78	30.71	23.09	64.8	35.2	98.9	1.8	86.6	8.4
2008	2.62	31.92	24.00	73.8	26.2	96.2	3.0	82.3	13.4
2009	2.57	34.13	25.62	78.7	21.3	95.8	2.9	86.6	8.7
2010	2.54	34.08	25.62	76.3	23.7	97.8	1.2	84.0	14.0
2011	2.47	35.50	26.63	67.4	32.6	99.2	1.5	85.6	12.1
2012	2.33	38.47	28.86	77.0	23.0	98.6	1.7	94.8	3.5
2013	2.34	37.37	28.03						

年　份	取暖设备（%）			炊用燃料情况（%）			通信设备使用情况		
	无取暖设　备	暖　气	其　它	管道天然　气	罐装液化石 油 气	煤　炭	固定电话（部/百户）	移动电话（部/百户）	使用互联网（条/百户）
2005		96.7	3.3	32.3	65.1	2.6	91.92	146.75	15.20
2006		97.2	2.8	41.8	56.2	2.0	90.15	161.88	30.41
2007		95.5	4.5	64.0	32.7	3.4	91.92	182.97	42.12
2008		94.8	5.3	58.1	37.1	4.8	85.82	172.02	46.96
2009		91.5	8.6	62.0	30.3	7.7	84.76	183.32	50.92
2010		92.8	7.2	58.8	34.2	7.0	91.42	172.91	40.34
2011		95.8	4.2	67.4	30.5	1.1	86.88	195.84	61.69
2012		99.2	0.8	75.0	23.1	0.8	83.63	196.61	61.86
2013							70.83	196.68	65.97

1-41 城镇居民最高收入户住房情况

年　份	家庭居住人口（人/户）	住房建筑面积（平方米/人）	住房使用面积（平方米/人）	装修状况（%）		有自来水（%）	卫生设备（%）		
				有装修	无装修		无卫生设　备	有厕所浴　室	有厕所无浴室
2005	2.32	33.07	25.43	71.2	28.8	100.0	2.3	78.5	17.7
2006	2.40	32.61	24.78	74.7	25.3	100.0	2.2	74.7	21.6
2007	2.20	36.67	27.57	73.0	27.0	100.0	1.1	85.4	10.3
2008	2.18	40.86	30.72	74.5	25.5	95.4	0.4	84.6	13.9
2009	2.11	41.57	31.26	80.9	19.1	95.5	0.4	83.2	16.2
2010	2.21	40.67	30.58	84.6	15.4	94.3	1.1	89.3	8.8
2011	2.07	43.45	32.60	77.9	22.1	98.1	0.3	92.0	6.7
2012	2.15	40.16	30.13	75.0	25.0	100.0	0.3	88.2	11.5
2013	2.17	42.37	31.79						

年　份	取暖设备（%）			炊用燃料情况（%）			通信设备使用情况		
	无取暖设　备	暖　气	其　它	管道天然　气	罐装液化石油气	煤　炭	固定电话（部/百户）	移动电话（部/百户）	使用互联网（条/百户）
2005		97.0	3.3	40.0	57.7	2.4	93.34	154.66	19.09
2006		96.6	3.4	43.8	54.2	2.0	94.08	169.48	30.48
2007		95.1	4.9	61.6	35.8	0.3	96.34	165.99	36.24
2008		96.5	3.5	67.1	29.0	3.6	85.63	160.92	51.03
2009		98.1	1.9	65.2	31.8	3.0	89.12	168.53	49.21
2010		96.9	3.1	65.2	30.0	4.6	85.85	192.51	57.62
2011		98.6	1.4	76.3	20.5	2.3	80.80	177.82	62.06
2012		96.3	3.7	79.2	20.6	0.3	84.30	200.01	69.13
2013							67.58	195.30	55.76

1-42　城镇居民家庭年人均购买主要商品数量

项　　目	2000	2001	2002	2003	2004	2005	2006
粮食（千克）	81.91	77.98	69.94	71.36	71.32	88.38	86.21
鲜菜（千克）	90.56	90.84	99.93	93.67	97.59	109.45	102.17
食用植物油（千克）	9.69	9.64	8.89	10.59	9.57	11.01	10.58
猪肉（千克）	5.17	4.85	7.52	7.84	7.05	6.37	6.31
牛肉（千克）	3.62	3.30	2.89	3.02	2.85	3.51	4.33
羊肉（千克）	13.06	11.53	8.95	9.21	9.42	11.99	11.61
家禽（千克）	6.11	6.31	8.61	7.77	6.23	6.71	6.20
鲜蛋（千克）	7.39	7.24	8.24	8.58	7.21	7.44	7.66
水产品（千克）	4.35	4.20	5.40	5.59	4.74	4.98	5.01
鲜乳品（千克）	18.44	22.43	25.31	29.30	29.20	26.26	27.55
鲜瓜果（千克）	64.31	63.80	76.35	65.25	65.49	66.99	68.67
酒（千克）	3.21	3.16	4.49	4.18	4.22	4.42	4.22
鞋（双）	2.82	2.94	3.03	2.97	2.89	2.87	2.89
服装（件）	6.36	7.22	8.46	7.87	7.43	7.51	7.81
罐装液化石油气（千克）	24.77	23.00	24.44	22.16	18.36	15.62	13.47
管道大然气（立方米）	1.93	3.00	4.42	10.05	19.43	22.12	30.58
煤炭（千克）	123.78	145.90	74.21	88.23	103.17	133.57	132.51

项　　目	2007	2008	2009	2010	2011	2012	2013
粮食（千克）	50.63	65.65	59.83	89.76	100.75	103.48	102.80
鲜菜（千克）	93.39	103.89	100.44	96.15	104.01	100.05	101.97
食用植物油（千克）	10.28	11.93	11.35	10.94	11.44	11.76	16.40
猪肉（千克）	5.19	6.43	7.19	7.33	7.10	6.84	6.94
牛肉（千克）	4.15	3.31	3.56	3.86	4.83	5.17	5.16
羊肉（千克）	12.41	10.62	11.28	9.87	10.06	10.77	9.03
家禽（千克）	5.38	5.71	5.88	8.14	8.52	8.37	6.08
蛋类（千克）	6.95	7.69	7.61	7.91	8.66	9.55	6.65
水产品（千克）	4.35	4.44	4.83	5.27	4.43	4.85	3.99
鲜乳品（千克）	26.74	22.40	24.19	21.80	21.64	23.98	19.33
鲜瓜果（千克）	61.00	60.22	62.84	57.36	62.99	69.46	53.24
酒（千克）	3.36	3.71	3.30	3.37	3.41	3.38	2.73
鞋（双）	2.87	2.77	2.79	2.92	2.81	3.00	2.25
服装（件）	8.31	7.61	8.10	8.60	8.57	9.42	
罐装液化石油气（千克）	9.87	9.67	9.37	10.03	6.54	5.08	5.32
管道天然气（立方米）	32.85	27.52	38.27	39.68	52.42	65.10	62.66
煤炭（千克）	89.04	109.28	84.11	84.07	58.87	49.78	148.21

1-43 城镇居民家庭人均现金收支情况（2013 年）

项　　目	总平均	最低收入户	#困难户	低收入户
家庭总收入	**22387.85**	**7398.71**	**3708.83**	**10562.04**
#可支配收入	19873.77	6348.46	2808.27	9402.73
工资性收入	15585.27	4207.66	2264.42	6690.60
工资及补贴收入	15131.85	3563.44	1601.99	6322.12
其他劳动收入	453.41	644.22	662.43	368.48
经营净收入	1803.48	1288.99	-87.04	1548.74
财产性收入	152.66	95.39	80.05	30.81
利息收入	18.00	0.60	0.33	0.56
股息与红利收入	26.89			
保险收益	0.93			
其它投资收入	0.04			
转移性收入	4846.44	1806.67	1451.40	2291.88
养老金或离退休金	4279.04	998.94	447.46	1729.55
社会救济收入	90.11	497.59	674.30	82.97
保险收入	3.15	40.03	8.49	
#失业保险金	3.15	40.03	8.49	
赡养收入	102.48	107.39	118.25	293.82
捐赠收入	127.01	23.51	70.60	67.97
出售财物收入	**16.06**	**2.63**	**11.88**	**0.77**
出售住房收入	7.18			
出售其他物品收入	8.88	2.63	11.88	0.77
借贷收入	**1713.58**	**550.17**	**1250.64**	**744.39**
提取储蓄存款	1129.51	484.99	802.30	586.50
借入款	208.48	24.70	243.66	27.45
收回借出款	193.34	37.85	18.66	79.91
收回储蓄性保险本金	3.50			
收回投资本金	12.05	2.63	29.71	0.77
住房贷款	34.76			
汽车贷款	41.89			

单位：元

中等偏下户	中等收入户	中等偏上户	高收入户	最高收入户	#更高收入户
17130.35	**22672.01**	**29573.41**	**37011.70**	**43939.74**	**57323.68**
14723.90	20218.20	26488.14	33108.56	39799.63	51811.34
12604.36	15177.38	20238.56	26701.29	30245.70	43432.64
11991.62	14607.07	19825.05	26691.08	30245.68	43335.51
612.74	570.31	413.52	10.21	0.01	97.12
1677.81	2205.24	2006.87	1716.07	2842.46	3411.36
40.97	218.11	175.88	218.01	12.46	931.83
6.12	16.71	12.37	14.69	5.40	254.64
	106.39	5.33	4.63		107.54
			3.83		16.47
			0.51		
2807.21	5071.28	7152.10	8376.32	10839.13	9547.86
2524.37	4797.57	6816.89	7819.78	10172.70	5800.21
23.07	5.24	2.76		7.85	2.62
	0.83				
	0.83				
23.52	14.02	42.65	100.80	143.09	653.29
73.00	77.26	59.41	190.95	133.68	1346.75
33.74	**3.64**	**1.56**			**179.62**
33.13					
0.61	3.64	1.56			179.62
1238.15	**1194.14**	**1581.62**	**4270.94**	**4234.82**	**5681.06**
928.59	740.39	1054.31	3389.62	2624.16	1738.76
52.62	336.06	232.36	531.29	254.20	374.74
131.87	69.02	263.92	66.33	162.00	2095.32
3.03			15.21		43.09
0.80	5.66	1.56	3.13	36.45	179.62
10.88	4.42	5.27	65.93	32.19	642.55
	6.79	14.60	140.97	724.40	

1-43 续表

项　　目	总平均	最低收入户	#困难户	低收入户
家庭总支出	**20145.10**	**8255.72**	**7686.64**	**11849.06**
消费支出	15206.16	6606.09	6449.70	9706.50
#服务性消费支出				
通过互联网购买商品或服务	176.19	23.91	17.46	28.47
食品	5323.50	2923.42	2710.08	4141.12
衣着	2036.94	875.82	600.41	1201.91
家庭设备用品及服务	977.80	462.88	315.72	509.81
医疗保健	1179.77	602.85	1033.79	1046.25
交通和通信	2210.25	487.94	667.77	858.02
教育文化娱乐服务	1597.99	469.90	421.42	964.54
居住	1275.35	681.36	511.44	694.69
其他商品和服务	604.55	101.93	189.07	290.16
购房与建房支出	456.46	19.99	7.00	78.00
购房	415.39	19.99		78.00
建房	41.07		7.00	
转移性支出	2071.46	668.89	423.72	1005.50
交纳的个人收入税	33.06			0.18
捐赠支出	1249.89	498.83	308.80	857.10
购买彩票	6.94	0.39	0.37	1.00
赡养支出	437.44	72.38	60.12	80.47
各种非储蓄性保险支出	120.60	19.02	0.71	22.11
财产性支出	52.56	16.41	1.05	1.18
非生产性利息支出	46.29	16.41	1.05	1.18
其他	6.27			
社会保障支出	2358.47	944.34	805.18	1057.89
个人交纳的养老基金	851.72	557.28	517.80	528.88
个人交纳的住房公积金	995.09	119.19		299.19
个人交纳的医疗基金	417.77	244.20	242.99	196.08
个人交纳的失业基金	61.39	12.26	6.27	21.43
借贷支出	**1709.57**	**314.41**	**1111.46**	**509.84**
存入储蓄款	591.27	39.69	142.98	58.41
借出款	140.41	47.96	30.84	18.84
归还借款	157.78	43.97	95.94	75.24
储蓄性保险支出	139.64	102.73	202.97	69.76
购买有价证券	15.46			
其它投资支出	21.76			
归还住房贷款	512.64	80.05	110.12	273.98
归还汽车贷款	55.68			4.61
归还教育贷款				

单位：元

中等偏下户	中等收入户	中等偏上户	高收入户	最高收入户	#更高收入户
16196.85	**19986.70**	**24593.17**	**33005.06**	**33418.56**	**48290.73**
11842.04	15713.37	18643.95	23086.79	25895.86	34068.89
68.49	106.09	238.41	517.43	792.58	522.62
4630.28	5382.49	6555.44	7234.11	7573.00	8792.20
1650.64	2299.58	2342.90	2929.15	3955.62	4547.37
624.90	1032.45	1193.70	1584.20	1661.32	3146.02
816.73	1262.83	1436.91	1504.05	2222.48	1473.58
1467.57	2249.82	2755.56	3935.77	4441.68	7450.37
1425.61	1618.53	2009.95	2829.21	2316.54	2958.72
926.76	1297.27	1539.59	1894.88	2387.91	3572.68
299.56	570.40	809.90	1175.43	1337.33	2127.95
652.25	49.24	792.43	855.55	183.90	1962.99
538.87	36.12	719.13	855.55	183.90	1962.99
113.38	13.12	73.30	0.00		
1417.29	1811.12	2204.58	5290.82	3410.71	6812.76
32.50	18.19	32.90	93.01	77.65	158.68
835.08	1299.08	1411.75	1972.13	2281.59	4101.64
1.14	5.52	23.36	13.09	1.49	0.78
322.09	200.87	376.30	2225.77	468.95	1146.16
81.90	92.56	180.63	272.68	245.82	434.33
25.79	84.58	32.88	126.42	63.39	269.64
23.36	79.30	31.63	121.82	63.39	160.69
2.43	5.28	1.25	4.60		108.95
2259.48	2328.39	2919.33	3645.47	3864.70	5176.45
996.10	937.48	919.29	980.85	739.84	1123.15
731.55	868.72	1358.15	1924.03	2506.38	3278.28
442.91	418.34	521.69	587.18	495.43	602.68
61.26	66.99	80.49	96.20	90.33	135.67
1252.83	**1350.09**	**1676.56**	**3444.20**	**3556.01**	**8002.71**
266.85	385.41	632.54	1033.64	2400.18	4015.89
256.43	355.98	13.07	33.33		15.13
60.27	59.84	193.81	313.52	56.01	1391.85
97.03	141.29	137.66	168.69	135.28	502.83
	1.43	19.40	142.79		1.29
	10.33	90.47	34.56	8.10	1.70
554.46	314.07	534.03	1330.29	610.02	1520.48
6.55	21.60	38.51	210.67	194.88	484.72

1-44 城镇居民家庭人均消费支出情况（2013 年）

项　　目	总平均	最低收入户	#困难户	低收入户
消费支出	**15206.16**	**6606.09**	**6449.70**	**9706.50**
#服务性消费支出				
食品	**5323.50**	**2923.42**	**2710.08**	**4141.12**
粮油类	876.15	757.45	757.52	791.22
粮食	555.11	504.14	497.30	483.58
淀粉及薯类	41.21	19.66	13.30	34.66
干豆类及豆制品	54.55	22.28	19.75	22.28
油脂类	225.28	211.37	227.17	211.37
肉禽蛋水产品类	1418.59	849.92	789.38	849.92
肉类	1058.12	660.44	647.30	660.44
猪肉	194.00	86.44	79.81	86.44
牛肉	267.28	146.67	116.99	146.67
羊肉	525.65	403.49	433.11	403.49
其他肉及制品	71.18	23.83	17.40	23.83
禽类	167.03	90.16	51.11	90.16
蛋类	85.93	63.18	54.63	63.18
水产品类	107.51	36.13	36.33	
蔬菜类	523.62	330.38	327.11	437.74
鲜菜	501.74	319.76	320.43	424.13
干菜	16.81	7.38	5.24	10.51
菜制品	5.08	3.24	1.44	3.10
调味品	49.89	30.73	25.52	39.60
糖烟酒饮料类	317.66	128.77	91.87	168.18
糖类	40.78	28.44	21.54	38.36
烟草类	124.08	39.13	27.86	43.74
酒类	92.29	37.33	22.89	46.50
饮料	60.51	23.86	19.57	39.59
干鲜瓜果类	453.73	240.01	175.48	293.17
鲜果	255.67	131.01	100.33	161.33
鲜瓜	45.12	23.12	17.71	28.47
干果				
糕点、奶及奶制品	341.96	224.06	184.09	236.08
糕点	95.65	44.83	19.33	50.10
奶及奶制品	246.31	179.23	164.76	185.98
其他食品	95.67	69.05	43.40	64.63
饮食服务	1150.41	245.96	260.62	707.54
食品加工服务费	0.80	0.21	1.14	0.87
在外饮食	1149.62	245.75	259.48	706.67

单位：元

中等偏下户	中等收入户	中等偏上户	高收入户	最高收入户	#更高收入户
11842.04	**15713.37**	**18643.95**	**23086.79**	**25895.86**	**34068.89**
4630.28	**5382.49**	**6555.44**	**7234.11**	**7573.00**	**8792.20**
854.84	904.67	878.48	1022.22	885.09	1173.75
521.88	559.45	561.34	692.69	531.38	827.28
43.60	46.03	49.60	41.58	56.13	48.49
36.15	55.94	62.21	64.65	71.08	65.93
236.84	233.42	236.97	202.88	216.87	231.65
1402.95	1347.45	1495.13	1574.35	1852.67	1752.27
1110.53	1007.82	1107.50	1130.43	1358.26	1266.16
131.23	209.05	180.16	254.41	291.58	245.59
325.68	265.56	281.64	298.97	277.70	320.61
607.67	481.77	574.71	483.03	670.08	576.52
45.95	51.43	70.99	94.03	118.89	123.44
154.75	162.75	168.41	209.99	229.31	194.82
73.10	76.31	98.88	90.52	110.56	110.32
522.61	550.18	570.99	632.64	743.56	626.13
502.29	522.01	545.68	602.78	712.84	601.20
15.71	21.69	19.84	22.78	24.87	16.29
4.62	6.48	5.48	7.08	5.85	8.64
49.07	51.24	56.06	66.92	56.39	79.43
266.97	332.56	423.93	436.65	572.62	672.65
35.67	43.66	45.72	55.35	34.61	65.67
107.39	128.84	189.30	155.68	245.23	247.46
73.40	97.13	114.39	123.87	194.80	252.47
50.51	62.93	74.52	101.74	97.98	107.06
378.04	490.25	575.65	675.29	686.47	724.36
225.55	273.18	324.57	356.99	402.33	403.78
39.80	48.21	57.28	63.00	71.00	71.26
281.28	381.40	389.86	481.38	565.20	523.75
81.96	112.25	106.48	154.73	183.97	175.37
199.31	269.14	283.38	326.64	381.23	348.38
77.38	82.54	116.58	167.42	171.18	172.34
776.56	1033.01	1746.24	1694.92	2140.23	3295.43
0.47	0.62	0.37	3.26	0.30	1.08
776.09	1032.39	1745.87	1691.66	2139.94	3294.35

1-44 续表

项目	总平均	最低收入户	#困难户	低收入户
衣着	**2036.94**	**875.82**	**600.41**	**1201.91**
服装	1490.38	601.87	433.54	864.14
衣着材料	6.69	6.63	4.97	6.07
鞋类	441.10	223.28	137.18	297.37
其他衣着用品	57.92	27.33	21.09	31.99
衣着加工服务费	5.52	5.65	1.78	2.34
家庭设备用品及服务	**977.80**	**462.88**	**315.72**	**509.81**
耐用消费品	405.46	179.51	127.18	151.74
家具	172.43	21.78	51.35	39.49
家庭设备	233.03	157.73	75.84	112.25
室内装饰品	53.39	20.06	17.58	26.65
床上用品	62.36	17.51	15.76	25.75
家庭日用杂品	390.53	228.49	145.34	256.36
家具材料	16.68	0.45	0.09	6.28
家庭服务	37.57	11.68	6.81	43.03
医疗保健	**1179.77**	**602.85**	**1033.79**	**1046.25**
医疗器具	8.73	4.56	1.44	7.55
保健器具	8.55	1.14	2.32	14.79
药品费	381.14	216.86	236.68	456.33
滋补保健品	77.30	11.20	12.41	15.08
医疗费	719.14	366.37	780.57	552.49
其他				
交通和通讯	**2210.25**	**487.94**	**667.77**	**858.02**
交通	1576.83	241.36	444.68	550.23
家庭交通工具	612.90	1.71	137.46	151.37
车辆用燃料及零配件	304.90	116.38	108.14	107.75
交通工具服务支出	193.89	34.09	44.53	38.39
交通费	448.46	88.90	151.23	252.71
通信	633.42	246.57	223.09	307.79
通信工具	202.34	43.29	29.74	64.60
通信服务	431.08	203.29	193.35	243.19
教育文化娱乐服务	**1597.99**	**469.90**	**421.42**	**964.54**
文化娱乐用品	293.53	74.41	86.33	175.23
文化娱乐服务	443.99	36.88	31.62	102.07
教育	819.84	358.61	303.03	687.24
教材	45.15	38.10	28.64	24.89
教育费用	774.69	320.51	274.38	662.35
居住	**1275.35**	**681.36**	**511.44**	**694.69**
住房	483.76	126.00	59.71	140.96
水电燃料及其他	681.30	500.18	424.38	503.86
居住服务费	87.31	43.11	25.31	49.87
其他商品和服务	**604.55**	**101.93**	**189.07**	**290.16**
其他商品	432.13	74.77	135.21	224.15
服务	172.42	27.16	53.86	66.01

单位：元

中等偏下户	中等收入户	中等偏上户	高收入户	最高收入户	#更高收入户
1650.64	**2299.58**	**2342.90**	**2929.15**	**3955.62**	**4547.37**
1205.61	1727.38	1637.18	2205.00	2863.69	3490.55
3.03	7.44	7.82	6.93	16.65	13.16
365.60	470.57	522.27	570.09	991.22	836.28
53.98	62.43	66.83	84.41	77.36	131.29
3.50	5.00	7.66	6.25	6.70	23.22
624.90	**1032.45**	**1193.70**	**1584.20**	**1661.32**	**3146.02**
199.74	441.62	451.67	839.33	711.05	1585.89
52.06	182.92	198.62	433.79	318.92	850.04
147.68	258.70	253.05	405.54	392.13	735.85
13.14	54.99	61.51	112.66	161.27	205.02
46.78	62.88	94.45	87.35	103.46	167.73
332.42	421.44	452.34	483.98	641.74	918.80
1.74	20.78	51.70	0.15	24.71	25.88
19.43	23.21	51.22	43.05	19.08	237.44
816.73	**1262.83**	**1436.91**	**1504.05**	**2222.48**	**1473.58**
10.05	7.03	8.43	18.18	5.19	17.67
2.52	5.78	7.15	26.61	26.61	11.49
233.07	379.95	506.56	498.92	584.04	456.29
38.56	97.67	115.76	165.33	134.75	172.87
569.54	773.01	798.80	838.19	1556.29	830.94
1467.57	**2249.82**	**2755.56**	**3935.77**	**4441.68**	**7450.37**
923.50	1572.54	1900.92	3072.87	3251.17	6293.77
298.64	703.15	632.12	1200.01	765.40	3702.72
213.88	318.27	438.27	441.44	570.18	822.77
88.66	146.74	212.87	397.04	1214.94	538.73
311.36	390.08	566.32	1019.31	700.65	1213.97
544.07	677.28	854.63	862.90	1190.51	1156.60
145.21	232.70	320.85	228.55	532.69	402.43
398.86	444.58	533.79	634.34	657.82	754.16
1425.61	**1618.53**	**2009.95**	**2829.21**	**2316.54**	**2958.72**
215.64	328.61	302.44	529.95	575.94	809.51
192.03	527.15	707.19	931.08	808.55	1209.76
1003.28	742.32	919.93	1143.72	932.05	928.46
52.21	46.84	59.24	55.56	23.26	29.11
951.07	695.49	860.70	1088.16	908.79	899.35
926.76	**1297.27**	**1539.59**	**1894.88**	**2387.91**	**3572.68**
280.71	463.09	589.21	743.90	1254.88	2335.93
567.26	751.42	804.12	839.09	977.48	1028.79
62.37	66.53	106.23	215.98	155.54	202.95
299.56	**570.40**	**809.90**	**1175.43**	**1337.33**	**2127.95**
224.85	437.16	485.45	901.93	1055.51	1468.49
74.71	133.24	324.46	273.50	281.82	659.46

1-45 城镇居民家庭年人均购买主要商品数量（2013 年）

项　目	总平均	最低收入户	#困难户	低收入户
粮食(千克)	102.80	118.18	116.51	111.24
油脂类(千克)	16.44	16.86	19.47	18.33
食用植物油	16.40	16.86	19.47	18.29
肉类(千克)	22.98	13.53	13.02	22.69
猪肉	6.94	3.15	3.02	4.71
牛肉	5.16	2.91	2.19	6.47
羊肉	9.03	6.70	7.29	10.19
禽类(千克)	6.08	3.32	2.15	5.81
蛋类(千克)	6.97	5.11	4.63	6.09
鱼(千克)	3.99	1.50	2.00	2.74
虾(千克)	0.38	0.12	0.11	0.21
鲜菜(千克)	101.97	71.35	71.38	91.93
酒类(千克)	2.73	1.46	0.70	2.08
白酒	0.90	0.37	0.25	0.71
果酒	0.16		0.01	0.18
啤酒	1.66	1.09	0.44	1.19
鲜果(千克)	45.25	28.88	19.32	33.23
鲜瓜(千克)	7.99	5.10	3.41	5.86
糕点(千克)	3.60	2.13	1.04	2.32
鲜乳品(千克)	19.33	18.26	15.36	19.57
奶粉(千克)	0.23	0.11	0.12	0.12
酸奶(千克)	2.76	1.91	1.23	1.98
服装(件)				
鞋类(双)	2.25	1.89	1.46	1.90
水(吨)	26.26	30.50	18.20	20.79
电(度)	326.20	212.11	223.33	303.43
煤炭(千克)	148.21	299.63	292.10	332.12
罐装液化石油气(千克)	5.32	17.86	9.41	5.72
管道天然气(立方米)	1.31	2.10	5.18	1.87

中等偏下户	中等收入户	中等偏上户	高收入户	最高收入户	#更高收入户
92.03	100.21	97.33	114.32	92.28	116.10
16.86	16.83	14.28	14.68	15.82	14.97
16.76	16.82	14.23	14.65	15.81	14.97
22.47	23.71	25.50	30.47	27.37	22.52
7.50	6.45	9.04	10.42	8.66	6.77
5.09	5.41	5.81	5.29	6.00	4.38
8.41	9.95	8.39	11.57	9.76	7.73
5.77	6.13	7.60	8.65	6.92	5.79
6.12	7.97	7.36	8.77	8.97	8.41
3.81	4.75	5.05	5.02	5.66	3.36
0.35	0.34	0.59	0.55	0.70	0.39
99.28	105.39	109.35	122.49	137.59	117.66
2.32	2.77	3.47	2.76	8.75	2.76
0.89	0.85	1.28	0.87	1.56	1.31
0.11	0.15	0.24	0.20	0.11	0.56
1.31	1.76	1.95	1.69	7.08	0.89
40.47	48.91	56.14	61.11	58.80	61.52
7.14	8.63	9.91	10.78	10.38	10.86
3.00	4.14	3.96	5.56	7.29	5.30
16.22	20.92	21.99	19.16	26.66	16.68
0.15	0.28	0.31	0.35	0.07	0.74
2.09	2.32	3.58	4.68	6.80	3.43
2.01	2.29	2.43	2.82	3.21	3.21
24.15	28.20	24.63	27.75	38.84	44.55
300.39	327.75	345.11	382.41	505.42	512.18
175.15	115.64	16.77	87.91	0.43	9.32
6.30	4.08	2.47	1.01	5.01	1.26
0.25	1.27	0.57	1.01	0.95	2.78

1-46 城镇居民家庭平均每百户年末耐用消费品拥有量（2013 年）

项　目	总平均	最低收入户	#困难户	低收入户
摩托车(辆)	13.59	16.22	12.27	17.90
自行车(辆)				
助力车(辆)	17.19	36.77	32.54	25.60
家用汽车(辆)	18.18	8.91	8.10	10.67
洗衣机(台)	94.19	87.06	96.29	96.50
电风扇(台)				
电冰箱(台)	95.37	95.54	79.48	98.81
冰柜(台)				
彩色电视机(台)	98.59	100.00	96.17	97.92
计算机(台)	60.16	25.75	22.33	43.51
组合音响(套)	4.12	0.97	0.75	2.58
摄像机(架)	7.45	0.00	0.00	3.86
照相机(架)	32.27	8.09	8.02	13.08
钢琴(架)				
其他中高档乐器(件)	5.40	1.72	1.91	2.17
微波炉(台)	42.49	10.16	20.93	33.79
空调器(台)	16.37	1.29	4.95	6.20
取暖器(台)				
淋浴热水器(台)	80.44	61.68	34.68	67.80
排油烟机(台)				
消毒碗柜(台)	3.02	1.95	0.00	3.43
洗碗机(台)	1.18	0.00	0.00	0.16
饮水机(台)				
吸尘器(台)				
健身器材(套)	2.24	0.00	0.00	1.64
固定电话(部)	68.19	41.92	48.19	63.39
移动电话(部)	188.94	172.82	162.46	183.93
传真机(部)				
接入有线电视电视机(台)	83.02	69.41	51.64	83.10
接入互连网计算机(台)	52.43	24.12	17.05	32.49
接入互连网移动电话(部)	74.88	56.87	64.08	61.00

中等偏下户	中等收入户	中等偏上户	高收入户	最高收入户	#更高收入户
15.87	19.53	7.10	8.68	4.81	15.13
17.81	13.56	11.60	11.56	19.78	8.73
18.61	16.18	20.54	27.80	23.52	24.70
93.00	95.85	96.12	95.39	87.83	89.08
94.00	96.60	97.15	97.84	91.37	96.40
99.15	100.29	95.72	101.47	97.63	98.60
56.17	67.79	67.64	71.25	61.84	96.53
4.82	5.82	5.82	1.80	2.72	3.36
7.34	6.04	12.39	9.98	8.35	9.70
25.97	34.70	41.10	48.02	47.87	51.81
6.09	6.28	7.05	5.42	2.92	8.54
37.90	44.46	51.63	47.47	61.01	58.78
14.39	16.19	23.67	14.70	23.50	38.51
78.76	84.92	91.88	87.97	83.36	94.48
2.94	1.47	3.19	2.73	7.61	8.08
2.61	1.15	1.85	0.00	0.00	0.76
3.26	2.42	1.64	0.00	6.02	6.25
66.38	73.25	79.68	70.83	67.58	60.35
188.64	197.75	185.41	196.68	195.30	199.23
82.64	86.23	90.35	82.68	81.09	89.09
48.24	56.69	62.28	65.97	55.76	85.12
57.84	83.38	81.97	96.11	70.57	98.73

1-47 城镇居民家庭年末住房情况（2013 年）

项　　目	总平均	最低收入户	#困难户	低收入户
家庭居住人口数(人/户)	2.81	3.38	3.61	3.29
现住房总建筑面积(平方米/人)	30.61	23.95	23.82	30.38
现住房屋总使用面积(平方米/人)	22.96	17.97	17.87	22.79
房屋产权 (%)	100.0	100.0	100.0	100.0
租赁公房	1.8	11.8	11.7	1.5
租赁私房	5.7	7.3	5.4	3.3
原有私房	11.2	28.7	44.2	32.0
房改私房	37.4	21.7	12.1	37.7
商品房	42.8	29.2	25.5	24.1
其他	1.1	1.3	1.1	1.4
住宅建筑式样 (%)	100.0	100.0	100.0	100.0
单栋住宅	1.8	2.8	9.0	3.2
四居室	1.4	4.7	3.0	3.1
三居室	34.7	14.7	8.1	24.5
二居室	43.5	31.7	27.4	32.0
一居室	6.0	6.8	13.6	2.7
普通楼房	0.8	6.6	0.0	1.2
平房及其他	11.9	32.7	38.9	33.3
装修状况 (%)	100.0	100.0	100.0	
有装修				
未装修				
饮水情况 (%)	100.0	100.0	100.0	100.0
自来水	99.4	100.0	100.0	97.4
矿泉水	0.0	0.0	0.0	0.0
纯净水	0.0	0.0	0.0	0.0
井、河水	0.3	0.0	0.0	1.3
其他	0.3	0.0	0.0	1.3

中等偏下户	中等收入户	中等偏上户	高收入户	最高收入户	#更高收入户
3.01	2.87	2.54	2.34	2.17	2.23
26.88	29.46	32.62	37.37	42.37	45.55
20.17	22.10	24.47	28.03	31.78	34.17
100.0	100.0	100.0	100.0	100.0	100.0
1.9	0.0	0.0	0.0	0.0	1.1
4.5	6.0	3.6	8.1	14.7	8.0
9.2	8.4	2.1	2.1	1.3	3.2
36.1	42.2	41.6	44.0	45.8	25.3
47.6	42.1	51.7	45.2	38.2	58.9
0.7	1.3	1.0	0.7	0.0	3.5
100.0	100.0	100.0	100.0	100.0	100.0
1.5	1.9	0.0	0.8	0.0	1.8
1.3	1.3	0.2	0.5	0.0	1.8
29.3	34.9	41.4	49.2	45.4	55.4
50.5	47.7	49.2	42.6	41.4	30.5
6.1	5.1	5.6	4.1	13.2	5.9
0.0	1.5	0.0	0.0	0.0	0.0
11.2	7.6	3.7	2.7	0.0	4.5
100.0	100.0	100.0	100.0	100.0	100.0
99.0	99.4	100.0	100.0	100.0	100.0
0.0	0.0	0.0	0.0	0.0	0.0
0.0	0.0	0.0	0.0	0.0	0.0
1.0	0.0	0.0	0.0	0.0	0.0
0.0	0.6	0.0	0.0	0.0	0.0

1-47 续表

项　　目	总平均	最低收入户	#困难户	低收入户
用水情况（%）	100.0	100.0	100.0	100.0
独用自来水	99.6	97.7	100.0	98.7
公用自来水	0.1	2.3	0.0	0.0
井、河水	0.0	0.0	0.0	0.0
其他	0.3	0.0	0.0	1.3
卫生设备（%）	100.0	100.0	100.0	100.0
无卫生设备	0.8	5.0	2.1	2.0
有厕所浴室	86.7	69.2	47.9	77.0
有厕所无浴室	10.4	21.4	49.9	16.2
公用	2.1	4.4	0.0	4.7
取暖设备（%）	100.0	100.0	100.0	100.0
无取暖设备	0.6	0.0	3.0	1.0
空调设备	0.0	0.0	0.0	0.0
暖气	99.4	100.0	97.0	99.0
其他	0.0	0.0	0.0	0.0
炊用燃料使用情况（%）	100.0	100.0	100.0	100.0
管道天然气	75.3	54.9	28.0	57.5
罐装液化石油气	13.1	20.0	33.8	15.6
煤炭	7.7	19.0	29.9	23.2
其他	3.9	6.1	8.2	3.7
通信设备使用情况				
固定电话(部/百户)	68.19	41.92	48.19	63.39
移动电话(部/百户)	188.94	172.82	162.46	183.93
使用互联网(条/百户)	52.43	24.12	17.05	32.49

中等偏下户	中等收入户	中等偏上户	高收入户	最高收入户	#更高收入户
100.0	100.0	100.0	100.0	100.0	100.0
99.0	100.0	100.0	100.0	100.0	100.0
0.0	0.0	0.0	0.0	0.0	0.0
0.0	0.0	0.0	0.0	0.0	0.0
1.0	0.0	0.0	0.0	0.0	0.0
100.0	100.0	100.0	100.0	100.0	100.0
1.3	0.0	0.0	0.0	0.0	0.0
86.4	89.5	96.9	93.2	87.8	97.5
11.1	7.1	1.8	5.5	12.2	1.7
1.3	3.4	1.3	1.3	0.0	0.8
100.0	100.0	100.0	100.0	100.0	100.0
1.0	0.0	0.5	0.0	0.0	0.0
0.0	0.0	0.0	0.0	0.0	0.0
99.0	100.0	99.5	100.0	100.0	100.0
0.0	0.0	0.0	0.0	0.0	0.0
100.0	100.0	100.0	100.0	100.0	100.0
77.6	79.1	85.1	88.3	80.9	82.2
11.3	13.1	11.0	8.2	6.8	13.1
7.5	5.3	1.1	1.4	0.0	0.0
3.6	2.6	2.8	2.0	12.3	4.7
66.38	73.25	79.68	70.83	67.58	60.35
188.64	197.75	185.41	196.68	195.30	199.23
48.24	56.69	62.28	65.97	55.76	85.12

1-48 各地州城镇居民家庭人均现金收入情况（2013 年）

单位：元

地　　区	可支配收入	排　　名
全　　区	19874	
克拉玛依市	25249	1
乌鲁木齐市	21304	2
哈密地区	20865	3
巴音郭楞蒙古自治州	20408	4
昌吉回族自治州	20111	5
阿克苏地区	20049	6
吐鲁番地区	19943	7
塔城地区	19005	8
博尔塔拉蒙古自治州	18863	9
伊犁哈萨克自治州	18496	10
和田地区	18478	11
阿勒泰地区	18427	12
克孜勒苏柯尔克孜自治州	17094	13
喀什地区	15454	14

第二篇

农村人民生活

2-1　农村居民家庭基本情况

年　　份	户均常住人　口（人）	平均每户整半劳　动　力（人）	整半劳动力占常住人口比重(%)	劳动力中	
				文盲或半文盲比重(%)	小学程度比重(%)
1985	6475	2.61	50.0	26.1	47.7
1986	6597	2.62	49.3	30.5	42.0
1987	6644	2.64	49.2	28.1	44.1
1988	6651	2.67	49.8	28.8	42.3
1989	6667	2.73	50.8	26.6	43.6
1990	6659	2.76	51.4	25.2	43.4
1991	8796	2.86	50.4	17.5	49.0
1992	8787	2.86	50.4	16.7	49.0
1993	8778	2.95	52.1	17.3	48.0
1994	8754	2.99	52.9	15.7	47.7
1995	8711	3.06	54.4	15.1	46.2
1996	8154	2.93	53.9	13.1	47.1
1997	8125	2.92	53.9	12.4	47.1
1998	8104	2.95	54.6	11.1	47.1
1999	8032	2.89	54.0	10.4	46.4
2000	7999	3.06	57.4	9.1	46.2
2001	7991	2.98	57.8	7.3	45.3
2002	7959	3.00	58.4	7.1	44.4
2003	7922	3.12	61.0	7.2	42.8
2004	7922	3.15	61.6	7.6	41.8
2005	7315	2.92	61.9	4.6	40.1
2006	7309	2.91	61.7	4.5	39.6
2007	7239	2.96	63.4	4.2	38.6
2008	7219	2.97	63.7	4.0	37.1
2009	7183	3.10	66.8	4.0	35.7
2010	7169	3.14	68.0	4.2	34.6
2011	6644	2.85	66.5	2.4	30.5
2012	6639	2.85	66.6	2.4	29.9
2013	4.58	2.18		2.4	28.6

2-1 续表

年　份	劳动力中				年内新建房屋价值（元/平方米）	年末住房面积（平方米/人）
	初中程度比重（%）	高中程度比重（%）	中专程度比重（%）	大专及以上比重（%）		
1985	19.0	6.8	0.5		19.93	15.49
1986	21.4	5.4	0.8		31.60	15.92
1987	21.7	5.3	0.8		25.27	16.39
1988	22.5	5.6	0.8		35.24	16.99
1989	23.6	5.5	0.7	0.1	33.95	17.78
1990	24.6	6.0	0.8	0.1	52.78	18.09
1991	26.5	6.3	0.7	0.1	57.31	17.79
1992	27.3	6.3	0.6	0.1	65.15	18.31
1993	26.9	7.7		0.1	67.76	16.21
1994	28.6	6.8	1.0	0.2	78.77	16.33
1995	29.7	7.6	1.2	0.3	140.33	16.12
1996	31.8	6.1	1.5	0.5	120.55	16.12
1997	32.8	6.1	1.1	0.5	201.09	16.13
1998	33.9	6.0	1.5	0.4	153.06	16.20
1999	35.0	6.1	1.7	0.4	68.34	16.90
2000	35.9	6.5	1.7	0.6	169.37	17.25
2001	38.5	6.8	1.8	0.4	153.85	18.04
2002	39.4	6.7	2.0	0.5	202.31	18.55
2003	40.8	6.6	2.0	0.5	167.13	18.62
2004	40.6	7.8	1.7	0.5	190.74	19.10
2005	45.0	7.3	2.1	0.9	225.89	21.13
2006	46.7	6.1	2.5	0.7	215.67	21.95
2007	46.9	7.2	2.3	0.9	289.79	22.45
2008	48.6	7.1	2.2	1.0	331.71	22.79
2009	49.1	7.5	2.3	1.4	390.04	23.45
2010	49.5	7.5	2.6	1.5	480.18	24.00
2011	56.4	5.9	2.5	2.3	669.26	26.14
2012	57.0	5.9	2.5	2.3	685.79	27.18
2013	57.3	7.9		3.8	1070.30	24.57

砖木结构面　积	钢筋混泥土结构面积	年末生产固定资产原值（元/户）	农业原值	工业原值	建筑业原　值	交通运输业原值
1.63	0.05	1143.67				
2.73	0.04	1340.08	306.63	22.83		305.17
3.21	0.13	1684.06	385.89	27.77		422.52
3.90	0.13	2187.53	473.21	37.25		613.17
4.04	0.10	2454.85	693.85	38.12		588.74
3.97	0.29	2735.10	760.90	41.93		694.74
4.90	0.22	3147.45	957.56	43.59		728.24
5.07	0.28	3363.32	1056.43	44.57		764.26
6.63	0.44	3649.50	1096.06	64.39		814.66
6.23	0.25	4880.20	1352.85	54.09		961.83
6.71	0.30	5283.17	1654.17	91.14		909.72
6.27	0.54	7483.18	2953.12	73.45		1542.43
6.43	0.85	7814.32	3543.97	73.13		965.37
5.63	1.03	8077.50	4493.20	63.90		821.92
4.24	0.96	8088.97	4365.77	54.89		983.04
2.75	0.53	7994.76	6964.28	135.65		627.57
3.89	0.63	8158.12	7277.85	94.90	13.13	582.97
4.24	0.79	8724.90	7649.96	125.26	52.05	671.87
4.87	0.77	9756.94	5525.79	64.55	51.61	545.52
4.89	0.64	10737.17	6455.24	68.16	52.65	519.45
6.48	0.98	11978.32	6896.37	34.89		544.90
7.63	1.14	12509.73	7507.16	41.79		626.65
8.60	1.18	14676.67	8338.49	47.79	32.26	1180.26
9.35	1.34	16883.07	8904.94	46.50	32.26	1194.13
10.34	1.51	18849.44	9768.77	78.76	32.26	1824.87
11.00	1.80	23394.41	12381.46	63.92	32.26	1882.70
13.47	2.30	30377.17	15991.15	151.58	440.16	2535.90
14.19	2.80	35070.37	18340.35	155.02	1434.19	2310.52
11.95	7.65	37532.74	16256.11	152.95	802.83	2800.76

2-2 农村居民家庭主要产品生产、出售情况

年份	生产粮食（千克/人）	生产油料（千克/人）	生产蔬菜（千克/人）	生产水果（千克/人）	出售粮食（千克/人）	出售油料（千克/人）	出售蔬菜（千克/人）	出售水果（千克/人）
1985	555.38	10.32	84.16	25.50	201.49	27.63	191.56	7.56
1986	573.82	63.53	339.78	49.71	195.66	36.45	249.86	18.44
1987	633.47	59.98	335.55	66.07	234.93	34.44	215.62	28.09
1988	641.95	51.62	391.12	62.36	240.72	26.83	256.54	23.35
1989	657.17	47.35	356.99	68.34	229.97	26.92	226.55	33.93
1990	738.44	56.29	356.25	72.39	296.82	35.53	242.38	33.98
1991	668.29	56.18	307.20	88.33	262.08	32.63	197.31	44.69
1992	679.05	48.81	329.70	91.37	261.88	29.25	189.72	45.74
1993	686.18	51.76	316.07	117.64	215.10	31.22	198.02	56.86
1994	603.65	75.98	255.56	87.42	211.36	48.78	173.85	59.82
1995	668.89	66.23	269.19	103.19	224.27	33.15	179.65	59.24
1996	746.00	29.56	231.28	106.28	297.88	19.28	155.20	65.14
1997	765.38	28.40	248.77	87.33	349.07	16.45	154.67	58.51
1998	769.39	45.35	251.46	117.69	290.72	27.54	167.27	78.40
1999	765.29	63.50	276.86	120.13	299.81	35.79	199.01	78.73
2000	750.64	62.77	303.37	135.10	316.30	36.52	208.37	85.98
2001	720.61	39.05	226.13	136.57	267.51	27.99	154.97	78.19
2002	828.14	40.15	230.97	151.14	348.48	30.48	145.79	86.45
2003	756.68	49.73	199.89	121.51	320.00	34.37	152.95	94.99
2004	804.34	43.17	191.29	142.66	304.73	30.72	150.59	106.58
2005	918.35	27.13	277.87	193.95	487.23	21.54	243.57	163.01
2006	879.94	20.38	288.04	215.11	442.98	18.11	256.03	156.11
2007	861.91	33.17	261.26	207.87	422.09	28.13	221.27	137.74
2008	870.26	56.97	277.78	183.88	424.18	26.88	237.96	125.01
2009	1021.05	52.30	294.24	250.72	564.81	68.21	263.09	205.78
2010	1097.54	39.39	297.28	190.06	628.05	33.52	259.65	143.28
2011	1314.36	68.71	251.72	160.02	812.64	35.68	228.09	137.24
2012	1393.49	67.07	322.61	170.74	1001.19	66.21	297.63	154.67
2013	1558.84	53.16			1202.50	51.10	153.70	112.93

出售肉猪（头/户）	出售肉牛（头/户）	出售菜羊（只/户）	出售家禽（只/户）	出售牛羊奶（千克/户）	出售禽蛋（千克/户）	出售羊毛（千克/户）	出售水产品（千克/户）
0.10	0.19	1.94	3.29	5.68	7.67	6.86	0.07
0.11	0.06	1.76	3.69	13.76	12.82	6.46	0.09
0.15	0.11	1.57	6.12	17.40	15.04	7.14	0.05
0.02	0.02	0.28	4.66	17.63	12.65	9.86	1.07
0.16	0.12	1.42	5.21	13.83	7.82	8.02	0.01
				18.47	8.25	9.63	0.01
				19.20	5.92	5.77	1.60
				19.57	13.51	3.56	0.85
0.08	0.38	3.00	3.69	24.31	23.42	4.10	1.14
0.18	0.22	2.34	5.97	38.66	33.23	5.58	3.01
0.17	0.22	2.21	11.69	26.76	17.28	5.80	7.47
0.24	0.14	2.19	1.98	12.35	3.08	3.18	5.69
0.11	0.16	2.74	3.00	11.48	3.51	4.16	
0.07	0.15	3.47	2.14	17.96	4.30	2.23	0.48
0.08	0.25	3.89	2.70	12.75	9.23	1.67	
				21.32	21.27	1.81	
				39.78	31.63	1.44	
0.11	0.35	4.61	6.64	55.33	34.55	1.95	
0.20	0.35	4.16	7.25	74.14	33.55	1.81	
0.13	0.32	4.84	7.62	77.50	3.01	1.86	
0.11	0.41	6.06	9.12	118.06	46.51	4.54	
0.06	0.60	7.25	7.68	91.42	68.19	5.19	
0.03	0.65	6.03	7.31	124.75	38.11	5.43	
0.11	0.56	4.92	6.35	149.05	59.54	3.28	
0.10	0.43	4.53	9.63	119.28	63.91	3.06	
0.12	0.38	4.32	6.12	129.76	33.01	2.88	
0.43	0.41	4.47	7.17	71.60	54.03	4.71	
0.22	0.52	4.73	9.85	133.87	39.97	2.97	
0.18	0.64	4.50	2.12	88.98	2.46	3.63	

2-3　农村居民家庭总收入来源情况

年　份	全　年 总收入	工资性 收　入	家庭经 营收入	农业收入	林业收入	牧业收入	渔业收入
1985	588.07	39.63	530.09	394.02	7.93	86.39	0.15
1986	640.65	40.44	585.17	430.98	12.56	93.70	0.08
1987	721.59	40.27	666.63	481.91	10.47	121.57	0.96
1988	851.54	42.41	788.79	550.55	13.72	158.17	0.81
1989	916.01	51.47	842.40	602.26	16.54	157.43	0.13
1990	1112.01	56.53	1034.69	830.68	14.07	121.75	0.01
1991	1205.21	57.20	1124.43	875.84	15.84	165.18	1.77
1992	1317.31	72.07	1224.43	920.13	18.55	198.97	1.30
1993	1440.31	39.31	1362.10	979.22	22.34	241.24	1.03
1994	1974.29	47.18	1836.18	1345.26	21.21	314.41	5.00
1995	2414.59	64.47	2238.71	1645.78	35.23	382.64	10.31
1996	2807.75	55.46	2616.49	1998.36	26.83	350.86	10.10
1997	3161.87	72.26	2974.76	2355.47	19.35	348.87	
1998	3400.73	84.78	3232.00	2601.96	21.67	368.02	0.80
1999	2917.09	109.19	2734.26	2081.34	28.78	414.15	
2000	3129.35	104.58	2926.75	2260.63	31.53	434.32	
2001	3129.68	131.87	2935.84	2058.81	28.61	525.71	
2002	3239.57	142.10	3010.18	2082.76	39.10	604.69	
2003	3564.10	140.27	3319.61	2451.75	37.33	569.91	
2004	3777.91	138.23	3485.40	2575.87	38.12	619.08	
2005	4604.90	195.51	4252.96	3109.18	69.84	720.00	
2006	5166.20	254.07	4737.37	3510.94	97.66	754.09	
2007	6068.79	330.75	5482.77	4009.38	123.92	892.93	
2008	6709.19	422.82	5974.82	4080.42	120.07	1319.53	
2009	7269.49	461.49	6444.07	4522.77	148.28	1309.27	
2010	8806.87	556.26	7795.26	5636.32	192.22	1415.96	
2011	11590.94	804.73	9988.44	7324.47	249.72	1680.31	1.60
2012	13675.26	1007.94	11473.81	8327.85	248.75	1965.10	0.06
2013	14986.60	1311.84	12270.19	8472.17	396.95	2514.70	0.13

单位：元/人

工业收入	建筑业收入	交通运输业收　　入	批发零售贸易餐饮业收入	社会服务业收　　入	其他家庭经营收入	财产及转移性收　入
2.14	4.56	15.85	10.19	4.03	6.97	18.35
0.88	4.79	21.37	11.50	3.94	5.37	15.04
1.67	5.67	17.20	12.84	6.00	8.32	14.68
3.08	3.50	28.12	17.76	5.20	7.88	20.34
3.42	3.73	27.41	20.32	5.84	5.32	22.14
2.70	2.90	30.69	18.12	6.83	6.94	20.79
6.15	4.71	29.38	13.93	4.65	12.25	18.31
3.81	4.57	33.70	19.97	5.83	17.60	20.81
6.12	5.12	22.78	20.91	9.80	53.54	38.90
4.37	4.21	38.25	44.92	15.55	43.00	90.93
5.19	5.92	38.44	32.20	27.35	55.65	111.41
9.66	6.76	50.07	35.68	29.68	98.49	135.80
7.20	7.67	53.10	35.88	25.28	121.94	114.85
5.06	6.59	54.53	41.35	29.09	102.93	83.95
5.61	6.63	47.97	35.71	19.74	94.33	73.64
10.60	7.01	45.18	29.03	19.38	89.07	98.02
25.31	9.19	70.76	60.18	26.16	131.11	61.97
28.04	12.90	58.77	37.54	23.98	122.40	87.29
20.61	14.95	70.16	55.25	28.46	71.20	104.23
20.35	15.91	52.61	76.15	23.53	63.78	154.28
26.58	18.50	78.12	152.27	11.36	67.11	156.43
33.72	16.26	81.02	140.73	30.10	72.84	174.77
58.12	19.76	144.36	119.55	34.05	80.70	255.26
46.20	20.63	133.73	142.70	32.77	78.77	311.55
32.27	25.42	173.16	143.50	20.92	64.40	363.92
42.90	32.31	220.95	177.11	23.91	51.08	455.35
86.11	57.26	182.09	299.23	32.04	75.62	797.76
78.12	146.08	236.41	315.47	84.31	39.75	1193.51
48.78	107.35	218.94	401.67	85.46	24.04	1404.57

2-4 农村居民家庭分行业纯收入情况

年份	全年纯收入	工资性收入	家庭经营收入	农业收入	林业收入	牧业收入	渔业收入
1985	394.30	39.63	343.07	279.81	4.79	34.75	
1986	419.88	40.44	370.89				
1987	452.72	40.27	404.29				
1988	496.49	42.41	440.38				
1989	545.61	51.47	478.65				
1990	683.47	56.53	612.70	541.84	8.80	25.39	-0.03
1991	703.17	57.20	633.95	512.55	11.26	70.42	1.10
1992	740.44	67.10	658.60	517.03	13.09	83.79	0.54
1993	777.62	39.31	704.87				
1994	935.52	47.18	803.71				
1995	1136.45	64.47	967.59	724.06	27.69	113.88	3.49
1996	1290.01	55.46	1106.25	817.34	19.51	115.29	1.53
1997	1504.43	72.26	1325.53	1016.33	15.69	128.73	-0.02
1998	1600.14	84.78	1400.35	1124.38	17.66	119.36	-1.50
1999	1473.17	109.19	1299.46	920.87	24.59	179.64	-0.55
2000	1618.08	104.58	1451.33	1109.39	22.51	171.18	
2001	1710.44	131.87	1542.05	1060.16	23.57	268.47	
2002	1863.26	142.10	1665.06	1151.19	32.93	312.78	
2003	2106.19	140.27	1875.03	1351.71	33.90	322.12	
2004	2244.93	138.23	1970.36	1386.38	34.55	372.88	
2005	2482.15	195.51	2140.76	1618.33	61.65	245.10	
2006	2737.28	254.07	2323.01	1750.73	82.33	261.54	
2007	3182.97	330.75	2625.66	1943.59	106.45	322.58	
2008	3502.90	422.82	2784.94	1801.25	108.47	576.52	
2009	3883.10	461.49	3069.57	2141.05	132.01	517.83	
2010	4642.67	556.26	3649.98	2670.60	172.01	469.08	
2011	5442.15	804.73	3887.15	2662.94	186.72	646.78	1.56
2012	6393.70	1007.94	4239.16	3048.71	171.37	553.95	0.06
2013	7296.46	1311.84	4654.48	3181.55	246.90	617.94	0.05

单位：元/人

工业收入	建筑业收入	交通运输业收入	批发零售贸易餐饮业收入	社会服务业收入	其他行业收入	财产及转移性收入
1.23	3.86	8.35	6.15	2.53	1.60	11.60
						8.55
						8.16
						13.70
						15.49
1.05	2.51	12.29	14.13	4.17	2.55	14.24
3.26	4.15	10.67	10.36	3.80	6.38	12.02
1.20	3.75	11.48	12.87	4.21	10.64	14.74
						33.44
						84.63
0.73	4.33	12.09	15.93	23.80	41.59	104.39
6.12	3.60	19.90	19.80	26.18	76.98	128.30
4.75	0.82	21.83	27.93	19.28	90.19	106.64
2.48	3.68	33.27	25.02	21.34	72.21	75.01
3.73	4.88	28.29	26.83	15.85	70.92	64.52
6.35	4.31	26.48	23.80	15.01	72.30	62.17
10.12	4.27	34.69	45.48	19.52	75.77	36.52
18.71	6.60	27.91	25.14	17.28	72.52	56.10
11.56	9.51	31.47	29.22	22.94	62.60	90.90
13.17	10.49	23.24	54.85	20.14	54.66	136.34
18.84	15.22	30.06	86.86	9.43	55.27	145.88
26.15	10.02	29.50	77.99	23.76	61.01	160.20
47.54	12.16	28.53	75.49	29.26	60.06	226.56
35.96	11.51	49.12	113.21	27.33	61.57	295.14
22.42	18.12	69.33	101.14	17.33	50.34	352.04
34.65	22.71	94.88	128.47	22.70	34.89	436.43
46.53	30.42	72.01	186.35	23.22	30.61	750.26
21.12	70.25	94.71	200.58	59.95	10.38	1146.59
32.17	78.22	136.61	278.94	65.48	16.61	1330.14

2-5　农村居民家庭总支出情况

年　　份	全　年 总支出	家庭经 营费用 支　出	农业生产 支　　出	林业生产 支　　出	牧业生产 支　　出
1985	513.58	155.40	93.22	2.52	44.89
1986	564.32	170.36	98.90	3.21	55.20
1987	672.43	212.40	120.53	3.24	71.75
1988	831.74	282.36	157.19	3.55	99.58
1989	858.23	289.12	169.83	3.54	91.29
1990	971.46	325.97	211.71	3.96	85.06
1991	1129.96	381.38	249.42	4.58	94.76
1992	1241.68	443.49	306.25	3.02	99.47
1993	1404.76	516.01	351.45	2.95	127.33
1994	2033.38	831.56	539.08	9.38	210.13
1995	2363.45	1035.08	768.21	3.80	208.43
1996	3073.09	1233.63	969.74	4.47	198.48
1997	3160.65	1330.68	1086.93	1.58	182.78
1998	3368.77	1452.27	1181.90	1.73	210.01
1999	2818.15	1138.61	911.08	1.08	189.64
2000	2819.77	1198.23	934.15	7.32	213.52
2001	2879.17	1170.46	837.60	4.23	215.76
2002	2900.12	1122.21	781.24	5.18	244.81
2003	3082.75	1209.87	939.71	3.09	189.83
2004	3419.60	1311.53	1052.80	3.33	194.43
2005	4302.26	1928.63	1383.89	7.94	414.69
2006	4758.17	2226.80	1646.71	15.15	433.47
2007	5774.06	2630.31	1937.71	17.09	501.01
2008	6242.55	2938.91	2143.96	11.53	650.90
2009	6847.48	3100.89	2239.43	16.26	693.42
2010	8241.28	3800.24	2782.53	20.17	821.54
2011	11250.23	5620.97	4407.09	62.74	871.55
2012	13541.28	6682.45	4989.68	76.76	1242.77
2013	14556.46	7069.28	4966.05	145.55	1688.07

单位：元/人

渔业生产支出	工业生产支出	建筑业支出	交通运输业支出	餐饮业支出	社会服务业支出	其他行业生产费用支出
0.34	0.74	0.35	6.27	3.24	1.18	2.65
	0.21	0.83	7.63	2.79	0.33	2.26
0.49	0.32	0.15	8.01	3.33	1.36	3.22
	0.47	0.22	11.79	5.17	1.28	3.11
0.05	0.52	0.40	16.46	2.84	1.20	2.99
0.04	1.40	0.12	15.55	2.29	2.02	3.82
0.67	2.89	0.56	18.71	3.57	0.85	5.37
0.66	2.39	0.15	20.37	5.02	0.95	5.21
1.01	2.02	2.78	14.07	3.88	2.30	8.22
2.35	3.13	1.25	25.81	25.16	6.60	8.68
5.73	3.83	0.98	22.29	12.87	0.67	8.27
7.49	2.52	2.44	24.89	12.12	0.37	11.11
0.02	1.68	6.02	25.59	4.11	3.30	18.67
2.21	2.05	2.22	15.54	11.99	4.70	19.92
0.05	1.27	1.04	14.49	5.01	1.75	13.20
	3.43	2.18	15.62	4.36	3.65	14.00
	12.93	4.19	30.63	12.48	5.64	47.00
	7.63	5.72	27.56	11.27	6.10	32.70
	7.11	4.73	31.02	22.40	5.31	6.66
	6.09	4.72	22.50	18.49	1.58	7.60
	7.17	3.26	37.95	63.60	1.17	8.94
	6.97	6.18	41.68	60.74	5.49	10.41
	9.86	6.99	93.09	42.10	4.67	17.78
	9.52	8.66	67.51	28.12	4.60	14.11
	8.72	6.83	77.53	40.84	2.97	14.89
	7.28	9.10	97.42	46.27	1.20	14.73
0.04	37.19	19.85	70.51	105.26	6.01	40.73
…	36.88	53.51	105.73	105.23	22.34	28.87
0.08	14.38	17.44	41.55	90.75	11.69	3.07

2-5 续表

年 份	购置生产性固定资产支出	税费支出	生活消费支出		
				食 品	衣 着
1985	28.20	27.02	290.38	168.03	47.11
1986	37.84	27.15	317.48	180.43	51.35
1987	60.99	29.09	359.83	201.13	59.30
1988	81.35	38.87	414.27	217.94	70.87
1989	50.38	44.19	452.67	235.09	70.25
1990	57.71	62.07	506.82	272.14	77.80
1991	66.24	77.40	579.55	316.36	83.81
1992	68.04	87.76	610.66	341.34	88.71
1993	59.84	97.15	703.56	366.91	91.04
1994	128.83	143.30	850.24	429.69	104.21
1995	144.33	173.36	941.58	471.54	119.90
1996	211.21	184.84	1351.71	618.49	160.32
1997	163.60	222.38	1395.03	669.31	148.54
1998	169.33	239.71	1450.29	713.34	148.06
1999	156.12	195.48	1282.49	686.37	119.81
2000	115.19	177.24	1236.45	618.17	114.26
2001	157.18	117.84	1350.23	679.92	120.34
2002	162.31	110.69	1411.73	691.32	127.52
2003	222.32	107.45	1465.31	667.11	135.65
2004	238.61	63.45	1689.91	763.43	138.88
2005	258.78	14.36	1924.41	803.82	171.40
2006	294.73	10.70	2032.36	810.74	187.03
2007	457.72	17.30	2350.58	939.03	218.18
2008	339.13	9.30	2683.93	1140.33	218.61
2009	470.14	2.45	2950.63	1225.93	261.26
2010	568.14	7.83	3458.14	1394.65	303.66
2011	775.98	7.84	4397.82	1589.46	372.10
2012	1014.37	6.35	5245.28	1890.96	429.92
2013	749.94		6119.06	2072.00	484.67

单位：元/人

居　住	家庭设备、用品及服务	交通和通　讯	文　教娱　乐	医　疗保　健	其他商品和 服 务	财产及转移性支　出
33.11	19.98	2.70	11.42	7.78	0.25	12.58
42.98	20.47	2.61	11.28	7.49	0.87	11.49
44.47	25.51	4.00	12.62	9.93	2.87	10.12
54.01	34.76	4.18	17.83	11.90	2.78	14.89
68.14	32.95	5.07	23.55	14.15	3.47	21.87
69.14	35.50	5.68	26.95	16.15	3.46	18.89
87.98	34.23	5.29	28.35	17.77	5.76	25.39
77.23	35.32	7.11	31.14	22.16	7.65	31.73
103.43	37.81	19.43	43.88	29.71	11.35	28.20
120.47	46.51	23.19	54.41	42.41	29.35	79.45
121.22	56.26	35.69	64.90	47.96	24.11	69.10
220.18	76.01	62.39	99.17	66.25	48.90	91.70
224.09	69.94	64.29	93.27	67.30	58.29	48.96
200.13	66.73	74.82	102.16	99.69	45.36	57.17
147.52	50.84	59.03	107.75	72.84	38.33	45.45
170.89	45.74	61.04	105.98	73.67	46.70	92.66
187.85	47.73	65.13	102.21	86.60	60.45	83.46
220.25	48.10	73.06	105.85	99.81	45.82	93.18
254.63	50.92	99.04	112.93	116.48	28.54	77.81
304.81	56.03	131.59	126.92	141.97	26.28	116.10
333.19	68.03	183.00	159.32	169.28	36.38	176.07
371.56	73.04	209.46	157.00	189.69	33.85	193.58
445.02	91.45	234.70	166.27	210.69	45.25	318.15
491.28	97.58	276.31	168.99	244.59	46.24	271.28
514.72	107.28	319.39	158.13	316.55	47.37	323.37
695.17	137.69	382.14	170.15	314.73	59.94	406.93
1025.28	198.57	530.59	229.66	376.87	75.28	447.63
1298.44	219.10	646.37	206.15	444.15	110.20	588.87
1623.82	256.41	700.11	280.68	593.37	108.01	591.74

2-6　农村居民家庭现金收支情况

年　份	全年现金收入	工资性收入	家庭经营收入	农业收入	林业收入	牧业收入	渔业收入
1985	397.78	42.21	342.75	233.69	6.00	65.05	0.18
1986	425.58	40.24	368.48	246.12	7.48	68.46	0.08
1987	494.43	39.56	437.96	290.66	7.49	89.15	0.94
1988	626.94	41.32	564.71	364.19	9.02	126.52	0.81
1989	690.56	49.88	615.35	406.50	11.42	130.31	0.01
1990	830.88	55.50	750.34	574.81	8.98	99.98	
1991	919.65	56.43	840.99	626.88	11.06	131.68	1.36
1992	965.97	68.92	873.39	629.50	13.77	148.03	0.67
1993	1042.70	38.51	963.51	628.85	13.78	201.83	0.98
1994	1508.54	45.67	1405.86	970.06	14.16	264.69	3.09
1995	1847.87	64.41	1700.95	1217.49	13.94	296.54	10.05
1996	2132.04	54.81	1971.18	1456.86	14.32	258.84	10.06
1997	2510.55	72.02	2311.36	1770.93	15.84	263.18	
1998	2652.61	84.39	2470.92	1941.26	19.61	253.05	
1999	2145.36	109.09	1957.80	1407.53	18.80	301.14	
2000	2444.30	104.46	2245.31	1647.29	27.72	344.60	
2001	2316.72	131.27	2122.60	1341.21	23.18	422.35	
2002	2500.97	140.90	2278.54	1437.39	32.39	503.10	
2003	2930.35	140.18	2704.49	1917.86	36.12	489.88	
2004	2945.19	138.23	2660.93	1847.19	32.77	528.64	
2005	3921.17	195.51	3580.43	2504.64	64.25	657.61	
2006	4465.32	254.07	4052.15	2896.29	90.92	690.27	
2007	5248.76	330.75	4675.59	3296.89	109.60	812.56	
2008	5657.57	422.61	4936.11	3147.43	110.51	1223.36	
2009	6231.81	461.34	5445.81	3683.80	126.78	1171.56	
2010	7517.22	556.26	6525.27	4517.45	172.18	1284.88	
2011	10258.65	804.57	8682.46	6155.46	213.96	1579.19	1.51
2012	12596.05	1007.94	10422.49	7423.52	234.65	1832.23	0.05
2013	13935.58	1309.33	11326.73	7750.78	390.00	2299.57	0.13

单位：元/人

工业收入	建筑业收入	交通运输、邮电业收入	批发零售贸易餐饮业收入	社会服务业收入	其他行业收入	财产及转移性收入
	4.59	15.86	10.09	3.96	3.33	12.82
0.85	4.12	20.93	11.41	3.92	5.11	16.86
1.38	5.22	16.83	12.59	6.10	7.60	16.91
3.08	3.49	27.81	17.76	4.93	7.10	20.91
3.41	3.38	26.95	20.29	5.74	7.34	25.33
2.63	2.90	30.10	18.04	6.81	6.09	25.04
6.13	4.71	29.02	13.86	4.65	11.64	22.23
3.81	4.58	33.63	18.74	5.74	14.92	23.66
6.06	5.12	22.78	20.91	9.79	53.41	40.68
4.36	4.21	38.25	44.92	15.54	46.58	57.01
5.09	5.92	38.44	29.90	27.35	56.23	82.51
9.67	6.76	50.07	35.60	29.68	99.32	106.05
7.24	7.67	53.10	35.88	25.28	132.24	127.17
5.06	6.59	54.53	41.35	29.09	120.38	97.30
5.61	6.63	47.97	35.71	19.74	114.67	78.47
10.60	7.01	45.18	29.03	19.38	114.50	94.53
25.30	9.19	70.76	60.18	26.16	144.27	62.85
28.04	12.90	58.77	37.54	23.98	144.43	81.53
20.61	14.95	70.16	55.25	28.46	70.64	85.68
20.35	15.91	52.61	76.15	23.53	63.78	146.03
26.58	18.50	78.12	152.27	11.36	67.11	145.22
33.72	16.26	81.02	140.73	30.10	72.84	159.11
58.12	19.76	144.36	119.55	34.05	80.70	242.41
46.20	20.63	133.73	142.70	32.77	78.79	298.86
32.27	25.42	173.16	143.50	20.92	64.32	324.66
42.90	32.31	220.95	177.11	23.91	51.08	435.69
86.11	57.26	182.09	299.23	32.04	75.62	771.62
78.12	146.08	236.41	315.47	84.31	39.75	1165.61
48.78	107.35	218.94	401.67	85.46	24.04	1299.52

2-6 续表 1

年份	非收入所得现金	#银行信用社得到的贷款	#借入款	#收回借出款	#从银行信用社取回存款	全年现金支出	生产费用支出
1985	82.14	23.96	18.16	6.43	10.64	358.73	136.77
1986	80.11	25.75	18.14	4.37	11.44	389.20	151.25
1987	103.58	34.23	28.20	4.48	10.05	475.24	203.00
1988	131.80	36.18	33.14	6.83	19.63	628.65	288.67
1989	120.69	25.82	37.59	7.67	25.04	653.87	264.84
1990	115.56	31.22	21.85	6.67	22.97	716.73	294.07
1991	183.55	50.62	35.41	13.72	50.94	840.53	359.36
1992	188.86	49.86	43.09	26.21	39.88	940.02	426.64
1993	243.06	40.66	87.99	39.01	48.38	1103.04	503.81
1994	381.72	100.37	103.04	74.61	51.72	1627.53	862.95
1995	356.61	161.79	85.77	34.35	45.95	2009.15	1084.73
1996	646.41	186.31	151.40	85.26	138.25	2595.43	1311.60
1997	718.70	227.22	138.47	127.00	165.08	2703.08	1366.93
1998	816.08	283.95	154.28	99.39	186.78	2888.95	1507.99
1999	580.27	258.23	105.33	72.13	115.62	2343.23	1177.44
2000	448.14	187.72	90.91	49.31	92.52	2353.45	1215.62
2001	561.05	247.54	121.02	49.37	117.08	2387.22	1235.55
2002	583.75	222.43	139.55	77.09	102.93	2437.19	1199.79
2003	680.70	344.44	118.81	57.19	79.67	2599.41	1308.15
2004	842.25	351.36	171.40	42.85	141.23	2904.92	1443.57
2005	1013.33	447.10	174.55	91.56	147.55	3855.34	2082.73
2006	1217.22	559.35	210.33	40.86	228.73	4317.56	2416.95
2007	1386.19	662.95	219.14	48.37	253.26	5289.98	2988.95
2008	1613.40	758.55	194.40	84.56	283.17	5669.83	3148.72
2009	1764.83	934.07	278.25	74.07	256.71	6218.92	3435.01
2010	2247.95	1245.65	292.07	78.85	339.16	7464.48	4211.42
2011	3427.34	1909.14	389.21	168.55	466.98	10585.98	6241.38
2012	4546.01	2183.53	804.15	145.15	621.30	12877.65	7553.79
2013	5563.90	1692.22	705.33	216.13	1695.52	13795.05	7683.83

单位：元/人

家庭经营费用支出	#农业生产支出	#牧业生产支出	购置生产用固定资产支出	税费支出	生活消费支出	食品
108.27	64.27	27.32	28.50	24.77	179.64	65.31
114.60	67.98	31.05	36.65	24.26	194.93	66.09
142.74	84.71	40.18	60.25	26.24	226.84	79.89
207.67	120.25	64.12	81.00	35.40	281.47	96.53
214.65	135.87	53.28	50.19	41.03	314.02	108.25
236.36	168.79	42.29	57.71	58.19	333.88	110.78
296.62	208.97	54.52	62.74	73.35	367.67	119.65
353.60	259.52	64.32	68.04	83.08	382.40	128.17
443.97	312.09	98.10	59.84	94.71	459.54	142.98
734.24	491.32	163.95	128.71	131.80	582.38	188.19
940.40	723.34	158.97	144.33	172.55	682.13	233.37
1100.39	918.64	120.67	211.21	184.44	1003.50	307.77
1203.33	1029.63	116.16	163.60	221.80	1019.34	307.81
1338.66	1130.05	152.55	169.33	239.71	1027.80	315.92
1021.32	860.42	127.05	156.12	195.40	874.52	290.65
1100.43	893.44	159.79	115.19	177.22	871.37	270.54
1078.36	804.23	165.28	157.19	117.77	950.58	307.73
1037.48	750.93	195.67	162.31	110.35	1033.87	332.46
1085.83	823.64	181.86	222.32	106.27	1108.04	331.60
1204.95	995.66	145.00	238.61	63.33	1283.90	384.25
1823.95	1348.91	345.00	258.78	14.36	1582.17	476.09
2122.21	1608.12	367.48	294.73	10.70	1696.40	494.47
2531.23	1900.97	438.68	457.72	17.30	1965.58	591.82
2809.58	2099.51	566.02	339.14	9.30	2240.55	726.52
2964.87	2189.44	607.39	470.14	2.45	2459.08	759.88
3643.29	2727.24	719.88	568.14	7.83	2838.29	850.35
5465.40	4367.47	755.61	775.98	7.78	3889.69	1138.12
6535.47	4954.11	1131.35	1014.37	6.35	4728.78	1391.06
6907.45	4937.56	1556.92	749.94		5519.91	1620.01

2-6 续表 2

年 份	衣 着	居 住	家庭设备、用品及服务	交通和通讯	文教娱乐	医疗保健	其他商品和服务
1985	46.05	16.25	17.51	2.70	10.60	7.78	13.44
1986	49.54	36.74	20.32	2.61	9.91	7.47	2.25
1987	56.75	35.68	25.18	4.00	12.52	9.96	2.86
1988	68.72	45.22	34.52	4.18	17.81	11.90	2.59
1989	68.38	58.32	32.84	5.07	23.54	14.15	3.47
1990	75.44	60.07	35.35	5.41	26.95	16.15	3.73
1991	80.60	76.02	34.20	5.28	28.35	17.70	5.87
1992	83.75	67.67	34.97	7.10	30.98	22.13	7.63
1993	86.24	90.39	37.53	19.36	43.62	28.25	11.17
1994	102.21	96.81	45.81	23.19	54.41	42.41	29.35
1995	116.85	103.49	55.78	35.67	64.90	47.96	24.11
1996	154.99	188.26	75.77	62.39	99.17	66.25	48.90
1997	145.08	213.37	69.94	64.29	93.27	67.30	58.28
1998	135.35	187.78	66.73	74.82	102.16	99.69	45.35
1999	116.66	138.42	50.84	59.03	107.75	72.84	38.33
2000	110.85	156.86	45.74	61.04	105.98	73.67	46.69
2001	115.52	165.22	47.71	65.13	102.21	86.60	60.46
2002	125.20	203.57	48.10	73.06	105.85	99.81	45.82
2003	125.23	244.27	49.94	99.04	112.93	116.48	28.54
2004	134.81	283.78	54.32	131.59	126.92	141.97	26.28
2005	166.90	324.04	67.17	183.00	159.32	169.28	36.38
2006	182.85	358.29	70.79	209.46	157.00	189.69	33.85
2007	211.69	418.61	86.56	234.70	166.27	210.69	45.25
2008	215.06	468.74	94.10	276.31	168.99	244.59	46.24
2009	257.25	495.79	104.72	319.39	158.13	316.55	47.37
2010	301.17	625.91	133.90	382.14	170.15	314.73	59.94
2011	368.37	976.36	194.43	530.59	229.66	376.87	75.28
2012	426.57	1289.21	215.07	646.37	206.15	444.15	110.20
2013	482.56	1481.10	254.72	700.09	280.51	593.36	107.56

单位：元/人

财产及转移性支出	非消费性现金支出	#归还银行信用社贷款	#归还借款	#存入银行信用社款	期末银行存款	期末手存现金
17.55	53.58	16.66	13.20	12.76	39.25	131.89
18.76	45.15	20.59	12.08	9.50	35.38	195.37
19.17	84.98	28.59	17.88	29.54	57.58	224.65
23.11	76.63	26.84	17.36	25.85	66.56	265.96
33.98	100.63	25.32	21.53	47.31	91.40	321.87
30.59	97.22	29.77	14.92	47.63	116.69	450.78
40.15	103.73	33.29	20.03	44.17	135.21	348.86
47.90	114.97	34.35	21.73	50.50	148.79	453.10
44.98	95.37	27.50	34.59	24.08	128.61	507.26
50.40	192.83	50.85	43.14	86.20	174.45	562.19
69.74	168.36	45.71	23.32	92.79	227.89	585.02
95.89	262.03	87.72	52.81	99.95	363.78	518.65
95.01	304.79	112.98	55.13	118.71	379.27	736.75
113.45	458.11	157.72	71.34	210.06	481.98	870.52
95.87	342.97	104.83	46.22	170.00	551.79	913.80
89.24	427.52	162.99	66.12	183.30	600.06	715.37
83.32	361.28	149.15	79.16	121.36	472.97	485.35
93.18	469.41	153.80	97.15	206.55	538.00	645.13
76.96	545.76	231.83	101.47	147.25	677.24	1318.55
114.11	809.91	261.03	177.93	274.93	824.98	677.89
176.07	742.68	310.47	147.20	148.96	591.62	536.51
193.51	1025.21	469.23	161.85	210.92	908.53	510.17
318.15	1295.13	566.06	173.74	297.90	992.37	587.46
271.27	1342.32	657.64	172.70	314.59	954.38	667.91
322.38	1440.31	719.67	174.57	257.29	1361.94	737.50
406.93	2027.17	958.70	232.43	506.72	1658.03	804.61
447.13	3098.09	1374.34	476.22	652.65	2088.54	904.03
588.73	3376.81	1552.89	607.58	604.46	2503.68	961.67
591.30	3516.00	1422.57	598.18	791.40		

2-7 农村居民家庭粮食收支情况

年份	年内粮食收入合计	家庭经营生产	购入	借入	收回借出粮	其他粮食收入	年内粮食支出合计
1985	592.92	555.38	28.01	1.61	4.40	2.73	523.33
1986	604.51	573.83	28.12	1.08	1.03	0.45	538.36
1987	677.27	633.47	39.39	2.04	1.22	1.15	613.76
1988	680.77	642.57	27.35	1.61	2.36	6.88	616.38
1989	684.24	657.17	23.06	2.57	0.76	0.68	631.74
1990	762.05	738.44	22.12	0.82	0.32	0.35	704.74
1991	698.00	668.29	27.49	1.36	0.39	0.47	625.82
1992	717.98	679.05	33.95	1.79	1.98	1.21	617.51
1993	740.31	686.99	45.25	4.52	3.52	0.03	581.86
1994	657.41	599.02	55.35	0.23	2.59	0.22	566.42
1995	709.31	667.56	40.33		1.07	0.35	581.96
1996	791.72	746.00	44.65	0.13	0.35	0.20	668.15
1997	814.29	765.38	47.83	0.20	0.84	0.04	708.75
1998	816.99	769.39	45.10	0.40	2.07	0.03	679.23
1999	811.03	765.29	44.67	0.51		0.56	690.52
2000	851.75	750.64	100.93	0.10		0.08	764.35
2001	842.75	720.61	122.07			0.07	694.92
2002	951.16	828.14	122.58			0.44	773.62
2003	886.14	769.34	64.99	47.42	3.62	0.76	730.48
2004	900.57	819.97	79.64	0.53	0.25	0.18	684.47
2005	1050.26	932.48	117.63			0.15	901.95
2006	996.15	887.11	108.00	0.70		0.34	819.95
2007	992.65	869.26	123.39				793.03
2008	1006.10	877.55	128.55				826.19
2009	1181.00	1033.71	145.06		2.23		985.09
2010	1232.45	1107.13	125.32				1030.76
2011	1509.31	1314.36	194.41		0.54	0.01	1264.17
2012	1604.23	1604.23	197.51			0.08	1441.09
2013	1733.28	1570.17	163.11				

单位：千克/人

#主食用粮	#其他生活用粮	#出　售	#饲　料	#借　出	#归还借粮	#其他粮食支出	年内粮食结存
216.58	2.37	201.35	53.45	0.62	0.81	4.10	226.36
223.25	2.58	197.74	65.05	0.74	0.86	5.42	284.66
229.47	3.64	234.93	86.55	1.43	1.60	9.39	364.74
229.19	2.67	240.72	85.44	1.59	0.77	8.53	411.88
241.27	4.65	229.97	92.86	1.17	2.19	12.06	442.10
245.50	4.21	296.81	100.17	1.89	0.38	9.07	496.81
230.56	4.19	261.85	79.76	0.33	0.67	4.56	309.10
229.60	2.16	260.53	74.86	0.79	0.78	5.40	389.45
258.15	2.57	214.43	68.49	0.05		2.89	517.90
213.43	1.92	211.69	101.89	0.23	0.53	2.18	541.89
236.27	1.39	224.07	83.95	0.61	0.22	0.66	604.51
233.88		297.88	89.24	0.17	0.02	1.80	351.66
233.87		349.07	85.27	0.02		3.11	440.10
254.54		290.72	88.45	0.45	3.65	4.85	530.43
243.48		299.81	103.36	0.69	0.40	4.26	554.22
244.91	0.03	316.30	8.15			3.23	479.46
243.72		267.51	138.13			8.77	326.22
249.56		348.48	134.91	0.05	0.16	6.10	409.26
236.69		331.15	131.72	0.28		4.42	408.71
232.19		312.21	109.63			3.78	456.20
235.66	7.73	497.60	126.56		0.09	1.75	471.86
225.23		450.39	117.44			2.60	466.33
222.02		430.36	114.54			2.08	472.01
227.96		430.86	133.28			34.08	732.07
232.28		577.98	127.63			3.69	433.52
236.10		636.61	109.61			2.96	531.62
236.81		812.64	172.04			42.68	434.77
227.62		1015.69	151.02			3.60	451.76
190.80		1218.37	144.64				

2-8 农村居民家庭主要食物消费情况

年份	谷物和薯类（千克/人）	细粮（千克/人）	蔬菜及制品（千克/人）	豆类及制品（千克/人）	植物油（千克/人）	动物油（千克/人）	猪肉（千克/人）
1985	216.58	180.11	100.33		4.90	0.71	2.23
1986	225.83	190.70	131.78	0.52	5.41	0.63	3.00
1987	233.11	198.48	148.17	0.41	7.91	0.49	3.34
1988	231.86	204.59	159.02	0.47	7.96	0.41	2.58
1989	241.27	208.54	132.61		6.77	0.43	2.63
1990	249.71	214.76	121.56		7.41	0.46	2.25
1991	234.75	200.14	109.41		7.38	0.60	1.68
1992	231.76	202.05	121.14		8.13	0.37	1.42
1993							
1994							
1995							
1996							
1997							
1998							
1999							
2000	244.83	215.02	89.24	0.50	9.56	0.08	1.95
2001	243.16	205.92	77.75	0.97	8.63	0.08	1.42
2002	248.83	216.03	88.47	1.07	10.19	0.19	1.29
2003	236.39	208.31	75.12	0.55	9.24	0.13	1.26
2004	232.03	208.31	68.33	0.34	8.83	0.11	0.89
2005	235.05	208.31	67.89	0.83	10.79	0.11	0.67
2006	225.02	200.10	63.68	0.47	10.72	0.04	0.60
2007	221.92	200.00	70.77	0.37	10.79	0.03	0.59
2008	227.89	202.05	69.54	0.16	9.86	0.04	0.62
2009	232.16	210.49	71.54	0.44	11.07	0.04	0.90
2010	235.92	214.48	77.72	0.56	10.69	0.06	1.04
2011	236.81	222.99	77.93	0.32	12.74	0.03	1.31
2012	227.47	214.00	77.13	0.44	12.82	0.03	1.33
2013	189.82	169.62	75.77	1.74	17.88	0.08	1.28

注：1985 年糖果、糕点为推算数。

牛羊肉（千克/人）	奶及奶制品（千克/人）	家　禽（千克/人）	水产品（千克/人）	食　糖（千克/人）	酒（千克/人）	糖　果（元/人）	糕　点（元/人）	水　果（千克/人）
6.55	8.66	0.46	0.10	0.89	0.78	0.38	0.25	27.60
9.25	9.90	0.53	0.10	1.62	1.71	0.85	0.52	42.38
9.39	8.39	0.92	0.16	2.02	1.95	0.99	0.65	50.40
7.63	9.63	1.10	0.19	1.86	2.02	0.99	0.68	45.56
6.46	10.16	1.06	0.20	0.73	0.97	0.38	0.26	42.22
6.77	8.28	0.90	0.17	0.63	1.04	0.36	0.22	41.94
7.52	9.99	0.65	0.27	0.55	0.95	0.39	0.22	41.23
7.73	12.80	0.89	0.31	0.68	0.90	0.32	0.23	52.46
8.98	2.78	1.36	0.47	0.42	2.00	0.42	0.21	46.89
9.34	2.85	1.51	0.33	0.28	2.21	0.48	0.18	49.15
9.75	3.87	1.36	0.35	0.36	2.19	0.46	0.19	54.00
10.62	4.58	1.51	0.40	0.40	1.27	3.58	1.63	28.10
10.81	3.64	1.55	0.33	0.38	0.99	3.75	2.00	34.24
11.55	4.90	1.70	0.41	0.45	1.27	4.07	2.50	23.78
12.94	5.94	1.39	0.42	0.45	1.22	5.12	2.91	22.46
11.88	6.17	1.62	0.48	0.39	1.18	5.65	3.34	22.19
10.21	6.37	1.90	0.46	0.35	1.19	6.58	3.95	23.15
11.02	6.07	2.19	0.42	0.36	1.09	6.18	4.40	29.87
11.50	5.34	2.27	0.44	0.49	1.06	6.58	4.84	25.30
13.26	5.12	2.85	0.64	0.40	1.59	10.24	8.44	22.64
16.08	3.90	3.00	0.59	0.59	0.52	0.00	0.00	22.45
14.28	8.20	3.30	0.65	0.48	1.41			20.88

2-9 农村居民家庭每百户主要耐用消费品拥有量

年份	自行车（辆）	电风扇（台）	洗衣机（台）	电冰箱（台）	摩托车（辆）	彩色电视机（台）	收录机（台）	照相机（台）
1985	68.55	0.81	2.10				7.50	
1986	77.67	1.06	4.26		0.80	2.07	10.75	
1987	86.27	1.45	7.03	0.24	1.94	3.55	16.32	0.24
1988	96.00	2.00	10.00		1.00	3.00	23.00	1.00
1989	100.97	2.50	10.81	0.24	1.61	4.00	26.00	1.00
1990	111.21	3.47	12.58	0.40	1.37	5.16	31.77	0.73
1991	120.58	3.74	14.90	0.84	1.87	7.74	36.13	0.97
1992	126.77	5.23	15.48	0.97	2.32	8.65	38.90	1.16
1993	134.34	5.16	17.03	1.16	3.29	10.13	41.35	0.97
1994	143.03	5.81	16.13	1.61	3.42	12.13	45.29	0.97
1995	151.29	7.10	16.39	2.26	4.90	14.39	48.97	1.16
1996	142.60	7.47	20.87	4.60	10.27	22.20	57.20	2.13
1997	146.60	9.13	20.13	6.20	13.93	23.40	58.67	2.27
1998	145.53	11.60	20.60	7.60	17.53	25.93	61.00	2.07
1999	143.40	11.00	20.87	8.53	17.73	28.27	61.07	2.53
2000	136.60	11.60	20.87	9.93	18.33	31.87	54.87	2.20
2001	122.26	15.94	22.13	11.29	20.32	36.26	53.10	3.10
2002	121.48	17.61	23.94	13.10	23.29	38.90	56.06	2.84
2003	120.06	16.06	24.90	14.19	27.48	45.68	58.52	2.45
2004	122.19	17.29	27.23	15.87	33.48	51.35	60.39	2.32
2005	80.97	17.03	28.26	20.13	45.42	61.81	41.55	3.23
2006	83.42	22.45	32.32	25.10	49.29	68.32	44.13	3.55
2007	84.06		36.65	28.32	49.74	76.32		2.65
2008	80.45		38.00	30.32	50.77	77.03		2.71
2009	80.39		42.71	36.26	56.32	83.61		3.94
2010	78.52		47.94	43.48	62.84	89.87		3.29
2011	62.58		72.77	63.94	77.23	99.03		2.90
2012	66.19	77.35	68.77	79.87		96.90		3.42
2013	34.35		82.74	78.29	78.51	96.97		2.78

2-10　农村居民家庭每百人主要耐用消费品拥有量

年　份	自行车（辆）	电风扇（台）	洗衣机（台）	电冰箱（台）	摩托车（辆）	彩　色电视机（台）	收录机（台）	照相机（台）
1985	13.13	0.15	0.40				1.44	
1986	14.60	0.20	0.80		0.15	0.39	2.02	
1987	16.07	0.27	1.31	0.04	0.36	0.66	3.04	0.04
1988	17.91	0.37	1.87		0.19	0.56	4.29	0.19
1989	18.78	0.46	2.01	0.04	0.30	0.70	4.90	0.78
1990	20.71	0.65	2.34	0.07	0.26	0.96	5.92	0.14
1991	21.27	0.66	2.63	0.15	0.33	1.37	6.37	0.17
1992	22.36	0.92	2.73	0.17	0.41	1.53	6.86	0.20
1993	23.72	0.91	2.89	0.21	0.58	1.79	7.30	0.17
1994	25.33	1.03	2.86	0.29	0.61	2.15	8.02	0.17
1995	26.92	1.26	2.92	0.40	0.87	2.56	8.71	0.21
1996	26.23	1.37	3.84	0.85	1.89	4.08	10.52	0.39
1997	27.06	1.69	3.72	1.14	2.57	4.32	10.83	0.42
1998	26.94	2.15	3.81	1.41	3.25	4.80	11.29	0.38
1999	26.78	2.05	3.90	1.59	3.31	5.28	11.40	0.47
2000	25.62	2.18	3.91	1.86	3.44	5.98	10.29	0.41
2001	23.71	3.09	4.29	2.19	3.94	7.03	10.30	0.60
2002	23.66	3.43	4.66	2.55	4.54	7.58	10.92	0.55
2003	23.49	3.14	4.87	2.78	5.38	8.94	11.45	0.48
2004	23.91	3.38	5.33	3.11	6.55	10.05	11.82	0.45
2005	17.16	3.61	5.99	4.27	9.62	13.10	8.80	0.68
2006	17.69	4.76	6.85	5.32	10.45	14.49	9.36	0.75
2007	18.00		7.85	6.06	10.65	16.34		0.57
2008	17.27		8.16	6.51	10.90	16.54		0.58
2009	17.35		9.22	7.82	12.15	18.04		0.85
2010	16.98		10.36	9.40	13.59	19.43		0.71
2011	14.60		16.98	14.92	18.02	23.11		0.68
2012	15.45		18.06	16.06	18.65	22.62		0.80
2013	7.50		18.07	17.10	17.14	21.18		0.61

2-11 农村居民家庭基本情况（一）（2013年）

指　　标	全　区	0-400元	400-600元	600-800元	800-1000元
户均常住人口(人)	4.58	3.82	4.83	4.71	6.07
全年纯收入(元/人)	7296.46	-7521.60	504.17	742.52	942.75
耕地面积(亩/人)	5.42	14.92	4.73	6.69	1.11

指　　标	1000-1200元	1200-1500元	1500-1700元	1700-2000元	2000-2500 元
户均常住人口(人)	5.45	5.55	5.39	5.56	5.27
全年纯收入(元/人)	1135.75	1389.69	1588.10	1853.04	2233.25
耕地面积(亩/人)	3.44	1.59	1.12	1.61	1.56

指　　标	2500-3000元	3000-3500元	3500-4000元	4000-4500元	4500-5000元	5000元以上
户均常住人口(人)	5.36	5.16	4.93	4.74	4.72	4.23
全年纯收入(元/人)	2765.75	3257.93	3754.37	4269.14	4745.82	11479.98
耕地面积(亩/人)	2.89	2.04	3.29	2.43	2.27	7.71

2-12　农村居民家庭基本情况（二）（2013 年）

指　　标	全　区	0-400元	400-600元	600-800元	800-1000元
平均每户家庭常住人口（人）	4.58	3.82	4.83	4.71	6.07
6 岁及以下	0.62	0.32	0.67	0.48	0.78
7-15 岁	0.66	0.54	0.66	0.48	1.12
16-60 岁	2.97	2.92	3.05	3.21	4.05
61 岁及以上	0.35	0.08	0.36	0.54	0.37
平均每户在校学生人数（人）	0.99	0.86	0.71	0.69	1.29
#6-15 岁在校生	0.71	0.55	0.66	0.48	1.12
平均每户整半劳动力数量（人）	2.70	2.61	2.75	3.11	3.78
#整劳动力	2.10	1.91	1.97	2.30	2.94
劳动力文化程度 (%)					
不识字或识字很少	0.06			0.33	
小学程度	0.77	0.73	1.17	0.84	1.29
初中程度	1.55	1.43	1.58	1.06	2.49
高中程度	0.21	0.19		0.53	
中专					
大专及以上	0.10	0.26		0.35	

2-12 续表

指　　标	1000-1200元	1200-1500元	1500-1700元	1700-2000元	2000-2500元
平均每户家庭常住人口（人）	5.45	5.55	5.39	5.56	5.27
6岁及以下	0.80	0.87	1.03	0.81	0.73
7-15岁	1.13	0.81	0.62	0.80	0.84
16-60岁	3.05	3.36	3.42	3.82	3.31
61岁及以上	0.39	0.60	0.26	0.14	0.32
平均每户在校学生人数（人）	1.73	1.24	1.27	1.01	1.30
#6-15岁在校生	1.28	0.81	0.61	0.84	0.98
平均每户整半劳动力数量（人）	2.83	2.50	2.91	3.14	2.62
#整劳动力	1.96	2.19	2.49	2.63	2.01
劳动力文化程度(%)					
不识字或识字很少	0.15		0.05	0.00	0.07
小学程度	0.64	0.97	1.05	0.83	1.09
初中程度	1.78	1.44	1.67	1.96	1.41
高中程度	0.16	0.09	0.10	0.27	0.06
中专					
大专及以上	0.09		0.04	0.08	

2500-3000元	3000-3500元	3500-4000元	4000-4500元	4500-5000元	5000元以上
5.36	5.16	4.93	4.74	4.72	4.23
0.81	0.88	0.80	0.68	0.69	0.52
0.88	0.77	0.74	0.97	0.54	0.58
3.22	3.06	2.95	2.90	3.16	2.82
0.43	0.43	0.38	0.22	0.41	0.35
1.15	1.02	1.09	1.34	0.99	0.89
0.93	0.86	0.80	0.98	0.65	0.62
3.13	3.10	2.79	2.68	2.84	2.58
2.47	2.35	2.26	2.19	2.13	1.99
0.03	0.08	0.07	0.09	0.04	0.07
1.04	1.04	0.51	0.89	0.91	0.67
1.69	1.78	1.87	1.39	1.62	1.47
0.30	0.13	0.29	0.28	0.18	0.23
0.07	0.05	0.05	0.03	0.08	0.13

2-13 农村居民家庭基本情况（三）（2013 年）

指　　标	全　区	0-400元	400-600元	600-800元	800-1000元	1000-1200元	1200-1500元
劳动力行业分布							
农、林、牧、渔业	2.27	2.03	2.50	3.11	3.19	2.43	1.79
采矿业	0.01						
制造业	0.02						
电力、燃气及水的生产和供应业	0.00	0.02					
建筑业	0.06	0.09			0.10		0.34
交通运输、仓储和邮政业	0.05	0.01					0.05
信息传输、计算机服务和软件业	0.00						
批发和零售业	0.11	0.19			0.49	0.06	0.11
住宿和餐饮业	0.04	0.06	0.12			0.15	0.07
金融业	0.00						
房地产业	0.00						
租赁和商务服务业	0.01	0.02	0.13				0.13
科学研究、技术服务和地质勘察业	0.00	0.04					
水利、环境和公共设施管理业	0.00	0.00					
居民服务和其他服务业	0.04	0.02				0.09	
教育	0.02	0.00					
卫生、社会保障和社会福利业	0.01						
文化、体育和娱乐业	0.01	0.06					
公共管理和社会组织	0.03	0.08				0.09	
国际组织							
外出就业的劳动力人数	0.06					0.06	0.06
#累计外出 6 个月以上	0.01						

单位：人/户

1500-1700元	1700-2000元	2000-2500元	2500-3000元	3000-3500元	3500-4000元	4000-4500元	4500-5000元	5000元以　上
2.75	2.72	2.26	2.91	2.77	2.48	2.30	2.41	2.11
	0.05		0.02	0.01			0.03	0.01
		0.01			0.04	0.02		0.03
								0.01
	0.16	0.06	0.05	0.07	0.01	0.01	0.05	0.05
0.04	0.05	0.03	0.03	0.05	0.04	0.07	0.07	0.06
								0.00
0.05	0.03	0.13	0.06	0.09	0.12	0.10	0.13	0.12
0.07		0.01	0.06	0.02	0.05	0.09	0.09	0.03
								0.00
							0.01	0.00
	0.04			0.03	0.02	0.02	0.01	0.01
						0.01		0.00
	0.06	0.11		0.06		0.04	0.02	0.04
					0.01			0.03
					0.01		0.01	0.02
								0.01
	0.03	0.01		0.00	0.02	0.03	0.01	0.04
0.08	0.06	0.05	0.04	0.06	0.08	0.07	0.12	0.06
					0.02			0.01

2-14 农村居民家庭平均每户建房和居住情况（2013 年）

指　　标	全　区	0-400元	400-600元	600-800元	800-1000元	1000-1200元	1200-1500元
期末住房情况							
住房面积(平方米)	116.34	111.81	109.48	143.92	80.44	122.53	176.56
每平方米住房价值(元)	618.50	667.40	559.01	460.12	495.23	510.09	583.85
住房类型							
楼房面积(平方米)	6.37		12.08				
砖瓦平房面积(平方米)	101.27	107.07	71.84	135.82	71.01	101.03	160.85
其他(平方米)	4.88	4.75	25.56		9.43		15.72
住房结构							
钢筋混凝土结构面积(平方米)	35.04	40.34	18.20	12.41		4.19	89.68
砖木结构面积(平方米)	54.73	40.43	65.09	52.43	54.46	39.93	61.80
其他(平方米)	22.75	31.04	26.19	70.98	25.98	56.91	25.08
期内新建(购)住房情况							
新建(购)住房面积(平方米)	8.91	9.25		8.10		18.64	6.70
每平米新建(购)住房价值(元)	1070.30	1414.48		1952.83		1080.78	632.27

1500-1700元	1700-2000元	2000-2500元	2500-3000元	3000-3500元	3500-4000元	4000-4500元	4500-5000元	5000元以上
88.21	141.79	146.91	108.46	95.98	112.89	101.34	96.46	117.46
439.28	525.77	579.59	541.67	500.87	546.11	491.49	491.19	677.62
	30.97		2.25	0.57		3.11	2.76	8.72
88.21	73.98	141.71	93.38	81.81	101.48	93.58	87.15	101.94
	29.80	5.20	12.83	13.61	5.95	3.13	6.54	1.57
1.00	50.97	80.06	5.66	11.86	9.91	5.66	20.65	41.30
63.18	64.21	47.55	68.35	66.71	77.32	61.28	60.74	49.43
24.03	19.57	19.29	34.45	17.41	20.20	32.88	15.07	21.50
4.23		0.83	9.40	7.54	4.50	3.16	3.75	11.73
570.59		669.23	712.06	813.03	1970.80	696.80	654.18	1097.65

2-15 农村居民家庭平均每百户年底耐用消费品拥有量（2013 年）

指　　标	全　区	0-400元	400-600元	600-800元	800-1000元	1000-1200元	1200-1500元
洗衣机（台）	82.74	80.42	71.25	132.84	68.35	76.19	74.40
电冰箱（台）	78.29	93.85	65.39	86.86	31.97	90.84	48.00
空调机（台）	1.15						
抽油烟机（台）	6.38	18.54		32.84			8.61
吸尘器（台）							
微波炉（台）	5.65	12.40		32.84			3.04
热水器（台）	15.33	24.57	17.57	32.84			13.71
自行车（辆）	34.35	34.58	40.57	28.70	28.43	35.45	49.20
摩托车（辆）	78.51	86.10	65.26	127.86	82.99	77.74	38.62
汽车(生活用)（辆）	10.99	14.02	12.86		9.87		
固定电话机（部）	28.07	48.01	106.62	4.57	3.54	10.26	21.69
移动电话（部）	167.16	228.41	126.38	234.05	226.75	165.88	114.99
彩色电视机（台）	96.97	94.25	76.13	132.84	68.35	65.13	91.78
黑白电视机（台）							
摄像机（台）	0.35						
影碟机（台）							
照相机（架）	2.78			16.49			
家用计算机（台）	11.13	27.15					7.75
中高档乐器（件）	0.77	2.48					

1500-1700元	1700-2000元	2000-2500元	2500-3000元	3000-3500元	3500-4000元	4000-4500元	4500-5000元	5000元以上
76.41	79.45	62.32	81.19	57.87	74.32	84.47	85.69	88.56
63.83	50.84	54.54	62.11	55.00	73.05	78.10	80.25	87.09
2.29				0.62	1.66	0.83		1.63
3.62		3.49			0.42	1.65	0.65	9.14
2.29	2.82		3.44	2.28	2.06	4.55	2.19	7.48
3.62	9.61	3.49	8.21	8.84	9.60	12.24	19.00	18.69
30.23	38.24	50.64	21.59	19.32	32.16	34.43	31.70	35.44
71.21	70.93	42.30	69.51	61.30	75.01	84.68	69.45	86.33
	2.74	1.24	10.24	6.30	8.23	5.66	4.49	14.91
5.08	13.78	20.97	28.43	18.93	16.34	13.48	27.74	32.69
115.77	149.73	131.74	133.90	111.99	127.99	141.53	149.09	187.76
100.00	79.90	91.46	96.97	86.65	93.52	92.35	105.44	100.33
								0.60
	2.84		1.15		1.46			4.33
	2.84	3.67	3.33	1.40	5.03	4.43	2.62	16.03
							0.99	1.15

2-16 农村居民家庭人均农业生产情况（2013 年）

单位：千克

指　　标	全　区	0-400元	400-600元	600-800元	800-1000元	1000-1200元	1200-1500元	1500-1700元
粮食产量	1558.84	5367.53	936.31	2592.59	531.91	2454.19	638.86	503.00
棉花产量	396.84	90.18	17.11	192.67	7.77	32.35	13.33	31.35
油料作物产量	53.16	256.03	138.62			40.15	0.05	

指　　标	1700-2000元	2000-2500元	2500-3000元	3000-3500元	3500-4000元	4000-4500元	4500-5000元	5000 元以　上
粮食产量	838.62	621.95	866.90	699.76	795.31	838.68	966.18	2042.48
棉花产量	23.94	54.18	140.14	188.01	250.35	155.74	68.78	642.46
油料作物产量	9.74	12.77	1.85	2.29	26.41	8.62	9.34	81.20

2-17 农村居民家庭人均出售农产品、畜禽和水产品情况（2013年）

单位：千克

指　标	全　区	0-400元	400-600元	600-800元	800-1000元	1000-1200元	1200-1500元	1500-1700元
主要农产品出售情况								
出售粮食	1202.50	4967.02	418.23	1498.08	457.60	2140.06	565.23	315.70
出售棉花	385.04	84.59	15.04	192.28	7.61	31.88	8.10	33.38
出售油料	51.10	294.95	134.51			40.15	0.05	
出售糖料	150.11	366.20	389.68					
出售蔬菜	153.70	255.54	65.71	95.31			172.28	155.10
出售园林水果	68.98	15.02		3.39		52.40	9.91	11.81
畜禽和水产品出售情况								
出售肉猪	4.46	65.93						
出售肉牛	20.11	27.24	41.87	30.15		3.66	5.64	9.24
出售菜羊	37.22	18.63	9.37	18.35	12.67	45.22	8.04	17.42
出售家禽	1.55	1.11	0.77	14.66	0.34	0.04	0.54	0.73
出售蛋类	0.54	2.65						0.01
出售羊毛	0.79	0.62						0.08
出售奶类	19.79	3.09	13.27	408.32	26.75		0.93	
出售蚕茧								

指　标	1700-2000元	2000-2500元	2500-3000元	3000-3500元	3500-4000元	4000-4500元	4500-5000元	5000元以　上
主要农产品出售情况								
出售粮食	593.94	528.41	491.15	346.35	450.94	392.53	369.29	1667.58
出售棉花	11.55	40.63	133.46	179.79	217.99	137.84	53.08	631.58
出售油料	6.12	12.45	0.97		21.66	7.10		78.21
出售糖料				0.21	35.91	19.69	261.83	234.61
出售蔬菜	36.78	25.77	96.49	16.55	136.57	51.67	94.14	218.64
出售园林水果	9.90	34.79	19.05	31.01	35.42	29.34	49.78	105.35
畜禽和水产品出售情况								
出售肉猪		0.00	19.85		0.66			3.97
出售肉牛	1.41	6.85	21.17	8.57	8.61	12.91	16.96	27.53
出售菜羊	8.49	14.47	31.94	21.85	30.91	28.17	120.43	41.47
出售家禽	0.60	1.36	0.75	0.73	0.70	1.00	0.76	2.07
出售蛋类	0.40	0.99	0.24	0.32	0.57	0.09	0.78	0.57
出售羊毛	0.08	0.86	1.55	0.06	0.55	0.44	0.29	1.07
出售奶类	1.36	2.23	18.23	10.18	7.72	13.86	13.55	26.07
出售蚕茧								

2-18 农村居民家庭人均主要食品消费量（2013 年）

指 标	全 区	0-400元	400-600元	600-800元	800-1000元	1000-1200元	1200-1500元
粮食消费量	190.80	173.31	206.91	217.84	138.93	234.05	213.50
#小麦	137.52	131.35	149.11	164.72	83.98	182.42	160.92
稻谷	32.10	24.08	21.98	21.30	25.67	28.74	32.28
玉米	19.12	11.90	34.06	30.02	29.16	21.73	19.31
油脂类消费量	17.96	16.73	10.35	22.05	15.57	12.06	15.86
植物油	17.88	15.63	10.22	22.05	15.57	12.06	15.86
动物油	0.08	1.10	0.13				
蔬菜及菜制品消费量	75.77	88.24	54.07	56.96	59.99	48.32	57.75
瓜类	15.62	18.49	14.37	14.63	13.90	11.70	8.81
水果类	20.88	22.72	26.52	15.79	25.49	17.77	11.95
消费茶叶	0.22	0.39	0.41	0.44	0.16	0.12	0.50
坚果消费量	1.95	2.54	2.06	1.79	1.53	0.48	1.42
肉禽及其制品	19.13	27.42	18.45	30.72	10.05	10.99	14.90
猪肉	1.28	4.41	0.76	0.44		1.23	0.57
牛肉	3.24	6.94	4.92	3.26	1.70	1.88	3.50
羊肉	11.04	8.89	8.81	16.30	6.57	4.28	9.40
家禽	3.30	6.42	3.36	10.64	1.63	3.51	1.41
其他肉禽及制品	0.28	0.76	0.59	0.08	0.15	0.10	0.02
蛋类及蛋制品	4.15	6.21	3.39	4.13	1.81	2.21	2.91
奶和奶制品	8.20	26.60	29.75	12.18	1.12	3.58	5.91
水产品	0.65	1.94	1.26	1.15	0.16	0.44	0.16
食糖	0.48	0.51	0.74	0.68	0.19	0.28	0.81
酒	1.41	4.43	2.22	1.31		0.60	0.75

单位：千克

1500-1700元	1700-2000元	2000-2500元	2500-3000元	3000-3500元	3500-4000元	4000-4500元	4500-5000元	5000元以上
168.17	208.52	177.63	196.71	171.32	181.31	206.69	177.23	193.75
118.39	146.88	123.36	148.01	125.79	135.38	150.72	136.31	137.34
23.31	27.58	34.40	22.60	24.73	25.98	29.34	29.45	36.26
25.49	33.58	19.27	24.06	19.59	19.26	25.27	10.82	17.37
14.75	15.25	17.42	15.20	15.73	15.98	17.98	18.66	19.40
14.75	15.24	17.36	15.17	15.54	15.70	17.94	18.62	19.36
	0.00	0.06	0.03	0.19	0.29	0.04	0.04	0.04
49.31	51.05	55.71	48.19	62.07	72.67	62.09	76.94	88.23
8.76	9.84	10.52	10.12	12.81	11.11	15.93	11.34	18.95
11.66	15.39	13.80	11.77	18.92	16.68	21.51	17.35	24.61
0.07	0.10	0.12	0.24	0.13	0.16	0.25	0.23	0.23
0.37	0.59	1.77	0.78	1.06	1.54	1.66	1.56	2.50
8.81	9.08	12.22	12.59	12.55	16.50	16.18	16.95	23.32
	0.23	0.33	0.93	0.32	0.35	0.30	0.33	1.90
1.02	1.00	1.40	2.92	1.70	1.82	2.73	3.17	4.00
6.99	6.16	9.34	7.54	8.93	12.36	11.52	10.65	12.48
0.71	1.59	1.06	1.11	1.54	1.90	1.53	2.61	4.53
0.09	0.10	0.08	0.10	0.06	0.07	0.11	0.18	0.41
2.12	2.18	3.21	3.32	3.75	3.87	3.79	4.39	4.70
1.75	3.98	3.86	11.60	2.90	4.97	8.26	9.15	9.16
0.14	0.26	0.24	0.08	0.15	0.22	0.19	0.25	0.96
0.19	0.20	0.50	0.33	0.38	0.27	0.44	0.51	0.54
0.06	0.40	0.41	0.18	0.30	0.48	0.39	0.93	2.09

2-19 农村居民家庭粮食收支平衡表（2013 年）

指　　标	全　区	0-400元	400-600元	600-800元	800-1000元	1000-1200元	1200-1500元
年初粮食结存							
期内粮食收入合计	1733.28	5717.38	1070.25	2715.86	620.97	2549.01	861.38
家庭经营生产的粮食	1570.17	5404.34	936.31	2592.59	531.91	2454.19	680.11
购入粮食	163.11	313.04	133.94	123.27	89.07	94.81	181.27
借入粮食							
收回借出粮							
其他粮食收入							
期内粮食支出合计							
主食用粮	190.80	173.31	206.91	217.84	138.93	234.05	213.50
其他生活用粮							
出售粮食	1218.37	5005.90	511.90	1498.08	457.60	2169.09	606.49
种籽用粮	44.02	153.49	14.15	66.28	13.98	40.29	15.62
饲料用粮	144.64	338.11	340.09	305.45	77.14	108.31	41.75
借出粮食							
归还借粮							
其他粮食支出							
期末粮食结存							

单位：千克

1500-1700元	1700-2000元	2000-2500元	2500-3000元	3000-3500元	3500-4000元	4000-4500元	4500-5000元	5000元以上
585.96	930.18	739.15	974.08	785.04	899.71	972.80	1078.53	2263.31
503.00	842.08	621.95	872.14	699.76	795.31	838.68	970.63	2059.43
82.95	88.10	117.20	101.94	85.28	104.41	134.13	107.90	203.88
168.17	208.52	177.63	196.71	171.32	181.31	206.69	177.23	193.75
315.70	597.41	528.41	502.61	346.53	450.94	392.53	372.50	1690.75
18.46	24.66	11.48	23.46	18.39	21.02	22.05	26.80	59.62
43.41	55.01	62.02	115.17	87.50	79.33	139.15	150.88	176.85

2-20 农村居民家庭平均每户拥有生产性固定资产（2013年）

指　　标	全　区	0-400元	400-600元	600-800元	800-1000元	1000-1200元	1200-1500元
生产性固定资产原值（元）	37532.74	111247.19	79874.07	103007.15	20782.46	16898.67	31632.36
农业	16256.11	30589.18	12205.99	22887.80	3236.95	6147.38	14266.95
#房屋及建筑物	3819.89	7935.42	3371.93	6747.59	1844.41	2149.45	2762.39
役畜	959.75	256.57	1756.88	999.24		898.13	63.68
大中型铁木农具	376.61	491.90					
农业机械	10052.65	20767.48	6370.98	15140.97	1244.38	3099.80	6509.19
林业	307.44						
牧业	14294.87	53027.59	65395.13	79914.03	10804.02	7645.76	11583.03
渔业							
采矿业	68.90						
制造业	21.52						
电力煤气与水的生产及供应	62.54						
建筑业	802.83	22340.41				68.13	
交通运输业、仓储和邮政业	2800.76	966.79	2118.62			1495.44	2591.06
批发和零售贸易业	1665.49	3533.06			6593.33		2528.32
住宿和餐饮业	531.24					1541.98	398.97
居民服务与其他服务业	569.57	790.15					
教育							
卫生、社会保障和福利业							
文化、体育和娱乐业							
其他	151.48		154.33	205.33	148.16		264.03
主要生产性固定资产数量							
房屋及建筑物（平方米）	44.01	74.72	44.91	107.07	41.48	31.36	14.54
汽车（辆）							
大中型拖拉机（台）	0.13	0.37		0.66			0.08
小型和手扶拖拉机（台）	0.27	0.26	0.46	0.31	0.15	0.15	0.14
机动脱粒机（台）	0.03	0.02					
收割机（台）	0.02						0.02
农用动力机械（台）	0.04	0.17	0.12				
胶轮大车（架）							
水泵（台）							
役畜（头）	0.25	0.06	0.23	0.47	0.13	0.41	0.13
产品畜（头）	5.37	22.53	15.39	8.49	2.79	2.61	2.77

1500-1700元	1700-2000元	2000-2500元	2500-3000元	3000-3500元	3500-4000元	4000-4500元	4500-5000元	5000元以上
19419.96	11837.42	22238.63	26072.21	18316.44	31288.35	26478.43	21028.92	43379.89
10422.57	7090.13	7413.34	8751.11	7643.45	14509.63	5120.35	5530.55	20953.51
1470.97	1459.15	3383.85	2181.89	1484.43	3310.58	1119.25	1655.86	4784.22
714.47	1201.74	542.32	929.83	1982.94	1639.71	1056.68	1090.72	853.16
		8.30	34.56	139.22	393.52	17.07	267.90	553.79
3723.51	3994.92	3273.57	4991.81	3373.61	3259.91	2771.59	2096.04	14089.17
		496.07	69.67	5.66	773.07	17.60	227.03	388.04
7718.99	4203.50	9877.17	11950.33	8185.33	10477.94	17184.06	10606.94	14295.94
					60.89			113.75
					41.92		11.38	32.33
								108.70
247.21		277.56	67.89	140.20	17.47	4.11	17.46	454.92
		2786.79	323.80	1724.08	1372.70	1704.37	3594.72	3652.94
	109.64	1206.84	128.00	286.91	843.24	2105.80	656.41	2143.15
865.17	11.12	43.58	4695.20	53.98	466.32	147.10		420.05
103.01	25.47	108.93	30.21	41.68	2561.35	165.53	277.10	648.78
63.00	397.57	28.34	55.99	235.13	163.81	29.52	107.34	167.77
17.77	10.19	15.73	33.36	23.17	29.98	24.04	34.63	55.43
0.04		0.02	0.07	0.02	0.11	0.02	0.03	0.18
0.18	0.25	0.13	0.22	0.21	0.18	0.18	0.15	0.32
	0.03		0.01	0.01	0.03			0.04
		0.02	0.01	0.01	0.00	0.02		0.03
	0.03				0.01	0.02	0.02	0.06
0.23	0.43	0.24	0.29	0.44	0.45	0.32	0.33	0.19
4.06	1.67	3.85	3.60	3.44	4.69	6.09	3.45	5.58

2-21 农村居民家庭人均总收入和纯收入来源情况（2013 年）

指　　标	全　区	0-400元	400-600元	600-800元	800-1000元	1000-1200元	1200-1500元
总收入	14986.60	19930.81	9385.27	12914.78	2830.21	6732.27	3689.17
工资性收入	1311.84	63.90	342.52	633.83	533.38	368.83	287.86
家庭经营收入	12270.19	18968.85	8995.09	11802.49	2185.77	6023.39	2933.19
第一产业收入	11383.94	17591.38	7352.88	11700.08	2021.30	5792.35	2542.10
农业收入	8472.17	13411.89	4893.07	7697.56	1176.34	4110.19	1991.08
农产品收入	8136.11	12202.76	4886.57	7443.72	1176.34	4014.95	1775.51
粮食收入	2782.07	8591.10	2248.41	4263.39	962.69	3095.03	1211.64
棉花收入	3497.37	750.49	148.64	1697.71	63.92	281.28	105.78
油料收入	269.62	1156.27	649.00			256.93	0.22
糖料收入	72.99	146.48	146.13				
蔬菜收入	311.15	576.49	126.53	231.85	7.51	15.02	313.61
花卉园艺收入	1.31						0.15
瓜果收入	62.10	1.83				4.59	
园林收入	416.45	96.28	32.09	10.37	64.20	222.56	53.55
香料收入	2.39						
中药材收入	22.14						
其他种植业产品收入	47.78	12.51			0.53	16.83	51.63
野生植物采集收入	0.74						
农作物副产品收入	76.49	44.71	63.84	6.94	77.49	22.34	38.92
用农产品加工手工业产品收入	2.27						
专用农产品收入	566.70	826.59	1471.94	1233.45		100.36	
农业服务性收入	336.06	1209.13	6.50	253.84		95.24	215.57

单位：元

1500-1700元	1700-2000元	2000-2500元	2500-3000元	3000-3500元	3500-4000元	4000-4500元	4500-5000元	5000元以上
4004.13	3904.93	4582.07	7046.48	6303.72	8552.25	7555.98	10330.13	21823.97
582.71	855.46	577.47	709.84	836.02	848.60	733.17	1357.79	1814.67
3210.18	2749.52	3393.92	5884.32	5028.98	7001.35	6185.75	8181.41	17844.49
2744.28	2402.72	2856.19	5552.45	4553.74	6426.85	5513.63	7585.60	16651.49
1734.02	1887.94	1919.34	3185.11	3203.94	4642.09	3538.93	3000.70	12861.07
1630.26	1834.47	1863.76	3156.28	3132.74	4524.91	3398.22	2950.26	12343.04
920.49	1252.70	1027.45	1503.69	1238.51	1386.96	1380.85	1676.87	3747.02
289.41	184.15	451.37	1245.07	1638.03	2140.54	1369.68	559.64	5682.09
	68.61	61.22	8.81	9.54	143.91	58.40	38.77	414.33
				3.42	18.02	8.88	122.09	115.76
157.00	51.31	69.23	166.32	36.53	263.35	108.53	209.55	448.63
					11.78	9.26		0.24
35.97	39.91	17.89	20.67	32.34	6.78	19.22		101.86
121.33	49.92	130.77	101.83	93.14	89.67	163.62	128.68	690.00
				10.08				3.12
	1.02	4.87	10.53	6.73	21.78	9.62	10.28	34.74
23.96	12.05	12.92	34.46	14.70	21.47	31.40	21.06	70.88
		3.19	1.68	0.19	0.42	2.85		0.53
82.09	18.31	23.54	59.92	47.98	102.42	124.46	47.79	91.21
	0.48						16.45	2.73
	155.99	61.31	1.51		297.03	110.57	119.07	934.21
103.76	53.48	55.58	28.83	71.20	117.17	140.70	50.44	518.03

2-21 续表 1

指　标	全　区	0-400元	400-600元	600-800元	800-1000元	1000-1200元	1200-1500元
林业收入	396.95	4.68	195.01	23.37	139.15	44.46	39.77
林业产品收入	389.91	4.68	195.01	23.37	139.15	44.46	39.77
采集林产品收入	242.82	2.07	183.86	23.37	121.78	6.66	24.26
竹木采伐收入	45.47	2.62				33.89	15.52
育种、育苗收入	94.16					3.91	
林业副产品收入	0.02						
林业服务性收入	7.04						
牧业收入	2514.70	4174.80	2264.80	3979.15	705.80	1637.70	511.25
牧业产品收入	2499.96	4167.39	2254.27	3749.06	705.80	1637.70	511.25
成龄家畜收入	2004.53	3031.20	2021.04	2054.80	489.92	1576.40	461.20
#猪收入	82.75	1227.59	112.84				
菜羊收入	1315.13	804.87	508.55	1010.21	489.92	1432.19	297.80
肉牛收入	606.54	998.74	1399.65	1044.59		144.21	163.39
成龄家禽收入	56.11	96.34	48.57	359.49	15.55	44.81	20.09
蛋类收入	13.66	31.26	10.23	7.71	5.10	3.77	2.64
皮收入	10.82	10.02			1.33	5.65	3.66
毛、绒收入	8.65	11.49	1.15		3.09		
奶类收入	71.14	65.35	101.98	1291.35	93.21	7.07	12.31
仔、幼畜、禽产品收入	60.15	269.09	6.55	31.52	16.27		
育肥畜收入	265.92	648.22	64.75		81.33		3.96
其他牧业产品收入	7.16	4.43		4.19			7.39
狩猎和捕捉野生动物收入	0.02						

单位：元

1500-1700元	1700-2000元	2000-2500元	2500-3000元	3000-3500元	3500-4000元	4000-4500元	4500-5000元	5000元以　上
84.73	84.52	85.05	74.22	185.29	217.54	146.72	384.20	615.43
84.73	84.52	85.05	74.22	185.29	217.48	146.72	357.78	604.62
3.78	55.05	53.56	52.00	123.46	143.82	100.79	321.68	364.65
50.61	29.47	29.65	21.91	32.59	58.52	34.82	28.09	57.91
28.21				23.72	5.03	0.49	1.40	172.18
								0.03
					0.06		26.42	10.81
925.53	430.26	851.79	2290.64	1164.51	1567.23	1827.99	4200.71	3175.00
925.53	428.89	845.59	2288.93	1139.63	1565.87	1795.58	4200.41	3157.24
867.35	354.08	730.01	2157.97	1011.83	1406.56	1537.75	4059.31	2394.70
		0.00	335.04		13.12			75.28
605.56	316.22	520.71	1131.98	775.88	1158.67	1109.50	3620.36	1494.19
261.79	37.86	209.30	690.95	235.95	234.77	428.24	438.95	825.05
20.94	22.34	34.75	26.99	23.66	34.86	33.22	24.13	75.16
4.12	5.49	16.10	11.82	12.03	15.01	9.77	11.75	15.32
	1.79	3.39	3.41	2.35	5.51	17.16	2.66	16.06
1.94	0.25	8.65	5.64	1.83	3.49	4.77	3.02	12.83
	7.44	9.48	66.00	38.38	31.98	54.21	46.18	90.83
4.79		5.85	4.30	9.96	15.26	13.12	2.30	97.26
26.39	10.13	35.32	11.81	37.79	43.55	118.04	35.06	444.32
	27.35	2.04	0.99	1.80	9.66	2.30	6.87	8.68
								0.03

2-21 续表2

指　标	全　区	0-400元	400-600元	600-800元	800-1000元	1000-1200元	1200-1500元
牧业副产品收入	1.79						
牧业服务性收入	14.74	7.41	10.54	230.09			
渔业收入	0.13						
第二产业收入	156.13	678.00	29.81	34.02	52.43	81.49	
工业收入	48.78		29.81		52.43	59.41	
建筑业收入	107.35	678.00		34.02		22.08	
第三产业收入	730.11	699.48	1612.40	68.40	112.04	149.56	391.09
第三产业服务性收入	730.11	699.48	1612.40	68.40	112.04	149.56	391.09
交通.运输.邮电业收入	218.94	70.71	34.10				59.64
批零贸易业.饮食业收入	401.67	578.86	1578.30	19.54	112.04	138.58	331.45
社会服务业收入	85.46	23.81		48.86		10.97	
其他行业收入	24.04	26.10					
财产性收入	230.09	139.60		192.27			120.58
#利息	5.00	0.94		143.77			0.05
租金	39.67	53.73					64.56
转让承包土地经营权收入	149.71	84.93		48.50			52.09
转移性收入	1174.48	758.46	47.66	286.18	111.06	340.05	347.54
城市亲友赠送收入	1.48						
农村亲友赠送收入	74.43	17.25	3.19	0.65	48.27	33.20	14.41
退耕还林还草补贴收入	15.94						
全年纯收入	7296.46	-7521.60	504.17	742.52	942.75	1135.75	1389.69

单位：元

1500-1700元	1700-2000元	2000-2500元	2500-3000元	3000-3500元	3500-4000元	4000-4500元	4500-5000元	5000元以上
						5.24	9.13	2.04
	1.37	6.21	1.72	24.89	1.36	32.42	0.29	17.76
			2.48					
139.36	99.13	92.57	135.12	48.02	133.75	41.42	183.53	188.99
	38.34	7.00	21.97	3.88	78.93	13.14	76.72	66.37
139.36	60.79	85.57	113.15	44.14	54.82	28.28	106.81	122.61
326.54	247.67	445.17	196.76	427.22	440.75	630.70	412.28	1004.01
326.54	247.67	445.17	196.76	427.22	440.75	630.70	412.28	1004.01
14.75	38.39	102.29	13.85	196.41	132.20	231.08	107.48	317.13
245.88	144.32	288.25	161.23	201.10	284.12	233.52	236.62	526.67
65.91	37.93	54.63	21.67	25.12	19.80	161.03	68.19	119.25
	27.03			4.59	4.63	5.08		40.97
47.85	2.29	122.36	48.96	36.02	256.79	90.78	46.39	353.40
		5.03	0.93	1.72	0.06	0.02		7.22
		102.56	1.99	11.38	26.45	9.43		52.80
47.85	2.29	14.77	33.85	12.13	146.53	25.74	44.83	244.03
163.39	297.66	488.31	403.35	402.71	445.51	546.28	744.54	1811.40
	10.82	0.16			0.29			2.05
9.12	52.09	27.97	52.33	85.43	61.31	36.30	167.95	87.99
4.04	33.54	35.59	23.97	15.32	6.72	16.71	12.77	15.79
1588.10	1853.04	2233.25	2765.75	3257.93	3754.37	4269.14	4745.82	11479.98

2-22 农村居民家庭年人均支出情况（2013 年）

指　标	全　区	0-400元	400-600元	600-800元	800-1000元	1000-1200元	1200-1500元
总支出	14556.46	36076.07	12190.90	19304.53	4040.64	11156.57	7545.41
家庭经营费用支出	7069.28	25495.37	7776.06	10713.05	1610.87	5356.63	1904.84
第一产业生产费用支出	6890.40	24343.77	6236.38	10612.08	1510.72	5255.08	1716.02
农业生产费用支出	4966.05	14269.63	3631.13	7530.16	603.66	3634.84	987.80
农业生产资料支出	2240.27	5343.47	1807.50	3754.25	371.46	1703.23	550.28
种籽支出	429.63	1296.66	311.46	677.97	106.48	359.49	99.10
饲料支出	23.92	174.35				43.86	0.03
其他生产资料支出	1786.72	3872.46	1496.04	3076.28	264.98	1299.89	451.16
农业服务性支出	2725.78	8926.17	1823.63	3775.90	232.20	1931.61	437.52
农业生产雇工工资支出	800.04	587.23	539.33	259.83		136.62	19.71
其他生产服务支出	1925.74	8338.94	1284.30	3516.08	232.20	1794.99	417.81
林业生产费用支出	145.55	25.28	5.73	0.69	71.39	11.97	36.80
林业生产资料支出	90.78	23.97	5.73	0.69	71.39	4.32	30.23
林业服务性支出	54.77	1.31				7.65	6.57
牧业生产费用支出	1688.07	8697.68	2581.82	3081.23	835.68	1605.91	622.77
牧业生产资料支出	1580.01	8233.45	2436.61	3021.73	831.20	1587.99	554.17
饲料支出	768.69	2769.79	1601.59	2702.52	424.80	356.70	280.72
其他生产资料支出	811.33	5463.65	835.01	319.22	406.41	1231.30	273.45
牧业服务性支出	108.06	464.23	145.21	59.50	4.48	17.92	68.60
牧业生产雇工工资支出	24.13	61.12	30.49			1.41	40.31

单位：元

1500-1700元	1700-2000元	2000-2500元	2500-3000元	3000-3500元	3500-4000元	4000-4500元	4500-5000元	5000元以上
5354.05	4942.86	6826.11	8368.88	6311.11	9942.84	9177.65	9881.56	19299.66
2166.79	1857.79	2039.65	3904.34	2723.76	4313.29	2878.00	5119.21	9571.93
2108.58	1824.19	1980.50	3880.37	2629.91	4093.58	2732.86	5017.25	9382.33
1269.93	1322.73	1308.43	2135.55	1960.63	2921.40	1731.82	1397.52	7220.26
894.40	772.57	735.01	1218.65	922.95	1607.93	1001.51	837.16	3141.09
84.87	154.24	108.20	197.08	152.37	257.98	185.20	177.36	610.98
	2.03	6.02	6.96	6.21	17.98	52.83	39.19	24.94
809.53	616.30	620.79	1014.61	764.37	1331.96	763.48	620.61	2505.17
375.53	550.16	573.42	916.90	1037.68	1313.48	730.32	560.36	4079.17
19.07	32.00	31.20	136.17	395.79	355.67	133.47	75.08	1338.41
356.46	518.16	542.23	780.73	641.89	957.80	596.85	485.28	2740.76
86.67	31.00	76.99	31.20	50.78	43.81	50.53	73.12	230.08
68.40	22.93	73.02	26.41	29.81	39.42	47.36	58.68	134.56
18.27	8.08	3.97	4.79	20.97	4.40	3.16	14.44	95.52
750.28	470.46	577.24	1697.90	607.50	1095.92	924.92	3517.02	1826.93
745.36	462.30	553.33	1627.84	558.88	1062.05	858.58	3390.09	1684.84
563.90	299.57	356.07	890.26	399.52	622.55	549.74	946.78	846.60
181.46	162.73	197.26	737.58	159.36	439.50	308.84	2443.31	838.24
4.92	8.16	23.91	70.06	48.62	33.86	66.34	126.93	142.09
0.37		7.42	17.02	6.81	8.04	26.75	8.88	33.24

2-22 续表 1

指　　标	全　区	0-400元	400-600元	600-800元	800-1000元	1000-1200元	1200-1500元
其他生产服务支出	83.93	403.11	114.72	59.50	4.48	16.50	28.29
渔业生产费用支出	0.08	4.38					
渔业生产资料支出	0.08	4.38					
第二产业生产费用支出	31.83	440.79	93.14		84.29	12.50	
工业生产费用支出	14.38				84.29		
建筑业生产费用支出	17.44	440.79	93.14			12.50	
第三产业生产费用支出	147.05	710.81	1446.54	100.97	15.86	89.05	188.83
交通运输邮电业生产费用支出	41.55	4.06	438.39				6.90
批零贸易餐饮业生产费用支出	90.75	692.33	996.44		15.86	89.05	181.93
社会服务业生产费用支出	11.69	12.01	11.71	100.97			
其他行业生产费用支出	3.07	2.41					
购置生产性固定资产支出	749.94	1331.98	146.63	231.24		258.03	60.39
建造生产性固定资产雇工支出	26.45	1055.58					26.04
生活消费支出	6119.06	7114.64	3877.22	7388.80	2327.44	5226.70	4733.89
#服务性支出	1538.90	1724.03	968.45	1402.08	496.79	1033.48	735.09
食品消费支出	2072.00	2590.00	1857.22	2426.99	1191.93	1485.29	1719.83
食品消费品支出	1852.95	2301.94	1722.08	2179.20	1146.37	1315.37	1643.27
谷物	429.94	420.38	446.78	433.40	293.31	494.79	455.96
薯类	4.92	15.88	12.87	18.40	1.75	2.94	0.78
豆类	5.86	17.39	8.34	4.63		5.91	1.57

单位：元

1500-1700元	1700-2000元	2000-2500元	2500-3000元	3000-3500元	3500-4000元	4000-4500元	4500-5000元	5000元以上
4.55	8.16	16.49	53.03	41.81	25.83	39.59	118.06	108.85
	5.15		6.38	5.45	29.18	1.71	21.09	34.60
			3.09	2.82	29.18		20.87	20.12
	5.15		3.28	2.63		1.71	0.23	14.49
58.21	28.45	59.15	17.59	88.40	190.53	143.42	80.87	154.99
21.18	3.50	26.74	3.46	81.01	26.68	74.28	24.55	44.71
37.03	21.01	30.60	11.80	4.53	163.54	36.13	55.13	88.39
	3.94	1.82	2.33	2.86	0.08	31.99	1.19	16.34
					0.23	1.03		5.56
368.82	132.43	284.11	358.75	94.05	517.52	234.56	280.05	1143.26
					1.58	3.09	2.53	10.13
2570.87	2731.90	4219.45	3775.57	3316.61	4738.20	5694.10	4098.45	7781.59
531.04	566.09	1329.63	1014.44	749.61	833.72	1362.38	1001.38	2028.74
1208.63	1360.36	1509.78	1473.11	1494.75	1740.42	1801.93	1834.84	2453.92
1150.89	1287.49	1427.42	1356.16	1382.29	1605.89	1650.71	1668.04	2151.06
354.78	431.20	385.79	411.55	363.45	393.04	443.32	395.06	453.78
2.40	3.50	0.45	2.24	1.04	2.56	4.19	2.55	6.62
1.00	1.60	1.75	1.02	1.51	1.57	1.60	0.94	9.02

2-22 续表 2

指 标	全 区	0-400元	400-600元	600-800元	800-1000元	1000-1200元	1200-1500元
食用油	187.36	171.01	109.63	212.37	157.75	123.29	146.87
蔬菜及制品	184.67	211.38	117.09	170.03	104.42	116.83	146.03
肉禽蛋奶及制品	769.95	934.99	719.56	1003.43	420.83	393.17	674.67
水产品及制品	9.13	25.91	11.91	17.83	0.71	5.60	1.74
烟、酒	53.70	194.50	39.81	49.94	6.25	40.92	27.33
茶叶、饮料	14.59	30.15	24.66	47.72	7.87	7.30	21.61
其它类食品	192.84	280.35	231.43	221.45	153.48	124.61	166.72
食品消费服务性支出	217.17	287.25	135.15	247.78	45.06	169.92	63.25
在外饮食	208.79	277.80	116.40	237.49	41.06	163.57	56.74
食品加工费	8.37	9.45	18.74	10.30	4.00	6.35	6.51
衣着消费支出	484.67	442.65	280.76	404.93	161.38	227.42	341.09
衣着消费品支出	483.50	442.47	280.69	404.82	161.38	227.09	340.54
服装	339.09	299.40	200.62	255.25	96.41	132.82	236.09
服装材料	32.44	21.65	15.84	17.79	8.31	35.55	18.89
鞋类	110.70	120.11	62.36	131.65	56.66	58.60	84.25
其他	1.27	1.31	1.88	0.13		0.12	1.31
衣着消费服务性支出	1.13	0.18	0.07	0.11		0.33	0.55
衣着加工费	1.13	0.18	0.07	0.11		0.33	0.55
居住消费支出	1623.82	1439.29	510.96	2669.11	269.74	2533.89	1777.53
居住消费品支出	1195.53	1144.62	428.01	2491.16	203.85	2290.10	1658.01
建筑生活用房材料	352.65	188.07	62.27	14.17	6.54	54.10	4.56

单位：元

1500-1700元	1700-2000元	2000-2500元	2500-3000元	3000-3500元	3500-4000元	4000-4500元	4500-5000元	5000元以上
145.87	159.77	169.41	146.06	153.44	157.98	177.54	199.71	209.33
126.38	131.71	139.07	129.80	145.99	180.42	160.28	167.87	214.36
401.17	409.95	569.28	536.33	557.26	689.14	680.97	729.85	910.71
0.98	3.16	2.63	1.21	2.18	3.26	2.98	3.25	13.86
6.05	21.26	14.02	10.36	20.50	28.15	14.02	18.89	77.82
4.09	4.98	4.98	10.95	7.59	9.68	8.54	10.15	18.43
108.17	120.35	140.04	106.64	129.33	140.08	157.27	139.78	237.12
57.74	72.34	82.21	116.95	111.79	134.14	151.22	166.74	300.16
46.83	61.11	74.04	109.22	100.30	123.89	141.99	156.01	292.91
10.91	11.23	8.17	7.73	11.49	10.25	9.23	10.73	7.25
312.74	265.16	428.95	357.71	317.62	433.46	408.13	439.35	584.01
312.56	265.01	427.91	357.47	316.58	431.12	407.50	438.71	582.54
235.93	181.40	303.14	279.67	226.43	295.61	298.03	311.89	405.05
8.56	18.58	38.45	17.57	20.04	43.13	25.95	25.84	38.28
67.82	64.81	85.53	59.57	69.35	91.50	81.91	100.06	137.58
0.26	0.22	0.80	0.67	0.76	0.88	1.60	0.92	1.63
0.17	0.14	1.04	0.24	1.05	2.33	0.63	0.65	1.40
0.17	0.14	1.04	0.24	1.05	2.33	0.63	0.65	1.40
302.30	340.80	618.76	668.27	650.57	1432.63	2112.51	655.79	2159.69
231.21	247.81	356.61	447.97	487.04	1294.10	1501.05	496.38	1547.70
21.18	13.88	57.12	128.98	172.37	240.45	223.55	154.06	547.59

2-22 续表 3

指 标	全 区	0-400元	400-600元	600-800元	800-1000元	1000-1200元	1200-1500元
维修生活用房材料	120.89	67.91	16.63			11.51	12.16
装修生活用房材料	122.19	72.13	10.18	1058.85		314.06	
生活用房	310.41	512.90		1142.37		1796.78	1448.47
生活用燃料	289.40	303.60	338.92	275.78	197.31	113.67	192.83
居住消费服务性支出	340.35	294.67	82.95	169.11	65.89	243.79	119.52
建筑、维修生活用房雇工工资	192.03	116.69					7.85
房租	2.31	2.36				7.69	
生活用水	19.31	13.20	10.79	48.03	10.90	13.02	28.62
生活用电	82.41	90.07	72.16	95.66	54.15	88.06	78.83
清洁费、卫生费	1.62						
其他服务性支出	42.67	72.35		25.42	0.84	135.02	4.22
家庭设备、用品消费支出	256.41	237.25	125.15	309.73	31.66	75.76	180.20
家庭设备用品消费品支出	250.81	227.23	120.20	304.63	31.66	73.56	175.59
日用品	98.36	121.11	87.29	72.55	28.84	54.66	105.69
床上用品	22.87	15.76	20.43	11.52	0.99	15.65	16.27
室内装饰品	31.34	14.87	8.81	6.04		1.45	17.32
家俱类	47.85	22.90	2.75		1.22		3.44
机电设备	50.40	52.60	0.93	214.52	0.61	1.81	32.87
家庭设备用品服务性消费支出	5.08	10.02	4.95	5.10		2.20	4.14
家庭设备修理费	3.12	8.39	1.85	0.10		2.20	0.62
家政服务费	1.96	1.63	3.10	5.00			3.52

单位：元

1500-1700元	1700-2000元	2000-2500元	2500-3000元	3000-3500元	3500-4000元	4000-4500元	4500-5000元	5000元以上
13.51	27.88	48.76	36.95	63.25	63.41	20.72	81.55	187.43
		21.69	33.60	18.35	29.68	23.34	7.57	197.33
		22.99		10.92	708.36	918.71	2.78	281.34
196.52	206.05	206.05	248.45	222.15	252.20	314.74	250.42	334.00
71.09	92.99	261.73	189.77	163.44	138.19	610.91	139.14	451.58
9.13	7.38	55.16	68.71	59.95	39.86	457.52	31.93	284.31
		0.77	0.90	2.76		4.97		3.08
13.47	18.33	20.48	19.81	15.45	22.12	16.56	18.51	19.81
48.50	66.21	80.90	77.48	68.93	71.34	85.11	78.06	88.70
	0.26	1.52				0.16		2.86
	0.81	102.89	22.87	16.35	4.87	46.60	10.63	52.82
186.66	205.93	217.70	124.53	154.63	132.87	209.72	174.85	331.22
182.08	205.76	209.81	123.68	153.38	128.94	201.46	170.27	324.35
66.09	75.29	90.53	62.78	87.78	55.42	62.48	82.30	117.55
17.13	31.65	12.94	12.41	8.51	15.13	20.83	30.63	28.08
16.65	17.55	75.78	10.01	13.90	17.65	31.85	4.28	39.08
70.00	32.91	10.77	9.09	18.20	16.44	45.22	11.37	72.65
12.21	48.35	19.79	29.38	24.99	24.30	41.08	41.68	66.98
4.59		6.77	0.84	1.26	3.93	5.24	4.58	6.33
1.84		4.77	0.02	1.17	3.10	4.70	4.39	3.52
2.74		2.00	0.83	0.08	0.83	0.54	0.19	2.82

2-22 续表 4

指 标	全 区	0-400元	400-600元	600-800元	800-1000元	1000-1200元	1200-1500元
交通和通讯消费支出	700.11	1352.88	359.04	589.64	344.59	190.08	193.78
交通和通讯用品支出	473.47	961.08	200.48	385.97	258.60	63.04	90.74
交通工具	260.38	646.53	78.55	171.00	198.29		23.73
交通工具用燃料	132.29	184.48	65.34	88.65	59.46	41.59	45.79
交通工具用零配件	50.16	56.43	37.97	32.29	0.85	4.44	12.86
通讯工具	30.65	73.64	18.60	94.03		17.01	8.37
交通和通讯服务消费支出	226.62	391.80	158.57	203.67	85.99	127.04	103.05
交通消费服务支出	122.11	237.50	74.62	90.18	47.99	44.39	35.48
交通客运费	101.77	222.69	66.75	82.78	46.57	43.67	35.29
其他（过路过桥费等）	20.34	14.81	7.87	7.40	1.42	0.72	0.19
通讯消费服务支出	104.51	154.30	83.95	113.49	38.01	82.64	67.57
其他	104.51	154.30	83.95	113.49	38.01	82.64	67.57
文化教育、娱乐消费支出	280.68	479.79	149.71	334.64	28.88	191.62	239.02
文化教育、娱乐用品消费支出	61.92	99.13	31.31	37.72	9.50	15.14	35.19
#文教娱乐用机电消费品	28.67	70.96	9.26	9.21	2.79	3.88	17.01
书、报、杂志	2.84	3.17		0.04	1.20	0.11	0.88
纸张、文具	16.23	11.01	8.20	11.55	5.35	5.05	8.08
教育服务消费支出	185.14	346.88	110.67	263.72	19.36	174.75	201.42
#学杂费	144.01	289.23	64.30	263.72	9.00	153.24	187.27
成人培训费	26.28	37.80	40.75		9.29	11.51	
文化、体育、娱乐服务消费支出	33.45	33.77	7.73	33.20	0.03	1.73	2.42

单位：元

1500-1700元	1700-2000元	2000-2500元	2500-3000元	3000-3500元	3500-4000元	4000-4500元	4500-5000元	5000元以上
180.04	142.54	288.46	465.24	262.76	463.79	570.69	374.58	971.72
113.78	72.65	157.49	338.69	137.58	337.74	410.20	206.45	667.25
66.08	1.33	70.35	207.82	46.96	168.19	270.00	80.08	371.48
34.84	48.62	39.98	90.43	65.52	121.24	94.81	68.73	181.25
10.71	16.07	18.80	29.59	13.96	32.61	29.71	32.62	73.05
2.15	6.62	28.37	10.85	11.14	15.70	15.68	25.03	41.47
66.26	69.89	130.96	126.54	125.18	126.05	160.50	168.13	304.45
33.13	24.87	61.10	47.38	69.02	45.07	87.13	88.82	171.34
33.13	24.85	53.28	45.75	64.86	41.38	86.29	86.99	136.04
	0.03	7.82	1.62	4.16	3.70	0.84	1.83	35.30
33.13	45.01	69.86	79.17	56.17	80.98	73.36	79.32	133.11
33.13	45.01	69.86	79.17	56.17	80.98	73.36	79.32	133.11
136.41	75.85	96.10	190.90	108.51	174.66	154.44	165.23	387.12
22.44	17.20	24.05	23.19	22.01	22.60	30.07	24.76	92.66
9.34	2.22	4.19	4.43	8.09	7.60	7.67	8.37	45.49
2.29	3.52	2.72	3.37	1.43	1.26	0.71	2.60	3.59
9.02	7.51	9.72	13.21	10.36	10.58	14.34	9.89	21.32
112.46	48.41	68.14	150.56	82.64	131.76	104.02	132.97	241.23
112.46	44.01	62.40	101.31	64.16	112.82	81.38	116.32	181.87
	0.44		47.34	11.92	11.89	14.98	13.01	36.89
1.51	10.23	3.49	16.60	2.91	20.29	20.05	7.50	53.17

2-22 续表 5

指　　标	全　区	0-400元	400-600元	600-800元	800-1000元	1000-1200元	1200-1500元
旅游	21.71	1.90		1.45			
休闲娱乐费	11.75	31.88	7.73	31.75	0.03	1.73	2.42
医疗保健消费支出	593.37	446.37	554.31	607.66	296.28	370.77	255.30
医疗保健用品	105.32	117.56	100.07	147.97	18.79	73.56	34.16
医疗卫生用品	101.47	114.14	99.46	147.76	18.79	72.97	33.86
#药品	100.68	114.14	94.83	147.76	18.51	72.97	33.66
保健用品	3.85	3.42	0.61	0.21		0.59	0.31
保健器材	0.81	0.28					
医疗保健服务消费支出	488.04	328.81	454.24	459.70	277.48	297.21	221.14
其他商品和服务消费支出	108.01	126.42	40.07	46.09	2.99	151.88	27.14
其他商品支出	65.70	95.78	25.95	26.40		135.34	6.52
首饰	35.86	25.01	5.97	4.08		111.33	0.70
化妆品	13.38	25.12	9.16	16.86		19.19	2.78
其他	16.47	45.64	10.82	5.45		4.83	3.04
其他消费服务支出	41.92	30.64	14.12	19.69	2.99	16.53	19.61
旅馆住宿费	3.49	6.05	0.54			3.82	0.00
美容美发	9.46	15.40	13.04	6.63	1.46	10.64	15.12
生活消费借贷利息	18.82						2.50
其他服务性支出	11.67	10.56	0.62	15.01	1.76	2.38	2.29
财产性支出	7.02	5.40					
转移性支出	584.71	1073.11	390.99	971.45	102.32	315.20	820.24

单位：元

1500-1700元	1700-2000元	2000-2500元	2500-3000元	3000-3500元	3500-4000元	4000-4500元	4500-5000元	5000元以上
	2.89	0.54	11.20	0.02	18.09	0.32	0.83	37.22
1.51	7.34	2.94	5.40	2.89	2.19	19.74	6.67	15.95
229.65	312.13	994.95	446.22	298.14	330.52	306.16	408.22	738.72
24.29	53.43	230.20	48.36	47.71	65.06	58.47	53.87	129.36
24.06	52.14	229.43	45.03	45.76	63.93	57.87	53.14	123.31
24.06	49.66	228.82	44.43	45.71	63.45	56.50	52.25	122.44
0.23	1.29	0.76	3.33	1.95	1.13	0.60	0.74	6.05
				0.63				1.44
205.36	258.70	764.76	397.86	250.43	265.47	247.69	354.35	609.35
14.43	29.14	64.75	49.59	29.61	29.85	130.52	45.58	155.18
2.58	15.74	52.56	34.51	18.42	18.29	68.34	18.26	93.66
	9.34	27.28	25.08	13.00	9.03	56.07	0.11	50.05
1.60	1.97	20.80	5.08	3.15	3.27	6.29	9.00	18.31
0.98	4.43	4.48	4.36	2.27	5.99	5.98	9.14	25.30
11.85	13.40	10.54	15.07	10.91	11.56	62.13	27.32	61.07
0.30	0.44	0.05	0.86	0.15	1.89	1.18	5.41	5.29
3.86	10.84	6.41	8.95	9.15	7.57	7.99	6.86	10.18
3.28						23.54	6.94	32.34
5.07	2.43	4.69	6.05	1.86	2.41	33.81	9.33	15.25
						78.62		5.61
247.57	220.74	282.90	330.23	176.69	372.24	289.28	381.31	787.14

2-23 分地区农村居民家庭人均收入情况（2013 年）

指标	全区	乌鲁木齐市	吐鲁番地区	哈密地区	昌吉回族自治州	伊犁哈萨克自治州直属县(市)	塔城地区
全年纯收入	7296.46	11496.37	8170.32	9907.83	13013.70	8502.75	11095.93
工资性收入	1311.84	3085.51	1365.84	2784.54	2498.65	2215.75	929.35
家庭经营收入	4654.48	7000.64	5729.76	5134.58	8201.99	5145.72	9142.50
财产性收入	230.09	400.23	312.35	260.30	704.54	101.35	136.37
转移性收入	1100.05	1009.99	762.37	1728.42	1608.52	1039.92	887.71

指标	阿勒泰地区	博尔塔拉蒙古自治州	巴音郭楞蒙古自治州	阿克苏地区	克孜勒苏柯尔克孜自治州	喀什地区	和田地区
全年纯收入	7267.02	10636.11	11239.11	7875.11	3856.65	5393.49	4951.04
工资性收入	1249.24	1350.05	1322.57	763.41	920.23	1134.14	1161.08
家庭经营收入	4828.64	8181.37	8312.23	6122.81	2254.43	3396.33	2784.89
财产性收入	248.25	393.21	709.06	203.96	29.22	35.38	41.39
转移性收入	940.90	711.49	895.26	784.92	652.78	827.65	963.68

第三篇
价格指数

3-1 各种价格总指数（上年价格=100）

年 份	商品零售价格总指数			居民消费价格总指数		
	总指数	城 市	农 村	总指数	城 市	农 村
1978	101.4	101.5	101.4	101.2	101.4	100.3
1979	103.5	104.0	103.5	102.2	102.4	101.8
1980	104.2	106.1	103.0	102.8	104.1	102.0
1981	101.6	102.6	101.2	101.6	102.6	101.3
1982	100.2	100.1	100.6	100.6	100.5	100.9
1983	101.5	102.2	101.0	102.0	102.3	101.4
1984	103.1	102.1	103.7	102.4	102.0	103.0
1985	108.1	110.0	106.9	107.8	109.5	106.4
1986	106.7	107.0	106.6	107.3	107.6	106.8
1987	107.1	108.8	104.3	107.2	108.9	104.5
1988	114.6	118.1	111.0	114.7	117.0	111.6
1989	116.7	115.2	118.7	116.0	114.5	118.3
1990	104.1	103.2	105.3	105.0	104.5	105.9
1991	108.0	108.9	106.8	108.6	109.3	107.9
1992	108.1	108.6	107.1	108.6	109.3	107.6
1993	112.6	113.4	110.1	113.0	113.6	110.8
1994	125.7	126.2	125.3	126.7	127.7	125.6
1995	116.7	115.7	118.3	119.7	118.4	122.5
1996	108.8	108.7	109.0	110.5	110.4	110.6
1997	101.8	101.3	102.5	103.7	103.5	103.9
1998	99.7	99.6	99.9	100.2	99.9	100.8
1999	96.2	96.6	95.8	97.4	97.7	96.8
2000	98.3	98.9	97.4	99.4	100.1	97.6
2001	102.5	102.7	102.3	104.0	104.0	103.8
2002	97.9	97.5	99.3	99.4	98.9	100.9
2003	99.2	99.1	99.5	100.4	100.5	100.2
2004	100.7	99.4	103.2	102.7	102.1	104.5
2005	99.4	99.5	99.3	100.7	100.6	101.2
2006	101.8	100.9	103.5	101.3	101.0	102.0
2007	105.1	104.7	105.9	105.5	104.6	107.2
2008	108.5	108.3	108.8	108.1	107.3	109.5
2009	100.4	99.9	101.6	100.7	100.2	102.0
2010	104.6	103.9	106.4	104.3	103.6	105.8
2011	105.1	104.5	106.6	105.9	105.5	106.8
2012	103.3	103.0	104.0	103.8	103.4	104.7
2013	103.3	103.3	103.1	103.9	103.8	104.1

注:①从 1994 年起职工生活费用价格总指数改为居民消费价格总指数。②从 1994 年起商品零售指数的城镇一栏改为城市。

3-2 各种价格总指数（1952年价格=100）

年 份	商品零售价格总指数			居民消费价格总指数			
	总指数	城 市	农 村	总指数	总指数（1978=100）	城 市（1978=100）	农 村（1978=100）
1978	92.7	93.5	90.0	94.4			
1979	96.0	97.2	93.2	96.5	102.2	102.4	101.8
1980	100.0	103.1	96.0	99.2	105.1	106.6	103.8
1981	101.6	105.8	97.1	100.8	106.7	109.4	105.2
1982	101.8	105.9	97.7	101.4	107.4	109.9	106.1
1983	103.3	108.3	98.7	103.4	109.5	112.4	107.6
1984	106.5	110.5	102.3	105.9	112.2	114.7	110.8
1985	115.2	121.6	109.4	114.1	120.9	125.6	117.9
1986	122.9	130.1	116.6	122.5	129.7	135.1	126.0
1987	131.6	141.5	121.6	131.3	139.1	147.2	131.6
1988	150.8	167.2	135.0	150.6	159.5	172.2	146.9
1989	176.0	192.6	160.2	174.7	185.0	197.1	173.8
1990	183.2	198.7	168.7	183.4	194.3	206.0	184.0
1991	197.9	216.4	180.2	199.2	211.0	225.2	198.6
1992	213.9	235.0	193.0	216.3	229.1	246.1	213.7
1993	240.8	266.5	212.5	244.4	258.9	279.6	236.7
1994	302.7	336.3	266.2	309.7	328.1	357.0	297.3
1995	353.3	389.2	315.0	370.7	392.7	422.7	364.2
1996	384.4	423.0	343.3	409.6	433.9	466.7	402.9
1997	391.3	428.5	351.9	424.8	450.0	483.0	418.6
1998	390.1	426.8	351.5	425.6	450.9	482.5	421.9
1999	375.3	412.3	336.8	414.6	439.2	471.4	408.4
2000	368.9	407.7	328.0	412.1	436.5	471.9	398.6
2001	378.1	418.8	335.6	428.6	454.0	490.8	413.8
2002	370.2	408.3	333.2	426.0	451.3	485.4	417.5
2003	367.2	404.6	331.5	427.7	453.1	487.8	418.3
2004	369.8	402.2	342.1	439.2	465.3	498.1	437.1
2005	367.6	400.2	339.8	442.3	468.6	501.1	442.4
2006	374.2	403.8	351.6	448.1	474.7	506.1	451.2
2007	393.3	422.8	372.4	472.7	500.8	529.3	483.7
2008	426.7	457.8	405.2	511.0	541.3	568.0	529.7
2009	428.4	457.4	411.6	514.6	545.1	569.1	540.3
2010	448.1	475.2	437.9	536.7	568.5	589.6	571.6
2011	471.0	496.6	466.8	568.4	602.0	622.0	610.5
2012	486.4	511.3	485.3	590.1	625.0	643.0	639.1
2013	502.2	528.3	500.5	613.4	649.7	667.7	665.6

3-3　商品零售价格分类指数（1978 年价格=100）

年　份	总指数	食品类	饮料、烟酒类	服装鞋帽类	纺织品类	中西药品类	燃料类	农业生产资料
1979	103.5	103.5	99.8	100.3	100.0	101.3	100.2	100.2
1980	107.8	109.7	100.9	100.9	101.2	103.9	100.2	101.7
1981	109.6	112.2	100.8	101.4	101.6	104.0	100.2	102.0
1982	109.8	114.4	100.1	99.9	101.6	104.2	100.5	102.5
1983	111.4	115.9	102.9	99.7	101.3	108.1	102.2	105.4
1984	114.9	118.0	104.9	99.8	99.8	113.3	110.4	117.9
1985	124.2	133.3	106.2	104.3	100.9	116.8	113.2	126.4
1986	132.5	146.6	108.9	107.6	101.2	118.7	122.9	128.8
1987	141.9	160.7	114.0	114.6	103.4	124.9	130.8	131.8
1988	162.7	193.3	127.1	128.0	111.6	141.6	135.1	143.0
1989	189.8	218.6	151.1	150.0	135.1	172.6	141.4	159.3
1990	197.6	221.9	165.2	157.2	134.8	181.2	151.9	172.5
1991	213.4	247.4	173.5	163.5	134.0	187.9	172.3	181.3
1992	230.7	276.3	179.7	170.4	132.3	199.9	191.1	195.8
1993	259.8	323.0	186.5	185.9	135.1	231.3	236.6	215.6
1994	326.5	433.8	218.2	212.5	143.6	281.7	338.3	273.4
1995	381.0	549.2	236.3	252.9	169.3	318.6	390.7	346.1
1996	414.6	611.2	247.2	277.7	185.0	351.1	424.7	399.8
1997	422.0	602.1	251.6	290.7	188.8	373.9	484.6	425.8
1998	420.8	600.3	250.1	292.5	189.5	379.2	492.4	429.2
1999	404.8	555.9	245.3	288.1	183.6	379.2	492.4	416.3
2000	397.9	535.9	237.7	287.6	178.3	389.1	538.2	407.6
2001	407.8	568.6	231.3	287.8	178.8	388.3	587.7	419.8
2002	399.3	545.8	230.6	287.8	174.7	382.1	607.7	418.1
2003	396.1	545.3	228.6	287.0	173.8	358.0	642.3	422.7
2004	398.9	563.3	225.6	284.4	174.4	357.6	696.3	453.6
2005	396.5	580.8	226.7	278.4	174.1	349.0	803.5	491.2
2006	403.6	605.4	228.9	270.8	172.7	340.3	926.2	503.5
2007	424.2	682.8	234.7	271.2	172.4	341.1	997.3	534.9
2008	460.3	811.5	241.6	267.2	172.6	352.8	1124.3	600.6
2009	462.1	825.3	245.2	261.9	174.0	365.5	1090.6	597.6
2010	483.3	912.8	249.4	256.7	180.1	375.0	1174.6	616.1
2011	508.2	1027.0	258.2	255.4	183.3	388.1	1287.7	657.0
2012	524.8	1108.1	273.3	259.1	186.6	403.9	1336.9	697.7
2013	541.9	1198.5	278.9	258.5	191.1	414.1	1364.1	716.1

注：①农业生产资料不包括在商品零售价格总指数中。

②2003 年（包括 2003 年）以后，中西药品类指中西药品及医疗保健用品类。

3-4 居民消费价格分类指数（上年价格=100）

年 份	居民消费价格总指数	食品类	粮 食	油脂类	肉禽及其制品类	蛋 类	水产品
1978	101.2	101.5	100.0	100.0	100.0		100.0
1979	102.2	103.5	100.0	99.7	120.6		111.2
1980	102.8	106.0	99.9	99.1	121.4		121.8
1981	101.6	102.3	100.1	101.2	102.3		107.9
1982	100.6	102.0	100.1	99.6	100.1		103.4
1983	102.0	101.3	100.1	100.0	101.0		107.9
1984	102.4	101.8	97.5	97.7	104.1		103.9
1985	107.8	113.0	110.1	107.6	125.1		131.3
1986	107.3	110.0	104.2	106.1	121.3		116.4
1987	107.2	109.6	102.1	106.9	117.4		111.3
1988	114.7	120.3	106.6	109.0	134.0		123.0
1989	116.0	113.1	109.5	127.8	117.5		114.8
1990	105.0	101.5	100.4	100.5	95.2		105.3
1991	108.6	111.5	115.8	99.7	107.4		105.5
1992	108.6	111.7	128.0	90.0	106.7		101.7
1993	113.0	116.9	128.2	109.5	122.1		107.2
1994	126.7	135.9	142.1	188.5	139.3	115.5	123.1
1995	119.7	124.9	134.3	112.1	128.2	117.0	114.6
1996	110.5	110.3	116.4	89.0	100.4	113.7	102.0
1997	103.7	99.1	105.4	103.4	97.2	81.5	104.2
1998	100.2	99.4	96.9	101.4	93.4	98.5	99.6
1999	97.4	93.2	94.5	96.4	89.8	86.1	86.6
2000	99.4	95.9	88.5	84.4	96.1	78.6	93.4
2001	104.0	104.3	99.1	93.9	113.6	107.6	100.1
2002	99.4	97.3	97.8	97.0	99.4	92.3	92.8
2003	100.4	102.5	96.7	114.8	98.1	97.8	93.0
2004	102.7	105.8	116.3	106.1	108.8	114.1	115.5
2005	100.7	98.5	101.9	91.8	96.2	100.8	106.0
2006	101.3	102.4	102.0	97.9	98.0	93.1	98.6
2007	105.5	112.6	108.5	134.9	125.7	124.8	109.0
2008	108.1	119.1	111.9	131.6	133.5	105.9	116.1
2009	100.7	102.1	102.9	77.0	100.8	101.7	100.2
2010	104.3	110.7	108.9	107.6	113.0	112.3	107.4
2011	105.9	112.6	108.7	112.6	120.1	112.2	110.7
2012	103.8	107.6	107.3	105.3	105.9	102.1	105.2
2013	103.9	108.5	106.3	103.4	114.9	111.0	107.0

注：①1994 年以前肉禽及其制品、蛋类用肉禽蛋代替，1994 年以前菜类用鲜菜替代。

②2001 年(包括 2001 年)以后各大类指数均包含该类的服务项目价格指数。

菜　类	烟草类	酒和饮料	衣着类	家庭设备用品及维修服务	医疗保健和个人用品	交通和通信	娱乐教育文化用品及服务	居　住
110.4	99.9	101.9	100.0	99.9	100.1		101.1	
100.2	100.2	103.0	99.8	100.3	101.3		100.0	
111.2	100.2	103.4	101.1	100.6	102.6		101.2	
100.1	102.7	102.4	99.9	100.5	100.1		100.4	
104.5	110.1	101.0	99.3	98.5	100.2		100.0	
104.7	99.0	103.0	102.8	99.8	103.6		99.7	
108.4	100.1	103.5	102.1	100.1	104.1		98.5	
157.4	101.7	106.2	101.2	104.5	103.1		101.1	
105.9	101.1	105.0	102.5	103.2	101.6		100.8	
118.2	101.5	111.5	104.7	106.5	105.2		101.7	
144.1	109.7	118.6	111.5	111.7	113.4		107.9	
93.1	112.4	119.5	118.9	117.2	121.9		121.1	
108.0	105.9	103.1	109.3	104.8	105.0		99.8	
124.2	104.6	109.3	105.0	104.0	103.7		99.4	
108.4	112.3	108.6	103.6	104.2	106.4		98.7	
109.3	106.8	113.6	103.8	109.1	115.7		102.2	
139.2	108.8	122.4	117.9	115.8	123.4	109.3	114.9	122.1
125.4	103.7	109.4	117.2	109.7	114.3	101.1	106.9	121.2
128.0	102.9	104.9	109.5	107.3	111.6	99.9	109.8	114.6
92.3	101.6	107.5	103.7	101.2	101.6	100.8	106.3	111.6
109.5	98.9	100.7	100.3	98.1	104.0	96.4	97.9	103.6
90.4	99.3	98.2	98.7	99.0	100.7	95.7	99.5	101.7
107.1	96.3	97.8	99.7	98.9	101.1	94.2	97.1	103.9
107.0	98.8	100.8	98.7	99.0	116.1	105.2	101.6	102.6
83.3	99.2	99.0	99.5	98.4	101.4	101.7	99.2	102.9
129.1	99.8	99.4	99.2	98.9	94.8	99.1	99.1	104.2
100.3	100.3	99.3	99.4	98.4	101.8	99.4	98.6	108.3
93.8	99.3	98.9	98.4	99.1	109.3	99.5	98.6	107.3
112.7	100.5	103.1	98.0	99.3	100.0	100.5	99.8	105.7
101.4	102.4	102.3	100.8	100.8	101.3	100.9	100.1	106.2
112.9	103.1	101.8	99.4	102.5	103.5	100.2	100.0	106.4
108.7	101.5	101.7	98.6	101.9	101.9	99.0	99.9	99.9
120.0	102.0	101.7	99.2	101.2	102.0	100.0	101.2	102.7
104.6	103.3	102.6	101.1	102.4	104.3	100.5	101.1	105.4
117.6	105.6	104.4	101.9	101.9	102.9	99.5	100.1	102.8
105.8	101.7	103.9	99.8	101.3	101.4	100.1	101.1	103.4

③2001 年(包括 2001 年)以后烟草类改为烟酒及用品,酒和饮料改为茶及饮料。④2001 年(包括 2001 年)以后医疗保健用品类包括医疗保健和个人用品。⑤1989 年至 1993 年油脂类使用食用植物油价格指数。

3-5 居民消费价格分类指数（1952年价格=100）

年 份	居民消费价格总指数	食品类	粮 食	油脂类	肉禽及其制品类	水产品	菜 类
1978	94.4	97.0	94.3	110.6	94.3	38.5	90.3
1979	96.5	100.4	94.3	110.3	113.8	42.8	90.5
1980	99.2	106.4	94.2	109.3	138.1	52.1	100.6
1981	100.8	108.9	94.3	110.6	141.3	56.2	100.7
1982	101.4	111.0	94.4	110.2	141.4	58.1	105.2
1983	103.4	112.5	94.5	110.2	142.9	62.7	110.2
1984	105.9	114.5	92.1	107.6	148.7	65.1	119.4
1985	114.1	129.4	101.5	115.8	186.0	85.5	188.0
1986	122.5	142.3	105.7	122.9	225.7	99.6	199.1
1987	131.3	156.0	107.9	131.4	264.9	110.8	235.3
1988	150.6	187.6	115.1	143.2	355.0	136.3	339.1
1989	174.7	212.2	126.0	183.0	417.1	156.5	315.7
1990	183.4	215.4	126.5	183.9	397.1	164.8	340.9
1991	199.2	240.2	146.5	183.4	426.5	173.8	423.4
1992	216.3	268.3	187.5	165.0	455.1	176.8	459.0
1993	244.4	313.6	240.4	180.7	555.7	189.5	501.7
1994	309.7	426.2	341.6	340.6	774.0	233.3	698.4
1995	370.7	532.4	458.7	381.8	992.3	267.3	875.7
1996	409.6	587.2	533.9	339.8	996.3	272.7	1121.0
1997	424.8	581.9	562.8	351.4	968.4	284.1	1034.6
1998	425.6	578.4	545.3	356.3	904.5	283.0	1132.9
1999	414.6	539.1	515.3	343.5	812.2	245.1	1024.2
2000	412.1	517.0	456.1	289.9	780.5	228.9	1096.9
2001	428.6	539.2	452.0	272.2	886.7	229.1	1173.7
2002	426.0	524.6	442.0	264.0	881.4	212.6	977.7
2003	427.7	537.8	427.4	303.1	864.6	197.8	1262.2
2004	439.2	569.0	497.1	321.6	940.7	228.4	1266.0
2005	442.3	560.5	506.5	295.2	905.0	242.1	1187.5
2006	448.0	573.9	516.7	289.0	886.9	238.7	1338.3
2007	472.7	646.2	560.6	389.9	1114.8	260.2	1357.1
2008	510.7	769.9	627.4	513.3	1487.9	302.1	1531.5
2009	514.3	786.1	645.6	395.2	1499.8	302.7	1664.7
2010	536.4	869.9	702.8	425.4	1694.5	363.1	1788.4
2011	568.0	979.5	763.9	479.0	2035.1	402.0	1870.7
2012	589.7	1054.0	819.4	504.4	2154.2	422.8	2200.1
2013	613.0	1143.1	871.0	521.7	2474.7	452.4	2328.3

注：油脂类以1960年数据为100，交通和通讯工具、居住类以1993年数据为100。

烟草类	酒和饮料	衣着类	家庭设备用品及维修服务	医疗保健和个人用品	交通和通信	娱乐教育文化用品及服务	居　住
85.3	99.6	79.5	58.2	23.8		59.2	
85.5	102.6	79.4	58.4	24.1		59.2	
85.7	106.0	80.2	58.7	24.7		59.9	
88.0	108.6	80.1	59.0	24.8		60.1	
96.9	109.7	79.6	58.1	24.8		60.1	
95.9	113.0	81.8	58.0	25.7		59.9	
96.0	116.9	83.5	58.1	26.8		59.0	
97.6	124.2	84.5	60.7	27.6		59.7	
98.7	130.4	86.7	62.6	28.0		60.2	
100.2	145.4	90.7	66.7	29.5		61.2	
109.9	172.4	101.2	74.5	33.4		66.0	
123.5	206.0	120.3	87.3	40.8		80.0	
130.8	212.4	131.5	91.5	42.8		79.8	
136.8	232.2	138.0	95.2	44.4		79.3	
153.7	252.1	143.0	99.2	47.2		78.3	
164.1	286.4	148.4	108.2	54.6		80.0	
178.6	350.6	175.0	125.3	67.4	109.3	91.9	122.1
185.2	383.5	205.1	137.4	77.1	110.5	98.3	148.0
190.6	402.3	224.6	147.5	86.0	110.4	107.9	169.6
193.6	432.5	232.9	149.2	87.4	111.3	114.7	189.3
191.5	435.5	233.6	146.4	90.9	107.3	112.3	196.1
190.1	427.7	230.6	144.9	91.5	102.7	111.7	199.4
183.1	418.3	229.9	143.3	92.5	96.7	108.5	207.2
180.9	421.6	226.9	141.9	107.4	101.7	110.2	212.6
179.5	417.4	225.8	139.6	108.9	103.5	109.4	218.7
179.1	414.9	223.9	138.1	103.3	102.5	108.4	227.9
179.6	412.0	222.6	135.9	105.1	101.9	106.9	246.8
178.3	407.5	219.0	134.7	114.9	101.4	105.4	264.8
179.2	420.1	214.8	133.7	114.9	101.9	105.2	280.0
183.5	429.8	216.5	134.8	116.3	102.8	105.3	297.3
189.2	437.5	215.2	138.1	120.5	103.0	105.3	316.5
192.0	444.9	212.2	140.7	122.8	102.0	105.2	316.2
195.8	452.6	210.5	142.4	125.2	102.0	106.5	324.7
202.3	464.4	212.8	145.8	130.6	102.5	107.7	342.2
213.6	484.8	216.8	148.6	134.4	101.9	107.8	351.6
217.1	503.5	216.4	150.5	136.3	102.0	109.0	363.6

3-6 农业生产资料价格分类指数（上年价格=100）

年 份	农业生产资料价格指数	农用手工工具	饲料类	产品畜(幼禽家畜)	役畜(大牲畜)	半机械化农具
1992	108.0	108.5				104.8
1993	110.1	129.7				117.7
1994	126.8	131.5	131.0	129.0	138.7	126.8
1995	126.6	124.0	161.3	137.1	148.2	109.4
1996	115.5	113.6	125.7	108.9	104.6	118.4
1997	106.5	103.0	100.3	116.2	96.2	102.9
1998	100.8	109.0	104.9	94.0	90.6	101.6
1999	97.1	96.1	99.8	90.8	96.3	98.1
2000	97.9	99.1	93.5	94.4	99.7	97.8
2001	103.0	101.1	106.4	139.5	112.7	100.0
2002	99.6	100.8	104.2	108.4	116.4	98.7
2003	101.1	105.4	100.6	105.9	104.2	98.8
2004	107.3	108.3	116.4	111.1	103.9	102.0
2005	105.3	104.9	101.3	89.4	97.3	100.9
2006	102.5	109.3	96.6	100.1		102.9
2007	106.2	106.9	114.7	163.3		100.8
2008	112.3	102.9	116.7	150.9		100.7
2009	99.5	100.5	110.4	108.4		100.7
2010	103.1	101.0	114.0	127.1		101.7
2011	106.6	100.8	106.7	120.7		102.5
2012	106.2	101.5	107.7	109.6		101.2
2013	102.6	102.4	106.6	112.3		101.0

机械化农　具	化学肥料	农　药及农药械	农机用油	其他农业生产资料	农业生产服　务
107.2	110.7	102.8	109.4	106.6	
112.6	105.0	99.7	125.6	107.4	
118.2	113.9	100.4	164.1	107.2	
122.3	130.4	103.9	126.9	116.3	
113.3	119.9	112.6	106.0	127.9	
103.8	109.7	114.6	109.8	106.6	
97.9	100.4	110.0	104.7	104.6	
95.1	97.6	103.9	98.9	95.4	
97.7	92.8	98.5	110.3	98.4	
98.1	98.0	99.3	114.3	100.4	
95.2	100.9	97.4	94.7	98.5	
97.6	102.9	97.6	101.4	98.8	
99.9	109.7	100.7	112.8	102.8	
102.5	110.2	102.8	111.0	105.5	
100.2	104.7	101.3	114.9	100.3	100.6
100.6	99.0	100.6	105.9	102.5	109.1
101.6	111.5	103.9	112.9	108.0	107.0
102.3	93.2	105.4	101.1	96.1	102.0
100.1	95.3	101.7	110.1	100.7	102.0
104.2	102.1	100.1	111.7	118.3	105.8
101.6	107.6	100.7	103.2	108.0	105.4
100.5	98.3	101.0	101.9	103.5	106.8

3-7 城市居民消费价格分类指数（上年价格=100）

年 份	总指数	食品类	烟酒及用品	衣着类	家庭设备用品及维修服务	医疗保健和个人用品	交通和通信	娱乐教育文化用品及服务	居 住
1979	101.9	103.5	100.3	99.8	100.7	101.6		100.0	
1980	104.1	106.5	100.0	100.0	100.4	102.7		101.1	
1981	101.2	101.8	102.0	99.9	100.5	100.1		100.0	
1982	101.0	102.0	111.1	99.2	98.8	100.6		100.1	
1983	100.7	100.9	98.7	101.8	99.1	102.7		98.2	
1984	102.4	102.2	100.0	101.8	100.0	107.7		99.4	
1985	109.5	115.1	101.9	101.3	104.7	103.3		100.7	
1986	106.8	109.0	101.0	103.3	103.0	101.6		100.8	
1987	108.5	111.7	102.1	105.8	105.6	104.6		102.0	
1988	117.0	122.8	111.2	113.9	113.0	114.2		108.9	
1989	114.5	110.8	111.4	119.3	116.1	119.8		123.2	
1990	104.5	101.2	104.4	109.4	103.8	105.3		98.3	
1991	109.3	113.0	102.8	104.5	103.0	103.7		98.4	
1992	109.3	112.5	115.2	103.9	104.3	106.6		99.3	
1993	113.6	118.0	108.9	104.1	109.2	116.0		102.4	
1994	127.7	136.5	119.4	118.6	116.3	126.5	106.2	115.5	122.0
1995	118.4	122.9	104.8	116.9	109.2	113.9	99.6	106.6	114.8
1996	110.4	110.4	104.4	109.3	106.7	109.8	98.6	110.7	118.0
1997	103.5	98.4	103.3	103.4	100.7	99.6	101.3	104.8	117.9
1998	99.9	99.7	100.0	100.0	97.5	101.3	97.2	96.6	103.5
1999	97.7	93.4	98.7	98.9	100.3	101.5	97.1	99.7	104.5
2000	100.1	96.4	96.8	100.1	99.4	100.7	94.1	98.2	104.0
2001	104.0	103.0	99.1	98.3	100.2	120.2	106.3	101.7	102.5
2002	98.9	96.6	99.0	99.5	98.4	100.1	102.7	98.9	101.3
2003	100.5	103.4	99.7	99.1	98.9	93.1	99.1	98.5	104.8
2004	102.1	104.7	100.1	99.1	98.2	101.4	99.2	98.2	108.3
2005	100.6	98.8	99.3	97.6	98.9	108.7	99.0	98.1	108.1
2006	101.0	102.6	100.7	97.5	98.8	99.2	99.5	99.5	105.6
2007	104.6	111.6	103.4	100.2	100.4	100.6	100.2	99.7	105.3
2008	107.3	118.9	104.2	98.7	102.5	103.2	98.8	99.9	104.8
2009	100.2	101.6	102.2	97.5	101.7	101.9	98.6	99.5	98.3
2010	103.6	109.5	102.6	98.2	100.9	102.0	99.7	101.4	101.7
2011	105.5	112.4	103.6	100.8	102.1	103.6	99.9	100.1	104.9
2012	103.4	107.3	104.3	101.8	100.9	102.5	99.0	99.5	102.3
2013	103.8	108.5	101.1	99.5	100.9	101.2	100.0	100.7	103.9

3-8　农村居民消费价格分类指数（上年价格=100）

年　份	总指数	食品类	烟酒及用品	衣着类	家庭设备用品及维修服务	医疗保健和个人用品	交通和通信	娱乐教育文化用品及服务	居住
1979		103.5	100.2	99.8	100.1	101.0		100.1	
1980		105.8	100.3	100.1	100.7	102.5		101.2	
1981		102.6	103.0	99.9	100.6	100.1		100.3	
1982		102.0	109.6	99.3	98.4	100.0		100.0	
1983		101.5	99.1	103.3	100.2	104.0		100.0	
1984	102.8	101.5	100.2	102.3	100.2	103.1		97.9	
1985	106.4	111.6	101.5	101.1	104.4	102.9		101.3	
1986	107.6	111.6	101.1	101.8	103.6	101.6		100.8	
1987	105.1	105.3	101.0	103.3	107.6	105.4		101.2	
1988	111.7	115.5	109.7	109.0	110.4	113.0		106.7	
1989	118.3	117.9	113.6	118.4	118.4	122.9		118.3	
1990	105.9	102.0	107.6	109.2	106.1	104.6		102.5	
1991	107.9	109.6	105.5	105.4	104.8	103.7		100.5	
1992	107.6	110.7	109.1	103.1	104.0	106.2		97.5	
1993	110.8	113.0	103.2	102.7	108.5	115.0		101.2	
1994	125.6	135.8	111.5	115.1	114.5	117.0	111.5	113.6	122.2
1995	122.5	129.2	110.5	118.3	110.7	114.8	103.5	107.7	127.3
1996	110.6	110.2	104.6	110.1	108.9	114.3	99.3	106.3	108.8
1997	103.9	100.3	101.2	104.3	101.9	103.3	100.2	109.5	106.8
1998	100.8	99.1	99.4	100.9	98.8	106.7	95.4	100.2	103.2
1999	96.8	92.7	98.8	98.3	96.2	98.8	93.2	99.2	99.1
2000	97.6	94.5	98.2	98.5	97.3	102.1	94.4	94.0	103.5
2001	103.8	107.3	98.4	100.0	99.6	105.1	100.0	101.4	102.6
2002	100.9	99.0	99.7	99.8	98.0	105.4	97.1	100.0	105.5
2003	100.2	99.5	99.9	99.7	98.7	100.5	99.3	101.0	102.7
2004	104.5	109.3	100.9	100.6	98.8	102.8	99.8	99.9	108.1
2005	101.2	97.9	99.5	100.4	99.4	111.1	101.1	100.0	105.6
2006	102.0	102.1	100.2	99.6	100.3	101.3	102.5	100.7	106.0
2007	107.2	114.7	100.7	102.2	101.7	102.4	102.3	101.1	107.9
2008	109.5	119.6	100.9	101.1	102.4	104.1	102.9	100.4	109.7
2009	102.0	103.1	100.1	101.5	102.2	102.0	99.8	101.0	103.1
2010	105.8	113.1	100.8	101.8	101.9	101.9	100.5	100.7	104.7
2011	106.8	112.7	102.9	101.8	102.9	105.7	101.5	103.1	106.2
2012	104.7	108.1	107.8	102.1	103.9	103.8	100.4	101.2	103.7
2013	104.1	108.4	102.6	100.6	102.1	101.7	100.3	101.9	102.5

3-9 分城乡居民消费价格指数（上年价格=100）

指　标	2009			2010		
	全区	城市	农村	全区	城市	农村
居民消费价格总指数	**100.7**	**100.2**	**102.0**	**104.3**	**103.6**	**105.8**
服务项目价格指数	**100.8**	**100.3**	**102.0**	**101.5**	**101.6**	**101.3**
消费品价格指数	**100.7**	**100.1**	**102.0**	**105.1**	**104.2**	**106.9**
食品	**102.1**	**101.6**	**103.1**	**110.7**	**109.5**	**113.1**
粮食	102.9	102.5	103.6	108.9	108.5	109.4
大米	109.5	106.5	114.0	129.6	129.6	129.6
面粉	98.4	100.2	96.5	95.7	96.4	94.9
粮食制品	100.8	100.9	100.0	100.9	100.8	101.7
其它	104.7	103.0	105.8	116.6	116.8	116.6
淀粉及制品	104.2	104.9	103.5	105.7	104.5	107.6
淀粉及制品	104.2	104.9	103.5	105.7	104.5	107.6
干豆类及豆制品	96.5	97.2	94.8	109.6	109.7	109.4
干豆	95.3	96.0	93.6	144.6	146.9	137.5
豆制品	96.7	97.5	95.0	100.0	99.2	102.1
油脂	77.0	76.8	78.1	107.6	104.3	112.9
食用植物油	71.0	72.7	68.7	109.8	106.5	115.5
植物油制品	86.5	84.0	91.0	103.6	100.2	108.7
其它	91.9	101.2	89.1	117.3	120.2	115.6
肉禽及其制品	100.8	99.6	102.9	113.0	111.9	115.0
食用畜肉及副产品	101.0	99.2	104.3	113.8	112.7	115.9
猪肉	80.0	79.1	81.7	105.2	105.0	105.6
牛肉	109.4	104.9	115.6	112.6	111.1	115.0
羊肉	107.5	105.7	111.1	119.4	118.2	122.2
畜肉副产品	102.2	104.7	97.9	110.7	107.4	117.1
其它	102.0	105.0	98.0	110.2	113.0	105.7
禽	97.9	99.3	95.8	113.3	111.5	116.2
鸡	96.6	98.7	93.1	113.2	111.8	115.6
鸭	107.0	107.0	107.1	114.6	108.6	122.0
其它	107.9	105.3	109.7	113.9	109.3	116.9
肉禽加工制品	104.1	103.8	104.6	105.8	106.1	105.4
畜肉制品	104.6	105.0	103.8	105.2	106.8	101.6
禽制品	103.3	101.4	105.6	106.8	104.3	109.7
蛋	101.7	100.7	104.1	112.3	110.7	115.1
鲜蛋	101.8	100.6	104.6	113.0	111.3	115.9
蛋制品	100.3	101.7	99.6	104.2	102.6	106.6
水产品	100.2	100.3	100.0	107.4	108.0	106.4
鱼	98.8	98.1	99.5	107.4	109.0	104.9
淡水鱼	96.9	95.4	98.2	106.9	109.0	104.0
海水鱼	106.3	106.6	106.7	108.8	108.5	109.4
其它水产品	103.4	104.9	101.1	107.3	105.8	110.3
虾蟹类	102.0	102.7	100.4	105.1	105.1	105.2
其它	104.7	107.6	101.5	109.5	106.8	113.8

2011			2012			2013		
全区	城市	农村	全区	城市	农村	全区	城市	农村
105.9	**105.5**	**106.8**	**103.8**	**103.4**	**104.7**	**103.9**	**103.8**	**104.1**
104.0	**103.1**	**105.8**	**102.9**	**102.2**	**104.5**	**102.9**	**102.7**	**103.4**
106.7	**106.5**	**107.2**	**104.2**	**103.9**	**104.8**	**104.3**	**104.3**	**104.4**
112.6	**112.4**	**112.7**	**107.6**	**107.3**	**108.1**	**108.5**	**108.5**	**108.4**
108.7	108.6	108.8	107.3	107.3	107.2	106.3	106.1	106.5
110.7	110.8	110.6	103.5	102.5	104.7	104.4	103.5	105.5
107.8	106.8	108.7	109.2	107.8	110.4	107.2	107.0	107.4
107.8	108.8	102.7	109.9	110.9	104.8	106.8	107.0	105.8
107.9	103.0	111.8	100.6	101.0	100.3	109.9	113.9	107.0
107.7	109.3	105.7	108.0	108.3	107.7	103.8	101.6	106.7
107.7	109.3	105.7	108.0	108.3	107.7	103.8	101.6	106.7
107.4	108.0	106.4	104.5	102.3	108.2	108.9	108.4	109.6
107.0	105.7	109.5	89.7	88.8	91.3	101.3	102.1	100.0
107.5	108.7	105.6	108.5	106.1	112.6	110.6	109.9	111.7
112.6	110.4	115.5	105.3	105.7	104.8	103.4	103.6	103.3
114.4	109.9	120.6	103.9	103.6	104.3	105.1	104.5	105.8
110.3	111.2	109.1	107.6	108.9	105.8	101.0	102.1	99.3
106.3	110.9	104.8	106.1	108.5	105.2	101.8	106.5	100.1
120.1	121.4	117.9	105.9	105.8	106.0	114.9	115.0	114.7
121.7	123.3	118.7	105.8	105.9	105.4	117.4	117.3	117.5
148.5	149.0	147.3	99.3	98.5	101.1	103.4	103.2	104.0
110.4	112.1	108.2	106.5	106.0	107.2	139.2	139.1	139.3
113.2	114.6	110.6	109.4	111.0	106.3	119.8	121.1	117.1
122.3	120.3	125.6	105.7	103.8	108.8	108.1	108.9	106.8
116.5	119.6	112.4	107.7	107.8	107.6	107.8	103.3	114.0
117.4	117.1	117.9	104.4	103.9	105.3	105.1	104.3	106.5
116.7	116.5	116.9	103.3	102.6	104.5	105.3	103.8	107.8
114.9	115.8	113.7	106.4	109.6	102.5	104.4	108.1	99.5
124.8	124.4	125.1	112.9	115.3	110.8	104.3	106.8	102.0
112.6	113.2	111.4	109.3	107.9	111.7	111.0	112.8	108.1
112.9	114.2	110.0	109.9	108.4	113.1	114.3	115.7	111.4
112.0	111.2	113.1	108.4	106.8	110.2	105.4	106.3	104.4
112.2	113.8	110.0	102.1	101.2	103.4	111.0	109.6	113.0
112.3	113.8	110.1	101.6	100.9	102.8	111.8	110.1	114.1
111.2	113.1	109.0	107.8	105.7	110.4	102.9	104.1	101.5
110.7	110.2	111.3	105.2	104.4	106.3	107.0	108.4	105.1
110.1	110.2	110.0	103.9	102.7	105.5	108.1	108.9	107.1
109.3	108.7	110.0	103.0	100.9	105.5	109.7	110.6	108.6
113.5	115.1	110.0	107.3	108.1	105.6	102.3	104.0	98.4
111.9	110.1	114.8	108.2	108.2	108.3	104.5	107.2	100.2
105.0	106.2	102.3	108.6	110.8	103.3	107.6	109.3	103.3
118.9	115.1	123.5	107.9	105.1	111.2	101.7	104.6	98.5

3-9 续表1

指　　标	2009			2010		
	全区	城市	农村	全区	城市	农村
菜	108.7	105.6	114.7	120.0	117.5	124.9
鲜菜	108.8	105.7	114.7	120.0	117.3	125.6
干菜及菜制品	101.9	103.3	98.7	108.1	108.5	107.3
薯类	112.3	100.0	144.9	130.9	133.0	124.6
调味品	103.8	103.5	104.0	105.4	107.1	102.7
食用盐	105.5	100.5	110.8	102.4	101.1	103.8
酱油	102.1	102.2	102.0	104.0	105.2	103.2
食醋	104.3	107.2	100.8	103.9	106.2	100.2
味精	102.1	103.4	100.0	107.9	109.9	103.7
其它	103.8	104.2	102.8	110.4	113.3	102.5
糖	103.7	105.3	101.1	108.1	106.7	109.8
食糖	101.8	101.6	102.2	118.5	114.6	122.8
糖果	106.5	110.2	99.7	102.2	101.7	103.5
巧克力制品	102.4	102.5	102.2	105.5	108.3	101.5
糖制小食品	102.7	103.8	100.4	103.8	103.6	104.0
茶及饮料	101.7	102.4	100.6	101.7	101.4	102.2
茶叶	102.1	102.9	101.3	104.4	102.8	105.9
茶叶	102.1	102.9	101.3	104.4	102.8	105.9
饮料	101.5	102.2	100.0	100.6	101.0	99.8
固体饮料	102.5	103.9	101.5	101.1	102.9	99.7
液体饮料	100.6	101.2	99.4	100.3	100.5	99.9
冷冻饮品	102.5	103.3	99.9	100.9	101.2	99.8
干鲜瓜果	102.8	102.3	104.0	114.1	112.1	118.3
鲜瓜果	102.7	102.6	103.0	112.7	109.8	118.1
干(坚)果	103.0	101.6	106.8	117.6	117.0	119.2
糕点饼干面包	102.3	102.7	101.5	101.9	102.4	100.9
糕点	102.9	102.3	104.4	103.4	104.1	101.3
饼干	102.3	104.5	98.6	101.6	102.2	100.7
面包	101.4	100.9	102.4	99.9	99.7	100.5
液体乳及乳制品	102.0	100.9	104.7	108.7	107.7	111.4
巴氏杀菌奶或消毒奶	101.8	100.6	104.8	109.6	108.2	112.9
酸奶	101.6	99.9	110.3	108.7	110.2	102.8
奶粉	105.5	106.5	103.7	105.4	105.0	107.1
其它	101.4	101.7	100.3	101.6	101.2	104.7
在外用膳食品	105.8	106.4	103.9	105.8	105.4	107.3
主食	104.1	104.4	103.1	103.4	103.0	104.7
炒菜	106.7	107.6	103.4	105.9	105.5	107.2
地方小吃	107.5	107.7	106.9	110.6	109.9	113.0
其它食品	101.2	101.0	101.7	101.8	102.4	100.5
其它食品	101.2	101.0	101.7	101.8	102.4	100.5
烟酒	**101.5**	**102.2**	**100.1**	**102.0**	**102.6**	**100.8**
烟草	99.2	99.6	98.2	98.7	98.9	98.2

2011			2012			2013		
全区	城市	农村	全区	城市	农村	全区	城市	农村
104.6	101.4	110.2	117.6	116.2	119.9	105.8	105.2	106.8
104.4	101.1	110.1	119.1	117.6	121.4	105.6	104.9	106.7
107.6	109.2	104.5	100.1	103.4	93.1	101.5	100.2	104.4
108.2	102.4	124.8	93.7	93.4	94.2	120.7	121.7	118.5
104.5	106.2	102.0	103.6	103.9	103.2	100.8	100.8	100.8
100.6	103.2	97.2	102.0	101.1	103.2	100.6	100.2	101.2
103.9	105.7	101.6	102.6	105.2	99.1	99.6	101.2	97.4
105.4	107.6	102.2	105.1	105.4	104.6	100.9	101.7	99.6
105.5	105.0	106.3	101.3	100.3	102.8	103.0	105.3	99.1
108.5	108.6	108.1	106.0	105.6	107.1	100.9	98.5	107.4
115.0	111.7	118.6	104.3	105.7	102.8	98.7	100.1	97.2
129.5	125.0	133.5	101.2	102.6	100.0	95.8	97.6	94.2
109.9	108.2	111.8	108.7	110.0	107.2	101.2	102.4	99.8
103.7	99.3	108.9	99.0	105.7	91.9	98.8	100.0	97.3
110.7	111.0	110.2	108.0	103.6	114.4	99.7	100.2	98.9
102.6	103.9	100.8	104.4	104.4	104.4	103.9	104.0	103.7
103.1	105.8	100.9	104.5	105.0	104.2	103.9	104.2	103.6
103.1	105.8	100.9	104.5	105.0	104.2	103.9	104.2	103.6
102.4	103.3	100.8	104.3	104.2	104.7	103.8	103.9	103.8
103.6	104.2	103.2	107.2	102.1	110.8	108.6	104.1	111.6
101.9	103.3	99.3	103.2	103.3	103.2	101.0	102.2	98.6
102.7	103.0	101.9	104.9	105.9	102.2	106.3	106.2	106.6
120.1	120.0	120.2	108.1	107.9	108.5	102.9	104.2	100.5
120.4	120.2	120.6	107.8	105.9	110.9	101.9	103.5	99.5
119.5	119.7	119.0	109.0	112.2	101.5	105.2	105.7	103.9
105.9	105.8	106.2	104.4	102.8	108.4	103.8	102.7	106.2
107.4	108.1	105.4	104.2	103.0	107.9	104.4	103.5	107.2
103.8	102.7	106.1	103.6	102.0	106.7	102.3	101.9	103.1
106.5	106.2	107.4	105.9	103.3	112.2	104.8	102.6	109.9
107.0	106.7	107.6	104.8	104.5	105.6	111.1	112.6	107.6
106.3	106.5	105.8	104.1	103.9	104.6	112.4	114.3	108.4
113.7	111.0	122.5	108.8	107.9	111.1	111.7	113.8	105.9
106.0	103.5	112.4	109.5	109.2	110.2	101.0	99.6	104.2
105.7	105.7	105.6	101.2	100.8	103.5	105.7	106.9	99.6
110.9	111.3	109.4	109.0	109.1	108.9	108.8	107.8	112.1
115.4	116.2	111.9	109.8	110.2	107.8	107.2	107.3	106.6
106.7	107.8	103.1	102.6	102.5	103.0	103.7	101.4	111.9
111.8	111.2	114.4	121.8	122.1	120.8	120.8	121.8	116.7
105.6	104.8	107.6	105.8	103.2	111.7	104.2	102.4	108.1
105.6	104.8	107.6	105.8	103.2	111.7	104.2	102.4	108.1
103.3	**103.6**	**102.9**	**105.6**	**104.3**	**107.8**	**101.7**	**101.1**	**102.6**
100.1	100.3	99.7	101.1	100.7	101.9	101.3	101.1	101.7

3-9 续表2

指　　标	2009			2010		
	全区	城市	农村	全区	城市	农村
高档卷烟	99.0	99.5	97.9	98.3	98.6	97.8
中档卷烟	99.2	99.4	98.4	99.9	100.1	99.5
其它	100.5	101.1	99.8	100.3	100.1	100.5
酒	103.8	104.9	101.8	105.3	106.4	103.3
白酒	105.1	106.5	101.1	108.8	110.1	105.2
葡萄酒	101.2	102.0	99.9	101.3	100.4	102.7
啤酒	103.1	102.4	103.8	100.5	99.6	101.4
其它	102.3	100.6	103.4	100.9	99.9	101.5
吸烟饮酒用品	102.3	103.0	100.5	103.8	104.5	101.5
吸烟用品	100.7	100.8	100.4	103.1	103.2	102.8
饮酒用品	103.4	104.2	100.5	104.2	105.3	100.2
衣着	**98.6**	**97.5**	**101.5**	**99.2**	**98.2**	**101.8**
服装	97.6	96.2	101.3	99.3	98.2	102.0
男式服装	97.2	95.5	102.0	97.7	96.4	101.6
大衣	98.5	96.9	102.5	93.2	89.8	101.8
毛线衣	100.0	98.3	104.1	98.7	96.7	103.9
夹克衫	96.3	94.6	98.5	94.6	91.3	100.5
衬衫	96.9	96.8	97.4	98.8	98.7	99.0
T恤衫	98.3	97.1	101.4	97.6	96.5	100.8
裤子	94.7	92.0	102.7	97.1	95.9	100.9
西服	95.2	93.9	100.1	96.1	95.0	100.0
运动衫裤	100.9	100.9	101.0	102.3	99.1	110.2
内衣	95.9	94.8	101.7	102.8	103.7	98.3
羽绒衣	102.2	97.1	114.1	99.5	97.7	104.1
其它	96.9	93.4	104.1	99.4	97.6	102.8
女式服装	97.2	96.1	100.9	100.5	100.0	101.9
大衣	95.5	94.9	97.4	102.3	101.5	104.5
毛线衣	97.3	96.8	99.0	96.3	95.5	99.3
羽绒衣	96.0	92.5	110.5	99.5	98.4	103.7
套装	100.7	100.6	100.8	100.9	101.3	100.0
衬衫	98.2	97.7	99.5	102.9	102.1	105.1
T恤衫	99.5	99.2	100.0	99.9	99.6	100.6
裙子	100.0	99.6	101.3	100.6	100.9	99.7
裤子	94.5	92.5	101.4	99.4	99.1	100.4
运动衫裤	100.6	100.8	100.0	99.5	97.6	103.5
内衣	95.0	93.8	100.7	103.7	103.6	104.2
其它	100.6	100.3	101.7	99.0	97.8	102.0
儿童服装	99.6	98.6	101.1	98.9	96.4	102.8
上衣	99.9	98.9	101.2	97.4	95.7	99.9
裤子	100.4	99.1	102.2	101.8	97.0	109.0
裙子	98.2	97.2	99.8	97.4	95.9	99.9
其它	99.1	98.7	99.6	100.4	100.3	100.5

2011			2012			2013		
全区	城市	农村	全区	城市	农村	全区	城市	农村
100.7	100.4	106.4	100.6	100.5	102.6	101.1	101.2	100.0
99.9	100.0	99.8	99.8	100.0	99.7	100.0	99.9	100.0
99.0	99.9	98.8	103.3	105.6	102.8	102.7	102.0	102.8
106.9	107.5	106.0	110.2	108.3	113.3	102.0	101.1	103.4
110.8	111.4	109.4	114.2	111.4	121.1	101.3	100.8	102.4
101.2	101.1	101.5	100.9	99.6	102.9	103.0	102.4	103.9
103.6	101.3	105.5	108.5	106.5	110.1	103.7	101.3	105.5
100.8	101.1	100.6	105.2	100.1	108.0	98.5	99.9	97.8
101.1	**100.8**	**101.8**	**101.9**	**101.8**	**102.1**	**99.8**	**99.5**	**100.6**
101.1	101.2	100.7	101.8	101.8	101.8	99.4	99.1	100.2
101.1	101.4	100.4	102.6	102.9	101.5	98.7	98.5	99.2
97.4	98.6	94.6	103.4	106.3	96.3	96.8	96.7	96.8
96.5	95.9	97.9	100.4	101.5	97.8	97.6	96.9	99.4
97.3	94.5	101.8	101.5	102.0	100.8	100.2	99.3	101.5
100.8	101.6	98.2	102.1	101.6	103.5	98.1	97.9	99.1
96.5	94.5	101.8	102.4	102.1	103.3	100.9	100.8	101.3
101.3	101.5	100.9	102.6	102.9	101.5	100.7	100.7	100.7
97.5	97.7	97.0	102.3	102.8	100.5	96.9	96.8	97.3
102.5	100.7	106.8	99.7	99.2	100.9	96.5	96.0	97.6
113.8	116.3	102.0	108.7	109.0	107.0	101.0	100.9	101.8
108.7	108.5	109.4	100.2	97.0	108.2	96.2	97.1	94.1
102.6	104.2	99.6	101.2	101.3	101.2	98.5	97.1	101.2
101.7	102.0	100.9	101.3	101.2	101.6	99.3	99.2	99.7
99.7	99.8	99.2	100.9	100.3	102.7	100.4	101.0	98.5
96.8	96.4	98.2	103.1	102.6	105.0	100.8	101.2	99.2
105.8	107.9	97.6	101.5	100.1	107.5	96.0	95.6	97.9
100.0	100.4	98.9	100.5	101.0	99.3	100.2	100.1	100.6
103.9	103.3	105.6	100.6	101.8	97.4	100.0	99.0	102.8
102.2	101.8	102.8	99.2	99.6	98.5	96.8	96.5	97.6
103.7	104.0	102.8	101.6	102.7	98.4	98.0	98.1	97.8
97.1	95.7	101.7	98.9	97.1	104.2	100.6	100.1	102.0
101.1	100.1	103.2	100.0	98.9	102.5	98.2	97.4	99.9
108.6	110.6	99.9	104.3	105.0	101.1	99.7	99.8	99.5
99.5	99.5	99.8	100.2	99.8	101.2	100.7	100.3	101.9
98.8	97.6	100.7	101.5	100.7	102.7	101.3	100.1	102.9
97.8	96.9	99.1	100.8	101.6	99.7	101.1	100.9	101.2
99.9	98.7	101.7	102.7	100.1	106.3	102.2	99.5	105.8
97.9	95.4	102.0	100.1	98.5	102.6	99.8	98.8	101.3
105.4	106.1	104.1	106.0	106.1	105.9	103.7	102.8	105.5

3-9 续表3

指　　标	2009			2010		
	全区	城市	农村	全区	城市	农村
衣着材料	100.7	100.8	100.6	102.7	103.2	102.2
棉布	100.9	101.2	100.4	103.8	104.8	102.8
棉花化纤混纺布	100.6	100.7	100.5	102.3	103.2	101.6
化纤布	99.9	100.3	99.5	101.1	101.2	101.0
毛线	101.6	100.9	102.4	103.7	103.9	103.6
鞋袜帽	100.5	100.0	101.5	98.4	97.2	101.4
鞋	100.5	100.0	101.9	98.0	96.5	101.9
男鞋	99.1	98.3	101.6	99.7	99.3	100.7
女鞋	101.3	101.0	102.2	95.8	94.0	101.4
童鞋	101.0	100.4	102.0	100.1	98.0	103.9
袜子	100.0	99.9	100.2	100.3	100.5	99.9
男袜	99.8	99.6	100.4	100.2	100.3	100.0
女袜	100.1	100.1	100.0	100.4	100.6	99.8
帽子	100.8	101.4	99.7	99.9	100.0	99.8
男帽	100.8	101.5	99.6	99.8	99.9	99.8
女帽	100.7	101.4	99.9	100.0	100.1	99.8
衣着加工服务	109.1	108.0	111.0	102.4	105.1	99.4
缝纫	109.4	115.8	101.2	103.5	105.5	101.6
清洗	108.8	100.8	126.6	101.3	104.7	96.9
家庭设备用品及维修服务	**101.9**	**101.7**	**102.2**	**101.2**	**100.9**	**101.9**
耐用消费品	100.4	100.4	100.4	100.0	99.6	100.6
家具	101.7	102.1	101.0	101.3	101.0	101.9
柜	101.3	102.7	100.1	101.9	101.3	102.5
床	103.3	104.9	100.2	100.1	99.3	101.5
桌	99.8	99.9	100.0	99.5	99.2	100.6
椅	100.5	100.2	101.4	104.7	105.2	103.1
沙发	102.6	102.4	103.2	100.6	100.7	100.6
其它	99.9	98.4	100.4	102.5	100.1	103.4
家庭设备	99.6	99.3	100.1	99.1	98.7	99.8
洗衣机	99.6	98.9	100.3	99.5	98.8	100.6
电风扇	100.0	95.3	101.0	100.2	97.4	100.8
电冰箱(柜)	99.6	99.7	99.2	99.0	99.3	98.4
抽排油烟机	102.6	103.1	101.7	98.5	98.0	99.4
空调器	99.1	99.3	98.5	97.9	97.6	99.3
热水器	97.7	96.6	100.4	99.5	98.9	101.1
微波炉	100.0	99.7	100.1	98.9	98.9	99.0
其他	99.1	99.3	99.0	100.1	100.2	100.0
室内装饰品	100.0	99.8	100.2	100.3	100.5	99.8
纺织装饰品	99.7	99.6	100.0	100.1	100.4	99.5
装饰灯具	99.7	99.6	100.0	99.7	99.6	100.0
其它	100.7	100.6	100.6	101.1	101.6	100.0
床上用品	100.1	100.0	100.0	101.1	101.7	99.8
毛毯	100.4	100.8	100.1	100.0	97.7	101.9

2011			2012			2013		
全区	城市	农村	全区	城市	农村	全区	城市	农村
106.7	108.1	105.4	106.5	107.2	105.8	101.6	100.9	102.3
116.5	119.8	113.8	111.2	111.0	111.4	102.2	99.9	104.2
103.8	104.8	102.9	106.2	107.1	105.4	101.7	101.2	102.1
102.7	103.2	102.1	104.8	106.7	102.5	100.4	101.8	98.8
100.0	98.8	102.9	101.2	101.2	101.2	100.2	100.1	100.5
99.6	98.1	103.4	100.9	101.3	100.2	100.2	100.1	100.6
99.6	98.4	102.7	102.4	102.3	102.8	99.9	99.6	100.7
97.6	96.1	102.1	99.6	100.8	96.3	100.3	100.6	99.8
103.7	102.4	106.0	101.6	100.7	103.1	100.4	99.7	101.5
101.9	102.0	101.7	102.7	101.2	105.5	100.3	100.2	100.3
101.7	102.3	100.6	100.8	99.8	102.6	98.8	98.9	98.4
102.0	101.8	102.4	104.0	102.1	107.2	101.2	101.1	101.4
101.9	102.9	99.3	100.2	100.1	100.2	99.6	99.3	100.4
102.0	102.8	100.0	100.2	100.1	100.5	99.2	98.7	100.4
101.8	103.0	98.6	100.1	100.2	100.0	99.9	99.7	100.4
107.8	107.9	107.8	109.4	108.1	110.7	106.2	105.3	107.2
107.6	107.7	107.6	108.2	109.7	107.2	106.1	105.6	106.5
113.4	113.8	113.0	113.1	111.5	115.2	106.5	106.5	106.6
102.4	**102.1**	**102.9**	**101.9**	**100.9**	**103.9**	**101.3**	**100.9**	**102.1**
99.8	98.9	101.4	100.4	100.1	101.1	99.6	99.2	100.4
100.3	99.6	101.3	102.0	102.2	101.6	101.5	100.9	102.5
100.9	100.3	101.4	105.2	107.1	103.3	101.9	102.4	101.3
100.9	100.3	101.8	101.7	100.9	102.7	99.8	97.1	103.4
101.2	101.7	100.0	101.6	102.3	99.6	102.3	101.6	104.0
102.0	102.1	101.6	99.9	100.7	97.7	99.5	99.0	101.1
98.0	96.3	101.6	101.6	101.8	101.3	102.4	103.4	100.5
101.2	102.5	100.7	102.0	101.9	102.0	105.2	100.6	106.8
99.6	98.5	101.4	99.5	98.8	100.7	98.5	98.1	99.0
98.4	96.9	100.3	98.9	97.8	100.3	97.7	97.2	98.2
100.1	98.7	100.3	97.0	99.8	96.4	96.7	97.4	96.6
100.4	99.8	101.8	100.1	98.8	102.9	99.2	98.1	101.5
100.5	98.2	104.1	99.7	98.5	101.5	97.3	96.4	98.5
100.9	100.0	104.6	99.3	99.1	100.4	99.2	99.6	97.6
98.0	97.1	100.2	100.0	100.0	100.2	98.4	98.8	97.7
99.9	98.3	101.9	98.4	97.1	99.8	99.0	98.6	99.6
99.4	99.0	99.9	100.2	99.7	100.8	99.5	99.3	99.8
102.2	102.3	101.9	100.4	99.6	101.9	100.2	100.6	99.6
102.1	102.2	101.7	99.5	98.6	101.6	100.0	100.0	100.1
102.3	101.8	103.1	102.4	101.2	104.3	99.5	99.2	100.0
102.2	102.9	101.1	100.2	100.4	99.8	101.4	103.1	98.3
103.7	105.1	101.2	98.7	97.1	101.7	100.8	101.2	100.1

3-9 续表 4

指标	2009			2010		
	全区	城市	农村	全区	城市	农村
被子	99.7	99.6	99.9	103.0	104.6	99.4
床上套件	100.1	100.1	100.0	99.7	100.1	98.7
其它	100.1	100.3	100.0	101.2	101.9	100.0
家庭日用杂品	101.5	101.3	102.2	100.5	100.5	100.7
茶具	100.9	101.1	100.5	102.6	103.4	101.1
餐具	101.1	102.5	97.0	101.1	100.8	101.9
厨具	100.6	100.9	100.0	100.6	100.3	101.3
家用手工工具	102.8	103.0	102.7	100.4	101.2	100.0
洗涤用品	105.8	105.1	108.4	100.7	100.6	100.8
其它	99.1	98.9	100.8	99.5	99.7	98.6
家庭服务及加工维修服务	113.5	111.6	118.1	110.2	107.4	116.9
家庭服务	118.7	118.7	111.5	110.8	109.3	114.7
加工维修服务费	110.0	103.4	126.5	109.6	105.0	119.0
医疗保健和个人用品	**101.9**	**101.9**	**102.0**	**102.0**	**102.0**	**101.9**
医疗保健	102.2	102.2	102.2	101.7	101.8	101.3
医疗器具及用品	100.3	99.1	101.6	103.2	103.1	103.3
医疗器具及用品	100.3	99.1	101.6	103.2	103.1	103.3
中药材及中成药	104.1	105.3	101.8	107.2	107.7	106.2
中药材	106.1	107.0	103.9	114.3	114.2	114.6
中成药	101.9	103.1	100.0	99.7	99.8	99.5
西药	102.7	102.4	103.2	100.4	100.7	99.8
抗微生物药	106.6	107.0	106.3	100.4	99.2	101.7
消化系统用药	101.3	101.3	100.8	98.2	98.0	98.7
呼吸系统用药	104.7	103.2	106.5	100.5	100.3	100.6
解热镇痛类用药	101.2	101.3	101.2	102.4	104.1	94.8
抗肿瘤用药	100.8	100.2	102.8	101.8	101.4	102.9
激素类用药	103.5	103.2	104.0	102.0	103.3	100.3
循环系统用药	100.0	101.3	98.0	98.7	98.5	99.4
神经系统用药	100.7	100.0	101.7	98.5	101.1	94.6
消毒防腐及创伤外科用药	102.1	100.8	102.8	100.4	100.4	100.4
其它	101.3	102.2	94.5	99.8	98.9	103.9
保健器具及用品	103.6	104.8	99.9	100.4	100.4	100.6
保健器具	99.6	99.4	100.0	99.4	99.3	99.5
滋补保健用品	105.0	106.2	99.9	100.8	100.7	101.3
医疗保健服务	100.4	100.0	101.4	100.1	100.1	100.2
挂号费	100.3	100.0	101.2	100.3	100.0	101.0
注射费	102.0	100.0	106.0	100.4	100.0	101.0
检查费	99.9	99.8	100.4	100.4	100.0	101.6
手术费	100.1	100.0	100.2	100.3	100.4	100.0
床位费	100.2	99.8	101.0	99.6	99.8	99.0
理疗费	101.2	100.8	101.8	99.8	100.0	99.4
化验费	100.3	100.3	100.2	100.4	100.6	100.0
其它	100.9	101.4	100.2	100.2	100.0	100.5
个人用品及服务	101.5	101.3	101.8	102.5	102.3	103.0
化妆美容用品	104.8	108.1	99.9	100.1	100.0	100.2
化妆美容器具	103.3	104.3	100.0	100.7	100.9	100.4

2011			2012			2013		
全区	城市	农村	全区	城市	农村	全区	城市	农村
101.4	101.4	101.4	98.4	96.8	101.8	99.3	99.0	99.8
100.2	99.6	101.3	99.2	98.3	101.2	100.4	100.7	99.8
110.6	118.5	100.9	98.4	95.8	102.0	102.7	104.3	100.5
102.4	102.6	101.9	101.2	99.8	104.7	101.0	100.6	102.0
99.2	98.2	101.0	100.0	100.1	100.0	101.1	100.9	101.4
100.4	99.6	102.2	100.9	101.2	100.1	99.3	99.1	99.8
101.5	102.4	99.8	103.0	101.3	106.1	101.3	100.9	101.9
100.7	103.6	99.4	100.8	103.0	99.8	101.3	101.3	101.3
107.2	109.0	103.0	104.8	104.8	104.9	102.1	102.2	102.0
101.3	100.8	105.3	98.3	95.7	114.8	100.6	99.9	104.6
114.8	113.2	118.1	114.4	111.3	120.7	109.8	108.0	113.1
120.5	119.0	124.5	119.7	114.5	132.1	108.6	107.7	110.4
108.7	106.6	112.6	108.2	107.2	110.0	111.4	108.5	116.2
104.3	**103.6**	**105.7**	**102.9**	**102.5**	**103.8**	**101.4**	**101.2**	**101.7**
102.7	102.5	103.4	102.6	102.4	103.4	101.5	101.5	101.6
99.5	100.6	97.9	102.1	102.7	101.2	99.6	100.8	97.8
99.5	100.6	97.9	102.1	102.7	101.2	99.6	100.8	97.8
111.4	110.5	113.9	107.3	105.6	112.6	102.7	102.9	102.2
119.8	118.2	125.9	110.6	107.7	121.4	103.5	103.7	103.0
102.3	101.5	104.4	103.1	102.7	104.2	101.6	101.7	101.2
101.0	101.1	100.5	101.9	102.5	100.1	101.3	101.0	102.1
99.6	98.0	103.0	99.0	100.3	96.5	99.3	98.6	100.6
102.6	103.1	101.0	100.6	101.9	96.3	104.6	103.6	107.8
101.3	100.6	102.8	104.9	104.1	106.9	104.2	105.9	100.3
103.0	103.6	98.5	104.6	105.1	100.1	99.1	98.6	103.0
100.5	101.1	97.7	99.2	99.6	97.1	97.9	97.4	100.5
99.0	99.5	97.8	101.9	102.4	100.7	101.2	103.4	96.2
101.3	107.5	97.8	99.7	101.9	98.3	102.2	102.2	102.3
96.7	97.0	95.9	101.9	101.5	102.7	105.7	102.3	114.3
101.4	100.5	101.7	108.0	101.6	110.4	98.5	101.8	97.4
98.6	98.5	99.9	100.6	100.6	100.3	100.8	100.9	99.3
100.5	100.8	99.6	102.1	103.0	99.1	106.2	107.4	102.0
100.1	100.2	100.1	101.0	101.1	100.8	101.1	100.1	103.1
100.7	101.0	99.3	102.5	103.5	97.9	108.0	109.4	101.2
100.3	100.1	100.9	100.4	100.1	101.8	99.9	99.9	100.3
101.1	100.0	107.3	100.7	100.0	104.2	99.6	99.2	101.3
99.3	99.3	99.3	100.5	99.9	102.8	100.0	100.0	100.0
100.9	100.7	102.2	100.1	100.0	100.6	100.0	100.0	100.0
100.0	100.0	100.0	100.4	100.4	100.1	100.0	100.0	100.0
100.0	100.2	99.0	100.2	100.0	100.9	99.9	99.9	100.1
100.0	100.0	100.0	100.5	100.0	102.1	100.0	100.0	100.2
100.6	100.5	100.7	101.4	100.4	104.7	100.1	99.9	100.8
100.1	100.0	100.3	100.6	100.0	102.3	100.1	100.0	100.3
106.3	105.6	106.9	103.3	102.7	104.0	101.3	100.8	101.7
101.0	101.4	100.7	102.0	102.4	101.5	102.5	104.2	101.1
102.5	105.3	99.4	101.5	100.5	102.7	101.1	101.5	100.5

3-9 续表 5

指　　标	2009			2010		
	全区	城市	农村	全区	城市	农村
美容化妆品	110.4	114.1	101.6	100.0	100.1	99.9
护肤品	98.5	99.6	97.8	99.6	98.3	100.6
护发美容品	100.7	99.8	102.0	100.9	101.3	100.3
清洁化妆用品	102.0	101.3	104.2	101.2	101.3	101.1
洗发用品	101.5	100.3	103.6	101.6	101.8	101.1
洗浴用品	102.2	102.1	103.4	101.0	101.0	101.0
其它	102.9	101.7	107.8	101.0	100.9	101.2
个人饰品	97.1	95.6	99.9	105.8	104.7	108.3
首饰	95.6	93.2	99.8	114.4	113.8	116.2
皮件	98.6	97.4	101.0	96.0	93.0	102.6
手表	100.7	100.8	100.5	100.6	100.8	100.2
领带	98.6	98.0	100.7	98.9	97.8	103.5
其它	100.2	99.8	100.6	98.8	96.0	102.3
个人服务	103.2	102.3	104.2	103.3	103.5	103.0
美容	100.5	100.2	100.9	100.9	100.3	102.0
理(烫)发	106.2	106.5	106.2	105.6	107.2	104.1
洗浴	100.9	100.3	102.3	104.4	105.5	101.7
其它	100.8	100.1	102.1	100.7	100.5	100.9
交通和通信	**99.0**	**98.6**	**99.8**	**100.0**	**99.7**	**100.5**
交通	99.6	99.4	99.7	101.7	101.1	102.9
交通工具	99.1	98.3	99.6	99.4	98.8	100.1
助动自行车	98.9	98.0	98.9	101.3	98.5	102.1
轿车	97.2	97.0	97.8	98.6	98.7	98.6
自行车	100.1	99.9	100.2	98.8	98.5	98.9
其它	100.4	99.5	103.0	99.9	99.8	100.1
车用燃料及零配件	93.7	91.2	95.9	112.9	113.2	112.5
汽油	90.6	89.4	92.1	115.2	115.6	114.7
柴油	90.5	88.2	91.8	115.9	117.4	114.6
零配件	104.0	101.9	106.1	107.1	101.2	110.9
其它	99.5	99.4	99.6	100.4	101.8	100.1
车辆使用及维修	101.4	100.9	102.0	101.2	101.6	100.8
驾驶证	100.7	100.7	101.0	100.0	99.8	100.2
保险费	99.7	100.2	99.3	99.8	100.4	99.6
停车费	104.6	100.0	118.8	102.6	100.4	108.2
车辆修理服务	100.8	100.2	101.6	101.8	102.7	100.5
其它	110.4	118.0	106.5	102.5	102.1	102.7
市区公共交通	100.2	100.3	100.1	100.4	100.4	100.7
公共汽车票	100.4	100.4	100.1	100.7	100.6	101.4
出租汽车	100.0	100.0	100.0	100.0	100.0	100.0
其它	100.0	100.0	100.0	100.0	100.0	100.0
城市间交通	101.1	100.9	101.7	100.8	100.4	102.1
飞机票	98.8	98.8	99.1	101.6	101.6	101.2
火车票	101.3	101.2	101.8	100.5	100.3	101.2
长途汽车	101.4	101.2	102.1	100.7	99.8	102.9

2011			2012			2013		
全区	城市	农村	全区	城市	农村	全区	城市	农村
100.1	100.5	99.6	101.8	103.6	99.7	103.8	106.7	100.3
102.4	102.6	102.3	102.2	100.6	103.0	100.9	100.8	101.0
100.5	100.5	100.5	102.1	102.2	102.1	102.6	101.9	103.1
102.4	102.2	102.7	104.1	102.4	106.5	102.5	101.6	103.8
101.8	101.2	102.4	106.2	103.7	108.7	103.8	102.5	105.0
104.1	103.4	105.8	102.8	101.6	105.7	101.7	101.2	103.0
100.9	101.6	100.0	101.0	101.2	100.9	100.4	100.1	100.8
110.3	110.9	109.5	101.7	102.2	101.0	95.8	95.9	95.7
120.0	119.4	120.6	103.6	104.7	102.2	92.1	92.0	92.2
102.3	103.9	100.6	98.7	98.7	98.8	99.3	99.2	99.4
102.6	105.0	100.3	100.0	100.2	99.9	99.7	99.3	100.1
99.4	99.0	100.3	99.6	99.8	99.1	102.0	102.4	100.9
103.3	106.1	101.7	102.8	101.6	103.5	97.4	102.0	94.7
114.0	109.2	117.9	106.5	104.2	108.1	105.1	103.1	106.6
104.7	105.1	104.3	104.4	104.1	104.6	103.3	101.9	104.9
125.0	115.4	129.9	108.3	102.7	110.9	107.3	105.2	108.1
107.1	111.6	101.6	104.8	107.2	101.6	101.9	101.0	103.1
104.1	100.5	108.8	106.4	105.9	107.0	104.2	104.7	103.6
100.5	**99.9**	**101.5**	**99.5**	**99.0**	**100.4**	**100.1**	**100.0**	**100.3**
103.0	102.3	104.3	102.3	101.3	104.0	101.3	100.8	102.0
101.0	100.0	102.0	100.7	98.8	102.7	99.8	100.2	99.4
100.4	100.0	101.2	98.8	98.0	100.2	100.3	99.4	101.6
98.6	98.8	98.4	97.9	97.9	97.8	98.7	98.3	98.9
101.3	100.5	102.9	99.7	99.2	100.8	101.3	101.6	100.6
103.1	100.3	104.6	105.1	99.6	107.9	99.0	99.6	98.7
111.1	112.1	110.3	102.9	103.1	102.8	99.5	99.5	99.6
114.1	113.6	114.9	102.8	102.8	102.8	99.0	98.9	99.3
114.0	114.0	114.1	103.5	103.7	103.4	98.8	98.7	98.9
102.7	104.9	101.7	102.9	103.4	102.6	101.5	103.2	100.7
103.5	102.3	103.9	100.4	100.4	100.4	100.2	100.1	100.2
107.2	107.9	106.7	106.5	105.1	107.5	106.4	101.2	110.0
102.1	99.8	102.8	99.4	100.3	99.2	100.0	100.2	100.0
105.7	106.8	103.3	106.8	107.7	104.5	103.9	100.3	112.8
104.4	108.5	100.0	102.8	104.6	100.6	100.8	99.5	102.4
118.2	113.0	120.7	118.6	107.1	123.5	119.6	107.4	124.2
100.3	100.0	101.2	100.6	100.3	101.4	103.2	104.0	100.4
100.1	100.0	100.5	100.8	100.5	102.4	100.7	100.7	100.8
100.0	100.0	100.0	100.0	100.0	100.0	108.3	110.6	100.0
104.2	100.0	105.2	101.4	100.3	101.7	100.2	101.0	100.0
103.3	103.0	104.0	103.9	102.6	107.2	99.6	97.6	104.4
107.5	106.2	112.1	102.6	102.8	101.7	84.9	80.4	100.2
103.9	104.6	101.9	102.7	103.1	101.3	99.8	99.8	99.6
101.7	100.5	104.2	105.0	101.8	111.7	102.5	100.2	106.9

3-9 续表 6

指　标	2009			2010		
	全区	城市	农村	全区	城市	农村
其它	101.2	100.5	101.9	103.3	104.7	102.0
通信	98.4	97.9	99.8	98.4	98.5	98.0
通信工具	89.3	86.3	95.1	91.8	90.3	94.1
固定电话机	99.9	99.1	100.0	99.4	98.8	99.5
移动电话机	86.9	85.6	91.7	90.2	89.7	91.3
其它	96.1	92.6	97.3	97.2	97.8	95.6
通信服务	100.4	100.0	101.4	99.8	100.0	99.4
移动通信费	99.9	100.0	99.4	99.5	100.0	97.5
市内电话通话费	100.7	100.0	103.0	100.1	100.0	100.3
长途电话通话费	100.0	100.0	100.0	100.0	100.0	100.0
月租费	100.0	100.0	100.2	100.0	100.0	100.1
上网费	102.7	100.0	109.3	99.8	100.0	99.3
邮政邮寄	100.0	100.0	100.0	100.0	100.0	100.0
其他邮寄	99.8	100.5	99.3	99.6	100.0	99.3
其它	100.8	100.0	101.5	100.1	100.0	100.1
娱乐教育文化用品及服务	**99.9**	**99.5**	**101.0**	**101.2**	**101.4**	**100.7**
文娱用耐用消费品及服务	93.8	92.5	98.0	97.5	96.4	100.1
电视机	90.0	87.8	96.1	96.0	93.6	100.7
激光视盘机	99.9	99.3	100.9	100.4	100.2	100.6
摄像机	95.7	94.3	100.0	98.4	97.9	99.5
照相机	95.1	93.4	100.0	96.2	94.5	100.0
家用音响	99.3	99.0	100.0	99.9	99.9	99.8
便携式音响	96.2	93.0	98.7	99.4	98.7	100.0
电脑	91.9	91.5	96.4	97.2	97.0	98.3
修理服务费	100.2	100.3	100.0	100.4	100.3	100.4
其它	98.8	98.6	100.0	98.6	98.4	99.3
教育	101.8	102.2	100.9	101.9	102.3	101.0
教材及参考书	102.9	103.3	102.0	103.0	104.7	100.7
工具书	100.7	101.1	100.0	100.4	101.0	99.9
教材	103.9	104.4	103.2	104.4	107.1	101.3
参考书	102.6	103.0	100.2	102.8	104.0	100.1
教育软件	100.3	100.8	100.0	100.3	100.8	100.0
教育服务	101.7	102.0	100.8	101.7	101.9	101.0
学前教育	104.7	105.6	102.4	104.9	105.0	104.6
中等教育	99.5	100.0	98.9	100.0	100.0	100.0
高等教育	101.7	101.3	102.7	100.4	100.5	100.0
专业技能培训	100.3	100.3	100.0	100.4	100.4	100.4
其他	104.8	106.7	100.5	103.9	107.3	100.5
文化娱乐	101.3	101.0	102.1	100.9	100.8	101.0
文化娱乐用品	99.7	99.4	100.6	100.4	99.7	102.0
乐器	99.9	99.8	100.0	99.9	99.9	100.0
音响光盘和磁带	99.9	99.9	100.0	99.9	99.9	100.0
电子存储器	96.8	95.8	100.0	95.0	93.4	100.0
录像磁带和视盘	99.6	99.4	100.0	100.6	100.8	100.0

2011			2012			2013		
全区	城市	农村	全区	城市	农村	全区	城市	农村
103.1	103.5	102.9	106.6	106.9	106.4	110.7	110.4	110.9
98.1	97.8	98.5	96.7	96.9	96.4	98.9	99.1	98.3
90.2	88.7	92.3	81.3	81.4	81.1	92.7	92.6	92.8
98.7	97.9	98.9	89.8	90.4	89.6	99.8	99.8	99.8
88.6	88.0	89.7	79.4	80.4	77.7	91.2	92.1	89.5
100.6	99.6	101.9	92.8	97.4	85.9	97.4	96.8	98.5
100.0	99.7	100.7	100.2	99.8	101.2	100.0	100.1	99.7
99.2	99.0	100.0	99.6	99.5	100.0	100.0	100.0	100.0
100.0	99.9	100.0	99.4	99.4	99.2	99.6	100.0	98.5
100.0	100.0	100.0	99.5	100.0	98.7	99.1	100.0	97.3
100.1	100.0	100.5	100.1	100.0	100.8	100.0	100.0	100.0
101.2	100.7	102.0	101.5	100.6	103.2	101.8	102.0	101.2
100.6	100.0	101.4	100.3	100.2	100.4	100.0	100.1	100.0
103.5	100.0	105.1	107.0	100.0	109.9	101.7	99.8	102.4
100.0	100.0	100.0	102.8	100.0	103.4	100.7	100.0	100.9
101.1	**100.1**	**103.1**	**100.1**	**99.5**	**101.2**	**101.1**	**100.7**	**101.9**
95.2	93.4	98.8	92.9	92.5	93.7	97.2	96.6	98.3
92.4	89.3	97.5	88.9	88.9	89.0	94.6	92.7	97.4
99.6	99.8	99.3	95.3	94.9	95.7	98.2	97.7	98.8
99.2	98.6	99.9	93.6	94.5	92.7	97.1	97.7	96.5
95.4	93.5	99.2	90.7	90.3	91.3	96.5	95.5	98.4
101.1	102.5	100.0	100.3	100.9	99.8	99.0	97.9	99.8
100.2	100.5	100.0	96.3	94.3	97.7	97.5	100.3	95.5
92.6	91.2	99.2	92.7	91.6	97.5	98.2	97.8	99.9
105.4	107.9	100.9	102.1	102.9	100.7	103.3	103.2	103.3
96.5	96.0	99.9	99.7	99.7	100.0	100.3	100.4	99.8
102.8	101.9	104.5	102.3	101.4	104.2	101.4	100.9	102.3
102.4	102.9	101.6	103.5	102.6	104.7	101.2	101.0	101.5
100.9	100.8	101.0	104.5	101.5	106.7	100.3	100.3	100.3
103.3	104.4	102.0	104.5	104.6	104.5	102.0	101.4	102.7
102.2	102.4	102.0	102.5	101.4	104.9	100.9	101.0	100.7
100.5	100.6	100.4	99.8	99.5	100.0	100.0	99.9	100.0
102.9	101.8	105.2	102.2	101.2	104.1	101.4	100.8	102.5
108.7	106.5	109.4	103.0	102.6	103.1	101.6	100.3	101.9
100.0	100.1	99.9	100.1	100.1	100.2	100.0	100.0	100.1
100.3	100.4	100.0	99.9	100.1	99.5	100.1	100.2	100.0
101.1	101.5	100.1	102.4	102.7	101.7	102.7	103.1	101.7
116.3	114.1	118.3	111.0	105.2	116.0	105.2	101.3	108.1
100.6	99.7	102.8	101.2	100.9	101.8	103.7	104.3	102.3
100.1	99.1	102.5	99.0	98.3	100.7	100.0	99.6	100.9
100.3	100.4	100.1	99.3	99.0	100.8	100.2	100.2	100.2
99.9	99.9	99.9	104.1	107.0	99.2	101.0	101.8	99.5
94.2	92.9	99.2	88.3	86.2	95.5	95.4	94.6	98.0

3-9 续表 7

指标	2009			2010		
	全区	城市	农村	全区	城市	农村
儿童玩具	99.7	99.6	100.0	100.5	100.7	100.0
纸张本册	101.9	101.9	101.6	105.3	102.4	108.3
文具	99.9	99.0	102.5	100.8	99.8	102.9
体育用品	100.1	100.1	100.0	100.2	100.0	100.7
其它	99.9	99.9	100.0	100.4	100.7	100.0
书报杂志	103.8	102.9	105.7	101.0	101.2	100.6
书籍	100.0	100.0	100.0	100.1	100.2	99.9
报纸	103.4	101.2	107.8	101.3	101.1	101.7
杂志	110.9	112.3	108.8	102.3	103.6	100.2
文娱费	101.2	101.2	101.2	101.3	101.6	100.3
电影票	102.6	104.4	100.0	102.8	103.7	100.0
景点门票	100.9	100.8	101.0	103.7	104.0	102.0
有线电视	100.7	100.0	102.1	99.8	99.6	100.2
健身活动	100.4	100.4	100.0	100.4	100.4	100.0
其它	100.0	100.0	100.0	100.6	101.3	100.0
旅游	98.6	96.4	104.2	105.2	107.5	100.2
旅行社收费	96.8	96.1	99.7	104.0	105.2	100.6
宾馆住宿	99.7	96.8	109.5	107.7	110.2	100.9
其它住宿	98.4	95.9	100.0	100.2	101.6	98.9
居住	**99.9**	**98.3**	**103.1**	**102.7**	**101.7**	**104.7**
建房及装修材料	103.6	101.6	107.5	103.5	101.3	108.1
木材	105.9	103.2	110.0	104.4	101.8	109.3
木地板	102.4	104.7	100.4	98.9	97.0	102.1
砖	111.7	104.5	122.0	112.6	105.9	121.0
水泥	105.0	107.5	102.9	103.9	103.9	103.8
涂料	101.5	101.8	102.2	100.7	98.2	104.6
板材	102.8	103.0	101.5	102.9	102.8	103.9
玻璃	100.5	99.9	101.8	105.3	104.3	106.9
粘胶	103.9	104.1	103.7	97.9	96.0	103.6
厨卫设备	101.7	100.7	103.4	102.2	102.2	102.2
其它	94.0	92.7	99.5	98.2	98.0	99.4
住房租金	101.4	100.4	104.0	103.3	102.3	105.1
公房房租	100.2	100.0	100.7	101.1	100.0	104.5
私房房租	100.9	100.6	103.4	104.6	104.0	105.8
其它费用	105.1	100.9	100.1	103.1	101.4	104.8
自有住房	95.0	93.1	107.7	101.6	101.8	101.5
住房估算租金	80.2	79.8	114.5	100.8	100.8	100.8
物业管理费用	100.9	100.7	104.9	101.9	102.2	101.4
维护修理费用	100.1	100.2	102.1	103.0	102.9	103.3
其它	101.9	100.2	104.9	100.9	101.0	101.4
水、电、燃料	98.6	97.8	103.2	102.5	101.9	103.7
水	102.1	100.1	100.5	100.7	101.0	100.3
电	100.2	100.0	103.7	100.0	99.9	100.0
液化石油气	88.4	89.2	103.1	109.9	109.0	112.0
管道燃气	100.0	100.0	101.1	100.0	100.0	100.1
其它燃料	103.2	99.7	106.7	103.3	101.5	105.6

2011			2012			2013		
全区	城市	农村	全区	城市	农村	全区	城市	农村
100.0	100.0	100.0	100.1	100.1	100.2	100.7	100.8	100.4
103.8	101.6	106.2	101.4	100.9	102.0	102.5	101.8	103.2
103.9	101.3	108.9	103.7	103.7	103.9	101.8	101.7	102.1
102.0	101.5	103.0	100.9	100.2	102.3	99.8	98.5	102.1
100.3	100.5	100.0	100.1	99.4	101.0	98.9	98.4	99.4
102.2	101.1	104.5	100.5	99.9	101.8	104.6	106.3	101.3
99.8	101.1	96.6	99.1	99.4	98.4	100.3	100.3	100.0
106.4	100.8	117.1	102.0	100.0	105.4	111.2	117.3	101.9
101.0	101.6	99.9	100.9	100.8	101.2	102.7	102.9	102.4
100.1	99.4	101.8	103.6	103.9	103.0	106.6	107.3	104.7
97.8	95.1	105.5	110.8	111.8	108.4	102.0	100.6	105.6
100.7	99.5	105.9	105.6	105.9	104.3	114.8	116.5	107.8
100.0	100.0	100.0	99.4	98.0	101.6	108.3	110.6	105.0
100.6	100.7	99.9	101.1	101.3	99.9	101.1	101.5	98.6
106.6	108.4	101.6	115.9	120.9	101.2	102.5	103.3	99.8
105.6	105.7	105.4	101.1	101.4	100.6	102.8	101.6	105.1
107.9	108.6	106.2	99.8	100.6	98.1	107.3	109.7	101.5
106.0	105.5	107.2	99.2	100.7	96.0	99.8	97.9	104.1
102.4	102.0	102.6	107.1	105.5	108.3	104.9	100.8	108.2
105.4	**104.9**	**106.2**	**102.8**	**102.3**	**103.7**	**103.4**	**103.9**	**102.5**
104.8	104.1	106.6	97.5	96.7	99.2	99.1	99.1	99.1
105.6	105.4	106.3	99.5	99.7	98.7	97.3	95.9	101.9
101.3	99.7	104.4	99.5	99.6	99.4	99.5	98.8	100.9
108.3	107.5	109.4	96.5	93.5	100.6	97.6	100.6	93.7
107.5	101.9	114.3	89.9	85.0	95.0	96.3	96.4	96.2
104.1	101.6	108.3	98.5	96.3	102.1	99.9	100.4	99.3
101.7	101.2	104.0	99.5	99.5	99.6	101.0	100.6	102.5
110.6	114.0	104.0	91.1	85.3	103.6	104.9	106.5	102.1
107.7	109.4	102.3	102.7	104.1	98.1	94.3	92.3	101.6
102.3	104.0	99.8	101.4	103.1	98.9	101.5	102.9	99.3
101.8	102.2	99.8	96.9	96.4	99.8	101.2	100.4	105.6
102.9	102.7	104.1	102.7	102.8	102.6	103.3	103.6	102.1
100.1	100.0	100.8	100.1	100.0	100.5	100.0	100.0	100.1
103.7	103.0	106.6	103.9	103.9	103.9	105.8	106.4	103.8
105.8	107.9	101.4	103.8	104.9	101.4	101.0	101.5	100.0
106.6	106.3	107.1	104.2	103.6	105.2	104.8	105.5	103.6
107.3	107.1	108.0	104.3	104.1	104.9	105.0	105.9	102.1
101.2	101.2	101.2	103.7	108.0	101.7	102.7	102.6	102.7
113.9	115.3	113.8	111.9	109.3	112.1	108.8	108.5	108.9
103.3	103.3	103.3	100.1	99.4	100.9	102.4	104.4	100.4
103.7	103.9	103.4	102.2	103.0	101.3	101.6	102.6	100.7
100.5	100.5	100.4	102.3	100.0	103.9	100.0	100.1	99.9
100.0	100.1	100.0	100.0	100.0	100.0	100.0	100.0	100.0
113.2	117.9	108.3	107.7	111.5	103.4	105.6	109.6	100.8
99.9	99.9	99.8	99.8	100.0	99.6	100.0	100.0	100.0
109.2	103.8	113.1	102.8	105.0	101.3	103.1	102.8	103.4

3-10 分月居民消费价格指数（2013 年）

指　　标	全年平均	1 月	2 月	3 月	4 月
居民消费价格总指数	**103.9**	**104.6**	**104.5**	**104.1**	**104.3**
非食品价格指数	**101.4**	**102.3**	**101.7**	**101.7**	**101.4**
服务项目价格指数	**102.9**	**103.4**	**102.8**	**103.3**	**103.2**
扣除鲜菜鲜果总指数	**103.9**	**104.6**	**104.6**	**104.8**	**104.4**
消费品价格指数	**104.3**	**105.0**	**105.2**	**104.5**	**104.7**
食品	**108.5**	**108.4**	**109.4**	**108.4**	**109.4**
粮食	106.3	107.6	106.5	107.7	108.1
淀粉及制品	103.8	108.4	106.1	105.6	104.3
干豆类及豆制品	108.9	109.7	111.0	108.4	109.3
油脂	103.4	107.2	107.3	107.5	105.2
肉禽及其制品	114.9	112.0	117.1	119.2	118.2
食用畜肉及副产品	117.4	112.6	119.1	121.6	122.0
禽	105.1	110.9	110.8	111.1	103.0
加工肉畜	111.0	109.1	110.8	113.2	113.7
蛋	111.0	117.2	125.1	121.4	121.6
水产品	107.0	105.4	105.5	105.2	106.3
鱼	108.1	104.8	104.8	104.8	106.6
其他水产品	104.5	106.6	107.0	106.2	105.7
菜	105.8	113.6	111.1	97.3	106.2
调味品	100.8	102.0	101.6	100.7	99.6
糖	98.7	99.4	97.6	98.9	99.0
茶及饮料	103.9	106.8	106.9	106.6	105.3
茶叶	103.9	106.1	106.7	105.8	105.9
饮料	103.8	107.2	107.0	106.9	105.0
干鲜瓜果	102.9	94.2	96.1	99.0	100.4
糕点饼干面包	103.8	104.4	104.4	104.4	104.3
液体乳及乳制品	111.1	107.8	107.0	107.1	107.4
在外用膳食品	108.8	110.5	110.3	109.8	109.4
其他食品	104.2	107.3	105.8	106.0	105.7
烟酒	**101.7**	**104.9**	**103.9**	**103.5**	**102.6**
烟草	101.3	102.6	102.6	102.5	102.3
酒	102.0	107.1	105.2	104.3	102.8
衣着	**99.8**	**102.4**	**100.8**	**99.8**	**99.6**
服装	99.4	101.7	100.5	99.1	98.9
男式服装	98.7	101.3	99.8	98.6	97.8
女式服装	99.3	102.1	100.3	98.9	98.8
儿童服装	101.3	101.2	102.5	100.8	101.6
衣着材料	101.6	102.4	101.6	101.4	101.0
鞋袜帽	100.2	103.7	101.2	100.8	100.8
鞋	100.2	104.3	101.3	100.8	100.8
袜子	100.3	101.6	101.0	101.0	101.1
帽子	99.6	100.2	100.6	100.0	99.9
衣着加工服务费	106.2	110.8	108.6	107.3	106.8

（上年同月价格=100）

5 月	6 月	7 月	8 月	9 月	10 月	11 月	12 月
104.2	**104.1**	**104.1**	**103.9**	**103.6**	**103.5**	**103.4**	**102.9**
101.5	**101.5**	**101.3**	**101.2**	**100.9**	**101.0**	**100.9**	**101.0**
103.5	**103.4**	**102.9**	**102.6**	**102.4**	**102.7**	**102.6**	**102.5**
104.5	**104.1**	**103.8**	**103.6**	**103.4**	**103.3**	**103.2**	**103.0**
104.5	**104.4**	**104.6**	**104.4**	**104.1**	**103.8**	**103.8**	**103.1**
109.1	**108.9**	**109.1**	**108.7**	**108.4**	**107.9**	**107.7**	**106.2**
108.3	108.1	107.1	106.5	105.3	103.7	103.6	103.7
105.0	103.8	103.8	102.8	101.9	101.8	101.7	101.4
110.6	109.7	109.0	108.9	109.5	108.4	106.9	105.5
104.7	103.7	102.9	101.4	101.1	101.2	100.2	99.5
116.9	115.7	114.6	114.0	113.9	113.8	113.3	110.8
120.8	118.7	117.1	116.3	116.1	116.0	115.7	113.3
100.4	102.4	103.5	103.8	105.5	106.2	104.4	100.6
113.8	113.0	112.6	111.4	110.3	108.5	108.4	107.9
122.9	107.0	108.1	105.5	104.6	105.7	102.9	99.1
108.8	105.3	105.4	106.4	108.3	109.5	109.2	108.6
110.1	105.1	106.8	108.6	111.0	111.8	111.6	111.1
105.9	105.8	102.2	101.4	102.3	104.3	104.1	103.0
98.8	103.6	109.0	106.3	110.2	108.4	108.1	99.5
99.7	100.3	100.4	100.7	101.3	100.7	101.1	101.6
98.7	98.0	98.1	97.6	98.7	99.7	99.6	99.2
104.9	104.8	104.2	102.8	101.8	101.4	101.0	100.4
105.4	104.0	102.8	102.8	102.4	102.1	101.8	101.4
104.7	105.2	104.8	102.9	101.5	101.1	100.6	99.9
106.0	107.2	108.6	108.3	104.1	103.0	104.4	106.8
104.3	104.4	103.7	103.6	102.7	102.4	102.7	104.0
107.4	108.5	109.6	111.7	115.3	117.0	116.9	116.6
109.6	109.1	108.5	109.1	107.9	106.9	107.2	107.3
106.5	104.9	104.7	105.1	102.7	101.2	100.5	101.2
102.3	**101.4**	**100.8**	**100.5**	**100.2**	**100.2**	**100.1**	**100.2**
101.8	101.4	101.0	100.5	100.5	100.5	100.0	100.0
102.7	101.4	100.7	100.4	99.9	99.9	100.2	100.3
99.3	**99.3**	**100.0**	**99.7**	**99.0**	**99.0**	**99.2**	**99.5**
98.7	98.8	99.4	99.1	98.8	98.7	99.3	99.6
98.1	97.7	98.1	97.7	98.5	98.0	99.0	99.6
98.4	98.8	99.7	99.2	98.8	98.6	99.0	99.2
101.3	101.4	101.6	101.9	99.8	100.8	101.2	101.2
101.2	101.2	102.2	102.3	102.0	101.3	101.7	101.5
99.9	99.9	100.7	100.5	98.7	99.0	98.6	98.6
99.8	99.9	101.0	100.6	98.4	98.9	98.4	98.5
100.9	100.2	99.9	100.0	99.6	99.5	99.2	99.3
99.7	99.3	99.8	100.1	99.0	98.7	98.8	98.8
106.8	107.0	105.9	105.8	105.3	104.6	103.1	103.5

3-10 续表

指　　标	全年平均	1　月	2　月	3　月	4　月
家庭设备用品及维修服务	**101.3**	**101.8**	**101.3**	**101.7**	**101.1**
耐用消费品	99.6	100.2	100.1	100.1	98.9
家具	101.5	103.1	103.0	103.1	101.2
家庭设备	98.5	98.5	98.3	98.2	97.6
室内装饰品	100.2	100.6	100.5	100.3	100.6
床上用品	100.8	99.4	99.6	101.5	101.5
家庭日用杂品	101.0	101.4	100.8	101.1	101.2
家庭服务及加工维修服务	109.8	111.8	109.9	111.2	109.1
医疗保健和个人用品	**101.4**	**102.3**	**101.8**	**101.7**	**101.3**
医疗保健	101.5	101.3	101.0	100.7	100.6
医疗器具及用品	99.6	100.9	99.7	99.4	98.9
中药材及中成药	102.7	102.2	100.4	99.8	99.3
西药	101.3	100.8	101.0	100.9	100.8
保健器具及用品	106.2	106.4	106.7	106.1	106.0
医疗保健服务	99.9	100.1	100.1	100.0	100.0
个人用品及服务	101.3	103.4	102.6	102.7	102.0
化妆美容用品	102.5	104.4	103.6	103.4	102.9
清洁化妆用品	102.5	104.7	104.8	104.4	103.4
个人饰品	95.8	100.6	98.9	98.5	97.4
个人服务	105.1	104.4	103.8	105.4	105.1
交通和通信	**100.1**	**100.5**	**100.4**	**99.9**	**99.4**
交通	101.3	102.0	101.5	100.9	100.0
交通工具	99.8	100.6	100.4	100.2	100.1
车用燃料及零配件	99.5	103.3	101.6	100.3	95.2
车辆使用及维修费	106.4	108.9	109.7	109.1	108.2
市区公共交通费	103.2	100.8	100.8	100.6	100.6
城市间交通费	99.6	101.7	100.9	99.7	99.4
通信	98.9	99.0	99.1	98.9	98.7
通信工具	92.7	92.3	92.7	92.2	92.2
通信服务	100.0	100.3	100.4	100.1	99.9
娱乐教育文化用品及服务	**101.1**	**102.0**	**101.5**	**101.7**	**101.8**
文娱用耐用消费品及服务	97.2	97.2	97.1	97.7	97.4
教育	101.4	102.1	101.5	101.6	101.8
教材及参考书	101.2	102.0	101.5	101.6	101.5
教育服务	101.4	102.1	101.5	101.6	101.8
文化娱乐	103.7	103.3	103.3	103.3	103.5
文化娱乐用品	100.0	99.7	99.8	99.8	100.2
书报杂志	104.6	104.0	104.7	104.9	104.9
文娱费	106.6	106.2	105.7	105.7	105.6
旅游	102.8	107.7	106.1	106.9	106.8
居住	**103.4**	**103.5**	**102.8**	**103.9**	**103.7**
建房及装修材料	99.1	99.7	99.5	99.9	99.7
住房租金	103.3	103.1	102.0	103.3	102.7
自有住房	104.8	105.0	104.3	105.6	105.6
水、电、燃料	101.6	100.8	100.5	100.8	100.2

（上年同月价格=100）

5 月	6 月	7 月	8 月	9 月	10 月	11 月	12 月
100.9	**101.1**	**101.4**	**101.2**	**101.1**	**101.4**	**101.3**	**101.4**
98.4	99.4	99.8	99.6	99.7	99.7	99.8	99.8
99.9	101.8	101.8	101.1	101.0	101.2	100.5	100.5
97.5	98.0	98.5	98.7	98.8	98.8	99.3	99.4
100.0	99.9	100.1	100.3	100.0	100.1	100.3	100.1
101.0	99.6	101.4	101.6	101.0	100.8	100.7	101.1
101.2	100.9	100.9	101.0	101.0	101.1	100.8	100.9
110.3	110.1	109.8	108.5	107.9	110.0	109.7	109.3
101.7	**101.6**	**101.2**	**101.3**	**101.3**	**100.9**	**100.9**	**100.9**
101.5	101.7	101.6	101.8	102.1	101.9	101.9	102.1
97.8	98.0	98.6	99.9	101.0	101.0	100.1	100.4
101.7	102.7	103.2	104.0	104.5	104.5	105.0	105.1
101.7	101.6	101.3	101.4	101.8	101.4	101.1	101.7
106.1	106.9	106.3	106.2	106.1	106.1	106.2	106.0
100.0	99.9	99.9	99.9	99.9	99.8	99.8	99.8
101.9	101.5	100.7	100.8	100.3	99.8	99.9	99.6
103.1	103.3	102.4	102.3	101.5	101.6	101.2	100.7
102.7	102.4	101.6	101.8	101.5	101.2	101.0	101.0
97.2	96.0	94.9	94.9	94.2	92.6	92.6	91.9
105.4	105.5	105.1	105.0	105.1	104.9	106.0	106.2
99.9	**100.1**	**100.1**	**100.2**	**100.2**	**100.1**	**100.1**	**100.2**
101.1	101.5	101.6	101.7	101.3	101.2	101.0	101.3
99.8	99.8	99.7	99.5	99.5	99.2	99.3	99.3
94.6	98.4	102.4	102.9	100.3	98.1	97.7	100.1
108.2	105.7	105.2	105.5	104.8	104.1	104.3	103.3
104.5	104.5	104.5	104.3	104.3	104.3	104.3	104.3
99.5	99.8	98.3	98.8	98.8	99.9	99.4	99.5
98.7	98.6	98.5	98.7	99.1	99.0	99.2	99.1
92.5	92.0	91.8	92.5	93.2	92.9	94.0	93.8
99.8	99.8	99.8	99.8	100.1	100.1	100.1	100.1
101.8	**101.3**	**100.6**	**100.7**	**100.4**	**100.4**	**100.8**	**100.7**
97.0	97.4	97.1	97.0	97.1	97.2	97.2	97.2
101.8	101.5	101.5	101.2	100.9	100.8	101.1	101.0
101.4	101.5	101.5	101.4	101.0	100.5	100.5	100.5
101.9	101.6	101.5	101.2	100.9	100.9	101.2	101.1
105.2	104.9	103.7	103.7	103.5	103.6	103.4	103.3
100.3	100.3	100.2	100.2	99.6	100.1	100.0	99.6
104.8	104.5	104.7	104.9	104.7	104.6	104.3	104.1
110.0	109.5	106.2	106.1	106.1	106.0	106.0	106.0
105.0	102.1	98.7	100.5	99.3	99.2	101.8	101.5
103.8	**104.1**	**103.9**	**103.2**	**103.0**	**103.4**	**102.9**	**102.7**
99.4	98.7	98.8	98.6	98.3	98.4	99.1	99.4
103.2	103.4	103.8	103.9	103.8	103.8	103.0	103.5
105.5	106.0	105.3	104.3	103.8	104.6	103.8	103.4
100.9	101.8	102.2	102.3	102.9	102.9	102.2	102.1

3-11 分月居民消费价格指数（2013 年）

指　　标	1　月	2　月	3　月	4　月	5　月
居民消费价格总指数	**101.4**	**101.1**	**99.5**	**99.9**	**99.5**
非食品价格指数	**100.0**	**100.1**	**100.2**	**99.9**	**100.2**
服务项目价格指数	**100.0**	**100.1**	**100.9**	**100.2**	**100.5**
扣除鲜菜鲜果总指数	**100.5**	**100.5**	**100.3**	**99.9**	**100.3**
消费品价格指数	**102.0**	**101.4**	**99.0**	**99.8**	**99.2**
食品	**103.9**	**102.6**	**98.3**	**99.9**	**98.5**
粮食	100.4	99.7	100.5	100.5	100.3
淀粉及制品	100.0	100.0	99.9	100.1	100.1
干豆类及豆制品	100.3	101.8	99.3	99.8	101.0
油脂	100.2	100.2	100.1	99.8	100.4
肉禽及其制品	103.3	103.6	101.1	99.1	99.6
食用畜肉及副产品	104.2	104.5	100.9	99.6	100.0
禽	100.1	99.6	101.3	95.5	97.3
加工肉畜	101.0	102.6	102.1	100.3	100.1
蛋	102.8	101.2	95.2	98.3	102.5
水产品	101.7	101.5	99.5	101.1	103.3
鱼	102.2	101.5	99.5	101.7	104.6
其他水产品	100.6	101.4	99.5	99.7	100.6
菜	117.5	107.2	85.0	99.4	83.6
调味品	100.3	100.1	99.9	99.9	100.2
糖	99.0	98.7	101.0	100.1	100.0
茶及饮料	100.2	100.2	100.2	99.4	100.2
茶叶	100.6	100.2	99.6	100.3	100.4
饮料	100.0	100.2	100.4	99.0	100.1
干鲜瓜果	105.8	106.5	101.1	101.0	101.8
糕点饼干面包	100.7	100.6	100.3	100.4	100.2
液体乳及乳制品	100.4	100.3	100.6	100.4	99.7
在外用膳食品	100.9	100.3	100.7	100.7	100.7
其他食品	100.1	99.3	100.9	99.6	100.6
烟酒	**99.8**	**99.8**	**100.1**	**99.9**	**100.3**
烟草	100.0	100.0	100.0	100.0	100.0
酒	99.7	99.7	100.2	99.9	100.5
衣着	**99.7**	**100.1**	**99.0**	**99.7**	**99.8**
服装	99.7	100.1	98.7	99.6	100.0
男式服装	99.6	100.2	98.7	99.0	100.1
女式服装	99.7	99.9	98.5	99.8	99.9
儿童服装	99.6	100.9	99.3	100.3	100.0
衣着材料	100.0	99.9	100.0	99.9	100.1
鞋袜帽	99.9	100.1	99.4	99.7	99.2
鞋	99.9	100.1	99.3	99.7	99.1
袜子	99.9	99.8	100.1	100.0	100.0
帽子	100.1	100.1	99.4	99.9	100.0
衣着加工服务费	100.0	100.0	100.4	100.3	100.3

（上月价格=100）

6　月	7　月	8　月	9　月	10　月	11　月	12　月
99.5	**99.7**	**100.1**	**100.4**	**100.4**	**100.9**	**100.6**
100.0	**100.0**	**100.2**	**100.1**	**100.1**	**100.1**	**100.1**
100.1	**100.2**	**100.3**	**100.0**	**100.2**	**99.8**	**100.1**
100.2	**100.1**	**100.3**	**100.3**	**100.2**	**100.2**	**100.1**
99.3	**99.5**	**100.0**	**100.5**	**100.5**	**101.3**	**100.8**
98.7	**99.1**	**99.9**	**100.8**	**100.9**	**102.2**	**101.4**
100.5	100.1	100.5	100.3	99.9	100.7	100.2
100.0	101.1	100.2	99.9	100.2	100.0	99.9
99.6	100.0	100.3	101.4	101.3	100.6	99.9
99.7	99.7	99.9	100.1	100.1	99.7	99.6
101.1	100.4	100.4	100.6	100.7	100.6	100.0
101.0	100.3	100.4	100.3	100.6	100.7	100.1
101.9	100.9	100.8	102.6	101.9	100.0	98.9
100.0	100.1	100.1	100.1	100.1	100.7	100.5
100.2	99.4	103.0	105.5	99.2	95.7	96.7
99.7	100.7	99.9	100.1	100.6	99.4	100.7
99.5	101.2	100.1	100.2	100.1	99.0	101.0
100.2	99.3	99.2	100.0	101.7	100.5	100.2
87.6	93.8	99.4	105.1	104.1	116.8	107.0
100.1	100.0	100.1	100.0	100.0	100.6	100.4
99.7	100.3	99.7	100.5	100.3	100.3	99.5
100.3	100.1	100.1	100.0	99.8	99.9	99.9
100.3	100.1	100.0	100.3	99.8	99.8	100.0
100.4	100.1	100.2	99.9	99.8	100.0	99.9
95.8	94.8	93.6	97.0	101.2	103.2	106.0
100.0	99.8	100.1	99.9	100.0	100.6	101.3
101.5	100.8	102.0	104.0	101.6	102.9	101.4
100.0	100.6	101.2	100.4	100.7	100.6	100.3
99.7	100.0	100.2	99.4	100.1	100.6	100.8
99.9	**100.0**	**100.0**	**100.0**	**99.9**	**100.2**	**100.2**
100.0	100.0	100.0	100.0	100.0	100.0	100.0
99.8	100.0	99.9	100.1	99.9	100.4	100.3
99.8	**99.6**	**100.2**	**100.6**	**100.2**	**100.7**	**100.3**
99.6	99.6	100.0	100.9	100.1	101.1	100.3
99.4	99.6	100.0	101.2	99.9	101.4	100.5
99.6	99.6	99.9	100.7	100.1	101.2	100.3
100.1	99.4	100.3	100.5	100.6	100.0	100.2
100.0	100.9	100.0	100.0	100.1	100.6	99.9
100.0	99.5	100.7	99.9	100.2	99.9	100.1
100.0	99.4	101.0	99.9	100.3	99.9	100.1
99.9	99.7	99.7	100.0	100.0	100.1	100.1
99.6	99.9	100.3	99.9	99.8	100.0	100.0
100.4	100.0	99.9	100.1	100.9	100.3	100.7

3-11 续表

指　标	1　月	2　月	3　月	4　月	5　月
家庭设备用品及维修服务	**99.9**	**100.1**	**100.2**	**99.6**	**100.0**
耐用消费品	99.9	100.1	100.0	99.0	99.6
家具	100.1	100.2	100.1	98.2	98.8
家庭设备	99.7	100.0	100.0	99.4	100.0
室内装饰品	100.0	100.0	100.1	100.0	99.7
床上用品	99.4	100.0	99.9	100.1	100.0
家庭日用杂品	99.8	100.0	100.1	100.3	100.3
家庭服务及加工维修服务	101.0	100.3	101.6	100.0	101.2
医疗保健和个人用品	**100.2**	**100.1**	**100.3**	**99.8**	**100.4**
医疗保健	100.4	100.1	100.2	100.0	100.7
医疗器具及用品	100.0	99.8	99.6	99.4	100.4
中药材及中成药	99.9	100.1	100.4	100.1	102.0
西药	100.1	100.3	100.2	99.9	100.8
保健器具及用品	104.9	100.1	100.2	100.1	100.1
医疗保健服务	100.0	100.0	100.0	99.9	100.0
个人用品及服务	99.9	100.0	100.4	99.6	100.1
化妆美容用品	100.0	100.1	99.9	100.0	100.0
清洁化妆用品	99.9	100.5	100.3	99.7	100.0
个人饰品	99.8	99.4	99.3	98.6	99.5
个人服务	100.0	100.0	102.5	100.1	100.8
交通和通信	**100.0**	**100.2**	**99.9**	**99.7**	**100.3**
交通	100.0	100.3	99.9	99.4	100.8
交通工具	100.0	100.0	100.0	99.8	100.0
车用燃料及零配件	100.1	100.7	101.4	97.3	97.4
车辆使用及维修费	100.0	101.4	100.7	99.3	100.0
市区公共交通费	100.1	100.0	100.0	100.0	103.8
城市间交通费	100.0	100.5	98.7	99.6	100.0
通信	100.0	100.0	99.8	99.9	99.8
通信工具	99.8	99.4	99.0	99.5	99.2
通信服务	100.0	100.1	100.0	100.0	99.9
娱乐教育文化用品及服务	**100.4**	**99.9**	**100.1**	**100.0**	**99.8**
文娱用耐用消费品及服务	99.7	99.7	99.8	99.5	99.4
教育	100.4	100.0	100.1	100.2	100.0
教材及参考书	100.2	100.0	100.0	100.0	100.0
教育服务	100.4	100.0	100.2	100.2	100.1
文化娱乐	101.6	100.2	100.0	100.0	101.3
文化娱乐用品	99.9	100.2	100.0	99.8	100.2
书报杂志	103.6	100.4	100.0	100.0	100.0
文娱费	101.7	100.1	100.0	100.1	103.1
旅游	99.9	99.5	100.8	100.3	97.1
居住	**99.7**	**100.2**	**101.5**	**100.4**	**100.6**
建房及装修材料	100.2	100.1	100.2	99.9	99.5
住房租金	99.6	100.1	101.9	100.3	100.6
自有住房	99.6	100.3	101.8	100.5	100.8
水、电、燃料	99.6	100.1	100.5	99.9	100.3

（上月价格=100）

6　月	7　月	8　月	9　月	10　月	11　月	12　月
100.4	**100.2**	**100.1**	**99.9**	**100.7**	**100.2**	**100.0**
101.0	99.9	100.1	99.8	100.4	100.1	100.0
101.8	100.1	100.0	100.0	101.1	100.0	100.0
100.5	99.8	100.2	99.7	99.9	100.1	100.0
99.9	100.1	100.2	99.8	100.1	100.2	100.1
100.0	102.0	99.8	99.2	100.0	100.5	100.3
99.8	100.0	100.3	100.1	100.1	100.2	99.9
100.1	100.5	100.1	100.0	103.5	100.7	100.0
100.0	**100.0**	**100.1**	**100.1**	**99.9**	**100.1**	**99.9**
100.2	100.2	100.0	100.1	100.0	100.1	100.1
100.4	99.8	100.0	101.1	100.0	100.0	100.0
100.9	100.8	100.3	100.0	100.0	100.4	100.2
100.0	100.1	99.9	100.1	100.1	100.0	100.1
100.6	100.0	100.0	100.1	100.0	100.0	99.9
99.9	100.0	100.0	100.0	100.0	100.0	100.0
99.8	99.7	100.2	100.2	99.7	100.2	99.8
100.2	100.0	100.1	100.2	100.1	100.0	100.0
100.2	100.0	100.1	100.3	99.9	100.0	100.0
98.6	98.7	100.1	100.1	98.9	99.6	99.0
100.2	100.2	100.6	100.2	100.1	101.2	100.1
100.1	**99.7**	**100.3**	**100.2**	**99.9**	**100.0**	**99.9**
100.3	99.6	100.7	100.4	99.8	100.0	99.9
100.0	99.8	99.8	100.2	100.0	100.0	99.8
99.8	100.9	101.5	101.9	98.5	99.0	101.5
99.8	100.0	100.8	100.4	100.2	100.4	100.2
100.0	100.0	100.4	100.0	100.0	100.0	100.0
101.2	98.4	101.4	100.3	99.8	100.6	99.0
99.9	99.8	99.9	100.0	99.9	100.0	100.0
99.4	98.9	99.6	100.0	99.6	99.7	99.7
100.0	100.0	100.0	100.0	100.0	100.0	100.0
100.1	**100.5**	**100.4**	**100.0**	**99.9**	**99.7**	**99.9**
100.3	99.4	99.9	99.7	99.9	100.0	99.9
100.1	100.0	100.1	100.0	100.0	100.0	100.0
100.0	100.0	100.1	100.0	100.0	100.0	100.0
100.1	100.0	100.1	100.0	100.0	100.0	100.0
100.2	100.0	100.3	99.9	100.0	100.0	99.9
99.9	99.9	100.1	100.0	100.0	99.9	99.7
100.0	100.1	100.2	99.8	100.0	100.0	100.0
100.5	100.0	100.4	100.0	99.9	100.0	100.0
99.9	105.0	102.8	100.0	99.3	97.6	99.6
100.0	**100.1**	**100.0**	**100.0**	**100.4**	**99.8**	**100.2**
99.2	99.7	99.8	99.7	100.6	100.4	100.1
99.9	100.5	100.0	100.0	100.2	99.8	100.5
100.2	100.1	100.0	99.9	100.4	99.6	100.2
100.0	100.1	100.0	100.9	100.4	100.1	100.0

3-12 分月农业生产资料价格指数（2013 年）

指　　标	全年平均	1　月	2　月	3　月	4　月
农业生产资料价格指数	**102.6**	**106.0**	**104.8**	**104.3**	**103.0**
农用手工工具	**102.4**	**103.4**	**104.2**	**104.9**	**104.3**
农用手工工具	102.4	103.4	104.2	104.9	104.3
饲料	**106.6**	**107.3**	**107.5**	**107.2**	**105.9**
混合饲料	105.1	105.5	105.8	105.5	103.8
其他	113.5	116.0	115.9	115.2	115.7
产品畜	112.3	114.6	115.0	120.2	117.5
幼禽家畜	112.3	114.6	115.0	120.2	117.5
半机械化农具	**101.0**	**101.2**	**101.3**	**100.8**	**101.1**
半机械化农具	101.0	101.2	101.3	100.8	101.1
机械化农具	**100.5**	**101.1**	**100.5**	**100.0**	**100.2**
农用机械	100.5	101.1	100.5	100.0	100.2
化学肥料	**98.3**	**108.0**	**104.8**	**103.3**	**100.0**
氮肥	97.6	110.6	107.7	105.7	99.9
磷肥	98.1	102.2	101.2	98.7	98.4
钾肥	100.3	110.9	109.0	106.2	102.1
复合肥料	99.4	106.6	100.4	101.5	101.1
农药及农药械	**101.0**	**101.2**	**101.2**	**101.2**	**101.8**
化学农药	100.9	101.3	101.4	101.3	102.0
杀虫剂	102.8	103.8	104.0	103.8	105.3
杀菌剂	98.6	99.0	99.0	97.1	98.2
除草剂	99.0	98.2	98.1	100.5	98.6
农药器械	101.5	100.5	100.5	100.7	101.2
农药器械	101.5	100.5	100.5	100.7	101.2
农用机油	**101.9**	**104.8**	**103.7**	**101.3**	**98.4**
农用机油	101.9	104.8	103.7	101.3	98.4
其他农业生产资料	**103.5**	**103.2**	**102.2**	**102.1**	**104.1**
农用种子	103.9	105.5	103.0	102.1	104.3
农用种子	103.9	105.5	103.0	102.1	104.3
其它	102.2	96.5	99.6	101.9	103.2
农用薄膜	102.3	94.6	98.3	101.1	102.9
其它	101.9	102.5	104.0	104.7	104.0
农业生产服务	**106.8**	**105.1**	**104.7**	**104.7**	**104.9**
排灌费	105.0	100.5	100.5	100.5	100.5
机械作业费	104.2	102.7	102.7	102.7	102.7
农业用电	100.5	100.0	100.0	100.0	100.3
农业用工	119.2	125.7	123.2	122.7	123.3

（上年同月价格=100）

5　月	6　月	7　月	8　月	9　月	10　月	11　月	12　月
102.7	**101.2**	**101.6**	**101.9**	**101.3**	**100.9**	**102.4**	**101.9**
105.1	**104.5**	**100.3**	**98.6**	**99.1**	**99.1**	**103.2**	**102.9**
105.1	104.5	100.3	98.6	99.1	99.1	103.2	102.9
106.7	**108.0**	**107.8**	**106.9**	**105.3**	**105.0**	**106.2**	**105.2**
105.2	106.0	106.0	105.2	103.3	103.8	105.7	105.3
114.0	117.5	116.0	115.1	114.7	110.5	108.3	105.1
115.7	114.7	110.9	109.7	107.9	109.0	107.6	107.3
115.7	114.7	110.9	109.7	107.9	109.0	107.6	107.3
100.9	**101.0**	**101.0**	**101.0**	**101.0**	**101.0**	**101.2**	**101.0**
100.9	101.0	101.0	101.0	101.0	101.0	101.2	101.0
100.4	**100.4**	**100.4**	**100.3**	**100.5**	**100.5**	**100.5**	**100.5**
100.4	100.4	100.4	100.3	100.5	100.5	100.5	100.5
98.2	**93.0**	**94.4**	**95.6**	**95.2**	**94.7**	**97.5**	**96.7**
97.0	88.2	90.7	94.0	93.8	93.2	98.4	97.0
98.5	98.2	97.9	98.5	96.0	95.4	96.9	96.1
102.5	101.7	100.6	95.7	95.7	93.9	94.0	94.2
99.4	98.4	98.7	96.8	98.0	98.1	97.3	97.5
101.4	**102.3**	**100.8**	**99.4**	**99.2**	**99.8**	**102.0**	**101.7**
101.5	102.6	100.6	99.1	98.9	99.0	101.8	101.3
103.9	103.8	102.1	101.2	100.6	100.6	102.5	102.1
97.4	100.1	99.1	97.7	98.2	98.2	100.1	99.2
100.6	102.6	98.9	95.6	95.8	96.3	102.0	101.6
101.1	101.2	101.3	100.5	100.6	103.1	103.2	103.3
101.1	101.2	101.3	100.5	100.6	103.1	103.2	103.3
99.6	**101.0**	**104.0**	**104.4**	**103.4**	**101.4**	**100.7**	**100.8**
99.6	101.0	104.0	104.4	103.4	101.4	100.7	100.8
104.3	**103.4**	**103.2**	**103.3**	**103.1**	**103.2**	**105.8**	**104.7**
104.3	103.3	103.1	103.1	103.1	103.2	106.8	105.6
104.3	103.3	103.1	103.1	103.1	103.2	106.8	105.6
104.1	103.8	103.4	103.9	103.1	103.3	102.7	101.7
104.1	104.3	104.2	104.9	103.7	104.1	103.8	102.6
103.9	102.2	101.1	101.1	101.1	100.7	99.3	98.7
106.8	**108.1**	**108.6**	**109.0**	**107.9**	**107.0**	**107.3**	**107.7**
102.1	106.5	107.3	108.1	107.5	107.2	108.1	110.4
105.8	105.2	105.2	105.2	105.2	105.3	104.7	103.4
100.7	100.7	100.7	100.7	100.7	100.7	100.7	100.7
122.8	120.9	121.9	122.3	116.7	111.3	112.1	111.7

3-13 分月农业生产资料价格指数（2013 年）

指　标	1 月	2 月	3 月	4 月	5 月
农业生产资料价格指数	**100.6**	**100.0**	**100.6**	**100.4**	**100.4**
农用手工工具	100.3	100.4	100.8	100.2	101.2
农用手工工具	100.3	100.4	100.8	100.2	101.2
饲料	**100.4**	**100.3**	**100.4**	**100.9**	**101.1**
混合饲料	100.3	100.2	100.2	100.9	101.2
其他	100.6	100.5	101.6	101.1	100.5
产品畜	**100.8**	**101.0**	**104.1**	**100.4**	**99.4**
幼禽家畜	100.8	101.0	104.1	100.4	99.4
半机械化农具	**100.1**	**100.1**	**100.0**	**100.4**	**100.0**
半机械化农具	100.1	100.1	100.0	100.4	100.0
机械化农具	**100.1**	**100.1**	**99.9**	**100.2**	**100.2**
农用机械	100.1	100.1	99.9	100.2	100.2
化学肥料	**101.1**	**99.6**	**99.8**	**100.2**	**99.8**
氮肥	102.8	99.7	99.5	100.5	99.6
磷肥	100.3	99.9	98.3	99.7	100.1
钾肥	99.2	99.7	99.3	100.1	99.8
复合肥料	98.4	98.7	102.2	100.0	100.2
农药及农药械	**100.0**	**100.1**	**100.9**	**100.5**	**100.2**
化学农药	100.0	100.1	100.9	100.5	100.2
杀虫剂	100.0	100.1	100.6	101.6	100.3
杀菌剂	100.0	100.0	100.0	100.0	100.0
除草剂	100.0	100.0	102.4	98.4	100.3
农药器械	100.0	100.0	101.0	100.5	99.9
农药器械	100.0	100.0	101.0	100.5	99.9
农用机油	**100.1**	**100.2**	**100.8**	**98.4**	**99.8**
农用机油	100.1	100.2	100.8	98.4	99.8
其他农业生产资料	**100.8**	**100.2**	**101.9**	**101.4**	**100.4**
农用种子	100.9	100.1	101.9	101.7	100.5
农用种子	100.9	100.1	101.9	101.7	100.5
其它	100.3	100.6	101.7	100.6	100.1
农用薄膜	99.7	100.8	102.3	100.7	100.1
其它	102.1	100.0	100.0	100.0	100.0
农业生产服务	**100.0**	**100.0**	**100.1**	**100.7**	**102.1**
排灌费	100.0	100.0	100.0	100.0	101.6
农业用电	100.0	100.0	100.0	100.0	103.0
农业用工	100.0	100.0	100.0	100.3	100.3
其他	99.8	100.0	100.7	103.6	101.6

（上月价格=100）

6　月	7　月	8　月	9　月	10　月	11　月	12　月
100.3	**100.1**	**100.1**	**100.2**	**99.8**	**99.5**	**99.8**
100.0	100.0	100.0	100.0	100.0	100.0	100.0
100.0	100.0	100.0	100.0	100.0	100.0	100.0
101.0	**100.1**	**101.2**	**100.7**	**99.7**	**99.9**	**99.5**
100.3	100.1	101.4	100.3	100.2	100.0	100.0
104.2	99.9	100.5	102.5	97.4	99.1	97.2
100.2	**100.5**	**100.3**	**99.5**	**101.3**	**99.8**	**99.9**
100.2	100.5	100.3	99.5	101.3	99.8	99.9
100.1	**100.1**	**100.0**	**100.0**	**99.9**	**100.2**	**100.0**
100.1	100.1	100.0	100.0	99.9	100.2	100.0
100.0	**100.0**	**100.0**	**100.1**	**100.0**	**100.0**	**100.0**
100.0	100.0	100.0	100.1	100.0	100.0	100.0
99.7	**100.0**	**99.2**	**100.1**	**99.3**	**98.6**	**99.4**
99.4	100.1	98.2	100.8	99.0	97.9	99.5
99.6	100.0	100.8	98.5	99.9	99.6	99.3
100.0	100.0	99.0	99.0	99.1	99.1	99.6
100.4	99.8	100.0	100.3	99.3	99.0	99.3
100.1	**100.0**	**100.1**	**99.9**	**100.3**	**100.0**	**99.5**
100.0	100.0	100.1	99.9	100.0	100.0	99.4
100.0	100.0	100.1	99.8	100.0	100.0	99.5
100.0	100.0	100.0	100.0	100.0	100.0	99.1
100.2	100.1	100.4	100.2	100.0	100.0	99.7
100.1	100.1	100.0	100.0	101.7	100.0	100.0
100.1	100.1	100.0	100.0	101.7	100.0	100.0
99.7	**100.3**	**101.0**	**101.2**	**99.5**	**99.3**	**100.6**
99.7	100.3	101.0	101.2	99.5	99.3	100.6
99.8	**99.8**	**100.0**	**100.1**	**100.2**	**100.0**	**100.0**
100.0	99.9	100.0	100.2	100.4	100.0	100.0
100.0	99.9	100.0	100.2	100.4	100.0	100.0
99.2	99.8	100.0	99.9	99.7	99.8	100.0
99.5	99.9	100.0	99.9	99.8	99.8	100.0
98.3	99.2	100.0	100.0	99.6	99.5	100.1
102.4	**100.3**	**100.5**	**100.1**	**100.0**	**100.6**	**100.6**
105.5	100.8	100.7	100.0	100.0	100.0	101.5
100.2	100.0	100.0	100.0	100.1	100.0	100.0
100.0	100.0	100.0	100.0	100.0	100.0	100.0
100.4	100.0	100.8	100.7	100.0	103.5	100.0

3-14 各调查市县居民消费价格分类指数（2013 年）

指　标	乌鲁木齐市	克拉玛依市	吐鲁番市	哈密市	昌吉市	博乐市	库尔勒市	焉耆回族自治县	阿克苏市
居民消费价格总指数	**103.5**	**104.4**	**104.0**	**103.6**	**104.1**	**104.3**	**103.4**	**103.4**	**103.5**
食　品	**107.5**	**110.8**	**108.3**	**108.2**	**110.9**	**108.2**	**108.5**	**107.0**	**107.7**
粮　食	106.5	102.4	105.9	106.3	105.2	104.6	108.6	108.4	105.1
大　米	101.8	100.6	99.5	102.0	103.6	101.0	112.4	106.2	104.3
面　粉	108.6	108.2	110.2	108.0	108.0	106.3	103.7	111.4	103.4
粮食制品	108.1	96.9	105.7	108.3	99.8	107.8	107.7	109.3	109.9
其　它	116.9	112.9	109.9	115.5	99.5	105.5	119.1	101.9	119.0
淀粉及制品	100.1	100.0	100.0	101.3	101.2	109.9	111.3	97.3	98.5
干豆类及豆制品	105.3	110.6	117.2	106.2	110.6	111.5	126.5	105.6	102.0
油　脂	103.2	102.5	106.5	105.5	103.1	112.1	107.7	103.1	103.1
肉禽及其制品	115.1	113.4	113.6	116.0	116.2	111.1	116.8	111.6	111.4
蛋	109.4	101.8	113.6	107.4	108.5	101.0	112.4	103.0	119.9
水产品	107.2	107.3	112.9	113.2	102.9	95.9	121.4	104.0	106.5
菜	100.1	116.2	107.1	108.4	116.9	103.0	94.4	99.6	110.8
鲜　菜	99.3	116.9	104.6	108.2	117.7	100.8	93.7	97.3	113.6
干菜及菜制品	100.3	100.8	103.8	102.9	107.6	110.7	96.7	108.8	78.6
薯类	125.0	124.9	125.0	130.9	133.1	118.4	111.6	115.9	120.6
调味品	101.3	100.0	101.4	101.7	99.7	108.3	101.8	99.1	100.0
糖	102.3	101.1	104.3	100.3	106.8	84.4	97.6	94.2	94.5
食　糖	102.6	104.1	92.1	98.7	100.5	96.2	91.2	85.4	85.5
糖　果	103.0	100.5	108.7	100.5	111.4	75.0	99.4	100.4	101.2
巧克力制品	100.2	100.2	99.2	100.1	103.7	112.5	98.4	100.7	88.0
糖制小食品	100.7	100.0	124.7	105.4	101.4	69.0	99.8	99.0	98.8
茶及饮料	101.6	113.2	99.7	103.2	100.8	109.0	101.5	99.3	100.9
干鲜瓜果	100.7	109.9	100.1	102.5	111.1	102.5	105.5	97.7	108.9
鲜瓜果	99.5	112.1	100.0	106.3	104.0	101.3	106.8	94.8	105.7
干(坚)果	103.3	102.2	100.5	96.9	121.7	106.0	100.8	102.9	121.1
糕点饼干面包	103.6	99.8	111.7	106.6	105.4	118.2	100.3	106.9	98.1
液体乳及乳制品	118.5	106.6	104.6	99.2	104.3	106.0	109.0	111.2	106.9
在外用膳食品	107.1	114.5	109.1	105.5	111.4	123.4	104.1	113.6	107.1
主　食	107.5	111.5	113.7	108.2	112.9	99.2	105.9	113.2	108.0
炒　菜	101.1	105.3	110.4	103.4	102.6	143.1	99.0	108.0	102.0
地方小吃	122.9	127.7	100.9	105.1	120.9	121.5	111.3	124.5	118.5
其他食品	102.7	106.0	101.7	104.8	106.8	118.7	99.5	102.2	95.7
烟酒	**101.8**	**99.4**	**100.3**	**100.7**	**98.7**	**101.6**	**100.1**	**101.4**	**102.7**
烟　草	101.1	100.0	100.0	100.6	100.2	100.0	101.5	103.5	100.0
酒	102.5	98.8	100.6	100.9	97.1	103.2	98.6	99.1	105.7
衣　着	**99.5**	**101.2**	**99.0**	**101.7**	**99.5**	**104.5**	**95.1**	**102.5**	**102.5**
服　装	99.1	100.3	98.3	99.6	98.5	104.0	91.7	101.0	101.8
衣着材料	100.7	100.9	102.9	104.3	101.9	107.0	100.3	104.8	101.4
棉　布	100.0	101.9	103.7	100.0	102.4	107.7	100.3	115.7	102.3
化纤布	100.0	97.5	100.0	108.1	99.4	108.2	100.0	100.0	102.4
毛线	102.7	100.0	101.5	111.4	104.1	95.2	100.5	100.0	100.0

（上年价格=100）

库车县	阿图什市	喀什市	莎车县	和田市	奎屯市	伊宁市	塔城市	沙湾县	阿勒泰市	石河子市
103.2	**103.4**	**103.4**	**104.6**	**104.6**	**103.8**	**103.5**	**103.4**	**103.6**	**104.0**	**103.0**
106.1	**105.7**	**107.6**	**111.1**	**109.4**	**107.3**	**107.3**	**108.3**	**107.7**	**107.2**	**106.6**
103.4	105.0	106.0	107.0	105.3	111.9	107.7	106.5	110.9	107.0	106.8
97.6	103.1	99.5	108.5	103.8	105.5	102.6	107.3	116.6	104.8	105.8
108.2	106.8	108.7	106.8	103.3	115.3	105.5	108.1	105.7	107.1	106.7
102.7	102.1	109.7	100.6	114.3	117.6	117.0	105.2	110.0	111.8	109.8
102.2	103.9	111.9	112.3	107.8	101.8	112.2	106.4	101.3	102.6	104.4
104.4	102.4	104.9	115.3	100.3	100.0	111.3	101.2	102.6	110.5	105.3
100.6	102.8	107.5	103.5	107.0	106.8	106.9	115.9	105.4	116.7	99.4
95.4	101.6	104.1	103.3	98.9	99.4	100.6	103.6	103.5	100.7	101.4
111.4	120.4	113.1	116.1	116.4	112.0	116.6	117.8	120.0	114.9	108.7
100.9	110.8	110.9	112.7	113.7	109.9	110.3	110.1	108.3	112.1	107.7
111.7	105.6	106.9	107.8	108.4	102.5	108.8	106.0	94.4	103.0	105.0
114.0	102.8	104.1	118.3	110.0	102.3	101.5	100.6	94.7	100.2	101.2
114.0	102.9	103.8	118.6	110.7	102.4	99.1	100.1	91.7	98.3	101.0
108.8	99.2	101.0	102.4	100.0	100.8	110.2	100.0	98.5	102.3	105.5
118.1	103.4	123.0	128.3	109.1	90.9	115.8	105.9	123.4	115.0	97.6
94.6	105.2	102.0	100.4	101.6	106.0	103.3	99.5	100.1	103.1	102.7
92.5	96.1	100.0	112.4	100.4	99.3	100.0	101.3	101.2	107.6	100.2
89.8	94.3	91.4	96.5	97.7	98.1	94.3	100.5	102.4	100.8	98.4
99.2	94.9	104.4	102.9	100.0	100.0	103.0	103.5	101.4	112.5	101.8
69.2	100.0	104.3	99.9	105.9	101.2	103.0	100.0	100.0	117.2	100.5
97.7	100.2	94.3	140.0	105.5	100.0	100.1	100.0	100.0	102.2	100.5
97.6	98.6	110.1	102.2	103.8	99.6	101.1	105.3	100.5	109.8	102.1
107.7	83.1	104.7	105.1	108.2	101.9	102.8	97.2	102.8	92.7	104.8
109.7	77.8	102.8	104.2	110.1	101.2	101.4	92.7	105.3	89.2	104.5
102.7	100.1	108.7	107.7	103.2	103.3	107.0	108.4	96.3	104.2	106.0
100.1	99.5	103.6	102.7	101.5	103.6	101.2	104.0	100.0	103.7	102.0
106.8	101.2	117.5	108.4	105.5	108.0	105.6	110.4	104.6	103.0	107.3
103.1	105.8	105.1	110.6	109.8	108.3	102.4	111.1	114.9	113.2	112.2
104.2	106.3	100.0	101.0	106.5	110.3	103.0	113.5	107.8	118.1	121.4
104.1	107.2	101.6	114.4	101.1	106.0	97.8	104.5	103.9	101.6	101.1
100.4	103.3	117.4	120.3	139.7	123.6	109.3	122.5	134.0	125.5	122.5
107.9	103.3	98.4	111.9	105.1	100.0	99.8	102.2	100.0	100.6	102.6
101.7	**102.0**	**100.3**	**102.5**	**100.8**	**102.1**	**101.1**	**101.4**	**100.5**	**105.2**	**101.1**
100.6	100.0	100.1	100.5	100.0	100.0	100.0	100.0	100.0	100.1	100.3
102.7	103.6	100.5	104.8	101.5	103.9	101.8	102.3	100.9	110.0	102.0
99.8	**100.6**	**98.8**	**100.0**	**98.3**	**103.3**	**104.6**	**100.1**	**100.7**	**100.0**	**102.1**
100.2	100.2	99.1	99.1	97.9	102.8	107.3	100.1	99.9	99.9	101.8
97.9	99.6	95.1	102.5	101.3	100.0	102.3	100.0	100.3	100.5	100.4
102.3	100.0	83.6	102.4	102.4	100.0	100.0	100.0	100.0	100.0	102.2
101.2	98.0	100.0	103.7	100.0	100.0	104.1	100.0	100.9	100.0	97.8
95.6	100.0	100.0	97.7	100.0	100.0	100.0	100.0	100.0	103.2	100.1

3-14 续表

指　　标	乌鲁木齐市	克拉玛依市	吐鲁番市	哈密市	昌吉市	博乐市	库尔勒市	焉耆回族自治县	阿克苏市
其他	100.0	102.6	114.5	100.0	100.0	110.9	100.3	100.0	100.0
鞋袜帽	100.3	103.0	99.2	100.6	100.3	103.3	99.1	104.3	98.0
鞋	100.4	103.6	99.5	100.5	100.3	104.1	98.8	105.6	100.7
袜　子	100.0	100.0	98.1	101.0	100.8	102.5	100.8	95.8	89.2
帽　子	95.8	100.1	99.0	99.7	100.0	98.5	101.7	104.9	99.3
衣着加工服务费	100.0	102.9	102.7	118.5	108.3	113.2	108.4	106.0	112.8
家庭设备及用品及维修	**101.8**	**100.6**	**102.7**	**104.0**	**100.7**	**100.9**	**97.9**	**101.4**	**97.6**
耐用消费品	99.8	99.5	102.0	98.5	99.2	97.8	95.7	102.9	100.4
家　具	101.2	101.5	109.4	99.4	100.2	99.7	100.0	103.9	101.6
家庭设备	98.9	98.0	99.4	98.0	98.9	96.4	93.8	102.3	99.6
室内装饰品	99.6	100.1	99.5	100.2	103.5	101.8	101.5	98.5	96.0
床上用品	106.0	100.0	106.7	100.1	101.6	101.0	98.5	100.0	83.0
家庭日用杂品	101.7	99.9	99.2	107.2	100.5	106.1	99.5	99.6	97.9
家庭服务及加工服务	110.9	106.9	110.5	120.4	108.0	100.7	102.0	101.9	100.3
医疗保健和个人用品	**102.3**	**101.5**	**102.5**	**102.0**	**101.2**	**105.0**	**98.3**	**98.7**	**98.6**
医疗保健	102.4	102.6	102.8	102.3	99.7	106.4	98.5	98.6	98.5
医疗器具及用品	99.3	101.3	100.4	98.1	100.0	98.2	101.9	85.8	95.9
中药材及中成药	102.7	104.1	104.2	100.1	97.8	110.1	95.2	99.9	100.7
西　药	101.3	103.3	102.8	103.1	100.0	109.5	100.1	96.9	96.7
保健器具及用品	116.0	100.0	102.3	110.7	102.1	106.2	101.3	104.7	93.8
医疗保健服务	100.0	100.0	101.8	100.0	100.0	100.0	98.9	100.0	100.0
个人用品及服务	101.9	100.3	102.0	101.4	104.1	103.0	97.9	99.0	98.8
交通和通讯	**100.4**	**99.0**	**100.7**	**100.5**	**100.1**	**99.6**	**98.4**	**99.8**	**101.8**
交　通	101.1	100.0	103.2	101.3	101.3	101.3	99.1	99.9	100.5
通　讯	99.5	97.6	97.8	99.3	98.9	97.9	97.4	99.7	104.1
娱乐教育文化用品	**102.7**	**99.3**	**99.5**	**98.5**	**100.3**	**103.5**	**99.7**	**100.5**	**99.8**
文娱用耐用消费品	94.3	98.8	96.9	94.9	95.6	99.0	96.0	97.6	101.9
教　育	101.2	100.6	100.9	99.9	100.4	102.1	100.1	101.7	100.9
文化娱乐类	109.1	99.3	101.1	99.4	100.8	106.6	99.9	101.1	100.4
文化娱乐用品	99.1	99.3	98.5	98.5	101.8	100.7	99.8	99.9	100.6
书报杂志	120.2	100.0	96.7	100.4	99.8	103.8	100.0	103.8	100.4
文娱费	111.2	98.3	110.8	100.0	101.2	116.1	100.0	99.7	100.1
旅游	104.1	98.4	95.9	99.6	102.7	114.0	105.1	100.0	94.4
居　住	**101.3**	**104.3**	**103.2**	**100.8**	**100.8**	**99.3**	**109.3**	**104.2**	103.8
建房及装修材料	98.4	99.2	95.4	98.0	101.3	104.6	98.3	100.2	100.1
租　房	102.3	102.5	100.0	102.9	100.2	103.2	115.3	100.0	105.5
自有住房	102.3	107.9	106.1	100.7	101.1	97.3	113.3	108.0	104.6
水、电、燃料	102.1	100.0	100.1	99.7	99.8	98.1	100.0	99.4	100.3
服务项目价格指数	**102.1**	**103.0**	**103.9**	**102.4**	**101.4**	**101.2**	**105.7**	**102.9**	**103.0**

（上年价格=100）

库车县	阿图什市	喀什市	莎车县	和田市	奎屯市	伊宁市	塔城市	沙湾县	阿勒泰市	石河子市
87.4	100.0	100.0	105.3	101.8	100.0	106.0	100.0	100.0	100.0	100.0
98.0	100.0	97.7	99.5	95.7	103.9	99.3	100.0	102.2	99.1	103.1
97.7	100.0	97.0	99.1	92.4	104.9	99.2	100.0	103.4	98.9	104.2
97.4	100.0	100.0	101.7	106.9	100.0	100.2	100.0	100.0	100.0	101.0
105.2	100.0	100.0	100.0	100.0	103.4	100.0	100.0	100.0	100.0	98.0
103.0	108.3	105.7	112.2	112.5	118.2	102.5	101.0	101.8	104.2	100.0
101.1	**104.4**	**100.7**	**102.6**	**99.9**	**101.7**	**101.8**	**99.8**	**101.8**	**103.2**	**100.2**
103.3	100.0	100.6	99.3	98.7	102.3	100.4	99.1	100.0	100.8	100.0
108.5	100.0	99.8	99.7	104.3	105.0	101.2	100.4	100.0	102.3	100.8
98.1	100.0	101.1	99.1	94.5	100.9	100.0	98.4	100.0	99.6	99.7
97.9	99.6	100.0	100.1	94.3	101.5	107.9	100.0	100.0	100.0	100.0
92.9	100.0	100.3	100.0	98.0	104.0	106.1	100.0	100.0	102.0	99.5
97.2	99.5	101.3	102.0	100.2	100.6	100.8	100.0	105.8	104.4	100.1
108.2	128.2	100.4	116.1	114.1	100.0	100.0	102.9	100.0	114.6	101.7
98.7	**101.3**	**103.4**	**100.9**	**102.1**	**100.5**	**101.6**	**100.9**	**102.0**	**103.0**	**103.3**
98.4	101.4	106.5	100.7	102.2	100.3	101.8	101.4	102.8	101.7	104.5
90.0	100.0	99.9	98.6	102.6	100.7	101.6	104.6	106.4	100.0	100.3
87.6	105.1	114.0	100.1	106.1	101.0	104.7	101.7	110.1	105.6	108.5
104.6	100.2	104.5	101.8	101.5	99.9	101.0	104.6	97.6	99.9	105.2
104.0	100.0	102.3	98.6	100.7	100.0	101.2	100.1	100.0	100.0	105.4
100.2	100.0	100.0	100.0	100.0	100.0	99.5	100.1	100.1	100.0	100.0
99.1	101.1	98.8	101.3	101.8	100.8	101.3	99.5	101.0	105.3	101.2
98.1	**99.7**	**98.8**	**100.9**	**99.8**	**99.5**	**99.6**	**100.0**	**100.0**	**99.2**	**99.8**
100.7	101.4	98.1	102.6	102.1	100.0	99.9	99.8	100.7	99.8	100.7
93.1	97.5	99.7	98.9	97.7	99.0	99.3	100.4	99.2	98.5	98.7
101.5	**103.2**	**99.4**	**100.6**	**99.2**	**100.5**	**100.0**	**101.9**	**98.9**	**102.9**	**99.4**
98.1	100.0	94.7	100.2	95.7	100.0	97.8	99.8	94.9	97.7	96.2
104.2	103.7	100.3	100.5	100.2	100.0	100.5	102.4	100.7	100.0	100.0
102.9	103.0	105.0	100.5	100.8	102.0	101.3	102.4	99.7	100.4	98.7
101.1	100.2	98.9	100.0	100.7	98.4	102.5	106.5	99.3	100.2	97.3
100.7	100.0	103.1	102.4	100.0	100.0	100.0	100.0	100.0	101.0	100.0
106.6	111.9	115.5	99.2	101.4	108.5	101.2	100.0	100.0	99.8	100.0
99.1	108.6	94.5	102.2	95.0	100.9	99.4	100.7	100.0	118.2	102.4
107.3	**103.1**	**103.8**	**99.9**	**108.0**	**104.7**	**100.4**	**100.6**	**103.2**	**102.7**	**100.7**
100.9	99.8	103.8	95.7	102.7	102.7	100.6	97.9	100.9	99.9	101.4
103.5	103.6	104.0	100.5	105.5	100.0	100.0	100.0	105.0	105.1	100.0
111.1	104.7	104.2	100.2	111.0	106.8	100.0	101.5	104.1	103.6	100.0
98.8	100.4	100.3	102.0	100.8	106.3	102.7	100.5	99.1	100.5	105.5
104.4	**104.4**	**101.2**	**101.9**	**105.2**	**102.7**	**100.2**	**101.0**	**102.6**	**104.1**	**100.6**

3-15 分城乡商品零售价格指数（2013 年）

（上年价格=100）

指　标	全　区	城　市	农　村
商品零售价格总指数	**103.3**	**103.3**	**103.1**
食品类	**108.2**	**108.1**	**108.4**
粮　食	106.3	106.3	106.4
油　脂	103.6	103.6	103.6
肉禽及其制品	114.7	114.8	114.7
猪　肉	103.8	103.5	104.5
牛　肉	140.0	140.6	138.7
羊　肉	120.1	120.9	118.1
鸡	104.1	102.9	107.1
鲜　蛋	111.8	110.8	114.0
水产品	107.4	108.0	105.7
鲜瓜果	100.4	101.2	98.8
糕点饼干面包	104.2	103.3	106.7
饮料、烟酒	**102.0**	**101.9**	**102.4**
茶及饮料	103.2	103.6	102.5
#饮　料	102.8	103.6	101.2
烟　草	101.1	101.1	101.1
酒	102.4	101.9	103.6
服装鞋帽	**99.8**	**99.6**	**100.3**
服　装	99.5	99.3	100.1
鞋袜帽	100.1	99.9	100.5
#鞋	100.2	100.1	100.6
纺织品类	**102.4**	**102.9**	**101.3**
棉　布	101.3	99.4	103.4
化纤布	100.8	100.4	102.1
毛　线	101.3	102.3	98.9
其　他	101.5	100.8	103.1
家用电器及音像器材	**97.7**	**97.2**	**98.8**
家庭设备	98.8	98.6	99.1
文娱用耐用消费品	96.2	95.0	98.4
专业音像器材	98.3	97.9	98.9

3-15 续表

（上年价格=100）

指　　标	全　区	城　市	农　村
文化办公用品	**99.5**	**99.2**	**100.1**
日用品	**101.2**	**101.3**	**101.2**
日用百货	101.0	100.9	101.3
日用杂品	100.4	100.2	100.9
洗涤用品	102.7	102.7	102.6
其他日用品	99.7	99.7	99.8
体育娱乐用品	**99.2**	**98.8**	**100.1**
体育用品	99.1	98.8	100.1
娱乐用品	99.2	98.9	100.2
交通、通信用品	**97.3**	**97.5**	**97.0**
交通运输机械	98.3	97.8	99.4
通信器材	96.0	96.9	94.0
家　具	**101.1**	**100.6**	**102.6**
化妆品	**103.0**	**103.5**	**101.9**
金银珠宝	**94.4**	**94.8**	**93.3**
中西医药品及医疗保健用品	**102.5**	**102.9**	**101.6**
医疗器具及用品	98.9	99.5	97.9
中药材及中成药	102.4	102.6	102.2
西　药	101.3	101.2	101.7
保健器具及用品	110.1	112.0	102.0
书报杂志及电子出版物	**105.4**	**107.2**	**100.8**
教材及参考书	101.8	102.2	101.2
书报杂志	111.3	114.5	101.1
电子音像制品	100.3	100.6	99.7
燃料	**102.0**	**102.8**	**100.2**
煤炭及制品	104.2	107.7	100.4
石油及制品	101.2	101.6	100.0
建筑材料及五金电料	**99.6**	**99.9**	**99.0**
建筑装璜材料	98.4	98.7	97.9
五金电料	102.7	103.2	101.9

3-16 各调查市县商品零售价格分类指数（2013 年）

指　标	乌鲁木齐　市	克拉玛依　市	吐鲁番市	哈密市	昌吉市	博乐市	库尔勒市	焉耆回族自治县	阿克苏市
商品零售价格总指数	**103.5**	**103.7**	**102.7**	**103.0**	**103.7**	**103.3**	**101.0**	**102.1**	**102.6**
食品类	**107.7**	**110.5**	**108.8**	**108.5**	**111.3**	**107.5**	**107.1**	**106.3**	**108.1**
粮　食	106.4	102.4	106.0	106.1	106.1	104.8	108.4	108.2	105.0
油　脂	103.0	102.5	106.6	106.0	104.0	111.0	110.7	102.8	102.5
肉禽及其制品	114.8	112.7	113.6	117.3	116.4	109.3	114.2	109.2	111.4
猪　肉	104.1	104.7	103.7	103.5	101.7	101.2	101.9	102.7	98.6
牛　肉	141.7	129.0	133.2	138.2	139.2	110.5	135.3	136.5	140.5
羊　肉	121.0	125.1	118.9	127.5	120.6	125.4	123.5	105.4	118.4
鸡	101.7	104.6	102.6	101.8	101.9	98.0	110.0	103.8	112.9
鲜　蛋	110.2	100.3	114.2	107.7	108.0	101.5	113.1	103.0	122.1
水产品	107.2	107.3	112.9	113.4	102.9	93.6	118.6	104.0	107.0
鲜瓜果	99.5	112.1	100.0	106.3	104.0	101.3	106.8	94.8	105.7
糕点饼干面包	103.7	99.8	111.7	106.5	104.4	119.4	100.5	106.3	98.1
饮料、烟酒	**101.7**	**104.7**	**100.0**	**101.6**	**99.1**	**103.7**	**99.0**	**101.6**	**102.6**
茶及饮料	101.6	112.7	99.7	103.1	101.3	110.1	101.7	100.6	100.8
#饮　料	102.0	111.7	99.7	102.5	101.2	112.8	102.5	98.0	101.0
烟　草	101.1	100.0	100.0	100.7	100.2	100.0	100.2	103.4	100.0
酒	102.5	98.8	100.6	101.5	97.5	103.3	96.2	99.9	105.7
服装鞋帽	**99.5**	**101.2**	**98.6**	**99.9**	**99.2**	**102.7**	**94.8**	**102.3**	**99.6**
服　装	99.1	100.4	98.3	99.5	98.6	102.4	92.1	102.0	100.9
鞋袜帽	100.3	102.9	99.2	100.5	100.3	102.9	99.3	103.5	97.4
#鞋	100.4	103.6	99.5	100.5	100.3	104.6	98.7	105.6	100.7
纺织品类	**104.6**	**100.2**	**102.7**	**102.5**	**101.7**	**104.4**	**98.4**	**102.5**	**91.5**
棉　布	100.0	101.9	103.7	100.0	102.4	107.7	100.3	115.7	102.3
化纤布	100.0	97.5	100.0	108.1	99.4	108.2	100.0	100.0	102.4
毛　线	102.7	100.0	101.5	111.4	104.1	95.2	100.5	100.0	100.0
其　他	100.0	102.6	114.5	100.0	100.0	110.9	100.3	100.0	100.0
家用电器及音像器材	**97.4**	**98.3**	**97.8**	**95.1**	**97.2**	**98.0**	**93.1**	**100.5**	**100.7**
家庭设备	98.9	98.0	99.4	98.1	98.9	97.5	93.6	102.6	99.6
文娱用耐用消费品	95.0	99.0	93.7	91.4	94.7	98.2	91.8	97.2	101.5
专业音像器材	99.1	96.0	100.0	95.1	95.5	100.0	97.8	97.4	103.2

（上年价格=100）

库车县	阿图什市	喀什市	莎车县	和田市	奎屯市	伊宁市	塔城市	沙湾县	阿勒泰市	石河子市
101.7	**102.1**	**102.9**	**104.1**	**103.0**	**103.2**	**103.5**	**102.8**	**102.7**	**102.7**	**103.0**
105.4	**105.9**	**107.4**	**110.7**	**109.5**	**106.5**	**107.4**	**108.5**	**107.5**	**106.9**	**106.8**
103.4	105.1	106.1	106.7	104.0	111.3	107.6	106.5	110.6	107.0	106.6
94.6	102.0	104.1	103.4	98.9	99.6	100.5	103.6	103.4	100.2	101.5
109.5	121.1	112.9	114.0	117.6	109.9	116.6	117.8	116.1	115.0	108.7
103.9	102.7	102.6	105.8	101.1	102.6	104.6	107.3	111.6	100.0	107.4
121.3	151.7	146.1	142.6	140.7	129.7	141.5	131.9	149.2	141.8	132.9
118.0	108.9	114.7	109.8	115.1	135.4	119.9	127.4	122.0	121.2	117.1
101.1	117.1	105.7	108.8	105.5	102.7	98.8	114.7	111.6	110.1	98.2
99.0	111.6	112.6	114.6	115.1	110.4	110.9	111.4	114.2	113.1	109.6
112.7	105.7	104.6	104.5	108.6	102.3	108.7	106.0	95.3	103.0	104.9
109.7	77.8	102.8	104.2	110.1	101.2	101.4	92.7	105.3	89.2	104.5
100.1	99.5	104.0	102.4	101.5	103.9	101.2	104.0	100.0	103.9	101.9
100.1	**100.6**	**102.0**	**102.5**	**101.4**	**101.3**	**101.1**	**102.1**	**100.3**	**105.9**	**101.8**
97.9	98.6	110.8	102.5	105.4	99.6	101.1	105.3	100.0	107.9	101.6
100.6	95.6	112.9	101.0	102.3	99.5	101.2	101.3	98.5	98.4	101.1
101.2	100.0	100.1	100.3	100.0	100.0	100.0	100.0	100.0	100.2	100.5
101.9	103.3	101.1	104.6	101.5	104.0	101.8	102.3	100.8	109.6	103.1
99.6	**100.1**	**98.6**	**99.4**	**97.0**	**103.3**	**104.3**	**100.1**	**101.1**	**99.5**	**102.4**
100.3	100.1	99.0	99.3	97.8	103.0	107.3	100.1	99.8	99.9	102.2
98.9	100.0	97.6	99.7	95.3	104.0	99.3	100.0	102.2	98.8	103.0
97.7	100.0	97.0	98.9	91.7	104.9	99.2	100.0	103.2	97.6	104.5
95.4	**99.7**	**97.2**	**101.6**	**99.6**	**103.6**	**103.0**	**100.0**	**100.1**	**102.1**	**99.0**
102.3	100.0	83.6	102.4	102.4	100.0	100.0	100.0	100.0	100.0	102.2
101.2	98.0	100.0	103.7	100.0	100.0	104.1	100.0	100.9	100.0	97.8
95.6	100.0	100.0	97.7	100.0	100.0	100.0	100.0	100.0	103.2	100.1
87.4	100.0	100.0	105.3	101.8	100.0	106.0	100.0	100.0	100.0	100.0
98.0	**100.0**	**97.1**	**98.8**	**94.6**	**100.4**	**99.4**	**99.8**	**97.4**	**98.7**	**97.7**
98.2	100.0	101.2	98.0	94.1	101.9	100.0	98.4	100.0	99.7	99.7
97.9	100.0	92.1	99.9	95.6	98.8	98.3	101.6	92.9	97.0	94.9
97.8	100.0	93.2	100.0	101.7	100.0	100.0	100.0	100.0	100.0	100.0

3-16 续表

指标	乌鲁木齐市	克拉玛依市	吐鲁番市	哈密市	昌吉市	博乐市	库尔勒市	焉耆回族自治县	阿克苏市
文化办公用品	**98.4**	**98.9**	**95.7**	**100.2**	**99.0**	**98.7**	**102.1**	**99.9**	**101.7**
日用品	**101.4**	**100.0**	**101.2**	**104.8**	**100.8**	**104.4**	**99.9**	**101.2**	**100.9**
日用百货	100.8	100.2	102.5	101.7	101.6	101.4	100.6	102.5	101.5
日用杂品	100.0	99.9	98.9	104.7	102.4	105.4	96.6	99.7	101.9
洗涤用品	102.7	99.9	101.2	108.2	98.6	107.9	101.3	101.3	107.6
其他日用品	98.8	100.1	101.4	100.3	104.7	100.4	100.7	100.3	93.5
体育娱乐用品	**99.0**	**100.4**	**98.3**	**100.0**	**102.9**	**100.9**	**99.7**	**103.1**	**91.7**
体育用品	98.5	100.8	97.8	101.0	103.1	100.9	101.7	104.8	87.4
娱乐用品	99.4	100.0	99.4	98.4	102.8	100.9	97.1	100.8	93.4
交通、通信用品	**97.1**	**98.4**	**88.3**	**97.0**	**98.3**	**97.7**	**97.3**	**98.9**	**100.0**
交通运输机械	97.0	100.0	99.5	99.4	99.8	99.5	100.0	100.0	99.6
通信器材	97.3	96.5	81.1	93.3	96.5	95.1	91.0	98.3	100.7
家具	**100.5**	**101.5**	**109.2**	**99.5**	**100.2**	**99.6**	**100.0**	**103.7**	**101.6**
化妆品	**104.2**	**100.8**	**102.3**	**104.7**	**104.9**	**105.3**	**97.7**	**101.3**	**102.4**
金银珠宝	**94.0**	**97.2**	**91.2**	**99.0**	**96.3**	**92.5**	**89.7**	**83.5**	**95.0**
中西药品及医疗保健用品	**103.5**	**103.0**	**102.9**	**103.0**	**99.6**	**107.0**	**98.5**	**98.2**	**97.8**
医疗器具及用品	99.3	101.3	100.4	98.1	100.0	98.2	101.9	85.8	95.9
中药材及中成药	102.6	104.1	104.4	100.1	97.6	108.9	95.8	99.9	100.7
西药	101.1	103.5	102.2	103.9	100.0	107.6	99.8	96.9	96.7
保健器具及用品	116.0	100.0	102.2	111.1	102.3	107.6	101.1	104.4	93.8
书报杂志及电子出版物	**111.0**	**100.0**	**99.1**	**100.1**	**99.8**	**101.4**	**101.2**	**101.9**	**102.8**
教材及参考书	103.1	100.0	100.8	100.0	100.1	100.2	100.0	102.6	101.5
书报杂志	120.2	100.0	96.7	100.3	99.8	103.4	100.0	102.2	100.4
电子音像制品	100.0	100.0	100.0	100.0	99.4	99.7	105.5	92.6	105.8
燃料	**103.3**	**99.4**	**102.2**	**97.0**	**99.1**	**93.6**	**99.0**	**96.7**	**102.6**
煤炭及制品	120.0	100.0	104.4	92.0	97.6	78.8	98.4	92.8	110.1
石油及制品	102.5	99.1	100.7	99.9	99.1	100.7	99.2	99.2	100.1
建筑器材及五金电料	**99.4**	**100.1**	**97.9**	**97.2**	**101.2**	**102.0**	**100.3**	**99.4**	**99.1**
建筑装璜材料	98.4	97.9	95.6	97.4	99.6	102.9	96.1	99.3	99.3
五金电料	102.5	103.9	102.7	96.9	106.9	100.0	109.0	99.7	98.4

（上年价格=100）

库车县	阿图什市	喀什市	莎车县	和田市	奎屯市	伊宁市	塔城市	沙湾县	阿勒泰市	石河子市
102.3	**100.0**	**101.3**	**100.0**	**97.6**	**97.8**	**100.0**	**102.4**	**99.5**	**99.3**	**98.8**
103.3	**99.0**	**98.3**	**100.7**	**100.4**	**101.4**	**102.5**	**100.0**	**101.0**	**100.2**	**101.0**
103.7	100.3	95.8	100.2	97.5	100.9	99.9	100.1	101.4	100.4	100.6
98.3	100.3	101.0	102.9	99.9	102.1	100.0	100.0	102.9	99.2	100.7
110.5	97.1	98.6	100.9	103.4	101.3	103.5	100.0	100.0	101.0	101.7
97.4	100.1	100.3	99.9	100.6	102.1	104.9	100.0	100.0	100.0	100.6
100.7	**100.2**	**94.4**	**100.1**	**100.5**	**100.5**	**100.0**	**97.8**	**101.0**	**100.0**	**100.1**
101.2	100.4	93.1	100.0	100.3	101.2	100.2	96.0	103.2	100.0	101.3
100.2	100.0	95.7	100.1	100.8	99.9	99.9	99.4	100.0	100.0	98.7
99.4	**96.8**	**96.5**	**95.3**	**98.0**	**98.8**	**97.8**	**98.8**	**99.3**	**97.1**	**97.5**
101.1	100.2	94.8	100.0	98.7	100.0	100.3	97.2	100.0	98.5	99.0
97.4	93.0	99.6	91.5	96.8	97.9	95.4	102.1	98.5	95.7	95.2
107.2	**100.0**	**99.6**	**99.8**	**105.0**	**106.2**	**101.2**	**100.4**	**100.0**	**102.7**	**100.5**
100.4	**100.9**	**98.3**	**103.1**	**101.3**	**101.4**	**101.7**	**100.3**	**100.4**	**102.8**	**100.7**
93.2	**92.4**	**99.1**	**98.4**	**88.5**	**100.8**	**95.0**	**85.8**	**95.4**	**92.7**	**93.6**
95.9	**101.7**	**107.4**	**100.8**	**102.5**	**100.3**	**102.5**	**102.4**	**102.3**	**101.9**	**105.8**
90.0	100.0	99.9	98.6	102.6	100.7	101.6	104.6	106.4	100.0	100.3
87.2	104.8	114.5	100.1	106.1	101.0	104.7	101.7	110.0	104.9	108.5
102.4	100.2	104.2	101.6	101.2	99.9	101.0	104.6	96.0	99.9	104.6
101.7	100.0	101.7	98.9	100.8	100.1	101.2	100.1	100.0	100.0	104.7
102.5	**101.0**	**101.8**	**101.3**	**102.3**	**100.0**	**101.2**	**100.0**	**100.0**	**100.3**	**100.1**
106.1	104.8	101.9	99.9	101.1	100.0	102.8	100.0	100.1	100.0	100.0
100.7	100.0	102.8	102.5	100.0	100.0	100.0	100.0	100.0	100.9	100.0
100.0	100.0	100.0	100.0	107.9	100.0	100.0	100.0	100.0	100.0	100.3
98.0	**102.2**	**102.1**	**106.2**	**98.7**	**103.7**	**101.3**	**99.2**	**98.2**	**99.4**	**101.9**
96.5	107.7	101.5	118.1	92.8	100.0	105.8	97.2	98.7	98.8	102.3
99.3	100.5	102.3	100.1	100.1	105.6	100.7	99.8	97.8	99.7	101.7
104.9	**99.0**	**102.7**	**96.9**	**102.1**	**101.9**	**102.4**	**97.8**	**99.5**	**100.0**	**101.2**
100.8	98.5	102.0	96.0	101.6	102.2	100.4	97.6	99.2	99.9	101.2
108.6	100.0	105.1	100.3	103.2	100.6	109.1	100.9	100.0	100.1	101.3

3-17 各调查市县农业生产资料价格指数（2013 年）

（上年价格=100）

指　　标	塔城市	阿勒泰市	沙湾县	博乐市	吐鲁番市
总 指 数	**101.7**	**103.7**	**102.3**	**104.0**	**102.0**
农用手工工具	100.9	101.3	104.7	110.0	110.3
饲　料	102.1	113.7	105.2	94.0	107.9
产品畜	112.4	107.0	108.8	111.5	113.6
半机械化农具	99.2	100.2	104.4	101.4	100.0
机械化农具	105.0	100.1	100.0	100.0	98.6
化学肥料	94.2	97.5	102.3	103.7	99.3
农药及农药械	100.7	103.8	100.1	100.3	102.2
农用机油	101.8	99.5	97.8	113.0	99.4
其他农业生产资料	104.2	107.0	100.9	107.7	98.8
农业生产服务	113.1	111.0	101.6	106.7	102.4

指　　标	库车县	阿图什市	莎车县	焉耆回族自治县
总 指 数	**103.8**	**101.8**	**103.0**	**100.0**
农用手工工具	103.9	100.0	96.5	101.3
饲　料	99.3	107.1	112.1	111.8
产品畜	109.7	144.3	112.4	113.4
半机械化农具	104.6	100.0	100.3	100.7
机械化农具	101.9	100.0	100.5	100.0
化学肥料	102.9	94.1	97.9	91.7
农药及农药械	103.5	102.6	97.7	104.3
农用机油	99.2	101.3	102.2	99.3
其他农业生产资料	107.7	100.0	102.5	103.1
农业生产服务	109.3	102.6	108.7	100.1

3-18　固定资产投资价格指数（2010年）

（上年价格=100）

指　　标	一季度	二季度	三季度	四季度	全年平均
固定资产投资	**101.5**	**104.6**	**105.5**	**106.7**	**104.6**
建筑安装工程	**103.2**	**105.0**	**106.5**	**108.7**	**105.9**
人工费	105.8	109.2	112.8	114.5	110.6
工程管理人员	99.7	106.7	108.2	107.8	105.6
工程技术人员	111.6	107.4	111.2	115.9	111.5
普通工人	102.7	109.8	113.7	115.1	110.3
材料费	102.6	103.8	105.2	107.7	104.8
钢　材	98.8	105.2	105.8	108.0	104.4
螺纹钢	102.1	106.3	106.9	109.2	106.1
薄钢板	100.4	101.9	106.9	105.5	103.7
大型钢材	101.2	101.8	104.1	107.6	103.7
小型钢材	107.3	97.5	106.9	109.4	105.3
钢筋	100.4	105.5	106.7	109.3	105.5
无缝钢管	93.4	102.2	102.1	101.7	99.9
焊接钢管	97.7	103.3	101.8	103.3	101.5
木　材	106.6	104.1	104.1	104.4	104.8
原木		111.7	105.9	101.2	106.3
普通锯材		103.6	103.0	106.5	104.3
胶合板		107.8	107.5	103.0	106.1
水　泥	102.0	100.9	106.1	109.8	104.7
地方材料	101.6	103.4	104.8	108.7	104.6
砖	100.0	106.2	108.6	109.0	105.9
石灰		106.5	101.9	102.7	103.7
砂子	107.0	103.5	105.2	107.5	105.8
大理石板材	104.2	103.2	100.0	101.7	102.3
毛石		100.9	107.1	104.3	104.1
商品混凝土		99.1	104.3	119.9	107.8
石子	100.7	107.4	103.9	110.0	105.5

3-18 续表

（上年价格=100）

指　　标	一季度	二季度	三季度	四季度	全年平均
化工材料	105.2	104.0	105.5	104.9	104.9
清漆		100.1	100.6	99.5	100.1
调和漆	100.2	98.7	103.2	102.8	101.2
防锈漆	103.9	100.8	102.5	102.9	102.5
乳胶漆	102.9	103.4	103.5	105.9	103.9
黏合剂		103.1	100.6	103.7	102.5
涂料		101.3	99.3	103.5	101.4
塑料管	102.2	104.2	101.7	103.2	102.8
沥青	105.3	103.4	107.3	106.5	105.6
电　料	99.5	106.7	102.0	112.0	105.1
绝缘线		106.1	104.5	104.3	105.0
护套线		107.1	104.4	107.3	106.3
灯泡		104.4	104.0	103.5	103.9
灯管	104.4	103.8	103.9	101.9	103.5
开关	100.0	98.0	103.2	102.8	101.0
插座		102.4	101.6	103.1	102.4
其它材料	99.2	102.0	102.5	103.3	101.7
平板玻璃		104.5	102.6	106.5	104.5
油毡		110.0	104.5	102.4	105.6
暖气片	100.4	102.6	101.9	102.6	101.9
大便器		104.1	105.8	104.1	104.6
洗面器		103.8	100.5	105.7	103.3
墙地砖	100.8	103.6	102.5	101.9	102.2
玛钢件	93.5	98.1	103.2	100.9	98.9
建筑用小五金		103.2	105.6	103.8	104.2
铝合金型材	102.6	99.7	99.8	106.2	102.1
塑钢料		102.9	103.1	102.7	102.9
仪表	98.1	96.4	99.6	100.2	98.6
阀门	100.5	100.3	101.4	100.3	100.6
电焊条	104.2	98.6	104.4	110.7	104.5
水、电		103.4	104.6	104.8	104.3
机械使用费	101.9	104.2	103.0	104.0	103.3
土方机械	102.3	104.4	102.1	104.3	103.3
起重机械	100.9	102.4	103.0	103.8	102.5
运输机械	102.0	105.4	103.6	104.2	103.8
混凝土、砂浆机械	102.3	101.5	102.6	102.2	102.2
加工机械	101.6	101.0	102.6	103.6	102.2
其它机械	100.7	102.1	103.8	102.6	102.3
设备、工器具购置	**97.2**	**100.4**	**102.1**	**101.7**	**100.4**
其它费用	**100.0**	**110.8**	**105.6**	**104.5**	**105.2**

3-19　固定资产投资价格指数（2011 年）

（上年价格=100）

指　　标	一季度	二季度	三季度	四季度	全年平均
固定资产投资	**104.6**	**107.7**	**108.8**	**107.3**	**107.1**
建筑安装工程	**106.8**	**111.2**	**112.6**	**110.8**	**110.3**
人工费	112.0	115.7	117.8	119.1	116.1
工程管理人员	106.8	109.6	114.1	114.1	111.1
工程技术人员	105.7	114.6	116.9	117.8	113.8
普通工人	116.2	116.7	118.4	119.9	117.8
材料费	103.8	110.5	111.9	109.2	108.9
钢　材	106.0	108.6	113.1	108.8	109.1
螺纹钢	100.4	108.4	115.3	110.3	108.6
薄钢板	104.1	111.1	111.7	105.9	108.2
大型钢材	101.6	109.9	116.7	106.9	108.8
小型钢材	101.7	109.3	110.3	109.1	107.6
钢筋	101.7	110.8	114.4	110.2	109.3
无缝钢管	115.7	106.5	103.2	106.2	107.9
焊接钢管	99.9	106.2	104.9	107.1	104.5
木　材	104.5	108.6	108.1	108.0	107.3
原木		110.2	105.3	108.2	107.9
普通锯材	101.9	109.9	110.2	110.1	108.0
胶合板	106.7	114.6	105.7	106.5	108.4
水　泥	107.7	117.7	113.0	110.2	112.2
地方材料	105.5	114.1	112.8	110.8	110.8
砖	104.0	128.0	121.2	117.3	117.6
石灰	102.3	106.1	103.9	101.9	103.5
砂子	100.6	111.8	112.7	110.6	108.9
大理石板材	103.4	103.5	104.8	108.0	104.9
毛石		104.0	108.8	109.5	107.4
商品混凝土		104.0	101.3	101.2	102.1
石子	101.2	111.9	108.7	113.5	108.8

3-19 续表

（上年价格=100）

指　标	一季度	二季度	三季度	四季度	全年平均
化工材料	105.6	109.2	109.4	109.2	108.4
清漆	103.7	101.1	105.8	108.2	104.7
调和漆	110.5	123.7	109.5	103.8	111.9
防锈漆	100.0	101.7	112.2	104.4	104.6
乳胶漆	106.9	108.7	104.7	110.2	107.6
黏合剂	99.2	102.2	103.9	104.9	102.5
涂料		103.6	107.2	106.5	105.8
塑料管	102.5	107.8	102.8	105.1	104.5
沥青	104.8	105.5	108.7	110.0	107.2
电　料	102.1	105.5	112.5	105.5	106.4
绝缘线	104.0	110.9	105.4	104.4	106.2
护套线	101.8	108.5	105.6	102.0	104.5
灯泡	100.8	101.1	109.1	105.2	104.0
灯管	102.1	112.1	102.6	102.3	104.8
开关	99.2	101.8	101.8	102.1	101.2
插座	109.6	105.6	105.0	104.2	106.1
其它材料	99.8	104.5	105.1	105.5	103.7
平板玻璃	116.4	102.8	113.6	106.9	109.9
油毡		102.1	101.7		101.9
暖气片	102.6	107.5	106.9	105.8	105.7
大便器	102.3	103.6	105.5	110.2	105.4
洗面器	103.2	100.0	103.3	110.9	104.4
墙地砖	104.0	111.1	108.5	107.2	107.7
玛钢件	102.1	102.0	101.1	100.9	101.5
建筑用小五金	100.0	106.7	106.6	103.6	104.2
铝合金型材	104.5	105.2	107.2	108.0	106.2
塑钢料	102.8	107.4	107.5	106.8	106.1
仪表	93.1	97.9	101.0	101.4	98.4
阀门	98.1	101.6	103.0	102.4	101.3
电焊条	103.5	106.6	111.5	104.3	106.5
水、电		101.2	101.0	101.5	101.2
机械使用费	116.1	106.8	107.7	105.4	109.0
土方机械	116.8	106.9	107.4	106.6	109.4
起重机械	126.2	105.0	104.8	104.2	110.0
运输机械	116.1	107.9	109.8	105.7	109.9
混凝土、砂浆机械	130.7	106.2	107.5	105.6	112.5
加工机械	106.6	105.4	107.0	104.6	105.9
其它机械	100.2	103.4	104.0	103.2	102.7
设备、工器具购置	**99.5**	**98.1**	**97.8**	**98.0**	**98.4**
其它费用	**100.7**	**104.6**	**105.9**	**103.4**	**103.7**

3-20　固定资产投资价格指数（2012 年）

（上年价格=100）

指　　标	一季度	二季度	三季度	四季度	全年平均
固定资产投资	**102.8**	**101.1**	**99.0**	**99.5**	**100.6**
建筑安装工程	**105.1**	**102.3**	**99.0**	**99.6**	**101.5**
人工费	110.5	110.2	108.4	109.4	109.6
工程管理人员	114.2	113.7	110.0	110.0	112.0
工程技术人员	109.3	114.1	110.2	110.5	111.0
普通工人	110.4	108.8	108.0	109.2	109.1
材料费	103.7	99.4	95.2	95.3	98.4
钢　材	103.3	97.3	93.1	92.3	96.5
螺纹钢	103.7	96.8	92.7	90.5	95.9
薄钢板	103.0	100.9	99.2	99.5	100.6
大型钢材	101.0	100.9	94.3	91.9	97.0
小型钢材	107.0	98.1	96.9	97.1	99.8
钢筋	100.2	96.8	91.3	90.6	94.7
无缝钢管	105.6	97.0	94.6	98.9	99.0
焊接钢管	108.6	97.1	91.6	97.8	98.8
木　材	103.4	105.1	104.3	105.5	104.6
原木	101.4	107.8	103.9	102.4	103.9
普通锯材		103.7	102.7	102.8	103.1
胶合板	101.8	111.1	116.6	114.9	111.1
水　泥	102.8	95.5	91.0	92.6	95.5
地方材料	104.9	102.4	96.8	97.1	100.3
砖	107.5	105.7	92.7	93.7	99.9
石灰	101.3	103.1	98.8	106.4	102.4
砂子	100.8	102.7	100.5	103.0	101.7
大理石板材	104.3	103.2	102.1	108.8	104.6
毛石		104.1	98.1	102.5	101.6
商品混凝土		99.9	118.1	123.2	113.7
石子	100.0	103.2	99.9	105.0	102.0

3-20 续表

（上年价格=100）

指　标	一季度	二季度	三季度	四季度	全年平均
化工材料	105.1	102.0	101.8	101.4	102.6
清漆	102.4	104.6	105.2	105.1	104.3
调和漆		104.0	103.4	103.9	103.8
防锈漆	100.0	109.0	101.5	100.0	102.6
乳胶漆	105.2	105.5	102.8	102.2	103.9
黏合剂	100.2	103.5	99.2	102.9	101.4
涂料		103.5	107.0	101.2	103.9
塑料管	106.3	101.1	102.8	101.2	102.9
沥青		101.3	101.4	100.5	101.1
电　料	103.3	101.9	97.6	96.5	99.8
绝缘线	103.4	100.1	101.9	100.8	101.5
护套线	104.5	102.0	101.2	100.7	102.1
灯泡	101.0	102.6	101.5	101.5	101.6
灯管	105.4	106.2	103.4	101.5	104.1
开关	101.2	111.6	105.4	108.4	106.7
插座	102.8	105.0	103.5	106.3	104.4
其它材料	103.8	102.5	101.9	101.9	102.5
平板玻璃	100.6	105.4	99.5	102.6	102.1
油毡		102.5	100.0		101.3
暖气片		103.8	100.5	100.1	101.5
大便器	105.0	105.8	104.2	100.0	103.7
洗面器		100.2	107.7	104.7	104.2
墙地砖	102.6	102.4	104.1	102.5	102.9
玛钢件	107.5	101.4	102.0	102.9	103.5
建筑用小五金	104.0	102.0	100.3	103.9	102.6
铝合金型材	103.2	105.7	103.7	103.8	104.1
塑钢料	102.3	101.2	101.2	102.4	101.8
仪表	99.3	100.4	100.8	100.6	100.3
阀门	104.2	101.2	101.4	100.6	101.8
电焊条	105.0	101.6	100.5	101.2	102.1
水、电		102.0	100.8	101.0	101.3
机械使用费	102.7	104.4	103.1	105.8	104.0
土方机械	102.3	104.8	103.6	106.5	104.3
起重机械	100.0	102.9	102.2	104.1	102.3
运输机械	102.9	105.4	103.4	106.9	104.6
混凝土、砂浆机械	104.1	102.5	101.8	103.4	103.0
加工机械		103.9	104.5	104.9	104.4
其它机械	100.5	102.9	102.9	101.6	102.0
设备、工器具购置	**96.3**	**97.0**	**97.6**	**98.3**	**97.3**
其它费用	**100.0**	**100.9**	**102.0**	**101.4**	**101.1**

3-21　固定资产投资价格指数（2013年）

（上年价格=100）

指　　标	一季度	二季度	三季度	四季度	全年平均
固定资产投资	**102.4**	**99.6**	**99.7**	**100.2**	**100.5**
建筑安装工程	**103.2**	**99.4**	**99.5**	**99.9**	**100.5**
人工费	106.8	107.8	108.5	108.0	107.8
工程管理人员	114.7	108.0	107.3	109.7	109.9
工程技术人员	109.1	108.1	109.3	107.0	108.4
普通工人	105.3	107.7	108.6	108.0	107.4
材料费	100.8	95.6	95.4	96.2	97.0
钢　材	99.8	92.0	91.1	92.5	93.8
螺纹钢	104.2	90.8	90.8	91.8	94.4
薄钢板	102.5	97.5	93.1	94.9	97.0
大型钢材	102.1	97.8	94.3	95.2	97.4
小型钢材	97.1	93.5	94.4	95.0	95.0
钢筋	99.6	90.2	88.4	91.8	92.5
无缝钢管	93.5	94.7	100.2	98.5	96.7
焊接钢管	102.3	97.3	96.8	97.5	98.5
木　材	105.6	103.2	101.1	100.9	102.7
原木		104.1	101.8	96.7	100.9
普通锯材		102.3	101.1	103.9	102.4
胶合板	104.4	105.6	101.2	103.9	103.8
水　泥	98.7	97.2	94.0	94.6	96.1
地方材料	100.5	98.5	98.4	98.7	99.0
砖	104.2	95.3	95.1	94.1	97.2
石灰	105.9	103.4	104.0	104.4	
砂子	91.5	101.0	100.1	104.0	99.1
大理石板材	102.2	104.9	100.6	100.9	102.2
毛石		99.9	100.1	104.6	101.5
商品混凝土		103.1	102.7	99.0	101.6
石子		103.6	102.8	103.0	103.1

3-21 续表

（上年价格=100）

指 标	一季度	二季度	三季度	四季度	全年平均
化工材料	99.6	100.2	103.4	102.2	101.3
清漆	103.1	104.7	106.3	101.4	103.9
调和漆	105.9	103.5	101.0	100.9	102.8
防锈漆	106.5	100.4	100.8	98.9	101.7
乳胶漆	101.1	101.0	100.3	102.8	101.3
黏合剂	103.9	100.1	100.1	100.3	101.1
涂料	108.7	101.4	104.6	99.2	103.5
塑料管	107.9	99.9	100.2	101.2	102.3
沥青		101.5	106.2	103.9	103.9
电 料	101.4	90.8	93.9	96.3	95.6
绝缘线	101.8	100.6	101.0	100.8	101.0
护套线		101.5	100.6	109.5	103.9
灯泡		100.3	99.5	99.9	99.9
灯管	101.2	104.2	100.5	101.1	101.8
开关	105.3	106.5	100.9	99.7	103.1
插座	101.3	107.0	104.5	101.1	103.5
其它材料	102.2	101.5	102.0	101.8	101.9
平板玻璃	101.5	101.3	102.6	103.9	102.3
油毡				100.0	100.0
暖气片	100.8	99.7	107.5	104.1	103.0
大便器	100.0	103.7	107.5	103.7	103.7
洗面器	102.1	103.1	100.3	106.7	103.1
墙地砖	100.7	101.3	101.0	102.4	101.4
玛钢件	102.1	101.3	108.1	100.9	103.1
建筑用小五金	102.9	99.7	101.1	99.1	100.7
铝合金型材	103.6	97.5	100.0	103.2	101.1
塑钢料	103.7	102.9	101.2	100.9	102.2
仪表	100.0	100.3	100.7	100.4	100.3
阀门	105.8	102.8	100.9	100.4	102.5
电焊条	98.3	98.5	101.4	99.4	99.4
水、电		100.7	100.5	100.7	100.6
机械使用费	109.8	104.4	104.2	105.1	105.9
土方机械		105.5	104.5	103.8	104.6
起重机械	114.3	101.2	102.5	103.1	105.3
运输机械	104.5	105.3	105.3	109.1	106.0
混凝土、砂浆机械		105.6	104.4	103.6	104.6
加工机械		102.2	103.5	103.6	103.1
其它机械	109.6	101.7	102.3	101.8	103.9
设备、工器具购置	**99.7**	**99.7**	**99.0**	**99.6**	**99.5**
其它费用		**101.7**	**104.2**	**104.7**	**103.5**

3-22　各地、州、市工业生产者出厂价格分类指数（2013 年）

指　　标	乌鲁木齐市	克拉玛依市	吐鲁番地区	哈密地区
全部工业品	**96.4**	**96.9**	**96.1**	**98.4**
轻工业	101.6	106.0	90.9	99.8
以农产品为原料	102.3	108.7	97.8	99.8
以非农产品为原料	99.3	100.6	81.7	100.0
重工业	96.1	96.9	96.3	98.2
采　掘	96.0	94.7	96.4	99.7
原　料	97.6	98.6	96.4	95.4
加　工	94.3	97.4	94.9	98.4
生产资料	96.2	96.9	96.0	98.2
采　掘	96.0	94.7	96.4	99.7
原　料	97.6	98.6	96.4	95.4
加　工	94.5	97.6	91.2	98.4
生活资料	100.4	109.6	102.2	100.8
食　品	102.8	109.6	102.0	100.8
衣　着	100.1	121.2		
一般日用品	96.8	100.0	104.1	100.0
耐用消费品	100.1			
按工业部门分				
冶金工业	90.6	93.8	94.3	100.2
电力工业	100.0	100.0	99.9	100.2
煤炭及炼焦工业	102.1		98.0	93.8
石油工业	96.7	96.8	96.7	
化学工业	97.9	99.7	88.5	96.4
机械工业	102.4	97.3	100.0	100.0
建筑材料工业	94.1	100.0	92.4	98.6
森林工业	100.1			
食品工业	103.1	109.6	102.3	101.2
纺织工业	101.3		94.5	97.6
缝纫工业	100.1	121.2		
皮革工业				
造纸工业	100.8	100.0		100.0
文教艺术用品工业	100.2	100.0	100.0	
其他工业	99.8		102.1	100.0

3-22 续表

指　　标	昌吉回族自治州	伊犁哈萨克自治州直属县（市）	塔城地区	阿勒泰地区
全部工业品	**98.1**	**100.2**	**97.4**	**97.8**
轻工业	100.7	102.4	99.4	107.2
以农产品为原料	102.9	102.5	99.4	107.6
以非农产品为原料	92.9	101.2	99.6	100.1
重工业	96.6	97.6	95.4	97.5
采　掘	103.1	104.9	98.2	99.7
原　料	95.2	97.2	94.3	93.2
加　工	95.7	95.4	94.2	93.0
生产资料	96.8	98.1	94.4	97.5
采　掘	103.1	104.9	98.2	99.7
原　料	94.6	96.7	92.3	93.2
加　工	97.6	98.3	94.6	93.0
生活资料	102.4	102.3	103.5	107.3
食　品	102.5	102.4	103.6	107.4
衣　着	100.7	94.6		
一般日用品	101.1	99.9	100.0	104.1
耐用消费品	101.5			
按工业部门分				
冶金工业	93.5	94.4	89.0	97.5
电力工业	100.0	100.0	100.1	99.8
煤炭及炼焦工业	98.2	97.0	106.8	99.5
石油工业	100.4	97.4	100.0	101.1
化学工业	94.4	101.2	88.7	100.0
机械工业	96.5	99.5	100.0	97.5
建筑材料工业	94.8	95.2	94.0	90.2
森林工业	98.6	102.0		
食品工业	103.2	102.9	103.8	107.8
纺织工业	99.8	98.1	97.0	100.0
缝纫工业	100.0	94.6		121.4
皮革工业	102.2			
造纸工业	94.9	99.4	100.0	98.9
文教艺术用品工业	100.5	100.0	100.0	100.0
其他工业	96.4	96.2	100.0	98.8

博尔塔拉蒙古自治州	巴音郭楞蒙古自治州	阿克苏地区	克孜勒苏柯尔克孜自治州	喀什地区	和田地区	生产建设兵团
96.7	**96.5**	**96.6**	**101.5**	**99.6**	**100.6**	**100.5**
94.5	99.4	97.0	108.4	100.6	110.7	102.2
94.5	98.7	96.9	108.8	100.6	111.5	102.1
100.0	101.1	100.0	102.4	100.0	108.9	105.8
98.5	96.2	96.6	99.0	99.0	99.1	99.0
100.2	96.7	89.7	99.4	93.2	99.2	93.0
99.3	99.5	97.6	101.5	98.6	100.9	101.0
95.7	91.0	95.7	95.3	102.0	95.9	96.3
98.0	96.4	96.7	101.5	99.7	97.7	98.8
100.2	96.7	89.7	99.4	93.2	99.2	93.0
99.2	99.1	97.6	108.3	98.6	100.9	100.3
96.0	91.6	96.8	96.4	102.1	88.4	97.9
92.5	100.6	95.8	101.5	98.9	111.1	105.0
92.2	100.4	95.6	101.5	98.9	111.7	105.1
	100.0					100.3
100.9	102.0	101.1	100.0	100.6	103.1	101.2
	100.0					100.0
99.7	88.8	95.0	99.3	91.5		92.6
100.0	100.1	96.9	102.3	99.6	100.9	100.3
	109.4	89.4	100.0	105.5	99.2	94.1
	96.6	98.0	100.0	100.0		101.1
93.3	96.9	95.1	111.5	107.1	109.4	100.8
101.3	94.0	100.0		100.3		100.0
96.1	96.6	98.4	95.3	102.3	87.9	91.6
	92.8	102.7				100.0
92.3	101.2	96.1	101.2	99.4	111.5	104.4
96.1	97.4	98.8	100.0	100.6		98.2
	100.0					100.3
106.9			110.9			
	100.3					98.2
100.0	100.0		100.0		100.0	100.3
100.0	100.0	100.0	102.8	100.0	114.6	108.2

3-23 工业生产者出厂价格分类指数

指　　标	1995	2000	2001	2002	2003	2004	2005
全部工业品	**117.0**	**129.4**	**96.3**	**97.3**	**115.1**	**116.4**	**116.6**
轻工业	127.3	97.3	98.4	94.8	102.4	106.6	99.6
以农产品为原料	129.3	97.1	98.4	94.7	104.6	108.3	98.4
以非农产品为原料	118.9	103.5	98.7	97.0	98.1	103.4	101.9
重工业	109.1	141.8	95.6	98.3	121.4	119.9	122.5
采　掘	113.6	164.2	90.5	98.5	125.3	130.0	136.2
原　料	107.0	114.3	104.3	98.8	113.8	110.3	114.2
加　工	112.2	98.6	100.2	96.5	107.3	121.6	104.1
生产资料	112.6	138.0	95.6	97.0	117.3	117.7	118.4
采　掘	113.6	164.0	90.6	98.6	125.1	129.8	136.0
原　料	111.2	113.7	104.3	98.7	113.8	110.3	114.3
加　工	115.6	97.7	97.3	92.2	105.0	112.1	100.4
生活资料	124.7	96.6	101.0	99.5	101.3	105.9	101.3
食　品	129.4	93.0	101.5	99.8	101.6	107.2	101.7
衣　着	124.0	100.3	97.3	99.1	101.7	101.9	96.4
一般日用品	124.7	98.1	102.9	97.9	100.3	99.6	101.1
耐用消费品	102.6	99.7	100.8	99.3	97.0	99.7	99.2
按工业部门分							
冶金工业	96.9	103.9	98.3	99.0	111.4	127.6	101.9
电力工业	120.2	104.8	101.2	101.2	103.6	102.9	100.9
煤炭及炼焦工业	113.1	98.2	103.7	113.8	98.7	112.5	109.4
石油工业	101.1	162.2	92.9	97.0	126.7	123.0	130.5
化学工业	133.4	102.6	100.7	94.6	101.9	108.5	106.1
机械工业	105.5	97.4	99.5	100.5	99.5	101.9	112.4
建筑材料工业	101.7	98.4	102.3	98.6	94.5	99.0	99.4
森林工业	92.1	99.7	101.4	100.6	96.2	99.5	99.9
食品工业	129.4	92.2	102.3	99.4	101.8	108.3	101.1
纺织工业	125.7	101.8	92.9	87.4	110.2	111.0	92.1
缝纫工业		101.7	97.1	99.0	101.9	102.0	96.3
皮革工业	120.4	95.7	101.1	100.9	101.0	99.7	100.0
造纸工业	147.5	98.4	104.6	99.5	98.6	99.2	102.6
文教艺术用品工业	108.5	98.2	97.3	104.1	100.8	99.7	99.7
其他工业	153.5	98.8	107.0	109.5	108.8	104.2	104.0

（上年价格=100）

2006	2007	2008	2009	2010	2011	2012	2013
114.4	**106.3**	**116.4**	**85.5**	**125.3**	**114.8**	**96.9**	**96.5**
103.6	105.6	111.2	97.5	108.9	110.1	94.1	99.6
103.6	105.8	112.1	96.6	111.2	110.8	95.6	100.5
103.6	105.2	108.7	99.9	104.6	106.5	86.1	94.6
117.1	106.4	117.7	83.3	128.7	115.6	97.4	96.0
118.4	104.4	119.4	72.9	153.1	127.9	97.9	95.4
120.5	106.3	113.7	93.4	114.0	111.9	98.1	96.3
98.5	115.1	127.1	86.5	105.6	106.1	94.2	96.0
115.4	106.1	116.3	84.5	127.1	115.6	96.6	96.0
118.4	104.4	119.4	73.1	151.9	127.9	97.9	95.4
120.7	106.1	113.2	93.4	115.2	111.5	97.3	96.3
101.1	109.0	116.4	91.5	107.3	109.0	93.0	96.3
103.5	108.4	116.9	98.5	104.1	106.4	100.8	101.5
103.8	109.4	118.7	98.0	104.4	107.2	100.8	101.7
100.6	100.3	107.8	102.4	101.5	100.4	100.0	101.0
100.4	104.8	105.8	98.1	101.4	104.1	101.3	100.3
100.2	100.3	101.1	108.0	102.3	96.9	100.3	100.3
100.5	115.5	129.2	78.6	114.4	112.7	92.6	93.2
102.2	101.2	100.9	102.4	100.7	100.9	100.5	100.1
113.8	112.5	110.8	107.6	104.0	103.1	103.1	92.9
122.4	104.9	118.6	80.3	141.6	123.6	99.8	96.5
103.3	106.2	108.9	89.5	112.1	111.7	88.8	93.3
109.8	120.7	104.9	99.9	97.4	91.7	94.8	101.3
105.6	103.3	109.9	105.1	101.1	108.2	92.7	95.2
99.5	100.7	105.3	103.8	101.7	96.5	101.4	100.4
103.5	109.7	120.0	98.0	104.9	106.8	101.2	102.2
104.2	99.4	98.9	95.5	122.8	131.2	85.2	96.8
100.6	100.3	107.8	102.5	101.5	100.1	100.0	101.6
98.6	108.6	104.4	99.4	101.1	121.4	106.8	106.7
103.5	104.6	107.7	92.3	127.8	105.8	94.7	99.5
98.8	100.6	102.8	100.1	101.1	100.8	101.6	100.1
104.2	106.5	103.8	101.2	107.7	106.5	99.5	98.8

3-24 分行业工业生产者出厂价格指数（按新行业分类标准）

（上年价格=100）

指标	2007	2008	2009	2010	2011	2012	2013
煤炭开采和洗选业	**113.8**	**111.0**	**110.1**	**101.9**	**105.7**	**109.4**	**92.3**
烟煤和无烟煤的开采洗选	113.8	111.0	110.1	101.9	105.6	109.7	92.3
褐煤的开采洗选							
其他煤炭采选					108.7	97.9	93.2
石油和天然气开采业	**103.4**	**119.4**	**70.4**	**159.4**	**132.9**	**96.5**	**95.4**
天然原油和天然气开采	103.4	119.4	70.4	159.4	132.9	96.5	95.4
与石油和天然气开采有关的服务活动							
黑色金属矿采选业	**112.8**	**161.7**	**62.7**	**117.7**	**110.1**	**96.7**	**101.5**
铁矿采选	112.8	161.7	62.2	118.0	111.0	96.9	102.1
其他黑色金属矿采选	100.0	100.0	81.6	109.1	99.6	95.2	95.2
有色金属矿采选业	**131.4**	**80.7**	**88.2**	**132.8**	**112.2**	**98.6**	**93.9**
常用有色金属矿采选	131.2	78.5	87.1	135.8	106.3	92.9	96.5
贵金属矿采选	112.0		85.5	117.1	126.6	106.5	87.2
稀有稀土金属矿采选	133.9	104.8	96.5	90.8	96.8	101.0	101.8
非金属矿采选业	**103.9**	**104.5**	**103.9**	**100.4**	**101.3**	**101.9**	**100.3**
土砂石开采	110.3	105.3	103.6	102.0	101.4	99.6	99.9
化学矿采选	106.1	120.1	85.2	96.8	99.7	107.2	110.9
采盐	97.6	99.8	104.8	98.0	102.0	112.3	100.6
石棉及其他非金属矿采选	103.7	109.4	115.3	101.2	100.0	95.4	98.0
其他采矿业							
其他采矿业							
农副食品加工业	**114.1**	**126.7**	**91.1**	**109.9**	**111.6**	**102.9**	**102.4**
谷物磨制	108.6	129.3	99.7	94.4	104.7	110.9	111.0
饲料加工	108.9	120.7	98.7	109.7	102.0	106.6	107.7
植物油加工	135.8	145.2	77.1	111.7	116.2	99.8	100.6
制糖	84.6	95.9	106.1	134.5	122.9	99.1	86.4
屠宰及肉类加工	104.4	107.0	108.8	101.0	113.2	102.1	104.6
水产品加工	103.5	127.0		100.0	100.0	100.0	100.0
蔬菜、水果和坚果加工	104.7	100.0	98.8	85.9	99.8	99.7	103.8
其他农副食品加工	105.8	105.7	102.1	116.0	117.1	101.2	98.7
食品制造业	**105.9**	**116.7**	**113.1**	**94.5**	**100.7**	**98.3**	**103.1**
焙烤食品制造	99.2	104.4	101.4	100.3	99.6	101.1	100.2
糖果、巧克力及蜜饯制造	100.0	101.7	100.2	100.1	100.3	100.0	100.0
方便食品制造	100.8	110.2	111.9	97.0	101.7	101.0	102.4
液体乳及乳制品制造	111.1	120.5	95.1	113.7	105.6	100.2	107.2
罐头制造	105.8	117.3	130.4	75.4	99.7	98.1	108.6
调味品、发酵制品制造	97.9	109.7	105.9	109.2	100.0	92.1	96.7
其他食品制造	98.0	111.7	104.5	100.9	97.4	97.2	97.2

3-24　续表 1

（上年价格=100）

指　　标	2007	2008	2009	2010	2011	2012	2013
饮料制造业	**101.5**	**108.7**	**103.5**	**103.4**	**103.3**	**101.7**	**102.1**
酒精制造	95.0	107.5	104.2	116.6	112.0	99.2	99.7
酒的制造	101.7	108.8	103.8	104.4	104.0	102.7	102.3
软饮料制造	98.4	105.1	101.8	99.7	101.2	99.7	101.7
精制茶加工			100.0	100.0	101.3	102.4	106.9
烟草制品业	**106.0**	**101.6**	**102.7**	**101.5**	**100.0**	**100.0**	**100.0**
烟叶复烤							
卷烟制造	106.0	101.6	102.7	101.5	100.0	100.0	100.0
其他烟草制品加工							
纺织业	**99.4**	**99.4**	**95.9**	**121.6**	**128.9**	**86.0**	**97.0**
棉、化纤纺织及印染精加工	98.1	98.5	95.6	124.0	132.7	84.1	96.5
毛纺织和染整精加工	110.3	106.0	88.1	99.9	105.1	103.1	100.1
麻纺织	99.1	105.9	96.0	105.1	124.4	99.4	97.6
丝绢纺织及精加工	156.0						
纺织制成品制造	103.9	110.0	100.7	100.7	103.9	100.9	100.0
针织品、编织品及其制品制造	100.3	108.2	103.2	101.6	99.0	99.7	99.9
纺织服装、鞋、帽制造业	**100.2**	**101.5**	**99.0**	**101.3**	**103.1**	**100.9**	**104.5**
纺织服装制造	100.2	101.5	99.0	101.3	103.1	100.9	104.5
纺织面料鞋的制造							
制帽	100.0			99.7			
皮革、毛皮、羽毛(绒)及其制品业	**106.8**	**103.5**	**99.4**	**101.1**	**118.5**	**106.0**	**108.1**
皮革鞣制加工	116.7	108.8	92.6	101.2	137.6	112.4	110.4
皮革制品制造	100.0	100.0	100.0	100.0	100.0	100.0	103.0
毛皮鞣制及制品加工					105.8	99.9	102.1
羽毛(绒)加工及制品制造	100.0	101.2		102.6	103.8	101.1	115.1
木材加工及木、竹、藤、棕、草制品业	**102.7**	**114.5**	**103.7**	**100.1**	**97.1**	**102.0**	**100.7**
锯材、木片加工	95.9	143.9		100.4	86.1	100.3	104.9
人造板制造	109.0	105.3	102.3	99.5	101.2	102.7	99.0
木制品制造	102.9	102.5	112.1	105.2	100.1	101.0	100.0
竹、藤、棕、草制品制造							
家具制造业	**100.2**	**101.0**	**108.0**	**102.3**	**96.5**	**100.3**	**100.4**
木质家具制造	100.2	101.3	103.8	103.1	95.7	100.6	100.1
竹、藤家具制造							
金属家具制造	100.2	98.5	131.5	98.2	98.9	99.5	101.4
塑料家具制造							
其他家具制造	100.0						

3-24 续表 2

（上年价格=100）

指 标	2007	2008	2009	2010	2011	2012	2013
造纸及纸制品业	**104.6**	**107.7**	**92.3**	**127.8**	**105.8**	**94.7**	**99.5**
纸浆制造	111.8	99.0	88.5	179.0	125.3	87.9	100.3
造纸	104.2	109.7	93.0	105.5	99.6	95.0	99.1
纸制品制造	103.6	103.8	94.7	102.3	106.9	100.3	99.4
印刷业和记录媒介的复制	**100.6**	**102.8**	**100.1**	**101.1**	**100.8**	**101.6**	**100.1**
印刷	100.6	102.8	100.0	101.0	100.8	101.8	100.1
装订及其他印刷服务活动			103.4	103.7	100.8	100.0	100.0
记录媒介的复制							
文教体育用品制造业	**100.0**	**100.0**					
文化用品制造	100.0	100.0					
体育用品制造							
乐器制造							
玩具制造							
游艺器材及娱乐用品制造							
石油加工、炼焦及核燃料加工业	**106.8**	**117.6**	**95.8**	**118.8**	**113.9**	**102.1**	**97.4**
精炼石油产品的制造	106.8	117.7	95.7	119.1	114.8	102.9	97.5
炼焦	103.7	109.7	99.0	110.7	96.1	86.1	94.0
核燃料加工							
化学原料及化学制品制造业	**105.5**	**109.5**	**88.8**	**110.1**	**116.4**	**88.7**	**91.2**
基础化学原料制造	112.7	113.7	86.0	115.1	107.3	99.9	95.0
肥料制造	100.5	113.1	97.3	96.7	115.9	103.7	96.2
农药制造					102.5	101.3	97.3
涂料、油墨、颜料及类似产品制造	103.7	109.5	96.6	103.1	113.7	80.6	80.7
合成材料制造	103.7	104.2	80.3	113.2	122.7	82.5	88.1
专用化学产品制造	102.4	110.9	103.7	103.4	99.7	98.2	100.6
日用化学产品制造	107.0	106.4	104.9	102.2	103.9	100.6	100.1
医药制造业	**102.2**	**104.3**	**101.0**	**108.0**	**103.6**	**105.0**	**104.4**
化学药品原药制造	111.5	113.0		104.4	101.5	108.7	101.2
化学药品制剂制造	90.4	109.7	100.5		101.4	102.4	101.9
中药饮片加工	110.0	109.2	102.5	108.4	106.0	103.7	107.1
中成药制造	103.5	103.3	100.2		104.6	105.7	106.5
兽用药品制造							
生物、生化制品的制造					105.7	106.1	103.2
卫生材料及医药用品制造							
化学纤维制造业	**111.4**	**94.8**	**86.8**	**140.0**	**96.5**	**75.3**	**93.9**
纤维素纤维原料及纤维制造	141.3	107.3	86.8	140.0	96.3	75.0	93.9
合成纤维制造	102.2	90.7			114.5	101.0	93.3

3-24　续表 3

（上年价格=100）

指　　标	2007	2008	2009	2010	2011	2012	2013
橡胶制品业	**115.8**	**118.9**	**102.2**	**102.5**	**114.8**	**101.3**	**102.1**
轮胎制造	116.3	119.3	102.2	107.3	123.0	100.1	101.7
橡胶板、管、带的制造	100.0	109.8	101.7	98.5	100.5	100.0	100.0
橡胶零件制造	100.0	105.9	104.2	101.5	101.3	100.0	96.2
再生橡胶制造		100.0	97.7	87.9	105.7	107.5	103.7
日用及医用橡胶制品制造							
橡胶靴鞋制造							
其他橡胶制品制造	100.0				107.2	102.6	108.4
塑料制品业	**105.9**	**105.7**	**91.8**	**101.1**	**101.7**	**99.5**	**99.7**
塑料薄膜制造	110.5	102.0	81.0	103.2	100.8	98.2	104.3
塑料板、管、型材的制造	101.9	108.3	97.3	99.2	100.5	98.8	98.5
塑料丝、绳及编织品的制造	106.4	111.2	98.7	104.6	105.1	103.0	99.7
泡沫塑料制造	109.6	99.5	80.1		104.6	100.4	102.6
塑料人造革、合成革制造							
塑料包装箱及容器制造	100.2	101.0	80.1	101.9	105.2	100.9	98.1
塑料零件制造				99.6			
日用塑料制造					103.9	99.3	99.1
其他塑料制品制造			114.9	101.2	99.2	98.6	101.0
非金属矿物制品业	**103.4**	**109.9**	**104.9**	**102.0**	**108.5**	**92.9**	**95.2**
水泥、石灰和石膏的制造	103.9	111.7	105.3	100.7	110.1	86.7	91.8
水泥及石膏制品制造	102.2	106.9	103.7	102.5	109.1	101.8	97.5
砖瓦、石材及其他建筑材料制造	101.4	100.8	108.4	98.2	102.8	100.4	101.0
玻璃及玻璃制品制造	108.8	103.7	98.4	104.1	108.4	97.2	100.0
陶瓷制品制造							
耐火材料制品制造	101.2	105.6	94.4	99.9	101.2	100.4	100.4
石墨及其他非金属矿物制品制造	100.0	100.0	99.5	116.2	102.5	95.5	96.6
黑色金属冶炼及压延加工业	**115.4**	**134.2**	**78.9**	**110.8**	**114.2**	**90.5**	**91.6**
炼铁	121.3	142.0	75.6	110.4	113.8	90.1	91.8
炼钢	105.0			99.2	97.6	88.4	91.3
钢压延加工	115.3	133.9	81.3	111.2	114.9	90.7	91.3
铁合金冶炼	108.8	128.1	73.2	114.4	106.2	90.9	97.2
有色金属冶炼及压延加工业	**116.2**	**85.2**	**84.0**	**132.4**	**109.3**	**94.1**	**93.2**
常用有色金属冶炼	119.6	74.9	79.8	134.2	108.0	90.5	95.3
贵金属冶炼	113.5	116.3	107.2	125.7	117.1	99.9	84.6
稀有稀土金属冶炼							
有色金属合金制造	112.5				124.0	121.7	98.0
有色金属压延加工	102.0	100.1	100.1		102.1	100.2	95.9
金属制品业	**103.5**	**128.7**	**88.0**	**106.6**	**109.0**	**97.5**	**95.2**
结构性金属制品制造	106.5	129.7	87.9	101.3	103.9	99.3	97.1
金属工具制造	100.0		100.0	87.5	100.0	100.0	85.8
集装箱及金属包装容器制造	103.3	131.8	93.3	107.2	100.0	99.3	99.2
金属丝绳及其制品的制造	105.7	131.2	79.5	112.7	127.6	90.6	94.2
建筑、安全用金属制品制造	89.9	113.7	109.6	96.3	107.8	101.1	99.1
金属表面处理及热处理加工			100.0		97.2	98.2	97.6
搪瓷制品制造							
不锈钢及类似日用金属制品制造	105.1	100.0		100.6	102.8	99.4	100.0
其他金属制品制造	107.3	133.7	81.6	110.7	113.1	100.3	95.3

3-24 续表 4

（上年价格=100）

指　　标	2007	2008	2009	2010	2011	2012	2013
通用设备制造业	**100.8**	**105.5**	**99.4**	**99.4**	**100.1**	**100.1**	**99.7**
锅炉及原动机制造	101.2	108.0	99.8	100.5	101.2	99.8	101.8
金属加工机械制造	100.0		100.0				
起重运输设备制造	99.1	101.5	98.2	103.9	102.0	99.1	96.6
泵、阀门、压缩机及类似机械的制造	102.7	103.1	102.1	96.5	100.0	100.6	100.1
轴承、齿轮、传动和驱动部件的制造	100.0	115.4	111.0	100.0	100.0	100.0	100.0
烘炉、熔炉及电炉制造							
风机、衡器、包装设备等通用设备制造	100.4	100.0	98.0	99.2	99.8	100.0	100.0
通用零部件制造及机械修理	101.1	100.2	99.6	102.5	99.4	100.2	100.2
金属铸、锻加工	104.7	113.8	97.9	96.4	100.3	101.4	99.0
专用设备制造业	**104.6**	**111.2**	**104.8**	**101.1**	**103.5**	**101.5**	**99.3**
矿山、冶金、建筑专用设备制造	106.1	111.6	106.8	101.4	104.1	99.7	97.1
化工、木材、非金属加工专用设备制造	99.5	90.5	79.1	101.7			
食品、饮料、烟草及饲料生产专用设备制造	100.0		99.7				
印刷、制药、日化生产专用设备制造							
纺织、服装和皮革工业专用设备制造							
电子和电工机械专用设备制造							
农、林、牧、渔专用机械制造	100.9	110.4	99.3	100.5	102.7	104.2	102.6
医疗仪器设备及器械制造							
环保、社会公共安全及其他专用设备制造							
交通运输设备制造业	**100.4**	**102.4**	**103.1**	**101.8**	**100.5**	**99.3**	**99.8**
铁路运输设备制造			84.3	84.0	98.1	98.3	99.4
汽车制造	100.4	102.4	103.5	102.5	100.9	99.5	99.9
摩托车制造							
自行车制造							
船舶及浮动装置制造							
航空航天器制造							
交通器材及其他交通运输设备制造							
电气机械及器材制造业	**139.3**	**104.1**	**98.4**	**96.7**	**88.4**	**92.6**	**101.9**
电机制造	100.0		100.5	93.1	82.3	88.7	103.3
输配电及控制设备制造	146.5	103.6	98.9	100.8	101.2	100.0	99.4
电线、电缆、光缆及电工器材制造	112.8	106.4	90.4	106.8	103.3	94.9	97.3
电池制造	124.1						
家用电力器具制造							
非电力家用器具制造			100.0	100.0	100.0	100.0	100.0
照明器具制造				100.0			
其他电气机械及器材制造							

3-24　续表 5

（上年价格=100）

指　　标	2007	2008	2009	2010	2011	2012	2013
通信设备、计算机及其他电子设备制造业	**100.0**		**101.4**	**103.2**	**100.6**	**97.9**	**99.9**
通信设备制造			86.8				
雷达及配套设备制造							
广播电视设备制造			111.9	103.3	100.3	96.7	99.8
电子计算机制造							
电子器件制造					101.2	100.0	100.0
电子元件制造	100.0						
家用视听设备制造				99.9			
其他电子设备制造							
仪器仪表及文化、办公用机械制造业	**100.0**			**100.0**	**98.5**	**100.0**	**100.0**
通用仪器仪表制造	100.0			100.0			
专用仪器仪表制造					98.5	100.0	100.0
钟表与计时仪器制造							
光学仪器及眼镜制造							
文化、办公用机械制造							
其他仪器仪表的制造及修理							
工艺品及其他制造业	**125.8**	**123.0**	**107.8**	**94.5**	**125.2**	**103.1**	**99.6**
工艺美术品制造	125.8	123.0	107.8	95.4	135.1	105.5	103.1
日用杂品制造				97.2	107.4	99.2	93.0
煤制品制造							
核辐射加工							
其他未列明的制造业							
废弃资源和废旧材料回收加工业	**100.0**						
金属废料和碎屑的加工处理							
非金属废料和碎屑的加工处理	100.0						
电力、热力的生产和供应业	**101.2**	**100.9**	**102.4**	**100.7**	**100.9**	**100.5**	**100.1**
电力生产	101.4	100.9	101.7	101.3	101.0	100.9	100.1
电力供应	100.8	101.1	102.6	100.4	101.0	100.2	100.0
热力生产和供应	103.0	100.2	104.3	100.5	100.1	100.6	100.9
燃气生产和供应业	**103.4**	**112.4**	**94.2**	**101.5**	**103.6**	**100.3**	**101.5**
燃气生产和供应业	103.4	112.4	94.2	101.5		100.3	101.5
水的生产和供应业	**102.2**	**101.2**	**100.5**	**100.3**	**100.9**	**102.0**	**101.2**
自来水的生产和供应	102.2	101.2	100.6	100.4	101.9	100.6	102.4
污水处理及其再生利用			100.0	100.0	100.0	103.4	100.0
其他水的处理、利用与分配							

3-25 工业生产者出厂价格指数（2013 年）

指 标	全年平均	1 月	2 月	3 月	4 月
总指数	**96.5**	**98.3**	**98.4**	**97.2**	**93.4**
轻重工业分					
轻工业	99.6	98.6	99.3	100.3	99.8
以农产品为原料	100.5	100.2	100.5	101.3	100.5
以非农产品为原料	94.6	90.0	92.7	94.8	95.5
重工业	96.0	98.3	98.2	96.8	92.5
采掘	95.4	98.6	97.6	97.1	89.0
原料	96.3	99.4	99.3	96.7	93.1
加工	96.0	95.4	96.7	96.4	96.6
按生产生活资料分					
生产资料	96.0	98.0	98.0	96.8	92.7
采掘	95.4	98.6	97.6	97.1	89.0
原料	96.3	99.1	99.1	96.6	93.1
加工	96.3	95.2	96.5	96.7	96.7
生活资料	101.5	101.8	101.8	102.2	101.8
食品	101.7	102.1	102.1	102.6	102.1
衣着	101.0	100.8	100.8	100.9	100.9
一般日用品	100.3	100.3	100.3	100.3	100.2
耐用消费品	100.3	100.4	99.8	99.8	99.8
按工业部门分					
冶金工业	93.2	92.4	93.7	94.0	93.0
电力工业	100.1	100.2	100.0	100.2	100.2
煤炭及炼焦工业	92.9	96.0	93.0	93.7	93.9
石油工业	96.5	100.4	100.0	97.8	90.1
化学工业	93.3	95.7	96.2	93.2	91.4
机械工业	101.3	102.1	102.3	102.5	102.9
建筑材料工业	95.2	92.5	93.7	93.8	94.1
森林工业	100.4	100.5	100.1	100.3	100.3
食品工业	102.2	102.9	102.8	103.2	102.6
纺织工业	96.8	94.9	96.2	97.9	96.0
缝纫工业	101.6	101.2	101.2	101.2	101.2
皮革工业	106.7	107.8	107.7	109.6	109.9
造纸工业	99.5	96.2	96.7	98.4	99.1
文教艺术用品工业	100.1	100.2	100.2	100.1	100.1
其它工业	98.8	97.4	97.8	97.9	98.0

（上年同月=100）

5　月	6　月	7　月	8　月	9　月	10　月	11　月	12　月
92.3	**94.6**	**97.8**	**98.6**	**97.5**	**96.9**	**96.4**	**97.1**
99.5	99.3	100.0	99.3	99.1	99.6	100.2	100.5
100.4	100.1	100.6	100.2	99.9	100.4	100.9	101.4
94.4	94.8	96.7	94.4	94.5	95.4	96.7	96.0
91.2	93.8	97.4	98.4	97.3	96.4	95.8	96.5
88.6	92.0	99.4	100.9	96.2	95.5	95.1	96.3
91.0	94.4	97.2	98.2	98.0	96.7	95.9	96.7
95.5	94.9	94.8	95.3	97.1	97.1	96.5	96.3
91.4	94.0	97.4	98.3	97.2	96.5	95.9	96.6
88.6	92.0	99.4	100.9	96.2	95.5	95.1	96.3
91.1	94.5	97.2	98.1	97.9	96.6	95.9	96.7
95.7	95.2	95.4	95.8	97.1	97.4	97.1	97.0
101.7	101.3	101.3	101.0	101.0	101.1	101.5	101.8
101.9	101.5	101.4	101.1	101.1	101.2	101.7	102.2
100.9	100.9	101.3	101.5	101.5	101.5	100.8	100.7
100.2	100.2	100.3	100.2	100.4	100.4	100.2	100.0
100.5	100.5	100.5	100.5	100.5	100.5	100.6	100.6
91.9	91.1	91.2	92.7	94.9	95.3	94.7	94.3
100.2	100.2	100.1	99.9	100.0	100.1	100.0	100.0
93.5	91.7	92.1	92.3	90.9	92.3	93.0	92.4
88.7	93.0	100.1	102.2	98.4	96.5	95.7	97.3
88.6	93.2	94.1	91.7	94.1	94.5	93.7	93.9
102.3	101.4	100.7	101.0	101.1	100.8	99.5	99.4
93.8	94.9	95.4	96.1	96.9	96.7	97.4	97.2
100.1	100.3	101.0	100.6	100.5	100.5	100.5	100.0
102.7	102.1	101.9	101.4	101.2	101.4	101.9	102.5
94.8	95.4	97.4	97.3	96.9	97.9	98.1	98.7
101.6	101.6	102.0	102.2	102.2	102.2	101.5	101.5
110.2	110.4	110.5	102.5	104.4	103.3	103.0	102.7
99.4	99.5	99.7	100.3	100.8	100.8	101.5	101.5
100.1	100.1	100.1	100.1	100.1	100.1	100.1	100.1
98.2	98.6	98.9	98.6	99.7	100.0	100.1	100.7

3-26 工业生产者出厂价格大类及中类（新行业）指数（2013 年）

指　　标	全　年 平　均	1 月	2 月	3 月	4 月
总指数	**96.5**	**98.3**	**98.4**	**97.2**	**93.4**
煤炭开采和洗选业	92.3	99.0	95.8	95.5	94.1
烟煤和无烟煤开采洗选	92.3	99.0	95.7	95.3	93.9
其他煤炭采选	93.2	101.1	100.0	100.0	100.0
石油和天然气开采业	95.4	98.6	97.7	97.0	87.2
石油开采	94.4	98.3	97.3	96.4	84.8
天然气开采	100.2	100.0	100.0	100.0	100.0
黑色金属矿采选业	101.5	97.0	98.9	100.7	101.7
铁矿采选	102.1	97.8	99.9	101.8	103.0
锰矿、铬矿采选	95.2	89.3	89.3	89.3	89.3
有色金属矿采选业	93.9	100.0	99.8	99.9	96.1
常用有色金属矿采选	96.5	99.6	99.4	98.5	97.8
贵金属矿采选	87.2	100.2	100.0	101.6	91.5
稀有稀土金属矿采选	101.8	102.1	102.1	102.1	102.1
非金属矿采选业	100.3	99.1	99.1	99.2	99.5
土砂石开采	99.9	100.0	100.0	100.0	99.9
化学矿开采	110.9	96.2	96.2	97.5	100.0
采盐	100.6	101.1	101.1	101.1	101.1
石棉及其他非金属矿采选	98.0	92.3	92.3	92.3	94.3
农副食品加工业	102.4	106.0	105.8	105.8	104.3
谷物磨制	111.0	115.8	115.9	117.5	119.5
饲料加工	107.7	111.7	110.7	110.4	109.6
植物油加工	100.6	105.8	105.5	105.1	102.2
制糖业	86.4	88.4	87.8	87.8	83.2
屠宰及肉类加工	104.6	106.4	107.2	106.9	106.0
水产品加工	100.0	100.0	100.0	100.0	100.0
蔬菜、水果和坚果加工	103.8	100.5	100.5	102.1	102.7
其他农副食品加工	98.7	100.6	100.9	100.6	99.8
食品制造业	103.1	99.1	99.2	100.2	101.0
焙烤食品制造	100.2	101.1	101.1	100.0	100.0
糖果、巧克力及蜜饯制造	100.0	100.0	100.0	100.0	100.0
方便食品制造	102.4	100.0	100.0	102.9	102.9

（上年同月=100）

5 月	6 月	7 月	8 月	9 月	10 月	11 月	12 月
92.3	**94.6**	**97.8**	**98.6**	**97.5**	**96.9**	**96.4**	**97.1**
92.5	90.2	89.9	90.4	88.9	90.2	90.7	90.1
92.3	89.9	89.8	90.4	89.0	90.4	90.9	90.3
100.0	100.0	92.3	89.5	83.9	83.9	83.9	83.9
87.0	91.5	101.1	102.8	96.8	95.8	95.2	97.0
84.5	89.8	101.5	103.5	96.1	94.9	94.3	96.0
100.0	100.0	100.0	100.0	100.0	100.0	100.0	101.8
101.1	101.2	100.9	102.4	104.4	103.7	103.1	102.8
101.8	101.2	101.1	102.7	104.9	104.1	103.5	103.2
94.0	100.4	99.2	99.2	99.2	99.2	98.8	98.4
94.9	94.2	92.0	93.1	90.1	89.1	89.0	88.7
96.4	97.0	96.1	97.6	94.8	93.7	93.8	93.5
89.7	86.6	81.2	82.8	79.7	78.2	78.0	77.3
102.1	102.1	102.1	99.8	99.8	102.3	102.3	102.3
102.0	102.1	102.1	99.8	100.7	99.9	100.0	99.8
100.4	100.3	100.1	99.8	99.8	99.6	99.6	99.4
147.6	147.6	147.6	100.0	100.0	100.0	100.0	100.0
101.1	101.1	101.0	100.0	100.0	100.0	100.0	100.0
97.1	98.8	98.8	98.8	107.3	101.8	101.8	101.8
103.7	102.5	101.8	100.3	99.4	99.7	99.7	100.2
119.6	114.3	112.8	106.5	104.3	104.5	102.6	102.6
110.3	108.5	107.2	105.0	104.3	104.9	105.3	106.1
100.4	100.5	99.5	98.6	97.1	97.3	97.7	97.9
84.0	82.6	83.0	84.9	87.5	87.5	88.8	92.0
104.0	104.9	105.2	105.0	103.0	103.2	102.7	101.4
100.0	100.0	100.0	100.0	100.0	100.0	100.0	100.0
103.2	104.3	104.7	104.1	104.5	106.3	105.8	107.0
98.7	98.5	98.3	97.8	96.9	97.3	97.2	97.4
102.3	102.4	103.2	104.2	105.1	105.5	107.3	108.0
100.1	100.1	100.1	100.1	100.0	100.0	100.0	100.3
100.0	100.0	100.0	100.0	100.0	100.0	100.0	100.0
102.9	102.9	102.9	102.9	102.9	102.9	102.9	102.9

3-26 续表 1

指　标	全年平均	1 月	2 月	3 月	4 月
乳制品制造	107.2	100.7	101.0	101.9	102.0
罐头食品制造	108.6	102.4	102.3	102.4	105.7
调味品、发酵制品制造	96.7	95.5	95.7	95.9	95.7
其他食品制造	97.2	94.8	95.0	96.7	96.7
酒、饮料和精制茶制造业	102.1	101.6	102.0	102.8	102.3
酒的制造	102.2	102.3	102.2	102.9	102.3
饮料制造	101.7	100.0	101.2	102.3	102.1
精制茶加工	106.9	107.1	107.1	107.1	107.1
烟草制品业	100.0	100.0	100.0	100.0	100.0
卷烟制造	100.0	100.0	100.0	100.0	100.0
纺织业	97.0	95.3	96.5	98.0	96.3
棉纺织及印染精加工	96.5	94.6	95.9	97.6	95.6
毛纺织及染整精加工	100.1	99.4	99.6	99.8	100.1
麻纺织及染整精加工	97.6	95.9	97.0	99.8	97.9
针织或钩针编织物及其制品制造	99.9	99.8	99.8	99.8	99.8
家用纺织制成品制造	100.0	100.0	100.0	100.0	100.0
纺织服装、服饰业	104.5	104.1	104.1	104.1	104.1
机织服装制造	104.5	104.1	104.1	104.1	104.1
皮革、毛皮、羽毛及其制品和制鞋业	108.1	108.2	108.2	109.8	110.0
皮革鞣制加工	110.4	112.9	113.0	116.0	116.4
毛皮鞣制及制品加工	102.1	101.2	100.8	102.1	102.2
羽毛(绒)加工及制品制造	115.1	110.2	110.2	110.2	110.2
制鞋业	103.0	103.0	103.0	103.0	103.0
木材加工和木、竹、藤、棕、草制品业	100.7	100.2	100.2	100.5	100.6
木材加工	104.9	103.4	103.4	103.4	103.4
人造板制造	99.0	99.0	99.0	99.4	99.6
木制品制造	100.0	100.0	100.0	100.0	100.0
家具制造业	100.4	100.4	99.8	99.8	99.8
木质家具制造	100.1	100.8	100.0	100.0	100.0
金属家具制造	101.4	99.3	99.3	99.3	99.3
造纸和纸制品业	99.5	96.2	96.7	98.4	99.1
纸浆制造	100.3	89.5	90.9	97.5	99.4

（上年同月=100）

5 月	6 月	7 月	8 月	9 月	10 月	11 月	12 月
103.3	104.4	105.6	107.2	112.4	113.6	116.9	117.2
109.9	109.5	111.7	111.6	110.7	110.6	114.0	112.9
95.3	94.3	94.9	100.8	100.2	98.7	96.5	97.1
96.8	96.8	96.8	96.9	96.9	97.9	99.4	102.5
102.3	102.4	102.0	102.1	102.1	101.7	102.0	102.1
102.4	102.5	101.8	101.8	101.7	101.8	102.2	102.5
102.0	102.1	102.2	102.4	102.7	101.1	101.4	101.3
107.1	107.1	107.1	107.1	107.1	107.1	107.1	104.9
100.0	100.0	100.0	100.0	100.0	100.0	100.0	100.0
100.0	100.0	100.0	100.0	100.0	100.0	100.0	100.0
95.2	95.8	97.6	97.5	97.1	98.0	98.3	98.8
94.5	95.2	97.2	97.1	96.6	97.8	98.0	98.6
100.1	100.2	100.2	100.8	100.9	100.9	99.8	99.8
95.4	95.4	97.9	97.9	98.7	97.3	98.6	99.5
99.8	99.8	99.8	100.0	100.0	100.0	100.0	100.0
100.0	100.0	100.0	100.0	100.0	100.0	100.0	100.0
104.1	104.1	106.1	106.1	106.1	106.1	102.6	102.6
104.1	104.1	106.1	106.1	106.1	106.1	102.6	102.6
111.5	111.6	111.7	104.9	106.5	105.5	105.3	105.0
116.9	117.3	117.4	102.5	105.4	103.6	103.6	103.6
102.4	102.3	102.5	102.6	103.3	102.9	102.0	100.8
117.5	117.5	117.5	117.5	117.5	117.5	117.5	117.5
103.0	103.0	103.0	103.0	103.0	103.0	103.0	103.0
100.1	100.5	101.9	101.1	100.9	101.0	100.8	100.1
103.4	103.4	107.0	107.0	107.0	107.0	107.0	103.5
98.9	99.4	100.1	98.8	98.6	98.7	98.5	98.6
100.0	100.0	100.0	100.0	100.0	100.0	100.0	100.0
100.6	100.6	100.6	100.6	100.6	100.6	100.7	100.7
100.0	100.0	100.0	100.0	100.0	100.0	100.0	100.0
102.4	102.4	102.4	102.4	102.4	102.4	102.8	102.8
99.4	99.5	99.7	100.3	100.8	100.8	101.5	101.5
100.0	100.8	100.8	101.4	104.2	104.2	108.8	108.8

3-26 续表 2

指 标	全年平均	1 月	2 月	3 月	4 月
造纸	99.1	97.0	97.4	98.0	98.7
纸制品制造	99.4	98.9	99.3	99.3	99.3
印刷和记录媒介复制业	100.1	100.2	100.2	100.1	100.1
印刷	100.1	100.2	100.3	100.1	100.1
装订及印刷相关服务	100.0	99.7	99.7	100.0	100.0
文教、工美、体育和娱乐用品制造业	103.1	102.4	102.4	103.5	103.5
工艺美术品制造	103.1	102.4	102.4	103.5	103.5
石油加工、炼焦和核燃料加工业	97.4	101.5	101.2	97.9	92.9
精炼石油产品制造	97.5	102.2	102.1	98.3	92.9
炼焦	94.0	86.9	84.5	87.8	92.9
化学原料和化学制品制造业	91.2	94.9	95.3	90.8	88.4
基础化学原料制造	95.0	104.3	104.2	98.4	96.5
肥料制造	96.2	96.1	96.8	95.5	95.5
农药制造	97.3	95.5	95.5	95.5	95.5
涂料、油墨、颜料及类似产品制造	80.7	66.3	70.7	76.2	80.5
合成材料制造	88.1	94.3	94.0	86.8	82.8
专用化学产品制造	100.7	99.3	99.3	100.2	100.0
炸药、火工及焰火产品制造	99.9	99.4	100.0	100.0	100.0
日用化学产品制造	100.1	100.0	100.0	100.1	100.1
医药制造业	104.4	106.3	106.3	106.5	106.6
化学药品原料药制造	101.2	103.5	103.2	101.4	100.7
化学药品制剂制造	101.9	103.3	102.7	102.7	102.5
中药饮片加工	107.1	102.7	102.5	110.1	110.1
中成药生产	106.5	110.0	110.5	109.4	110.1
生物药品制造	103.2	109.1	109.3	108.7	108.3
化学纤维制造业	93.9	90.8	92.6	94.4	94.1
纤维素纤维原料及纤维制造	93.9	90.7	92.6	94.3	94.1
合成纤维制造	93.3	98.7	98.7	98.7	93.7
橡胶和塑料制品业	100.0	100.1	100.1	100.6	100.6
橡胶制品业	102.1	105.1	105.1	105.4	105.6
塑料制品业	99.7	99.4	99.5	99.9	99.9
非金属矿物制品业	95.2	92.5	93.7	93.8	94.1

(上年同月=100)

5　月	6　月	7　月	8　月	9　月	10　月	11　月	12　月
99.1	99.0	99.2	100.0	100.1	100.1	100.1	100.2
99.3	99.4	99.6	99.7	99.8	99.8	99.4	99.5
100.1	100.1	100.1	100.1	100.1	100.1	100.1	100.1
100.1	100.1	100.1	100.1	100.1	100.1	100.1	100.1
100.0	100.0	100.0	100.0	100.0	100.0	100.0	100.0
105.5	105.5	105.6	100.8	100.8	102.7	102.7	102.7
105.5	105.5	105.6	100.8	100.8	102.7	102.7	102.7
90.4	94.4	99.2	101.6	99.7	97.1	96.2	97.6
90.2	94.3	99.2	101.7	99.9	97.1	96.1	97.6
96.1	95.6	97.9	97.4	96.7	97.7	99.4	98.7
85.0	90.8	91.6	89.0	92.7	93.1	91.9	92.3
96.6	96.2	93.4	91.8	90.2	88.5	90.0	90.7
94.4	95.3	95.0	95.1	96.4	98.3	98.5	98.2
95.5	95.5	95.5	100.0	100.0	100.0	100.0	100.0
80.5	76.3	82.8	82.2	83.5	88.9	95.0	94.7
77.0	87.7	89.4	85.1	92.1	92.6	89.1	89.7
100.4	100.5	101.5	101.6	101.6	101.4	101.5	101.6
100.0	100.0	100.0	100.0	100.0	100.0	100.0	100.0
100.1	100.1	100.1	100.1	100.1	100.2	100.2	100.1
103.8	103.8	103.7	103.5	103.4	103.1	103.0	102.7
100.7	100.6	100.7	100.8	100.8	100.8	100.8	100.8
101.5	101.5	101.5	101.5	101.5	101.5	101.5	101.5
107.4	107.4	107.4	107.4	107.4	107.4	107.4	107.4
105.8	105.7	105.6	105.1	105.1	104.4	104.0	103.4
101.5	101.8	101.3	100.8	100.1	100.0	100.0	99.7
92.7	95.8	97.4	94.0	92.6	93.6	94.5	94.6
92.7	95.8	97.5	94.0	92.6	93.7	94.5	94.7
93.7	93.0	89.0	90.8	90.8	90.8	90.8	90.8
99.9	99.8	100.2	100.1	99.8	99.7	99.6	99.2
101.6	101.3	101.2	101.1	101.1	99.1	99.1	99.1
99.7	99.6	100.1	99.9	99.6	99.8	99.6	99.2
93.7	94.9	95.4	96.0	96.9	96.7	97.3	97.3

3-26 续表3

指　　标	全年平均	1月	2月	3月	4月
水泥、石灰和石膏制造	91.8	86.2	88.3	88.8	89.6
石膏、水泥制品及类似制品制造	97.5	99.9	100.4	99.3	98.7
砖瓦、石材等建筑材料制造	101.0	97.8	97.8	98.6	98.5
玻璃制造	100.2	99.8	99.4	99.9	100.0
玻璃制品制造	99.9	99.8	99.9	99.9	100.5
玻璃纤维和玻璃纤维增强塑料制品制造	99.5	99.6	99.6	99.6	99.6
耐火材料制品制造	100.4	100.6	100.6	100.6	100.6
石墨及其他非金属矿物制品制造	96.6	94.4	95.2	95.3	95.3
黑色金属冶炼和压延加工业	91.6	89.5	91.6	91.9	91.1
炼铁	91.8	87.8	89.0	91.1	88.4
炼钢	91.3	90.4	90.4	90.1	90.3
黑色金属铸造	99.0	100.7	99.5	99.5	99.3
钢压延加工	91.3	90.4	93.1	92.3	92.5
铁合金冶炼	97.2	92.0	93.5	96.6	97.0
有色金属冶炼和压延加工业	93.2	99.0	96.2	95.6	92.7
常用有色金属冶炼	95.3	98.3	96.8	96.0	93.2
贵金属冶炼	84.6	99.6	93.9	93.5	88.5
有色金属合金制造	98.0	107.5	97.5	97.2	97.2
有色金属压延加工	95.9	100.0	96.7	96.1	96.1
金属制品业	95.1	95.8	95.9	95.3	95.1
结构性金属制品制造	97.0	95.4	95.8	98.1	97.8
金属工具制造	85.8	103.3	103.3	82.4	82.4
集装箱及金属包装容器制造	99.2	98.8	98.8	98.9	99.0
金属丝绳及其制品制造	94.2	90.2	90.2	94.9	94.1
建筑、安全用金属制品制造	99.1	96.9	96.9	96.9	100.0
金属表面处理及热处理加工	97.6	100.0	100.0	97.1	97.1
金属制日用品制造	100.0	100.0	100.0	100.0	100.0
其他金属制品制造	95.3	95.7	94.3	96.4	95.4
通用设备制造业	99.7	99.8	99.7	99.6	99.5
锅炉及原动设备制造	101.8	101.6	101.6	101.6	101.9
物料搬运设备制造	96.6	98.4	98.4	98.1	95.1
泵、阀门、压缩机及类似机械制造	100.1	100.7	100.0	100.0	100.0

（上年同月=100）

5 月	6 月	7 月	8 月	9 月	10 月	11 月	12 月
89.8	92.1	93.5	94.3	95.4	94.8	95.6	95.2
96.7	96.3	95.5	96.4	96.1	96.4	97.1	97.5
98.7	99.2	99.5	99.7	104.2	105.5	106.3	106.5
99.6	100.1	100.6	100.8	100.8	100.5	100.4	100.4
100.5	101.0	99.7	99.7	99.7	99.6	99.4	98.9
99.1	99.4	99.4	99.4	99.4	99.4	99.4	99.4
100.6	100.6	100.6	100.0	100.0	100.0	100.0	100.0
95.4	96.2	96.8	96.7	98.1	98.0	98.2	99.8
89.5	88.5	89.0	90.9	94.4	95.6	94.5	94.2
87.6	88.2	89.5	93.0	95.4	98.7	97.9	97.7
89.1	89.5	94.1	92.5	91.7	92.4	92.7	92.7
99.3	98.7	98.1	98.2	97.9	98.5	99.3	98.6
90.4	88.4	88.3	89.4	93.6	93.5	92.1	91.8
97.0	96.3	95.9	97.6	99.0	100.9	100.7	100.7
93.6	92.9	92.0	93.2	91.7	90.2	91.2	89.6
95.2	95.7	95.2	96.1	95.6	93.8	95.2	92.8
86.7	82.4	79.4	82.8	78.4	76.5	77.1	75.8
97.2	97.2	97.2	97.2	97.2	97.2	97.2	97.2
95.2	95.2	95.2	95.2	95.2	95.2	95.2	95.2
94.7	94.8	94.4	94.1	95.6	95.1	95.6	94.9
97.0	95.0	95.2	95.9	99.1	98.1	98.6	97.9
82.4	82.4	82.4	82.4	82.4	82.4	82.4	82.4
98.9	99.0	98.7	100.0	100.0	100.3	99.3	99.0
94.4	99.5	97.0	93.5	93.5	93.5	95.6	94.2
100.0	100.0	100.0	100.0	99.9	99.9	99.1	99.1
97.1	97.1	97.1	97.1	97.1	97.1	97.1	97.1
100.0	100.0	100.0	100.0	100.0	100.0	100.0	100.0
94.1	92.6	94.4	94.8	97.6	96.9	95.6	95.3
99.7	99.7	99.6	99.8	99.9	99.9	99.9	99.9
101.8	101.8	101.8	101.8	101.8	101.8	101.8	101.8
96.9	96.9	96.1	95.9	95.8	95.9	96.1	96.1
100.0	100.0	100.0	100.0	100.0	100.0	100.0	100.0

3-26 续表 4

指　　标	全年平均	1 月	2 月	3 月	4 月
轴承、齿轮和传动部件制造	100.0	100.0	100.0	100.0	100.0
烘炉、风机、衡器、包装等设备制造	100.0	100.2	100.0	100.0	100.0
通用零部件制造	100.2	99.5	99.5	99.5	100.0
其他通用设备制造业	100.0	100.0	100.0	100.0	100.0
专用设备制造业	99.3	101.4	101.4	100.2	99.8
采矿、冶金、建筑专用设备制造	97.1	98.6	98.6	96.7	96.1
农、林、牧、渔专用机械制造	102.6	105.6	105.6	105.6	105.6
汽车制造业	99.9	99.9	99.8	99.6	99.9
汽车整车制造	100.0	100.0	100.0	100.0	100.0
改装汽车制造	100.1	99.7	99.7	99.0	100.3
汽车车身、挂车制造	98.0	100.1	98.6	98.4	98.4
汽车零部件及配件制造	100.2	100.0	100.0	100.0	100.0
铁路、船舶、航空航天和其他运输设备制造业	99.4	96.6	96.6	100.0	100.0
铁路运输设备制造	99.4	96.6	96.6	100.0	100.0
电气机械和器材制造业	101.9	102.6	102.9	103.3	104.0
电机制造	103.3	104.2	104.6	105.3	106.2
输配电及控制设备制造	99.4	100.0	100.0	100.1	100.1
电线、电缆、光缆及电工器材制造	97.3	98.2	97.6	96.3	97.6
非电力家用器具制造	100.0	100.0	100.0	100.0	100.0
计算机、通信和其他电子设备制造业	99.9	99.7	100.0	100.0	99.9
广播电视设备制造	99.8	99.6	100.0	100.0	99.9
电子器件制造	100.0	100.0	100.0	100.0	100.0
仪器仪表制造业	100.0	100.0	100.0	100.0	100.0
专用仪器仪表制造	100.0	100.0	100.0	100.0	100.0
金属制品、机械和设备修理业	102.3	95.6	99.0	100.1	99.2
金属制品修理	102.3	95.6	99.0	100.1	99.2
电力、热力生产和供应业	100.1	100.2	100.0	100.2	100.2
电力生产	100.1	100.3	99.9	100.6	100.6
电力供应	100.0	100.0	100.0	99.9	99.9
热力生产和供应	100.9	101.3	101.3	101.3	101.3
燃气生产和供应业	101.5	100.7	100.9	101.2	100.9
水的生产和供应业	101.2	100.5	100.5	100.5	100.6
自来水生产和供应	102.4	101.1	101.0	101.1	101.2
污水处理及其再生利用	100.0	100.0	100.0	100.0	100.0

（上年同月=100）

5 月	6 月	7 月	8 月	9 月	10 月	11 月	12 月
100.0	100.0	100.0	100.0	100.0	100.0	100.0	100.0
100.0	100.0	100.0	100.0	100.0	100.0	100.0	100.0
100.0	99.9	100.0	100.5	100.9	100.8	100.7	100.7
100.0	100.0	100.0	100.0	100.0	100.0	100.0	100.0
99.8	98.3	97.8	98.7	98.7	98.5	98.5	98.5
96.1	96.1	96.1	97.5	97.5	97.2	97.2	97.2
105.6	101.5	100.4	100.4	100.4	100.4	100.4	100.4
99.9	100.0	100.0	100.0	100.0	99.8	99.8	99.8
100.0	100.0	100.0	100.0	100.0	100.0	100.0	100.0
100.3	100.4	100.4	100.4	100.4	100.4	100.4	100.4
98.4	98.4	98.4	98.4	98.4	96.3	96.0	96.0
100.0	100.4	100.4	100.4	100.4	100.4	100.4	100.4
100.0	100.0	100.0	100.0	100.0	100.0	100.0	100.0
100.0	100.0	100.0	100.0	100.0	100.0	100.0	100.0
103.1	102.1	101.3	101.5	101.7	101.3	99.5	99.4
104.8	103.3	102.5	103.0	103.4	102.7	100.0	99.8
100.1	100.1	99.2	98.7	98.7	98.8	98.8	98.7
97.7	98.0	96.6	98.5	97.1	96.8	97.1	96.7
100.0	100.0	100.0	100.0	100.0	100.0	100.0	100.0
100.1	100.1	99.8	99.7	99.8	100.0	99.9	99.5
100.1	100.1	99.7	99.6	99.7	100.0	99.9	99.3
100.0	100.0	100.0	100.0	100.0	100.0	100.0	100.0
100.0	100.0	100.0	100.0	100.0	100.0	100.0	100.0
100.0	100.0	100.0	100.0	100.0	100.0	100.0	100.0
99.2	103.0	103.6	104.3	104.9	106.4	106.5	106.9
99.2	103.0	103.6	104.3	104.9	106.4	106.5	106.9
100.2	100.2	100.1	99.9	100.0	100.1	100.0	100.0
100.2	100.4	100.1	99.3	99.7	100.1	99.9	100.2
100.0	100.0	100.1	100.1	100.1	100.1	100.0	99.9
101.3	100.7	100.7	100.7	100.7	100.5	100.5	100.0
100.7	101.0	101.4	102.1	102.3	102.2	102.1	102.0
100.6	100.6	100.6	100.6	101.8	102.6	102.6	102.6
101.2	101.2	101.2	101.3	103.7	105.2	105.2	105.2
100.0	100.0	100.0	100.0	100.0	100.0	100.0	100.0

3-27 工业生产者出厂价格指数（2013 年）

指　　标	1 月	2 月	3 月	4 月	5 月
总指数	**99.5**	**100.6**	**101.2**	**98.6**	**97.9**
轻重工业分					
轻工业	100.0	100.6	101.1	99.6	99.6
以农产品为原料	100.2	100.5	101.0	99.7	99.7
以非农产品为原料	99.1	101.3	101.5	98.9	98.9
重工业	99.4	100.7	101.2	98.4	97.6
采掘	99.6	100.7	102.6	96.2	97.1
原料	98.9	100.8	100.7	98.9	97.2
加工	100.2	100.3	100.4	100.7	99.2
按生产生活资料分					
生产资料	99.4	100.7	101.3	98.4	97.7
采掘	99.6	100.7	102.6	96.2	97.1
原料	99.0	100.8	100.7	98.8	97.2
加工	100.0	100.4	100.7	100.4	99.2
生活资料	100.2	100.2	100.5	100.0	100.0
食品	100.2	100.2	100.6	100.0	100.0
衣着	100.2	100.0	100.1	100.0	100.0
一般日用品	99.9	100.1	100.1	100.0	99.8
耐用消费品	100.0	100.0	100.0	100.0	100.6
按工业部门分					
冶金工业	100.4	100.6	100.6	100.0	98.5
电力工业	100.0	99.9	100.2	100.0	99.9
煤炭及炼焦工业	99.2	99.3	101.5	99.1	99.2
石油工业	99.4	100.7	101.9	97.2	96.5
化学工业	97.2	102.1	100.6	98.6	97.3
机械工业	100.0	100.2	100.4	100.4	99.5
建筑材料工业	100.1	100.5	100.2	100.1	99.7
森林工业	100.0	100.0	100.1	100.1	99.8
食品工业	100.3	100.2	100.6	100.1	100.0
纺织工业	99.8	101.0	101.8	98.2	99.0
缝纫工业	100.6	100.0	100.0	100.0	100.4
皮革工业	100.7	99.8	101.6	100.2	100.2
造纸工业	100.0	100.8	102.1	100.0	99.2
文教艺术用品工业	100.0	100.0	100.0	100.0	100.0
其它工业	99.9	100.1	100.1	100.1	100.0

(上月=100)

6 月	7 月	8 月	9 月	10 月	11 月	12 月
99.0	**99.3**	**100.6**	**101.3**	**100.4**	**99.0**	**99.7**
99.8	100.2	99.9	100.0	99.8	100.2	99.8
99.8	100.1	100.2	100.0	99.9	100.2	100.1
99.8	100.3	98.7	100.2	99.1	100.2	98.0
98.8	99.1	100.8	101.5	100.6	98.8	99.7
97.9	99.1	101.8	101.9	102.2	97.9	99.5
99.8	99.2	100.7	101.9	100.1	99.1	99.7
98.2	99.1	99.5	100.0	99.2	99.4	100.0
98.9	99.2	100.7	101.4	100.5	98.9	99.7
97.9	99.1	101.8	101.9	102.2	97.9	99.5
99.7	99.2	100.6	101.8	100.0	99.1	99.6
98.5	99.4	99.6	100.0	99.3	99.5	99.9
100.0	100.0	100.2	100.2	100.1	100.4	100.2
100.0	99.9	100.2	100.3	100.1	100.4	100.2
100.0	100.5	100.1	100.0	100.0	100.0	99.9
99.9	100.0	100.1	99.9	100.2	100.0	100.0
100.0	100.0	100.0	100.0	100.0	100.0	100.0
97.5	98.6	99.4	100.0	99.1	99.4	100.0
100.1	99.9	99.7	100.1	100.1	99.9	100.0
97.7	98.9	99.6	97.8	100.3	99.9	99.8
98.4	99.5	102.2	102.6	101.5	98.0	99.6
101.3	98.3	98.9	101.9	99.4	99.7	98.6
99.5	99.6	99.3	100.4	100.2	99.5	100.4
99.2	98.9	99.7	100.0	99.2	99.8	99.8
100.1	100.1	99.8	99.9	100.0	100.0	100.0
100.0	100.1	100.2	100.2	100.1	100.4	100.2
99.7	99.9	100.3	99.5	99.7	100.1	99.9
100.0	100.5	100.0	100.0	100.0	100.0	100.0
100.2	100.0	100.2	100.0	99.9	100.0	99.8
99.8	100.0	99.6	100.2	100.0	99.9	100.1
100.0	100.0	100.0	100.0	100.0	100.0	100.0
99.9	99.8	100.0	100.4	100.3	100.0	100.1

3-28 工业生产者出厂价格大类及中类（新行业）价格指数（2013 年）

指　标	1 月	2 月	3 月	4 月	5 月
总指数	**99.5**	**100.6**	**101.2**	**98.6**	**97.9**
煤炭开采和洗选业	99.2	99.8	100.3	99.2	98.6
烟煤和无烟煤开采洗选	99.2	99.8	100.3	99.2	98.6
其他煤炭采选	100.0	100.0	100.0	100.0	100.0
石油和天然气开采业	99.6	100.8	103.1	95.4	96.7
石油开采	99.5	101.0	103.8	94.5	96.0
天然气开采	100.0	100.0	100.0	100.0	100.0
黑色金属矿采选业	100.5	101.7	101.8	101.8	99.5
铁矿采选	100.5	101.9	101.9	101.9	99.5
锰矿、铬矿采选	100.0	100.0	100.0	100.0	100.0
有色金属矿采选业	100.0	100.5	98.7	96.1	97.4
常用有色金属矿采选	100.2	100.8	98.7	98.6	98.5
贵金属矿采选	99.7	100.0	98.4	90.7	94.8
稀有稀土金属矿采选	100.0	100.0	100.0	100.0	100.0
非金属矿采选业	100.0	100.0	100.0	100.0	102.1
土砂石开采	100.0	100.0	100.0	100.0	100.0
化学矿开采	100.0	100.0	100.0	100.0	147.6
采盐	100.0	100.0	100.0	100.0	100.0
石棉及其他非金属矿采选	100.0	100.0	100.0	100.0	101.8
农副食品加工业	100.4	100.2	100.6	99.8	99.7
谷物磨制	100.4	100.1	101.4	101.7	100.2
饲料加工	101.3	100.5	100.5	101.4	100.4
植物油加工	100.1	100.1	100.4	99.6	99.0
制糖业	100.0	99.8	100.5	94.8	99.6
屠宰及肉类加工	101.1	101.2	100.1	99.2	99.3
水产品加工	100.0	100.0	100.0	100.0	100.0
蔬菜、水果和坚果加工	100.5	100.3	100.8	100.4	100.6
其他农副食品加工	100.1	100.5	100.3	99.7	99.6
食品制造业	100.2	100.1	100.7	100.8	100.9
焙烤食品制造	100.0	100.0	100.0	100.0	100.0
糖果、巧克力及蜜饯制造	100.0	100.0	100.0	100.0	100.0
方便食品制造	100.0	100.0	102.9	100.0	100.0

（上月=100）

6　月	7　月	8　月	9　月	10　月	11　月	12　月
99.0	**99.3**	**100.6**	**101.3**	**100.4**	**99.0**	**99.7**
97.0	98.3	99.8	98.1	100.1	99.9	99.6
96.9	98.5	99.9	98.2	100.1	99.9	99.6
100.0	92.3	97.0	93.8	100.0	100.0	100.0
97.7	99.3	102.3	102.6	102.8	97.5	99.5
97.2	99.1	102.8	103.1	103.4	97.0	99.0
100.0	100.0	100.0	100.0	100.0	100.0	101.8
99.5	98.8	99.9	100.5	98.9	100.1	99.9
99.5	98.9	99.9	100.6	98.8	100.1	99.9
100.0	98.8	100.0	100.0	100.0	100.0	99.6
99.2	96.7	101.5	100.1	99.8	98.9	99.3
99.8	98.8	100.2	98.8	100.0	98.6	100.2
97.8	91.4	104.2	103.1	99.3	99.2	97.0
100.0	100.0	102.3	100.0	100.0	100.0	100.0
100.0	99.7	98.3	100.0	99.9	100.0	100.0
99.9	99.5	100.2	100.0	99.8	100.0	100.0
100.0	100.0	67.7	100.0	100.0	100.0	100.0
100.0	100.0	100.0	100.0	100.0	100.0	100.0
100.0	100.0	100.0	100.0	100.0	100.0	100.0
100.0	99.9	99.9	99.9	99.9	99.6	100.2
99.7	98.9	99.1	100.4	100.5	100.0	100.1
100.5	101.1	100.1	100.1	100.3	99.8	100.0
100.0	99.9	100.1	99.4	99.4	99.4	100.5
99.6	99.2	99.9	100.8	98.9	98.7	100.1
100.0	100.3	100.4	99.3	100.7	99.9	99.9
100.0	100.0	100.0	100.0	100.0	100.0	100.0
100.3	99.9	99.9	100.3	102.0	100.6	101.3
99.9	99.7	99.7	99.1	99.3	99.7	99.9
100.1	100.4	100.8	101.1	100.5	101.8	100.2
100.0	100.0	100.0	100.0	100.0	100.0	100.3
100.0	100.0	100.0	100.0	100.0	100.0	100.0
100.0	100.0	100.0	100.0	100.0	100.0	100.0

3-28 续表 1

指　　标	1 月	2 月	3 月	4 月	5 月
乳制品制造	101.2	100.3	100.7	100.6	100.9
罐头食品制造	100.3	100.3	100.5	102.8	102.7
调味品、发酵制品制造	99.1	99.7	101.0	99.7	99.3
其他食品制造	99.7	100.0	100.1	100.0	100.0
酒、饮料和精制茶制造业	100.4	100.4	100.8	100.2	100.0
酒的制造	100.2	100.2	100.8	100.2	100.1
饮料制造	100.5	101.0	100.7	100.0	99.7
精制茶加工	104.9	100.0	100.0	100.0	100.0
烟草制品业	100.0	100.0	100.0	100.0	100.0
卷烟制造	100.0	100.0	100.0	100.0	100.0
纺织业	99.8	100.9	101.7	98.3	99.1
棉纺织及印染精加工	99.8	101.0	101.9	98.1	98.9
毛纺织及染整精加工	100.0	100.0	100.0	100.0	100.0
麻纺织及染整精加工	100.0	100.0	101.3	98.1	100.0
针织或钩针编织物及其制品制造	100.0	100.0	100.0	100.0	100.0
家用纺织制成品制造	100.0	100.0	100.0	100.0	100.0
纺织服装、服饰业	100.0	100.0	100.0	100.0	100.0
机织服装制造	100.0	100.0	100.0	100.0	100.0
皮革、毛皮、羽毛及其制品和制鞋业	102.2	99.9	101.3	100.2	101.3
皮革鞣制加工	100.0	100.0	102.4	100.4	100.4
毛皮鞣制及制品加工	100.8	99.5	100.9	99.9	100.0
羽毛(绒)加工及制品制造	110.2	100.0	100.0	100.0	106.6
制鞋业	103.0	100.0	100.0	100.0	100.0
木材加工和木、竹、藤、棕、草制品业	100.0	100.0	100.2	100.2	99.7
木材加工	100.0	100.0	100.0	100.0	100.0
人造板制造	100.0	100.0	100.4	100.4	99.5
木制品制造	100.0	100.0	100.0	100.0	100.0
家具制造业	100.0	100.0	100.0	100.0	100.7
木质家具制造	100.0	100.0	100.0	100.0	100.0
金属家具制造	100.0	100.0	100.0	100.0	102.8
造纸和纸制品业	100.0	100.8	102.1	100.0	99.2
纸浆制造	100.0	102.9	110.0	100.0	96.1

（上月=100）

6 月	7 月	8 月	9 月	10 月	11 月	12 月
100.8	101.0	100.8	104.4	101.1	103.8	100.5
100.3	100.1	100.4	100.7	100.5	103.0	100.7
98.6	101.3	105.8	98.9	98.6	96.8	98.6
100.0	100.0	100.0	100.0	101.1	101.4	100.0
100.1	100.0	100.0	100.1	99.7	100.4	100.1
100.0	100.0	100.1	100.0	100.1	100.6	100.1
100.2	100.1	100.0	100.2	98.6	100.1	100.0
100.0	100.0	100.0	100.0	100.0	100.0	100.0
100.0	100.0	100.0	100.0	100.0	100.0	100.0
100.0	100.0	100.0	100.0	100.0	100.0	100.0
99.7	99.9	100.3	99.5	99.7	100.1	99.9
99.7	99.9	100.3	99.4	99.7	100.1	99.9
100.1	100.0	100.7	100.0	100.0	99.0	100.0
100.0	100.0	100.0	100.8	98.6	100.7	100.0
100.0	100.0	100.0	100.0	100.0	100.0	100.0
100.0	100.0	100.0	100.0	100.0	100.0	100.0
100.0	102.6	100.0	100.0	100.0	100.0	100.0
100.0	102.6	100.0	100.0	100.0	100.0	100.0
100.2	100.0	100.2	100.0	99.9	100.0	99.8
100.4	100.0	100.0	100.0	100.0	100.0	100.0
99.9	100.1	100.8	99.9	99.7	100.0	99.4
100.0	100.0	100.0	100.0	100.0	100.0	100.0
100.0	100.0	100.0	100.0	100.0	100.0	100.0
100.2	100.2	99.6	99.8	100.0	100.0	100.1
100.0	103.5	100.0	100.0	100.0	100.0	100.0
100.3	98.9	99.3	99.7	100.1	100.0	100.1
100.0	100.0	100.0	100.0	100.0	100.0	100.0
100.0	100.0	100.0	100.0	100.0	100.0	100.0
100.0	100.0	100.0	100.0	100.0	100.0	100.0
100.0	100.0	100.0	100.0	100.0	100.0	100.0
99.8	100.0	99.6	100.2	100.0	99.9	100.1
100.0	100.0	98.6	101.4	100.0	100.0	100.0

3-28 续表2

指　　标	1 月	2 月	3 月	4 月	5 月
造纸	100.0	100.4	100.6	100.0	99.9
纸制品制造	100.1	100.2	100.0	99.8	100.0
印刷和记录媒介复制业	100.0	100.0	100.0	100.0	100.0
印刷	100.0	100.1	100.0	100.0	100.0
装订及印刷相关服务	100.0	100.0	100.0	100.0	100.0
文教、工美、体育和娱乐用品制造业	100.0	100.0	100.8	100.0	99.9
工艺美术品制造	100.0	100.0	100.8	100.0	99.9
石油加工、炼焦和核燃料加工业	99.2	100.4	101.0	98.9	96.4
精炼石油产品制造	99.2	100.5	100.8	98.9	96.2
炼焦	99.0	98.0	104.8	98.9	100.6
化学原料和化学制品制造业	95.9	102.5	100.5	98.3	96.6
基础化学原料制造	99.7	99.9	97.5	99.1	98.9
肥料制造	99.7	100.3	100.1	100.6	100.3
农药制造	100.0	100.0	100.0	100.0	100.0
涂料、油墨、颜料及类似产品制造	94.6	100.0	107.8	100.0	100.0
合成材料制造	93.2	104.7	100.8	97.0	93.9
专用化学产品制造	100.0	100.0	100.9	100.4	100.2
炸药、火工及焰火产品制造	100.0	100.0	100.0	100.0	100.0
日用化学产品制造	100.0	100.0	100.1	100.0	100.0
医药制造业	100.1	100.5	101.0	100.5	100.2
化学药品原料药制造	100.0	100.0	100.4	100.0	100.0
化学药品制剂制造	100.2	100.2	100.0	101.1	100.0
中药饮片加工	100.0	100.0	107.4	100.0	100.0
中成药生产	100.0	101.2	100.0	100.6	100.6
生物药品制造	100.0	100.1	99.9	100.1	99.9
化学纤维制造业	100.2	102.4	101.0	98.5	98.1
纤维素纤维原料及纤维制造	100.2	102.4	101.0	98.5	98.0
合成纤维制造	100.0	100.0	100.0	94.9	100.0
橡胶和塑料制品业	100.5	99.9	100.2	99.9	99.1
橡胶制品业	104.2	100.0	100.6	100.2	96.2
塑料制品业	100.0	99.9	100.1	99.9	99.5
非金属矿物制品业	100.0	100.5	100.2	100.1	99.7

（上月=100）

6 月	7 月	8 月	9 月	10 月	11 月	12 月
99.8	100.0	99.7	99.8	100.0	99.9	100.1
99.9	100.0	99.9	100.2	99.9	99.5	100.0
100.0	100.0	100.0	100.0	100.0	100.0	100.0
100.0	100.0	100.0	100.0	100.0	100.0	100.0
100.0	100.0	100.0	100.0	100.0	100.0	100.0
100.0	100.1	100.0	100.0	101.8	100.0	100.0
100.0	100.1	100.0	100.0	101.8	100.0	100.0
99.2	99.7	102.0	102.5	100.2	98.5	99.8
99.1	99.7	102.1	102.7	100.2	98.5	99.8
99.8	100.4	99.0	97.2	101.0	99.9	100.3
102.2	97.3	98.6	103.0	99.6	99.5	98.4
98.7	98.3	99.3	98.3	99.3	100.7	100.7
99.4	99.5	99.8	99.1	99.4	99.9	100.0
100.0	100.0	100.0	100.0	100.0	100.0	100.0
100.0	100.0	96.4	100.1	100.0	100.0	96.3
104.7	95.7	98.1	106.4	99.5	98.9	97.2
99.9	100.2	99.8	100.0	100.0	100.1	100.1
100.0	100.0	100.0	100.0	100.0	100.0	100.0
100.0	100.0	100.0	100.0	100.0	100.0	100.0
100.0	100.0	100.0	100.0	100.0	100.4	100.0
100.2	100.1	100.0	100.0	100.0	100.0	100.0
100.0	100.0	100.0	100.0	100.0	100.0	100.0
100.0	100.0	100.0	100.0	100.0	100.0	100.0
100.0	100.0	100.0	100.0	100.0	101.0	100.0
99.9	99.9	99.9	99.9	99.9	100.0	100.0
98.6	101.3	99.2	99.5	97.9	100.0	98.0
98.6	101.3	99.2	99.5	97.9	100.0	98.0
100.0	95.7	100.0	100.0	100.0	100.0	100.0
99.7	100.1	100.0	99.8	99.9	100.0	100.0
100.0	100.0	100.0	100.0	98.1	100.0	100.0
99.7	100.1	100.0	99.7	100.2	100.0	100.0
99.2	98.9	99.7	100.0	99.2	99.8	99.8

3-28 续表 3

指　　标	1 月	2 月	3 月	4 月	5 月
水泥、石灰和石膏制造	100.2	100.8	100.4	100.0	100.0
石膏、水泥制品及类似制品制造	99.8	100.3	100.0	100.3	98.9
砖瓦、石材等建筑材料制造	99.8	100.0	100.9	100.0	100.3
玻璃制造	100.0	100.0	100.1	100.1	99.9
玻璃制品制造	99.3	100.1	100.0	100.2	100.1
玻璃纤维和玻璃纤维增强塑料制品制造	100.0	100.0	100.0	100.0	99.4
耐火材料制品制造	100.0	100.0	100.0	100.0	100.0
石墨及其他非金属矿物制品制造	100.0	100.2	100.0	100.0	100.1
黑色金属冶炼和压延加工业	100.6	100.9	101.1	100.4	98.3
炼铁	101.1	101.2	101.5	98.5	98.3
炼钢	100.0	100.0	100.0	100.0	97.4
黑色金属铸造	99.4	100.0	100.0	99.8	100.0
钢压延加工	100.3	100.7	100.9	101.6	98.2
铁合金冶炼	100.2	100.9	102.0	100.4	99.7
有色金属冶炼和压延加工业	99.8	99.2	98.5	97.1	98.9
常用有色金属冶炼	100.0	99.8	98.7	98.0	99.8
贵金属冶炼	99.3	98.7	97.3	92.3	95.7
有色金属合金制造	97.5	100.0	99.6	100.0	100.0
有色金属压延加工	100.0	96.6	99.4	100.0	99.1
金属制品业	100.3	99.5	99.1	100.3	99.6
结构性金属制品制造	99.7	98.8	102.6	100.6	99.5
金属工具制造	103.3	100.0	79.8	100.0	100.0
集装箱及金属包装容器制造	100.0	100.0	100.0	100.2	99.9
金属丝绳及其制品制造	100.0	100.0	104.3	100.0	100.0
建筑、安全用金属制品制造	99.1	100.0	100.0	100.1	100.0
金属表面处理及热处理加工	100.0	100.0	97.1	100.0	100.0
金属制日用品制造	100.0	100.0	100.0	100.0	100.0
其他金属制品制造	100.4	100.3	100.2	99.8	97.9
通用设备制造业	100.2	100.0	100.0	99.9	100.0
锅炉及原动设备制造	101.9	100.0	100.0	100.0	99.9
物料搬运设备制造	100.0	100.0	100.0	96.9	100.0
泵、阀门、压缩机及类似机械制造	100.0	100.0	100.0	100.0	100.0

（上月=100）

6　月	7　月	8　月	9　月	10　月	11　月	12　月
98.8	98.4	99.5	99.6	98.3	99.6	99.6
99.3	99.0	100.0	99.7	100.1	100.0	100.0
100.1	100.1	99.7	103.9	101.2	100.2	100.2
100.1	100.0	100.0	100.1	100.1	100.1	100.1
100.0	99.6	100.0	100.0	100.0	100.0	99.6
100.0	100.0	100.0	100.0	100.0	100.0	100.0
100.0	100.0	100.0	100.0	100.0	100.0	100.0
99.9	99.7	99.8	100.0	99.9	100.0	100.3
96.8	98.9	99.0	99.9	98.8	99.2	100.2
98.6	99.3	98.2	99.8	100.4	99.8	101.0
98.6	100.2	97.3	98.9	100.0	100.0	100.0
99.4	99.6	100.1	99.7	100.6	100.8	99.2
95.5	98.6	99.5	99.9	97.9	98.7	99.8
99.5	99.7	99.5	100.1	98.9	100.0	99.8
98.7	97.5	100.6	100.2	99.5	100.0	99.0
99.2	97.6	99.5	100.2	99.8	100.5	99.4
95.7	95.1	105.4	100.6	98.2	97.9	97.0
100.0	100.0	100.0	100.0	100.0	100.0	100.0
100.0	100.0	100.0	100.0	100.0	100.0	100.0
98.6	98.9	99.2	99.9	99.9	99.8	99.6
97.2	100.0	100.1	99.6	100.0	99.9	100.0
100.0	100.0	100.0	100.0	100.0	100.0	100.0
99.9	99.7	100.3	100.1	99.9	99.0	100.0
100.0	95.2	96.3	100.0	100.0	99.9	98.6
100.0	100.0	100.0	99.9	100.0	100.0	100.0
100.0	100.0	100.0	100.0	100.0	100.0	100.0
100.0	100.0	100.0	100.0	100.0	100.0	100.0
98.7	100.4	99.5	101.1	99.3	98.8	98.9
100.0	99.9	100.0	100.0	100.0	99.9	100.0
100.0	100.0	100.0	100.0	100.0	100.0	100.0
100.0	99.1	100.0	100.0	100.0	100.0	100.0
100.0	100.0	100.0	100.0	100.0	100.0	100.0

3-28 续表 4

指　标	1 月	2 月	3 月	4 月	5 月
轴承、齿轮和传动部件制造	100.0	100.0	100.0	100.0	100.0
烘炉、风机、衡器、包装等设备制造	100.0	100.0	100.0	100.0	100.0
通用零部件制造	100.0	100.0	100.0	100.9	100.0
其他通用设备制造业	100.0	100.0	100.0	100.0	100.0
专用设备制造业	100.0	100.0	98.8	99.7	100.0
采矿、冶金、建筑专用设备制造	100.0	100.0	98.0	99.4	100.0
农、林、牧、渔专用机械制造	100.0	100.0	100.0	100.0	100.0
汽车制造业	100.0	99.9	99.8	100.2	100.0
汽车整车制造	100.0	100.0	100.0	100.0	100.0
改装汽车制造	100.0	100.0	99.3	101.0	100.0
汽车车身、挂车制造	100.0	98.4	100.0	100.0	100.0
汽车零部件及配件制造	100.0	100.0	100.0	100.0	100.0
铁路、船舶、航空航天和其他运输设备制造业	100.0	100.0	100.0	100.0	100.0
铁路运输设备制造	100.0	100.0	100.0	100.0	100.0
电气机械和器材制造业	99.9	100.3	100.7	100.6	99.3
电机制造	99.9	100.5	101.0	100.9	99.0
输配电及控制设备制造	100.0	100.0	100.1	100.0	100.0
电线、电缆、光缆及电工器材制造	99.6	100.1	99.8	99.2	99.5
非电力家用器具制造	100.0	100.0	100.0	100.0	100.0
计算机、通信和其他电子设备制造业	100.2	100.1	100.0	100.0	100.2
广播电视设备制造	100.3	100.1	100.0	100.0	100.3
电子器件制造	100.0	100.0	100.0	100.0	100.0
仪器仪表制造业	100.0	100.0	100.0	100.0	100.0
专用仪器仪表制造	100.0	100.0	100.0	100.0	100.0
金属制品、机械和设备修理业	99.5	103.9	100.9	100.6	100.0
金属制品修理	99.5	103.9	100.9	100.6	100.0
电力、热力生产和供应业	100.0	99.9	100.2	100.0	99.9
电力生产	100.0	99.9	100.7	100.0	99.7
电力供应	100.0	100.0	100.0	100.0	100.1
热力生产和供应	100.0	100.0	100.0	100.0	100.0
燃气生产和供应业	99.9	99.6	100.4	100.3	100.3
水的生产和供应业	100.0	100.0	100.1	100.0	100.0
自来水生产和供应	100.0	100.0	100.1	100.1	100.0
污水处理及其再生利用	100.0	100.0	100.0	100.0	100.0

（上月=100）

6 月	7 月	8 月	9 月	10 月	11 月	12 月
100.0	100.0	100.0	100.0	100.0	100.0	100.0
100.0	100.0	100.0	100.0	100.0	100.0	100.0
99.9	100.0	100.0	100.0	100.0	99.8	100.0
100.0	100.0	100.0	100.0	100.0	100.0	100.0
100.2	100.0	100.0	100.0	99.8	100.0	100.0
100.0	100.0	100.0	100.0	99.7	100.0	100.0
100.4	100.0	100.0	100.0	100.0	100.0	100.0
100.1	100.0	100.0	100.0	99.8	100.0	100.0
100.0	100.0	100.0	100.0	100.0	100.0	100.0
100.1	100.0	100.0	100.0	100.0	100.0	100.0
100.0	100.0	100.0	100.0	97.8	99.7	100.0
100.4	100.0	100.0	100.0	100.0	100.0	100.0
100.0	100.0	100.0	100.0	100.0	100.0	100.0
100.0	100.0	100.0	100.0	100.0	100.0	100.0
99.3	99.5	99.0	100.6	100.3	99.3	100.5
99.0	99.7	98.7	100.8	100.5	99.1	100.7
100.0	99.1	99.5	100.0	100.0	100.0	100.0
99.7	98.7	101.2	99.9	100.0	99.2	99.8
100.0	100.0	100.0	100.0	100.0	100.0	100.0
99.9	99.9	99.9	99.7	100.0	99.8	99.7
99.8	99.9	99.9	99.6	100.0	99.7	99.6
100.0	100.0	100.0	100.0	100.0	100.0	100.0
100.0	100.0	100.0	100.0	100.0	100.0	100.0
100.0	100.0	100.0	100.0	100.0	100.0	100.0
100.8	101.1	99.5	100.6	100.0	100.0	100.0
100.8	101.1	99.5	100.6	100.0	100.0	100.0
100.1	99.9	99.7	100.1	100.1	99.9	100.0
100.2	99.7	99.3	100.3	100.2	99.9	100.3
100.0	100.0	100.0	100.0	100.0	99.9	99.9
100.0	100.0	100.0	100.0	100.0	100.0	100.0
100.1	100.2	100.7	100.2	100.1	100.2	99.9
100.0	100.0	100.4	101.2	100.9	100.0	100.0
100.0	100.0	100.8	102.4	101.7	100.0	100.0
100.0	100.0	100.0	100.0	100.0	100.0	100.0

3-29 工业生产者购进价格分类指数

(上年价格=100)

指　　标	1995	2000	2001	2002	2003
总指数	**116.9**	**115.2**	**99.0**	**94.9**	**114.8**
燃料、动力类	117.0	137.9	96.5	99.5	121.3
黑色金属材料类	96.1	100.5	100.7	97.8	108.8
#钢　材	96.1	104.8	102.1	96.2	111.0
其　他	96.5	95.5	98.9	99.2	106.9
有色金属材料和电线类	125.1	112.2	95.9	97.2	105.0
化工原料类	125.4	104.4	98.4	99.1	103.8
木材及纸浆类	100.9	100.5	102.0	100.7	101.8
建筑材料及非金属矿类	95.5	100.4	100.4	99.4	98.1
其他工业原材料及半成品类	103.2	111.4	106.4	99.8	100.3
农副产品类	151.9	97.2	100.4	88.5	119.6
纺织原料类	125.1	95.2	97.1	84.2	113.3

指　　标	2004	2005	2006	2007	2008
总指数	**118.2**	**110.7**	**111.1**	**103.8**	**117.8**
燃料、动力类	120.6	132.0	124.0	102.4	125.2
黑色金属材料类	127.8	113.8	99.8	105.7	136.9
#钢　材	125.4	112.9	100.0	103.2	126.7
其　他	130.7	114.9	99.3	110.4	156.5
有色金属材料和电线类	115.5	108.5	117.7	103.8	96.2
化工原料类	106.6	113.0	108.9	104.1	106.0
木材及纸浆类	103.9	102.0	102.6	102.2	107.2
建筑材料及非金属矿类	100.1	103.9	103.5	103.7	109.4
其他工业原材料及半成品类	112.0	105.5	106.3	108.4	116.8
农副产品类	121.1	91.9	105.3	104.6	110.0
纺织原料类	117.9	93.0	95.5	103.4	107.8

指　　标	2009	2010	2011	2012	2013
总指数	**90.6**	**123.9**	**117.8**	**97.9**	**97.8**
燃料、动力类	82.0	137.6	132.9	98.6	96.6
黑色金属材料类	82.6	105.0	109.4	91.5	95.4
#钢　材	85.3	102.5	106.9	95.7	96.7
其　他	77.3	112.3	114.0	83.8	92.5
有色金属材料和电线类	78.5	139.6	111.9	95.3	96.2
化工原料类	100.0	106.8	106.7	99.7	99.1
木材及纸浆类	98.9	104.0	103.7	103.3	99.1
建筑材料及非金属矿类	105.8	103.0	104.0	98.9	97.8
其他工业原材料及半成品类	97.7	101.1	102.9	98.8	98.5
农副产品类	99.3	118.7	109.6	98.9	102.7
纺织原料类	96.1	144.2	118.3	94.3	99.0

3-30　工业生产者购进价格指数（2013 年）

（上年同月=100）

指　　标	全　年 平　均	1 月	2 月	3 月	4 月	5 月	6 月
总指数	**97.8**	**98.1**	**98.5**	**98.4**	**96.2**	**94.9**	**95.7**
燃料、动力类	96.6	97.9	98.3	97.4	92.8	90.0	91.8
黑色金属材料类	95.4	91.3	93.9	95.2	94.6	95.0	94.3
#钢　材	96.7	96.9	97.5	96.8	96.0	95.7	95.3
其　他	92.5	80.6	86.4	91.4	91.3	93.0	91.8
有色金属材料和电线类	96.2	99.4	99.3	98.9	97.0	97.5	97.5
化工原料类	99.1	100.6	100.3	99.5	99.2	98.7	98.3
木材及纸浆类	99.1	99.8	99.4	98.8	99.0	99.1	99.2
建筑材料及非金属矿类	97.8	97.6	97.6	97.4	97.3	97.2	97.7
其他工业原材料及半成品类	98.5	97.8	97.9	98.5	98.5	98.1	98.3
农副产品类	102.7	103.5	102.8	103.9	104.0	103.3	103.1
纺织原料类	99.0	98.2	98.2	98.2	98.9	98.6	98.8

3-31　工业生产者购进价格指数（2013 年）

（上月=100）

指　　标	1 月	2 月	3 月	4 月	5 月	6 月
总指数	**99.5**	**100.5**	**100.7**	**99.8**	**98.8**	**98.6**
燃料、动力类	98.7	100.4	101.2	99.9	97.1	97.1
黑色金属材料类	99.8	101.6	100.5	99.8	100.2	98.5
#钢　材	100.3	100.4	99.8	100.1	99.4	99.0
其　他	98.8	104.2	101.8	99.3	101.7	97.6
有色金属材料和电线类	100.1	100.3	99.4	98.2	99.6	99.4
化工原料类	100.1	100.2	99.6	99.3	100.0	99.8
木材及纸浆类	99.9	100.1	99.6	99.8	99.8	100.1
建筑材料及非金属矿类	100.1	99.9	99.7	99.8	100.1	99.9
其他工业原材料及半成品类	99.7	100.1	100.5	99.9	99.8	99.8
农副产品类	100.4	100.5	101.0	100.5	100.0	100.2
纺织原料类	100.1	100.5	100.0	99.4	99.7	100.0

3-30 续表

（上年同月=100）

指　　标	7 月	8 月	9 月	10 月	11 月	12 月
总指数	**98.3**	**99.9**	**99.0**	**98.2**	**98.2**	**98.6**
燃料、动力类	98.2	101.8	99.1	97.2	97.6	98.2
黑色金属材料类	94.4	96.5	97.5	97.5	97.0	98.6
#钢　材	95.3	96.5	98.0	97.8	97.2	97.1
其　他	92.2	96.0	96.1	96.6	96.4	101.6
有色金属材料和电线类	93.8	94.3	95.0	94.1	94.2	93.5
化工原料类	99.3	99.5	99.1	98.6	98.2	98.2
木材及纸浆类	99.0	99.0	99.3	99.0	98.7	98.4
建筑材料及非金属矿类	98.0	98.1	98.2	98.1	98.4	98.5
其他工业原材料及半成品类	98.2	98.5	99.0	99.1	99.2	99.1
农副产品类	103.1	101.4	101.1	102.2	102.1	102.0
纺织原料类	99.1	99.1	99.3	99.4	99.8	99.8

3-31 续表

（上月=100）

指　　标	7 月	8 月	9 月	10 月	11 月	12 月
总指数	**99.9**	**100.4**	**100.8**	**100.4**	**99.9**	**99.4**
燃料、动力类	100.2	101.1	102.0	101.3	100.6	98.8
黑色金属材料类	99.8	100.0	99.6	99.7	99.4	99.7
#钢　材	99.6	99.9	100.0	99.8	99.1	99.8
其　他	100.2	100.2	98.8	99.5	100.0	99.6
有色金属材料和电线类	96.6	100.8	100.2	99.8	99.4	99.6
化工原料类	99.9	99.8	100.1	100.0	99.6	99.8
木材及纸浆类	99.8	100.0	100.0	99.5	99.9	99.9
建筑材料及非金属矿类	99.8	99.7	99.9	99.6	100.0	100.0
其他工业原材料及半成品类	99.4	100.0	100.2	100.0	99.9	99.8
农副产品类	100.3	100.1	99.9	99.9	98.7	100.3
纺织原料类	100.0	99.9	100.0	100.0	100.1	100.2

第四篇 扶贫开发

4-1　扶贫开发工作地区农户基本情况（2012 年）

指　标	重点县	南疆三地州
家庭成员基本情况		
户均家庭全部人口（人）	4.49	4.61
户均常住人口（人）	4.47	4.59
#男	2.32	2.38
女	2.17	2.23
户均劳动力（人）	2.89	2.98
户均劳动力受教育程度（人）		
文盲、半文盲	0.08	0.10
小学	0.88	0.99
初中	1.71	1.74
高中	0.14	0.11
中专	0.04	0.03
大专及以上	0.03	0.02
曾受过技能培训人数比重（%）	68.04	59.6
民族构成（%）	100.0	100.0
汉族	5.2	
少数民族	94.8	100.0
#会汉语人数	17.1	13.2
身体健康状况构成（%）	100.0	100.0
健康	90.5	89.4
体弱多病	3.3	2.3
长期慢性病	0.3	0.3
患有大病	0.1	0.1
残疾	5.8	7.7
有病是否能及时就医构成（%）	100.0	100.0
是	86.6	92.1
否	13.4	7.9
不能及时就医的主要原因构成（%）	100.0	100.0
经济困难	66.0	44.0
医院太远	28.2	43.3
没有时间	0.2	0.5
本人不重视	0.5	1.1
小病不用医	2.1	4.8
其他	3.0	6.3

4-1 续表

指　　标	重点县	南疆三地州
人均年末住房状况		
面积（平方米）	21.57	21.56
价值（元）	9828.00	8814.00
结构（%）	100.0	100.0
钢筋混凝土	3.4	3.8
砖混材料	14.4	9.0
砖瓦砖木	41.5	44.4
竹草土坯	29.8	34.6
其他	10.9	8.3
户均年末拥有生产性固定资产		
生产用房及建筑物面积（平方米）	31.21	21.85
汽车（辆）	0.04	0.03
手扶拖拉机/三轮车（台）	0.18	0.13
大中型拖拉机（台）	0.04	0.04
胶轮大车（辆）	0.08	0.06
其他农机具（件）	0.15	0.16
役畜（头）	0.53	0.51
产品畜（头）	6.42	3.73
户均年末畜禽存栏状况		
年末大牲畜存栏（头）	1.84	1.33
年末猪存栏（头）	0.04	
年末羊存栏（只）	14.14	9.43
年末家禽存栏（只）	7.02	7.25
每百户年末拥有耐用消费品状况		
收音机、收录机、音响（台）	0.36	
冰箱、冰柜（台）	52.20	43.33
电视机（台）	91.31	90.83
自行车（辆）		
摩托车（辆）	71.13	67.08
固定电话、移动电话（部）	124.76	98.58

4-2　扶贫开发工作地区农民人均总收入及构成（2012 年）

指　　标	重点县	南疆三地州
全年人均总收入（元）	**7879.35**	**7493.33**
工资性收入	926.63	850.65
在非企业组织劳动得到的收入	158.64	143.42
在本地劳动得到的收入	336.46	256.57
外出务工得到的收入	431.54	450.66
家庭经营收入	6025.30	5718.27
农业收入	3310.35	3325.87
农业产品收入	3100.68	3126.69
粮食	1401.15	1255.14
棉花	1323.52	1568.24
农业服务收入	209.66	199.18
林业收入	223.68	275.89
牧业收入	1765.05	1391.23
渔业收入		
工业收入	102.54	100.10
建筑业收入	86.40	107.16
第三产业收入	537.28	518.01
财产性收入	57.04	35.48
转移性收入	870.38	888.93
人均总收入构成（%）	**100.0**	**100.0**
工资性收入	11.7	11.3
家庭经营收入	76.5	76.3
财产性收入	0.7	0.5
转移性收入	11.1	11.9

4-3　扶贫开发工作地区农民人均纯收入及构成（2012 年）

指　　标	重点县	南疆三地州
全年人均纯收入（元）	**4739.21**	**4468.67**
工资性收入	926.63	850.65
在本地非企业组织中得到的收入	158.64	143.42
在本地企业打工得到的收入	336.46	256.57
外出务工得到的收入	431.54	450.66
家庭经营收入	2916.99	2717.62
农业收入	1521.60	1505.28
林业收入	169.53	214.39
牧业收入	813.87	589.82
财产性收入	57.04	35.48
转移性收入	838.55	864.93
人均纯收入构成（%）	**100.0**	**100.0**
工资性收入	19.6	19.0
家庭经营收入	61.5	60.8
财产性收入	1.2	0.8
转移性收入	17.7	19.4

4-4 扶贫开发工作地区农民人均总支出及构成（2012 年）

指　标	重点县	南疆三地州
全年总支出（元）	**7416.98**	**6997.28**
家庭经营支出	2852.56	2807.79
农业支出	1663.48	1709.25
林业支出	51.70	58.68
牧业支出	850.04	742.84
渔业支出		
工业支出	54.39	63.45
建筑业支出	35.44	46.24
第三产业经营支出	197.53	187.32
购买生产性固定资产	414.49	335.11
税费支出	3.18	0.86
第一产业税		
第二产业税		
第三产业税	0.33	
其他各项收费	2.85	0.86
生活消费支出	3970.69	3704.43
财产性支出	7.75	5.81
转移性支出	168.31	143.29
总支出构成（%）	**100**	**100**
家庭经营支出	38.5	40.1
购买生产性固定资产	5.6	4.8
税费支出	…	…
生活消费支出	53.5	52.9
财产性支出	0.1	0.1
转移性支出	2.3	2.1

4-5 扶贫开发工作地区农民人均生活消费支出及构成（2012 年）

指　标	重点县	南疆三地州
生活消费支出（元）	**3970.69**	**3704.43**
食品消费支出	1591.77	1556.83
衣着消费支出	411.12	357.91
居住消费支出	959.47	988.87
家庭设备用品及服务消费	173.91	158.25
医疗保健支出	287.75	232.37
交通通讯支出	426.35	334.24
文化教育、娱乐用品及服务	79.65	46.89
其他商品及服务支出	40.67	29.07
生活消费支出构成（%）	**100.0**	**100.0**
食品消费支出	40.1	42.0
衣着消费支出	10.4	9.6
居住消费支出	24.2	26.7
家庭设备用品及服务消费	4.4	4.3
医疗保健支出	7.2	6.3
交通通讯支出	10.7	9.0
文化教育、娱乐用品及服务	2.0	1.3
其他商品及服务支出	1.0	0.8

4-6　扶贫开发工作地区农民人均现金收支情况（2012 年）

单位：元

指　　标	重点县	南疆三地州
人均现金总收入	**6800.79**	**6264.13**
工资性现金收入	921.18	850.65
在非企业组织劳动得到的收入	158.22	143.42
在本地劳动得到的收入	331.42	256.57
外出务工得到的收入	431.54	450.66
家庭经营现金收入	4960.68	4497.02
农业现金收入	2425.40	2298.93
林业现金收入	206.75	251.88
牧业现金收入	1602.30	1220.93
工业收入	102.54	100.10
建筑业收入	86.40	107.16
第三产业收入	537.28	518.01
财产性现金收入	48.65	27.65
转移性现金收入	870.28	888.81
人均现金总支出	**6727.96**	**6235.13**
家庭经营现金支出	2690.82	2623.88
农业支出	1616.35	1656.70
林业支出	51.70	58.68
牧业支出	735.42	611.49
工业支出	54.39	63.45
建筑业支出	35.44	46.24
第三产业经营支出	197.53	187.32
购买生产性固定资产	414.49	335.11
税费支出	3.18	0.86
生活消费支出	3443.42	3126.17
财产性支出	7.75	5.81
转移性支出	168.30	143.29

4-7 扶贫开发工作重点县农民按文化程度分组情况（2012 年）

指 标	文 盲	小 学	初 中	高 中	大专以上
平均每户人口（人）	**4.37**	**4.30**	**4.01**	**4.72**	**4.37**
平均每户劳动力人数（人）	**3.14**	**2.93**	**2.48**	**3.26**	**3.26**
全年总收入（元）	**7514.14**	**7320.21**	**7947.72**	**8402.55**	**9888.68**
工资性收入	646.00	1026.27	1044.73	1222.46	2559.34
在非企业组织劳动得到的收入	51.02	128.50	249.14	574.53	1656.82
在本地劳动得到的收入	150.59	382.07	324.58	242.00	442.29
外出务工得到的收入	444.39	515.70	471.01	405.93	460.23
家庭经营收入	5285.27	5342.29	5759.44	6014.96	6098.49
农业收入	3182.47	2771.47	3307.41	3063.88	3248.10
林业收入	201.47	209.19	188.23	122.46	28.42
牧业收入	1620.24	1582.42	1501.15	1727.96	2227.12
工业收入	29.22	97.92	87.57	51.04	25.04
建筑业收入	9.09	59.74	83.56	99.46	9.97
第三产业收入	242.78	621.55	591.52	950.17	559.82
财产性收入	14.82	29.38	71.40	54.09	431.89
转移性收入	1568.05	922.27	1072.14	1111.05	798.96
全年总支出（元）	**7069.80**	**7233.66**	**7622.15**	**8389.15**	**7993.52**
家庭经营支出	2649.63	2635.63	2850.52	2748.96	2506.55
农业支出	1667.97	1412.72	1682.56	1456.61	1203.93
林业支出	63.13	56.90	30.56	32.66	7.13
牧业支出	741.49	886.91	833.00	839.80	1156.58
工业支出	17.73	41.99	42.83	29.98	9.56
建筑业支出	44.25	24.49	21.57	19.29	5.57
第三产业经营支出	115.05	212.63	240.00	370.62	123.79
购买生产性固定资产	322.97	536.73	284.64	986.51	285.63
税费支出	0.73	2.52	11.90	13.55	
生活消费支出	3976.27	3891.69	4260.34	4375.97	4857.24
财产性支出		4.34	12.22	5.40	21.11
转移性支出	120.21	162.75	202.53	258.76	322.99
全年纯收入（元）	**4589.71**	**4431.78**	**4781.45**	**5282.33**	**6861.87**
#现金纯收入	3600.43	3568.65	3913.94	4757.69	6149.65

4-8　南疆三地州农民按文化程度分组情况（2012 年）

指　　标	文　盲	小　学	初　中	高　中	大专以上
平均每户人口（人）	**4.47**	**4.36**	**4.19**	**4.90**	**4.73**
平均每户劳动力人数（人）	**3.24**	**2.96**	**2.58**	**3.33**	**3.15**
全年总收入（元）	**7387.07**	**6859.50**	**7152.58**	**7575.43**	**8192.66**
工资性收入	581.22	988.95	936.47	1108.14	2275.45
在非企业组织劳动得到的收入	57.20	103.67	269.51	646.15	1771.54
在本地劳动得到的收入	124.98	328.88	215.72	110.29	261.46
外出务工得到的收入	399.04	556.40	451.24	351.70	242.44
家庭经营收入	5291.41	4941.96	5138.39	5285.94	4511.92
农业收入	3224.99	2747.08	3217.76	2744.08	1920.32
林业收入	241.11	251.71	238.67	177.45	75.55
牧业收入	1565.46	1196.61	1188.48	1378.74	2192.79
工业收入	34.97	115.26	91.20	66.52	65.04
建筑业收入	10.88	71.50	99.41	143.04	27.64
第三产业收入	214.00	559.81	302.87	776.11	230.57
财产性收入	1.31	15.11	50.65	30.34	522.10
转移性收入	1513.13	913.48	1027.07	1151.01	883.19
全年总支出（元）	**7091.49**	**6368.02**	**6827.77**	**7163.00**	**7161.56**
家庭经营支出	2775.10	2490.16	2499.31	2466.87	1943.83
农业支出	1789.88	1419.29	1596.94	1389.77	640.49
林业支出	72.50	48.58	33.61	47.65	18.13
牧业支出	743.06	717.04	695.24	734.92	1250.57
工业支出	21.22	52.21	51.67	43.54	26.50
建筑业支出	52.96	32.68	29.66	30.10	
第三产业经营支出	95.49	220.36	92.19	220.89	8.13
购买生产性固定资产	380.33	295.26	301.53	504.58	265.04
税费支出	0.87	0.83	0.50	0.88	
生活消费支出	3825.43	3437.77	3860.44	3958.68	4488.32
财产性支出			9.49	8.43	58.54
转移性支出	109.75	144.01	156.49	223.56	405.84
全年纯收入（元）	**4388.87**	**4160.09**	**4433.03**	**4877.74**	**6041.79**
#现金纯收入	3273.18	3142.77	3335.85	4168.10	5283.05

4-9 扶贫开发工作重点县农民按人均纯收入分组情况（2012 年）

指　标	0-400 元	400-600 元	600-700 元	700-900 元
平均每户人口（人）	**5.00**	**6.00**	**4.65**	**5.10**
平均每户劳动力人数（人）	**3.00**	**3.75**	**3.60**	**3.45**
全年总收入（元）	**6021.46**	**5416.82**	**2521.57**	**3459.22**
工资性收入	492.00	342.50	502.80	451.00
在非企业组织劳动得到的收入	219.43		302.80	63.53
在本地劳动得到的收入	272.57	342.50	200.00	354.14
外出务工得到的收入				33.33
家庭经营收入	5099.31	4381.07	1967.59	2786.88
农业收入	1517.68	1745.48	1231.27	1337.02
林业收入	1120.76		157.60	54.31
牧业收入	1849.45	567.13	544.31	779.49
工业收入	237.14			142.82
建筑业收入			34.41	165.20
第三产业收入	374.29	2068.46		308.04
财产性收入	-38.11			0.77
转移性收入	468.26	693.25	51.18	220.56
全年总支出（元）	**10140.48**	**8828.36**	**4049.12**	**4847.59**
家庭经营支出	5165.60	4377.75	1732.88	2279.00
农业支出	1551.86	2126.50	1024.65	1241.29
林业支出	1685.71		74.19	27.94
牧业支出	1553.74	306.17	595.33	663.70
工业支出	228.57		17.20	88.11
建筑业支出				83.33
第三产业经营支出	145.71	1945.08	21.51	174.63
购买生产性固定资产				
税费支出			0.86	
生活消费支出	4846.02	4248.02	2262.48	2437.78
财产性支出				
转移性支出	128.86	202.58	52.90	130.81
全年纯收入（元）	**105.77**	**534.62**	**630.70**	**799.82**
#现金纯收入	-403.56	270.07	273.71	564.77

900-1100 元	1100-1300 元	1300-1500 元	1500-2000 元	2000-2500 元	2500 元以上
4.60	**4.76**	**5.34**	**5.05**	**4.95**	**4.31**
2.80	**2.92**	**2.87**	**3.19**	**2.87**	**2.86**
4848.43	**3550.15**	**3448.74**	**3749.66**	**4270.11**	**9295.30**
321.93	326.38	293.73	478.22	553.27	1095.21
104.35	33.15		24.90	34.63	202.01
177.58	134.06	166.72	237.11	284.36	370.32
40.00	159.17	127.01	216.20	234.28	522.88
3967.49	2895.83	2758.21	2882.14	3310.83	7076.21
2568.36	1776.10	1604.16	1690.08	1877.58	3868.22
96.75	43.03	46.90	100.95	108.62	264.99
946.29	829.22	834.11	820.65	935.94	2088.32
117.91	26.80	76.13	28.34	79.14	116.20
63.04	103.18	19.59	24.68	44.42	100.39
175.13	117.51	177.31	217.44	265.14	638.09
112.71	15.33	-0.36	32.18	10.54	70.19
446.30	312.60	397.16	357.12	395.47	1053.68
7080.43	**5032.51**	**4095.34**	**4707.59**	**4628.32**	**8298.47**
3499.05	2041.55	1681.39	1736.51	1750.72	3147.77
2417.15	1280.36	1003.01	1048.26	1035.91	1844.74
106.70	11.22	5.30	19.04	27.88	45.23
771.15	683.49	581.67	546.30	565.83	929.55
12.17	17.96	35.97	20.36	49.59	58.13
22.61	9.94	3.18	9.86	8.22	43.80
169.27	38.58	52.26	92.69	63.29	226.32
277.91	159.23	30.14	129.19	177.91	515.19
1.77			0.02		4.30
3150.04	2626.18	2249.30	2713.20	2589.10	4438.41
					10.60
151.64	205.56	134.51	128.66	110.59	182.20
1007.96	**1180.38**	**1415.45**	**1750.45**	**2261.87**	**5860.92**
759.57	773.44	1008.69	1181.52	1640.11	4973.31

4-10 南疆三地州农民按人均纯收入分组情况（2012 年）

指　　标	0-400 元	400-600 元	600-700 元	700-900 元
平均每户人口（人）	**5.00**	**8.50**	**4.56**	**5.58**
平均每户劳动力人数（人）	**3.33**	**5.50**	**4.00**	**3.83**
全年总收入（元）	**8207.32**	**4861.31**	**3009.02**	**3373.24**
工资性收入	129.33	182.35	448.77	147.16
在非企业组织劳动得到的收入			385.75	
在本地劳动得到的收入	129.33	182.35	63.01	147.16
外出务工得到的收入				
家庭经营收入	8090.90	4587.19	2495.04	3090.66
农业收入	2199.78	1105.97	1556.99	1614.77
林业收入	2615.10		200.78	82.69
牧业收入	1849.35	561.04	693.44	613.63
工业收入	553.33			189.72
建筑业收入			43.84	251.49
第三产业收入	873.33	2920.18		338.36
财产性收入	-88.92			1.18
转移性收入	76.00	91.76	65.21	134.24
全年总支出（元）	**11676.13**	**5888.33**	**4667.32**	**4102.08**
家庭经营支出	7905.87	3827.94	2204.68	2288.34
农业支出	1375.20	800.76	1302.63	1224.85
林业支出	3933.33		94.52	21.64
牧业支出	1724.00	281.18	758.22	521.49
工业支出	533.33		21.92	134.13
建筑业支出				126.87
第三产业经营支出	340.00	2746.00	27.40	259.36
购买生产性固定资产				
税费支出			1.10	
生活消费支出	3630.93	1885.39	2400.72	1762.02
财产性支出				
转移性支出	139.33	175.00	60.82	51.72
全年纯收入（元）	**125.23**	**575.72**	**632.28**	**794.84**
#现金纯收入	-1172.31	383.41	174.49	438.66

900-1100 元	1100-1300 元	1300-1500 元	1500-2000 元	2000-2500 元	2500 元以上
4.32	**4.79**	**5.40**	**5.21**	**5.01**	**4.43**
2.84	**2.93**	**3.00**	**3.29**	**2.96**	**2.94**
4706.57	**3314.12**	**3153.69**	**3621.16**	**4152.17**	**8973.95**
208.66	226.12	214.44	450.23	525.57	1031.22
36.59			18.57	31.90	191.93
115.98	80.36	44.52	189.23	224.04	289.87
56.10	145.76	169.92	242.43	269.62	549.42
4382.94	2850.35	2743.07	2813.57	3245.93	6767.46
3286.98	1856.59	1842.79	1728.69	2012.14	3899.38
135.68	56.03	62.75	98.50	133.25	335.37
626.25	745.36	499.49	701.31	715.35	1673.18
	34.89	101.85	32.98	97.08	111.44
88.41	28.78	6.59	28.72	45.27	132.02
245.61	128.71	229.59	223.36	242.85	616.07
9.79	3.14	-1.14	27.41	4.06	45.97
105.18	234.51	197.32	329.96	376.62	1129.30
6155.10	**4474.82**	**3643.71**	**4434.99**	**4251.36**	**8016.55**
3488.44	1877.42	1545.37	1662.55	1704.73	3165.27
2570.55	1206.58	1108.23	1030.63	1059.06	1938.62
120.49	5.61	7.08	18.28	32.87	55.94
526.48	588.23	337.52	481.64	497.57	834.04
4.88	23.38	48.12	23.70	60.83	66.97
31.71	12.95	4.25	11.47	9.52	58.79
234.34	40.67	40.16	96.83	44.86	210.91
28.78	159.57	29.43	126.05	198.75	416.36
2.49			0.02		1.16
2530.60	2363.32	1924.93	2516.06	2251.84	4267.58
					8.20
104.79	74.52	143.99	130.31	96.04	157.99
1010.52	**1171.83**	**1421.41**	**1746.00**	**2263.43**	**5587.95**
447.34	699.21	843.06	1141.47	1559.42	4504.80

4-11 扶贫开发工作重点县农民按人均生产支出分组情况（2012年）

指　　标	0-200元	200-400元	400-600元	600-800元
平均每户人口（人）	**3.72**	**4.35**	**4.61**	**4.93**
平均每户劳动力人数（人）	**2.31**	**2.53**	**2.75**	**3.03**
全年总收入（元）	**4693.89**	**3744.21**	**4206.54**	**4471.37**
工资性收入	1952.93	860.65	1089.75	1144.32
在非企业组织劳动得到的收入	461.86	86.10	164.74	128.39
在本地劳动得到的收入	536.41	233.71	377.40	497.18
外出务工得到的收入	954.65	540.83	547.62	518.75
家庭经营收入	1314.98	2279.80	2385.20	2550.96
农业收入	474.09	716.12	1156.65	1195.66
林业收入	0.29	38.62	94.64	186.09
牧业收入	684.23	983.52	903.89	897.68
工业收入		22.99	23.12	35.48
建筑业收入	41.41	196.91	11.96	21.54
第三产业收入	114.96	321.63	194.93	214.51
财产性收入	229.21	18.14	139.51	8.58
转移性收入	1196.78	585.62	592.09	767.51
全年总支出（元）	**3478.38**	**3044.97**	**3363.10**	**3672.97**
家庭经营支出	82.27	309.80	502.06	689.85
农业支出	34.98	137.56	263.08	403.19
林业支出		0.40	1.76	6.33
牧业支出	46.97	144.71	223.97	247.25
工业支出		4.60	4.74	13.14
建筑业支出	0.31	9.20		1.17
第三产业经营支出		13.34	8.51	18.78
购买生产性固定资产	11.34	100.31	106.16	23.78
税费支出				
生活消费支出	3174.62	2474.68	2631.51	2849.96
财产性支出			4.98	
转移性支出	210.15	160.17	118.38	109.38
全年纯收入（元）	**4411.60**	**3129.87**	**3400.38**	**3537.77**
#现金纯收入	4365.02	2925.86	2903.32	2929.60

800-1100 元	1100-1300 元	1300-1500 元	1500-2000 元	2000-2500 元	2500 元以上
5.03	**4.93**	**4.73**	**4.54**	**4.39**	**4.22**
3.10	**2.96**	**2.96**	**3.03**	**2.90**	**2.86**
4841.61	**4940.18**	**5849.34**	**6580.47**	**6889.59**	**11969.04**
999.38	882.45	844.66	971.19	737.61	827.36
116.07	55.86	151.24	166.28	130.90	181.32
502.58	334.24	355.10	399.64	211.14	261.54
380.72	492.35	338.32	405.26	395.57	384.50
3226.38	3364.78	4246.74	4431.92	5231.44	10102.08
1564.53	1818.20	2016.97	2311.57	2658.68	5881.03
207.82	206.95	511.88	179.42	253.03	251.75
1054.80	940.68	1155.21	1427.83	1772.45	2741.31
37.12	38.77	58.67	87.82	96.60	183.21
53.15	80.68	67.80	106.79	142.05	92.94
308.97	279.49	436.21	318.50	308.63	951.82
28.14	28.08	4.90	63.50	37.61	66.52
587.71	664.87	753.03	1113.85	882.94	973.08
4122.77	**4569.91**	**5308.63**	**6256.51**	**6222.53**	**11765.11**
941.62	1196.22	1396.47	1750.40	2240.82	5576.81
498.18	652.38	783.29	931.89	1195.29	3347.99
12.63	13.38	25.01	26.86	36.44	109.27
356.40	435.14	480.27	620.84	816.58	1519.62
23.02	38.78	30.37	42.61	73.23	91.08
11.83	20.16	12.53	44.62	30.83	62.00
39.54	36.38	65.00	83.58	88.45	446.84
72.92	181.84	275.04	268.24	301.36	818.65
0.11		0.47	0.60	7.21	6.37
2972.52	3075.63	3489.08	4040.79	3537.37	5140.12
2.15	9.22	3.64	24.35		8.86
133.45	107.00	143.93	172.12	135.77	214.29
3642.06	**3574.67**	**4183.75**	**4589.53**	**4401.04**	**6034.12**
3005.48	2744.96	3417.85	3810.06	3389.43	5078.08

4-12 南疆三地州农民按人均生产支出分组情况（2012 年）

指　　标	0-200 元	200-400 元	400-600 元	600-800 元
平均每户人口（人）	**5.00**	**4.88**	**4.95**	**5.02**
平均每户劳动力人数（人）	**2.57**	**2.54**	**2.91**	**3.11**
全年总收入（元）	**3739.37**	**2805.85**	**3998.72**	**4191.89**
工资性收入	2043.71	629.81	1151.06	1072.35
在非企业组织劳动得到的收入	642.43	40.22	234.40	33.14
在本地劳动得到的收入	550.86	114.34	235.13	397.43
外出务工得到的收入	850.43	475.25	681.54	641.78
家庭经营收入	578.26	1689.83	2095.99	2398.83
农业收入	333.32	736.01	1260.75	1340.90
林业收入	0.94	67.57	134.66	252.23
牧业收入	55.21	231.29	408.50	462.14
工业收入		27.06	12.13	48.09
建筑业收入	32.86	174.84	17.02	16.87
第三产业收入	155.93	453.05	262.93	278.59
财产性收入		3.67	127.45	2.94
转移性收入	1117.40	482.55	624.22	717.77
全年总支出（元）	**2791.75**	**2195.16**	**3013.64**	**3220.57**
家庭经营支出	119.99	319.02	508.45	696.19
农业支出	55.47	148.41	294.86	442.48
林业支出		0.69	2.44	8.26
牧业支出	64.52	125.76	200.52	203.61
工业支出		8.04	3.90	17.81
建筑业支出		16.09		1.58
第三产业经营支出		20.02	6.74	22.45
购买生产性固定资产	35.71		67.00	32.23
税费支出				
生活消费支出	2409.42	1707.76	2297.57	2392.42
财产性支出			7.09	
转移性支出	226.63	168.38	133.52	99.74
全年纯收入（元）	**3520.51**	**2315.76**	**3302.27**	**3327.53**
#现金纯收入	3268.70	1984.78	2780.42	2593.67

800-1100 元	1100-1300 元	1300-1500 元	1500-2000 元	2000-2500 元	2500 元以上
5.13	**5.05**	**4.86**	**4.49**	**4.47**	**4.27**
3.17	**3.05**	**3.03**	**2.97**	**3.02**	**2.94**
4739.40	**4770.60**	**5764.94**	**6461.09**	**6669.01**	**11367.25**
1054.68	896.66	788.37	954.17	765.23	671.35
110.69	68.25	157.88	139.99	100.41	176.17
494.27	315.71	293.47	331.25	192.45	134.89
449.72	512.70	337.02	482.93	472.36	360.29
3091.74	3231.05	4142.96	4245.61	4977.55	9629.11
1650.40	1684.11	2143.15	2402.27	2765.71	5820.60
254.26	250.09	634.52	235.08	307.27	277.40
758.61	830.57	848.91	1058.12	1450.01	2327.79
44.98	47.38	72.73	118.13	107.16	154.84
65.02	98.58	84.05	143.64	170.14	119.66
318.48	320.32	359.61	288.37	177.26	928.80
23.33	2.69	4.77	66.55	29.13	38.48
569.65	640.20	828.84	1194.77	897.10	1028.32
3959.57	**4253.10**	**5232.82**	**6162.67**	**6194.44**	**11063.30**
942.39	1195.49	1400.07	1753.40	2226.48	5484.42
537.89	653.47	840.51	971.78	1279.21	3428.46
14.61	15.27	29.65	32.10	44.26	123.28
321.17	414.22	421.83	563.98	715.09	1307.39
28.17	47.39	37.65	56.83	85.90	100.14
14.48	24.64	15.53	58.26	37.58	82.20
26.06	40.50	54.90	70.44	64.44	442.96
86.97	215.43	309.63	282.44	357.94	576.09
0.13		0.59	0.81	2.73	1.14
2800.42	2748.94	3402.30	3972.32	3470.86	4821.64
2.62		4.51	29.61		2.92
127.04	93.24	115.72	124.09	136.42	177.08
3587.72	**3419.23**	**4129.53**	**4517.68**	**4206.32**	**5630.28**
2865.63	2500.37	3248.74	3548.32	3038.00	4501.69

4-13 扶贫开发工作重点县农民按人均生活消费支出分组情况（2012 年）

指 标	0-800 元	800-1100 元	1100-1300 元
平均每户人口（人）	**9.67**	**6.18**	**6.06**
平均每户劳动力人数（人）	**6.67**	**3.86**	**3.34**
全年总收入（元）	**2062.53**	**2780.10**	**3574.39**
工资性收入	405.86	541.04	640.85
在非企业组织劳动得到的收入			
在本地劳动得到的收入	38.28	249.71	262.36
外出务工得到的收入	367.59	291.33	378.49
家庭经营收入	1553.57	2075.26	2641.90
农业收入	1332.53	1337.19	1304.41
林业收入		127.17	91.41
牧业收入	64.83	534.61	1030.66
工业收入			21.05
建筑业收入	135.52		3.98
第三产业收入	20.69	76.30	190.38
财产性收入			0.00
转移性收入	103.10	163.79	291.63
全年总支出（元）	**1096.18**	**2010.24**	**2406.96**
家庭经营支出	284.13	937.80	1004.80
农业支出	189.02	643.78	549.06
林业支出		0.35	9.99
牧业支出	77.87	293.68	423.28
工业支出			6.26
建筑业支出	17.24		
第三产业经营支出			16.22
购买生产性固定资产			86.37
税费支出			
生活消费支出	717.49	1017.55	1234.50
财产性支出			12.69
转移性支出	94.55	54.89	68.60
全年纯收入（元）	**1664.56**	**1614.27**	**2342.59**
#现金纯收入	1532.25	1263.19	2044.39

1300-1500 元	1500-2000 元	2000-2500 元	2500 元以上
5.74	**5.37**	**4.94**	**4.13**
3.53	**3.34**	**3.10**	**2.73**
3931.19	**4279.33**	**5713.15**	**9535.47**
461.39	720.63	831.21	1028.85
	30.88	63.58	222.60
156.29	293.43	250.51	380.09
305.10	396.32	517.11	426.16
3056.32	3097.55	4397.88	7319.30
1923.42	1704.64	2517.99	3984.23
127.16	122.49	240.66	250.24
519.40	945.91	1233.99	2161.91
27.36	42.57	74.36	129.12
48.77	87.03	83.75	92.18
410.21	194.91	247.14	701.63
139.83	18.59	21.83	72.28
273.65	442.55	462.23	1115.04
2799.37	**3446.89**	**4633.36**	**9362.46**
1288.57	1447.99	2115.81	3479.63
724.72	780.99	1324.57	2019.94
15.10	17.48	28.57	68.07
319.52	578.45	608.90	1012.76
12.55	27.48	55.03	63.88
9.15	14.30	18.62	46.66
207.53	29.29	80.12	268.32
16.56	118.10	177.54	567.70
		0.05	4.89
1406.20	1772.34	2248.70	5090.73
	1.75	0.41	11.05
88.04	106.71	90.85	208.47
2445.34	**2660.86**	**3397.47**	**5715.73**
1886.72	2023.51	2675.31	4842.28

4-14 南疆三地州农民按人均生活消费支出分组情况（2012 年）

指　　标	0-800 元	800-1100 元	1100-1300 元
平均每户人口（人）	**9.67**	**6.38**	**6.08**
平均每户劳动力人数（人）	**6.67**	**4.00**	**3.26**
全年总收入（元）	**2062.53**	**2546.54**	**3243.87**
工资性收入	405.86	112.42	589.12
在非企业组织劳动得到的收入			
在本地劳动得到的收入	38.28	57.52	113.13
外出务工得到的收入	367.59	54.90	475.99
家庭经营收入	1553.57	2259.38	2384.02
农业收入	1332.53	1486.65	1288.89
林业收入		143.79	114.96
牧业收入	64.83	542.66	709.25
工业收入			26.48
建筑业收入	135.52		5.01
第三产业收入	20.69	86.27	239.43
财产性收入			0.00
转移性收入	103.10	174.75	270.73
全年总支出（元）	**1096.18**	**1986.34**	**2290.29**
家庭经营支出	284.13	900.00	963.98
农业支出	189.02	701.53	557.09
林业支出		0.39	11.91
牧业支出	77.87	198.08	369.94
工业支出			7.87
建筑业支出	17.24		
第三产业经营支出			17.17
购买生产性固定资产			22.04
税费支出			
生活消费支出	717.49	1030.81	1229.13
财产性支出			
转移性支出	94.55	55.53	75.14
全年纯收入（元）	**1664.56**	**1499.38**	**2116.20**
#现金纯收入	1532.25	1055.02	1736.02

1300-1500 元	1500-2000 元	2000-2500 元	2500 元以上
5.81	**5.39**	**4.98**	**4.20**
3.54	**3.36**	**3.07**	**2.83**
3857.77	**4185.53**	**5709.49**	**9416.81**
400.93	661.50	719.59	992.00
	24.35	59.08	218.34
95.18	244.97	216.41	292.43
305.75	392.19	444.10	481.24
3021.39	3100.14	4543.02	7148.94
1906.75	1690.32	2677.15	4165.60
143.41	133.08	295.89	326.06
473.87	940.91	1142.62	1692.99
30.86	45.03	83.33	129.12
55.00	95.59	76.37	128.28
411.51	195.20	267.66	706.89
157.69	1.16	5.78	48.14
277.76	422.72	441.09	1227.72
2868.49	**3482.43**	**4812.67**	**9153.04**
1341.51	1465.66	2272.15	3536.73
749.18	780.91	1440.12	2167.99
14.67	19.20	32.70	82.88
338.46	590.73	620.52	873.53
14.16	30.18	65.66	78.20
10.32	15.71	22.89	66.38
214.73	28.94	90.25	267.75
18.67	129.72	192.88	472.29
		0.06	1.44
1409.02	1770.54	2247.31	4962.14
	1.93		9.33
99.29	114.59	100.26	171.10
2332.89	**2556.37**	**3251.67**	**5633.65**
1770.56	1875.94	2393.01	4525.04

4-15 扶贫开发地区农村劳动力行业分布情况（2012年）

指 标	重点县	南疆三地州
曾受培训劳动力比重（%）	**68.0**	**59.6**
当年从事的主要行业构成（%）	**100.0**	**100.0**
第一产业	90.4	90.6
第二产业	4.0	4.3
其中：采矿业	0.9	0.6
制造业	0.6	0.8
电、煤及水的生产和供应业		
建筑业	2.5	3.0
第三产业	5.6	5.1
其中：交通运输仓储和邮政业	1.1	1.1
信息传输、计算机服务和软件业	0.1	
批发和零售业	1.1	1.2
住宿和餐饮业	0.5	0.3
金融业		
房地产业		
租赁和商务服务业		
科学研究、技术服务和地质勘察业		
水利、环境和公共设施管理业		
居民服务和其他服务业	0.4	0.2
教育	0.5	0.3
卫生、社会保障和社会福利业		
文化、体育和娱乐业		
公共管理和社会组织	1.8	1.9
其它		

4-16　扶贫开发工作地区农户基本情况（2013 年）

指　　标	重点县	南疆三地州
家庭成员基本情况		
户均家庭全部人口（人）	4.18	4.19
户均常住人口（人）	4.16	4.18
#男	2.15	2.15
女	2.04	2.04
户均劳动力（人）	2.63	2.65
户均劳动力受教育程度（人）		
文盲、半文盲	0.06	0.07
小学	0.83	0.88
初中	1.46	1.45
高中	0.19	0.17
中专		
大专及以上	0.09	0.08
曾受过技能培训人数比重（%）	79.7	84.6
民族构成（%）	100.0	100.0
汉族	2.9	0.6
少数民族	97.1	99.4
#会汉语人数	45.8	42.9
身体健康状况构成（%）	100.0	100.0
健康	91.8	91.3
体弱多病	5.1	5.3
长期慢性病	2.6	2.9
患有大病	0.5	0.5
残疾		
有病是否能及时就医构成（%）	100.0	100.0
是	96.6	99.3
否	3.4	0.7
不能及时就医的主要原因构成（%）	100.0	100.0
经济困难	72.0	68.8
医院太远	8.0	3.1
没有时间	0.5	3.1
本人不重视	2.5	15.6
小病不用医	1.5	6.3
其他	15.5	3.1

4-16 续表

指　标	重点县	南疆三地州
人均年末住房状况		
面积（平方米）	21.30	21.41
价值（元）	11307.44	11502.46
结构（%）	100.0	100.0
钢筋混凝土	1.1	0.9
砖混材料	17.0	14.8
砖瓦砖木	55.0	59.8
竹草土坯	22.5	20.2
其他	4.4	4.3
户均年末拥有生产性固定资产		
生产用房及建筑物面积（平方米）	33.55	18.54
汽车（辆）		
手扶拖拉机/三轮车（台）	0.13	0.11
大中型拖拉机（台）	0.05	0.05
胶轮大车（辆）		
其他农机具（件）	0.02	0.02
役畜（头）	0.63	0.68
产品畜（头）	8.72	3.61
户均年末畜禽存栏状况		
年末大牲畜存栏（头）	2.00	1.28
年末猪存栏（头）	0.07	
年末羊存栏（只）	17.26	10.13
年末家禽存栏（只）	5.68	5.79
每百户年末拥有耐用消费品状况		
收音机、收录机、音响（台）	0.43	0.47
冰箱、冰柜（台）	56.58	52.20
电视机（台）	88.18	87.14
自行车（辆）		
摩托车（辆）	68.47	63.63
固定电话、移动电话（部）	139.10	121.58

4-17　扶贫开发工作地区农民人均总收入及构成（2013 年）

指　　标	重点县	南疆三地州
全年人均总收入（元）	**8982.12**	**8566.56**
工资性收入	1234.25	1180.92
在非企业组织劳动得到的收入		
在本地劳动得到的收入		
外出务工得到的收入		
家庭经营收入	6630.75	6315.88
农业收入	3735.24	3768.52
农业产品收入	3632.19	3659.61
粮食	1423.13	1238.31
棉花	1660.21	1870.60
农业服务收入	103.06	108.91
林业收入	312.88	298.68
牧业收入	1831.54	1479.31
渔业收入	0.26	0.15
工业收入	86.90	95.06
建筑业收入	142.19	160.65
第三产业收入	521.74	513.50
财产性收入	75.63	40.92
转移性收入	1041.49	1028.85
人均总收入构成（%）	**100.0**	**100.0**
工资性收入	13.8	13.8
家庭经营收入	73.8	73.7
财产性收入	0.8	0.5
转移性收入	11.6	12.0

4-18　扶贫开发工作地区农民人均纯收入及构成（2013 年）

指　　标	重点县	南疆三地州
全年人均纯收入（元）	**5572.27**	**5298.10**
工资性收入	1234.25	1180.92
在本地非企业组织中得到的收入		
在本地企业打工得到的收入		
外出务工得到的收入		
家庭经营收入	3312.42	3144.95
农业收入	1689.95	1693.27
林业收入	218.36	197.71
牧业收入	875.71	717.82
财产性收入	75.63	40.92
转移性收入	949.97	931.31
人均纯收入构成（%）	**100.0**	**100.0**
工资性收入	22.2	22.3
家庭经营收入	59.4	59.3
财产性收入	1.4	0.8
转移性收入	17.0	17.6

4-19 扶贫开发工作地区农民人均总支出及构成（2013 年）

指　标	重点县	南疆三地州
全年总支出（元）	**8229.56**	**7868.05**
家庭经营支出	3123.77	3007.64
农业支出	1922.71	1961.87
林业支出	92.42	98.58
牧业支出	904.02	727.81
渔业支出	0.20	0.23
工业支出	35.93	38.75
建筑业支出	8.03	9.20
第三产业经营支出	139.83	149.65
购买生产性固定资产	280.98	190.25
税费支出		
第一产业税		
第二产业税		
第三产业税		
其他各项收费		
生活消费支出	4627.01	4485.63
财产性支出	0.89	1.02
转移性支出	196.92	183.50
总支出构成（%）	**100.0**	**100.0**
家庭经营支出	38.0	38.2
购买生产性固定资产	3.4	2.4
税费支出		
生活消费支出	56.2	57.0
财产性支出	0.0	0.0
转移性支出	2.4	2.4

4-20 扶贫开发工作地区农民人均生活消费支出及构成（2013 年）

指　标	重点县	南疆三地州
生活消费支出（元）	**4627.01**	**4485.63**
食品消费支出	2018.98	1985.40
衣着消费支出	472.81	468.93
居住消费支出	960.92	978.78
家庭设备用品及服务消费	181.00	172.57
医疗保健支出	376.66	327.26
交通通讯支出	459.44	425.31
文化教育、娱乐用品及服务	110.24	90.99
其他商品及服务支出	46.95	36.39
生活消费支出构成（%）	**100.0**	**100.0**
食品消费支出	43.6	44.3
衣着消费支出	10.2	10.5
居住消费支出	20.8	21.8
家庭设备用品及服务消费	3.9	3.8
医疗保健支出	8.1	7.3
交通通讯支出	9.9	9.5
文化教育、娱乐用品及服务	2.4	2.0
其他商品及服务支出	1.0	0.8

4-21　扶贫开发工作地区农民人均现金收支情况（2013 年）

单位：元

指　　标	重点县	南疆三地州
人均现金总收入	**7564.17**	**7137.74**
工资性现金收入	1234.13	1180.84
在非企业组织劳动得到的收入		
在本地劳动得到的收入		
外出务工得到的收入		
家庭经营现金收入	5280.64	4964.84
农业现金收入	2592.12	2604.41
林业现金收入	302.57	286.79
牧业现金收入	1634.86	1304.28
工业收入	86.90	95.06
建筑业收入	142.19	160.65
第三产业收入	521.74	513.50
财产性现金收入	75.63	40.92
转移性现金收入	973.77	951.15
人均现金总支出	**7460.14**	**7078.20**
家庭经营现金支出	3087.41	2977.59
农业支出	1901.76	1947.58
林业支出	92.42	98.57
牧业支出	890.94	714.72
工业支出	35.93	38.75
建筑业支出	8.03	9.20
第三产业经营支出	139.83	149.65
购买生产性固定资产	280.98	190.25
税费支出		
生活消费支出	3894.98	3727.03
财产性支出	0.89	1.02
转移性支出	195.88	182.31

4-22 扶贫开发工作重点县农民按文化程度分组情况（2013年）

指　标	文　盲	小　学	初　中	高　中	大专以上
平均每户人口（人）	**4.39**	**4.16**	**3.78**	**4.54**	**4.59**
平均每户劳动力人数（人）	**3.17**	**2.69**	**2.37**	**2.94**	**3.09**
全年总收入（元）	**7712.81**	**8857.52**	**10294.91**	**10842.59**	**10025.98**
工资性收入	453.34	1130.98	1181.63	1653.43	2032.29
在非企业组织劳动得到的收入					
在本地劳动得到的收入					
外出务工得到的收入					
家庭经营收入	6557.60	6474.57	7920.06	7722.21	6714.00
农业收入	4723.00	3766.72	4750.80	4580.94	3207.47
林业收入	95.79	217.29	291.63	227.67	145.29
牧业收入	1347.49	1820.08	2076.85	2179.89	2654.56
工业收入	123.96	82.15	110.20	97.03	124.52
建筑业收入	30.79	205.47	142.94	6.79	13.83
第三产业收入	236.57	382.86	547.63	629.90	568.34
财产性收入	97.06	39.63	97.61	94.66	137.89
转移性收入	604.81	1212.34	1095.61	1372.30	1141.80
全年总支出（元）	**6749.93**	**7838.65**	**9436.86**	**9731.54**	**9165.07**
家庭经营支出	2960.66	3065.92	3863.12	4163.47	2840.93
农业支出	2204.32	1878.43	2436.01	2626.07	1560.00
林业支出	12.32	48.54	129.67	65.97	28.03
牧业支出	645.47	969.13	1022.91	1169.03	1035.85
工业支出	30.11	51.98	68.52	93.43	52.40
建筑业支出	0.87	21.48	12.30		0.59
第三产业经营支出	32.29	82.76	171.06	200.56	159.48
购买生产性固定资产	125.52	267.08	271.80	288.30	381.95
税费支出					
生活消费支出	3519.14	4297.02	5080.42	4983.68	5600.34
财产性支出			0.94		
转移性支出	144.62	208.62	220.57	296.09	341.85
全年纯收入（元）	**4585.53**	**5521.09**	**6145.94**	**6370.08**	**6758.91**
#现金纯收入	3188.15	4499.35	5038.08	5206.06	6358.47

4-23　南疆三地州农民按文化程度分组情况（2013年）

指　　标	文　盲	小　学	初　中	高　中	大专以上
平均每户人口（人）	**4.43**	**4.09**	**3.81**	**4.50**	**4.36**
平均每户劳动力人数（人）	**3.22**	**2.63**	**2.36**	**2.86**	**2.81**
全年总收入（元）	**7172.72**	**8611.74**	**9657.71**	**10093.84**	**8595.87**
工资性收入	373.60	1077.59	1043.78	1469.15	2098.51
在非企业组织劳动得到的收入					
在本地劳动得到的收入					
外出务工得到的收入					
家庭经营收入	6264.93	6333.34	7505.61	7202.88	5519.48
农业收入	4528.82	3903.49	4790.25	4709.41	2349.66
林业收入	28.80	182.09	279.08	191.56	47.97
牧业收入	1284.49	1556.09	1696.65	1670.60	2632.12
工业收入	140.63	73.10	124.70	77.46	2.94
建筑业收入	29.66	237.22	156.46	1.05	1.86
第三产业收入	252.53	381.34	458.47	552.81	484.94
财产性收入	86.70	31.36	18.30	-5.28	29.55
转移性收入	447.48	1169.46	1090.01	1427.09	948.33
全年总支出（元）	**6226.62**	**7473.45**	**8911.63**	**9060.38**	**8141.94**
家庭经营支出	2849.45	3015.51	3840.68	4148.95	2183.84
农业支出	2127.38	1951.25	2507.82	2860.69	1206.25
林业支出	5.99	48.90	143.27	79.59	6.43
牧业支出	608.43	838.49	883.90	852.36	914.90
工业支出	34.16	48.29	78.39	94.54	
建筑业支出	0.99	24.88	13.76		0.93
第三产业经营支出	36.63	91.08	191.84	258.92	51.50
购买生产性固定资产	27.38	105.24	88.53	101.16	223.71
税费支出					
生活消费支出	3236.60	4149.13	4794.97	4551.49	5413.70
财产性支出			1.08		
转移性支出	113.19	203.57	186.37	258.77	320.69
全年纯收入（元）	**4182.38**	**5354.46**	**5577.51**	**5706.07**	**6005.94**
#现金纯收入	2489.16	4239.69	4444.73	4434.07	5544.86

4-24　扶贫开发工作重点县农民按人均纯收入分组情况（2013 年）

指　　标	0-400 元	400-600 元	600-700 元	700-900 元
平均每户人口（人）	**3.50**	**5.65**	**5.00**	**3.89**
平均每户劳动力人数（人）	**2.00**	**4.29**	**2.00**	**2.01**
全年总收入（元）	**3809.54**	**2980.92**	**3343.60**	**4678.41**
工资性收入		25.92	151.60	1346.16
在非企业组织劳动得到的收入				
在本地劳动得到的收入				
外出务工得到的收入				
家庭经营收入	3615.88	2898.00	3152.00	2929.34
农业收入	3361.14	457.16	3152.00	2240.97
林业收入		201.58		0.53
牧业收入	253.37	624.07		412.48
工业收入		1.42		
建筑业收入				
第三产业收入	1.37	1613.77		275.35
财产性收入				
转移性收入	193.67	57.00	40.00	402.92
全年总支出（元）	**6854.63**	**4593.80**	**9707.20**	**7712.04**
家庭经营支出	3002.53	2393.96	2647.00	3303.95
农业支出	2436.59	272.91	2604.00	1581.85
林业支出	365.14	0.13		
牧业支出	199.87	313.22	43.00	1716.42
工业支出				5.68
建筑业支出		4.42		
第三产业经营支出	0.91	1803.28		
购买生产性固定资产	0.17			205.66
税费支出				
生活消费支出	3580.88	2150.76	6620.20	4099.82
财产性支出				
转移性支出	271.05	49.08	440.00	102.61
全年纯收入（元）	**392.71**	**559.70**	**643.27**	**869.25**
#现金纯收入		38.40		

900-1100 元	1100-1300 元	1300-1500 元	1500-2000 元	2000-2500 元	2500 元以上
4.58	**5.28**	**5.49**	**5.31**	**4.91**	**4.11**
2.73	**2.30**	**3.29**	**3.14**	**2.94**	**2.63**
4993.22	**3763.60**	**4348.66**	**3773.72**	**4175.57**	**9827.03**
700.87	759.95	233.34	648.59	557.89	1348.68
3976.27	2706.53	3764.67	2827.51	3159.66	7210.17
2414.15	626.18	1865.54	1488.43	1625.92	4067.09
222.23	17.07	79.84	106.55	101.81	345.90
1221.20	1609.26	825.44	885.55	1092.70	1982.42
60.25		0.76	25.82	12.12	98.17
36.77		0.28	64.50	48.64	156.67
21.66	454.02	992.81	256.67	278.47	559.36
	7.71			-0.42	87.46
316.09	289.41	350.64	297.61	458.45	1180.72
7509.45	**6059.34**	**5898.51**	**4758.46**	**4961.57**	**8651.23**
3760.31	2374.34	2783.38	1839.92	1823.93	3209.76
2636.22	696.51	1549.21	1145.23	1124.24	1964.84
69.35	1.64	117.59	17.56	16.11	99.16
897.33	1447.60	547.96	643.28	554.37	942.42
106.33					40.85
		0.16		0.71	9.26
0.09	226.39	526.49	30.64	123.48	130.71
21.37	48.14	31.71	106.28	72.96	307.00
3570.51	3567.17	2758.01	2690.54	2939.78	4921.66
					1.03
157.27	69.68	325.42	121.72	124.90	211.78
1010.44	**1185.59**	**1395.87**	**1768.04**	**2191.72**	**6312.10**
778.76	944.15	1025.27	1241.58	1609.99	5009.54

4-25 南疆三地州农民按人均纯收入分组情况（2013 年）

指　　标	0-400 元	400-600 元	600-700 元	700-900 元
平均每户人口（人）	**3.50**	**5.65**		**4.00**
平均每户劳动力人数（人）	**2.00**	**4.29**		**2.03**
全年总收入（元）	**3809.54**	**2980.92**		**4753.95**
工资性收入		25.92		1548.89
在非企业组织劳动得到的收入				
在本地劳动得到的收入				
外出务工得到的收入				
家庭经营收入	3615.88	2898.00		2791.89
农业收入	3361.14	457.16		2395.06
林业收入		201.58		1.21
牧业收入	253.37	624.07		395.62
工业收入		1.42		
建筑业收入				
第三产业收入	1.37	1613.77		
财产性收入				
转移性收入	193.67	57.00		413.18
全年总支出（元）	**6854.63**	**4593.80**		**8170.23**
家庭经营支出	3002.53	2393.96		3427.45
农业支出	2436.59	272.91		1065.98
林业支出	365.14	0.13		
牧业支出	199.87	313.22		2348.55
工业支出				12.91
建筑业支出		4.42		
第三产业经营支出	0.91	1803.28		
购买生产性固定资产	0.17			4.75
税费支出				
生活消费支出	3580.88	2150.76		4629.55
财产性支出				
转移性支出	271.05	49.08		108.48
全年纯收入（元）	**392.71**	**559.70**		**883.47**
#现金纯收入		38.40		

900-1100 元	1100-1300 元	1300-1500 元	1500-2000 元	2000-2500 元	2500 元以上
4.61	**5.44**	**5.64**	**5.33**	**4.93**	**4.09**
2.83	**2.42**	**3.32**	**3.16**	**2.95**	**2.62**
4896.86	**3848.90**	**4273.47**	**3739.13**	**4163.41**	**9422.24**
491.83	815.03	197.27	648.15	553.83	1302.56
4158.56	2772.77	3743.53	2801.25	3162.48	6883.62
2616.90	626.12	1878.60	1490.71	1720.15	4146.47
272.36	18.05	89.81	108.11	110.76	332.53
1123.84	1648.69	657.15	850.36	964.33	1584.79
73.84		0.86	26.20	13.19	109.15
45.07		0.32	65.44	52.91	179.99
26.54	479.92	1116.79	260.43	301.13	530.51
				-3.80	48.12
246.47	261.10	332.67	289.73	450.91	1187.94
7268.92	**5478.52**	**5781.29**	**4686.46**	**4827.30**	**8292.70**
3707.18	2452.02	2741.92	1806.25	1831.79	3090.47
2591.47	719.94	1551.27	1153.99	1170.29	2019.72
83.01	1.73	82.86	17.82	16.40	108.00
839.77	1488.71	468.16	600.10	505.09	748.41
130.31					44.83
		0.18		0.77	10.81
0.11	239.30	592.24	31.09	134.33	134.94
26.19	50.89	35.67	107.84	79.37	208.52
3358.64	2915.27	2665.81	2655.35	2793.35	4794.38
					1.21
176.91	60.34	337.88	117.03	122.79	198.12
1024.17	**1181.60**	**1391.14**	**1769.98**	**2183.27**	**6052.59**
919.07	1025.71	974.33	1232.88	1581.61	4684.55

4-26 扶贫开发工作重点县农民按人均生产支出分组情况（2013 年）

指　　标	0-200 元	200-400 元	400-600 元	600-800 元
平均每户人口（人）	**3.56**	**4.53**	**4.68**	**4.31**
平均每户劳动力人数（人）	**1.72**	**2.51**	**3.00**	**2.70**
全年总收入（元）	**4683.32**	**5561.42**	**6084.19**	**5906.55**
工资性收入	1433.14	1541.05	1353.98	1221.33
在非企业组织劳动得到的收入				
在本地劳动得到的收入				
外出务工得到的收入				
家庭经营收入	1780.57	2569.23	3702.82	3499.91
农业收入	335.44	833.37	1621.28	2096.10
林业收入	231.52	142.45	380.45	226.03
牧业收入	565.81	928.34	763.50	783.83
工业收入	2.55	8.22	8.97	24.35
建筑业收入	230.20	175.74	505.62	125.45
第三产业收入	415.04	481.11	423.01	244.15
财产性收入	9.84	140.74	192.82	17.12
转移性收入	1459.77	1310.40	834.57	1168.19
全年总支出（元）	**3925.62**	**3934.32**	**4009.95**	**4271.70**
家庭经营支出	106.89	303.78	507.87	707.12
农业支出	80.97	199.06	338.12	465.68
林业支出	2.19	11.99	3.73	9.33
牧业支出	23.73	87.03	133.48	214.66
工业支出			0.16	0.09
建筑业支出				1.51
第三产业经营支出		5.71	28.65	9.44
购买生产性固定资产	25.31	62.93	60.27	56.67
税费支出				
生活消费支出	3463.56	3435.89	3316.32	3352.38
财产性支出				
转移性支出	329.86	131.72	125.49	155.53
全年纯收入（元）	**4381.45**	**5069.17**	**5265.43**	**5020.54**
#现金纯收入	4111.53	4506.74	4246.13	3779.80

800-1100 元	1100-1300 元	1300-1500 元	1500-2000 元	2000-2500 元	2500 元以上
4.48	**4.79**	**4.31**	**4.58**	**4.44**	**3.91**
2.73	**2.68**	**2.89**	**2.71**	**2.84**	**2.64**
6047.92	**6400.66**	**6679.59**	**7268.04**	**7703.51**	**12760.51**
1198.78	1292.13	1315.69	1158.88	1573.89	1081.04
3981.38	3899.53	4666.68	5179.23	5164.69	10389.61
2022.48	1989.47	2382.66	2813.29	2798.15	6160.59
335.87	208.57	262.03	238.79	399.23	355.33
1031.58	1054.20	1330.02	1441.19	1323.37	2943.81
56.96	110.07	16.59	104.11	71.48	132.10
103.98	141.34	164.15	146.34	76.62	104.08
430.50	395.88	511.24	433.76	495.84	693.04
76.11	98.47	137.84	23.36	71.09	70.06
791.64	1110.52	559.39	906.57	893.83	1219.80
5406.95	**5586.78**	**5616.91**	**6575.10**	**6823.79**	**12440.32**
956.75	1184.64	1394.59	1731.45	2212.46	5999.76
600.35	732.63	871.87	1031.26	1351.91	3680.68
14.11	19.09	28.63	29.87	63.25	193.25
314.13	355.76	400.44	549.19	626.64	1721.96
1.42	12.29	10.29	19.23	31.40	72.55
0.42	8.65	4.06	0.38	7.71	15.97
20.69	46.17	74.03	92.03	113.00	275.47
155.84	105.90	74.25	110.63	153.36	549.33
4138.72	4114.63	3898.20	4530.88	4325.99	5643.16
4.94			1.17		0.85
150.70	181.60	249.87	200.96	131.98	247.22
4844.53	**4975.32**	**5063.25**	**5212.78**	**5197.25**	**6435.50**
3737.20	3885.87	3941.97	3808.90	3977.03	5112.70

4-27 南疆三地州农民按人均生产支出分组情况（2013 年）

指　　标	0-200 元	200-400 元	400-600 元	600-800 元
平均每户人口（人）	**3.62**	**4.67**	**4.80**	**4.26**
平均每户劳动力人数（人）	**1.67**	**2.52**	**3.04**	**2.71**
全年总收入（元）	**4242.20**	**5256.98**	**5781.80**	**5928.18**
工资性收入	1098.85	1305.82	1196.91	1209.84
在非企业组织劳动得到的收入				
在本地劳动得到的收入				
外出务工得到的收入				
家庭经营收入	1584.32	2606.05	3845.09	3531.86
农业收入	348.45	860.45	1696.09	2214.04
林业收入	257.61	149.74	407.61	227.24
牧业收入	575.84	949.10	767.25	703.19
工业收入	2.83	8.64	9.61	26.58
建筑业收入	256.15	184.73	541.71	138.49
第三产业收入	143.44	453.39	422.83	222.31
财产性收入	2.43	24.98	22.01	18.25
转移性收入	1556.59	1320.13	717.80	1168.23
全年总支出（元）	**3350.26**	**3526.76**	**3851.01**	**4273.30**
家庭经营支出	110.13	306.55	508.17	706.48
农业支出	86.44	204.14	346.46	481.60
林业支出	2.44	12.60	3.95	10.08
牧业支出	21.26	84.41	122.91	196.01
工业支出			0.17	0.10
建筑业支出				1.67
第三产业经营支出		5.40	30.69	10.42
购买生产性固定资产	7.06	66.15	64.58	60.49
税费支出				
生活消费支出	2960.24	3035.65	3160.59	3346.16
财产性支出				
转移性支出	272.83	118.40	117.66	160.16
全年纯收入（元）	**3952.53**	**4805.65**	**4974.56**	**5058.21**
#现金纯收入	3678.44	4223.25	3903.96	3727.58

800-1100 元	1100-1300 元	1300-1500 元	1500-2000 元	2000-2500 元	2500 元以上
4.50	**4.79**	**4.26**	**4.56**	**4.29**	**3.90**
2.77	**2.67**	**2.89**	**2.67**	**2.73**	**2.66**
6098.10	**6320.51**	**6416.97**	**7191.41**	**7642.18**	**12173.47**
1147.67	1317.99	1279.92	1183.05	1701.65	997.09
4088.27	3872.04	4478.73	5088.74	4975.66	9916.61
2130.35	2111.36	2394.43	2896.81	2951.11	6331.16
343.63	190.96	260.75	209.59	301.04	356.88
971.67	876.63	1078.87	1274.15	1031.06	2302.66
62.33	122.19	19.83	117.26	41.20	158.71
114.07	156.38	185.93	151.92	91.36	123.09
466.22	414.52	538.92	439.01	559.89	643.71
72.17	105.73	66.63	12.45	77.87	32.15
789.99	1024.75	591.69	907.17	887.00	1227.62
5302.64	**5669.95**	**5646.07**	**6521.50**	**6898.40**	**11968.62**
961.75	1184.03	1396.34	1733.65	2204.54	5944.85
633.88	761.74	918.54	1078.81	1445.88	3884.56
14.18	19.74	32.66	30.07	66.76	217.16
283.61	319.00	334.96	489.11	510.38	1401.27
1.56	13.79	12.30	21.65	18.64	85.90
0.46	9.70	4.86	0.43	9.34	19.15
22.53	50.80	88.19	102.90	132.78	293.46
170.20	111.43	78.44	106.28	140.35	333.87
4020.86	4187.71	3906.31	4480.86	4416.12	5467.18
5.43			1.32		1.03
144.40	186.78	264.97	199.39	137.39	221.69
4880.68	**4897.65**	**4794.16**	**5138.56**	**5135.80**	**5957.74**
3681.90	3705.23	3560.43	3689.31	3863.58	4595.25

4-28 扶贫开发工作重点县农民按人均生活消费支出分组情况（2013 年）

指　标	0-800 元	800-1100 元	1100-1300 元
平均每户人口（人）		**5.00**	**5.00**
平均每户劳动力人数（人）		**3.00**	**3.00**
全年总收入（元）		**634.16**	**5147.91**
工资性收入		150.00	306.00
在非企业组织劳动得到的收入			
在本地劳动得到的收入			
外出务工得到的收入			
家庭经营收入		298.16	4717.41
农业收入		48.16	4476.60
林业收入			
牧业收入		250.00	240.81
工业收入			
建筑业收入			
第三产业收入			
财产性收入			
转移性收入		186.00	124.50
全年总支出（元）		**1191.04**	**1765.81**
家庭经营支出		120.00	521.00
农业支出			397.00
林业支出			
牧业支出		120.00	124.00
工业支出			
建筑业支出			
第三产业经营支出			
购买生产性固定资产			
税费支出			
生活消费支出		984.64	1236.81
财产性支出			
转移性支出		86.40	8.00
全年纯收入（元）		**498.16**	**4617.01**
#现金纯收入		484.99	1973.49

1300-1500 元	1500-2000 元	2000-2500 元	2500 元以上
6.07	**5.87**	**5.16**	**4.03**
3.28	**3.21**	**3.15**	**2.59**
2791.88	**4785.13**	**5511.91**	**9876.79**
349.25	710.97	769.85	1347.23
1866.64	3442.17	4239.68	7265.49
713.88	1795.77	2733.68	4048.38
189.17	192.89	137.06	344.34
726.31	1012.39	1074.98	2016.92
0.51	67.83	51.35	94.03
19.47	84.62	72.96	156.68
217.31	288.67	168.27	604.72
	9.93	45.47	85.31
575.99	622.07	456.91	1178.77
2197.99	**3244.57**	**4175.08**	**9240.96**
741.95	1286.81	1721.31	3476.51
538.45	806.17	1127.97	2123.89
13.84	32.42	27.53	105.76
189.63	342.06	534.87	1006.80
	28.98	10.07	40.12
		0.35	9.65
0.04	76.86	10.71	166.26
	142.06	48.65	323.86
1416.49	1730.58	2281.72	5214.80
			1.07
39.56	85.12	123.40	224.72
1953.23	**3337.87**	**3610.82**	**6087.76**
1641.94	2614.01	2615.42	4825.36

4-29 南疆三地州农民按人均生活消费支出分组情况（2013 年）

指　　标	0-800 元	800-1100 元	1100-1300 元
平均每户人口（人）		**5.00**	**5.00**
平均每户劳动力人数（人）		**3.00**	**3.00**
全年总收入（元）		**634.16**	**5147.91**
工资性收入		150.00	306.00
在非企业组织劳动得到的收入			
在本地劳动得到的收入			
外出务工得到的收入			
家庭经营收入		298.16	4717.41
农业收入		48.16	4476.60
林业收入			
牧业收入		250.00	240.81
工业收入			
建筑业收入			
第三产业收入			
财产性收入			
转移性收入		186.00	124.50
全年总支出（元）		**1191.04**	**1765.81**
家庭经营支出		120.00	521.00
农业支出			397.00
林业支出			
牧业支出		120.00	124.00
工业支出			
建筑业支出			
第三产业经营支出			
购买生产性固定资产			
税费支出			
生活消费支出		984.64	1236.81
财产性支出			
转移性支出		86.40	8.00
全年纯收入（元）		**498.16**	**4617.01**
#现金纯收入		484.99	1973.49

1300-1500 元	1500-2000 元	2000-2500 元	2500 元以上
6.07	**5.78**	**5.13**	**4.02**
3.37	**3.03**	**3.14**	**2.59**
2673.98	**4546.09**	**5405.42**	**9443.38**
366.05	703.01	742.66	1295.46
1697.32	3222.50	4161.30	6925.21
684.63	1826.82	2789.75	4102.34
74.44	75.18	81.86	348.60
685.26	885.10	978.80	1608.71
0.55		54.91	109.34
20.75	101.34	78.01	179.03
231.68	334.06	176.50	577.18
	11.89	47.00	43.25
610.61	608.68	454.46	1179.45
2169.38	**3201.41**	**4124.82**	**8850.28**
712.94	1243.82	1664.47	3363.82
534.05	863.08	1156.91	2179.75
13.10	33.17	22.88	115.09
165.75	255.13	452.13	811.16
		10.77	46.06
		0.38	11.21
0.04	92.04	11.45	175.19
	119.36	46.39	218.75
1415.36	1756.10	2285.24	5057.02
			1.25
41.07	82.13	128.72	209.43
1864.13	**3140.93**	**3571.07**	**5795.56**
1568.75	2405.96	2554.31	4475.51

4-30 扶贫开发地区农村劳动力行业分布情况（2013 年）

指　　标	重点县	南疆三地州
曾受培训劳动力比重（%）	**79.7**	**84.6**
当年从事的主要行业构成（%）	**100.0**	**100.0**
第一产业	86.5	87.2
第二产业	4.1	4.3
其中：采矿业	0.7	0.7
制造业	0.6	0.7
电、煤及水的生产和供应业	0.1	0.1
建筑业	2.8	2.9
第三产业	9.4	8.5
其中：交通运输仓储和邮政业	3.0	2.8
信息传输、计算机服务和软件业	2.4	1.9
批发和零售业	0.5	0.4
住宿和餐饮业	0.0	0.0
金融业	0.0	0.0
房地产业	0.0	0.0
租赁和商务服务业	0.3	0.3
科学研究、技术服务和地质勘察业	0.0	0.0
水利、环境和公共设施管理业	0.2	0.2
居民服务和其他服务业	1.8	1.9
教育	0.3	0.2
卫生、社会保障和社会福利业	0.4	0.2
文化、体育和娱乐业	0.0	0.0
公共管理和社会组织	0.7	0.5
其它		

第五篇
退耕还林

5-1　退耕户粮食生产及平衡情况（2011年）

指　　标	数 量	指　　标	数 量
耕地面积、粮食生产及平衡情况		年内购入粮食(公斤)	100.96
年末实有耕地面积(亩)	5.35	年内借入粮食(公斤)	0.25
年末经营的耕地面积(亩)	6.74	收回借出粮(公斤)	0.36
其中：水田(亩)	0.09	其他粮食收入(公斤)	7.45
水浇地(亩)	5.08	年内粮食支出合计(公斤)	1004.06
旱地(亩)	1.57	主食用粮(公斤)	201.37
年末国家专项规划基本口粮田累计完成面积(亩)		其他生活用粮(公斤)	9.10
粮食收支平衡表		出售粮食(公斤)	583.70
年初粮食结存(公斤)	222.48	种籽用粮食(公斤)	44.19
年内粮食收入合计(公斤)	1135.77	饲料用粮食(公斤)	162.25
年内生产粮食(公斤)	1026.74	借出粮食(公斤)	0.06
其中：稻谷(公斤)	40.67	归还借粮(公斤)	
小麦(公斤)	528.01	其他粮食支出(公斤)	3.39
玉米(公斤)	375.80	年末粮食结存(公斤)	354.18

注：数量指人均退耕面积10亩以下户的人均数。

5-2　退耕户退耕还林（草）完成情况（2011年）

指　　标	数 量	指　　标	数 量
退耕地造林种草面积和效益情况		退耕还林（草）补助和巩固退耕还林成果情况	526.14
本年末退耕地造林种草累计面积(亩)	2.62	本年退耕地林产品总值(元)	10.66
其中：实际保存面积(亩)	2.51	其中：中药材价值(元)	149.42
按林草种分(亩)		木材价值(元)	
生态林(亩)	1.50	竹材价值(元)	328.14
经济林(亩)	1.05	干鲜果产品价值(元)	204.53
草(亩)	0.07	退耕还林还草补贴收入（总收入）(元)	204.53
退耕地生态林效益情况		退耕还林还草补贴（纯收入）(元)	204.53
面积(亩)	9.36	退耕还林还草补贴（现金收入）(元)	160.93
年末该地块树木棵数(棵)	77.00	退耕还林（草）粮食补助折成现金(元)	9.52
年末种植的树木平均树龄(年)	4.67	退耕还林（草）种苗款补助(元)	34.07
		退耕还林（草）生活费现金补助(元)	

5-3 退耕户基本情况（2011 年）

指　标	数　量	指　标	数　量
拥有生产性固定资产情况		数量(头)	2.44
生产用房屋及建筑物面积		原值(元)	30191.58
数量(平方米)	70.30	工业机械	
原值(元)	11983.07	数量(台)	…
生产用汽车		原值(元)	70.43
数量(辆)	0.01	建筑机械	
原值(元)	6748.00	数量(台)	
大中型拖拉机		原值(元)	
数量(辆)	0.02	其他生产性固定资产	
原值(元)	11365.95	数量	0.31
小型和手扶拖拉机		原值(元)	2268.38
数量(辆)	0.10	土地种植情况	
原值(元)	11072.44	粮食播种面积(亩)	4.23
机动脱粒机		其中：小麦(亩)	2.29
数量(台)	0.01	水稻(亩)	0.06
原值(元)	478.64	玉米(亩)	1.22
收割机		豆类(亩)	0.18
数量(台)	…	薯类(亩)	0.14
原值(元)	1844.98	经济作物播种面积(亩)	3.95
农用动力机械		棉花(亩)	0.98
数量(台)	0.05	油料(亩)	1.03
原值(元)	3728.47	麻类(亩)	
水泵		糖料(亩)	0.04
数量(台)	0.03	烟草(亩)	
原值(元)	1135.43	蔬菜(亩)	0.09
役畜		瓜类(亩)	0.03
数量(头)	0.11	酱用西红柿(亩)	0.04
原值(元)	2654.24	打瓜(亩)	1.75
产品畜			

5-4　退耕户当年生产经营情况（2011 年）

指　标	数　量	指　标	数　量
农业	2801.96	专用农产品	269.84
谷物产量(公斤)	1418.58	林业	25.69
小麦(公斤)	686.94	采集的林产品	22.80
稻谷(公斤)	34.20	天然林和人工林地采集的果实	22.31
玉米(公斤)	594.96	核桃产量(公斤)	22.31
高粱(公斤)	2.33	其他	
谷子(公斤)		野生植物、果实	0.49
青稞(公斤)		中药材(野生)产量(公斤)	0.48
其他谷物(公斤)	100.14	其他	
薯类产量(公斤)	15.56	竹木采伐量	0.02
豆类产量(公斤)	22.03	竹（根）	
棉花产量(公斤)	201.79	木材（立方米）	1.73
油料产量(公斤)	107.20	育种、育苗	1.79
麻类产量(公斤)		林木种子产量(公斤)	
糖料产量(公斤)	114.12	树苗（株）	1.79
烟草产量(公斤)		林业副产品	1.08
蔬菜产量(公斤)	202.97	用林产品加工手工业产品	
鲜菜(公斤)	202.95	牧业	115.76
干菜(公斤)		畜禽肉产量(出售、自宰)(公斤)	42.82
花卉、园艺		畜肉产量(公斤)	41.45
瓜果类产量(公斤)	69.35	肉猪头数(头)	
西瓜产量(公斤)	57.20	肉猪肉产量（公斤）	0.20
甜瓜产量(公斤)	12.15	菜羊只数(只)	1.22
白兰瓜产量(公斤)		菜羊肉产量(公斤)	25.30
草莓产量(公斤)		肉牛头数(头)	0.14
其他产量(公斤)		肉牛肉产量(公斤)	15.31
园林水果产量(公斤)	294.34	其他牲畜头数(头)	
苹果产量(公斤)	2.04	其他牲畜肉产量(公斤)	0.64
梨产量(公斤)	115.89	家禽肉产量(公斤)	1.37
葡萄产量(公斤)	130.69	蛋类产量(公斤)	0.81
桃产量(公斤)	4.24	皮产量(张)	0.07
杏产量(公斤)	31.85	毛、绒产量(公斤)	1.91
枣产量(公斤)	8.40	奶类产量(公斤)	46.33
其他产量(公斤)	1.23	仔、幼、育肥畜、禽产品	7.32
香料产量(公斤)	0.87	其他牧业产品	1.45
中药材(人工种植)产量(公斤)	1.92	狩猎和捕捉野生动物	
其他种植业产品	9.52	牧业副产品产量	1.30
农作物副产品产量(公斤)	11.64	用牧产品加工手工业产品	

5-5 退耕户总收入与总支出（2011 年）

单位：元

指　　标	数　量	指　　标	数　量
总收入	12465.33	林业产品收入	275.74
工资性收入	755.40	林业服务性收入	1.08
在非企业组织中劳动得到收入	271.53	牧业收入	1629.28
乡村干部收入	174.29	牧业产品收入	1599.96
乡村教师收入	34.36	牧业服务性收入	29.32
行政事业单位等职工收入	62.88	渔业收入	
在本乡地域内劳动得到收入	298.14	渔业产品收入	
在企业中劳动得到收入	73.96	渔业服务性收入	
在国家投资基建项目得到收入	0.06	第二产业收入	78.53
提供其他劳务收入	224.11	工业收入	53.65
外出从业得到收入	185.72	工业产品收入	13.71
在乡外县内从业得到收入	61.11	工业服务性收入	39.94
在县外省内从业得到收入	124.11	建筑业收入	24.88
在省外国内从业得到收入	0.50	建筑业产品收入	
在国外从业得到收入		建筑业服务性收入	24.88
家庭经营收入	10430.22	第三产业收入	644.78
第一产业收入	9706.91	其他产品收入	0.47
农业收入	7800.81	第三产业服务性收入	644.32
农产品收入	7410.16	交通、运输、邮电业收入	287.22
农业服务性收入	390.66	批零贸易业、饮食业收入	338.97
林业收入	276.81	社会服务业收入	11.10

5-5　续表

单位：元

指　　标	数　量	指　　标	数　量
文教卫生业收入	0.33	农业生产费用支出	4259.01
其他行业收入	6.70	林业生产费用支出	168.95
财产性收入	512.60	牧业生产费用支出	736.37
利息	0.05	渔业生产费用支出	0.17
集体分配股息和红利		第二产业生产费用支出	29.01
其他股息和红利		工业生产费用支出	17.58
租金(包括农业机械)	13.14	建筑业生产费用支出	11.43
出让无形资产净收入		第三产业生产费用支出	280.37
储蓄性保险投资收入		交通运输邮电业生产费用支出	154.39
土地征用补偿收入	6.89	批零贸易餐饮业生产费用支出	115.60
转让承包土地经营权收入	405.94	社会服务业生产费用支出	2.16
其他投资收益	7.04	文教卫生业生产费用支出	2.31
其他	79.53	其他行业生产费用支出	5.92
转移性收入	767.11	购置生产性固定资产支出	968.22
其中：家庭非常住人口寄回和带回收入	6.50	建、造生产性固定资产雇工支出	46.11
城市亲友赠送收入	1.66	税费支出	7.52
农村亲友赠送收入	11.85	第一产业税	
#粮食收入		第二产业税	
粮食直接补贴收入	80.43	第三产业生产纳税	5.89
总支出	7426.57	其他各种收费	1.62
家庭经营费用支出	5473.88	财产性支出	684.90
第一产业生产费用支出	5164.49	转移性支出	245.57

5-6 退耕户纯收入情况（2011 年）

单位：元

指　标	数　量	指　标	数　量
全年纯收入	6415.92	财产性纯收入	512.60
工资性收入	755.40	利息	0.05
在非企业组织中劳动得到收入	271.53	集体分配股息和红利	
乡村干部收入	174.29	其他股息和红利	
乡村教师收入	34.36	租金(包括农业机械)	13.14
行政事业单位等职工收入	62.88	出让无形资产净收入	
在本乡地域内劳动得到收入	298.14	储蓄性保险投资收入	
在企业中劳动得到收入	73.96	土地征用补偿收入	6.89
在国家投资基建项目得到收入	0.06	转让承包土地经营权收入	405.94
提供其他劳务收入	224.11	其他投资收益	7.04
外出从业得到收入	185.72	其他	79.53
在乡外县内从业得到收入	61.11	转移性纯收入	756.05
在县外省内从业得到收入	124.11	家庭非常住人口寄回和带回(元)	6.50
在省外国内从业得到收入	0.50	城市亲友赠送	1.66
在国外从业得到收入		离退休金、养老金	13.90
家庭经营纯收入	4391.88	城市亲友支付赡养费	4.58
第一产业纯收入	4000.59	农村亲友支付赡养费	3.01
农业收入	3116.87	救济金	8.65
林业收入	96.30	抚恤金	0.19
牧业收入	787.65	灾款	5.03
渔业收入	-0.23	报销医疗费	11.83
非农产业纯收入	391.29	退税	0.84
第二产业纯收入	48.29	无偿扶贫或扶持款	8.80
工业收入	35.35	得到赔款	0.21
建筑业收入	12.94	其他	156.59
第三产业纯收入	343.00	其中:粮食直接补贴收入	80.43
交通、运输、邮电业收入	118.51	购置和更新大型农机具补贴收入	1.17
批零贸易业、饮食业收入	217.91	良种补贴收入(粮食种植)	21.49
社会服务业收入	8.87	全年现金纯收入	5796.17
文教卫生业收入	-2.20	全年实物纯收入	619.75
其他行业收入	-0.10		

5-7　退耕户现金收支情况（2011 年）

单位：元

指　　标	数　量	指　　标	数　量
期内现金收入	11491.98	出售其他产品收入	0.47
工资性收入	755.40	第三产业服务性现金收入	644.32
在非企业组织中劳动得到收入	271.53	交通、运输、邮电业收入	287.22
乡村干部收入	174.29	批零贸易业、饮食业收入	338.97
乡村教师收入	34.36	社会服务业收入	11.10
行政事业单位等职工收入	62.88	文教卫生业收入	0.33
在本乡地域内劳动得到收入	298.14	其他行业收入	6.70
在企业中劳动得到收入	73.96	财产性收入	501.40
在国家投资基建项目得到收入	0.06	利息	0.05
提供其他劳务收入	224.11	集体分配股息和红利	
外出从业得到收入	185.72	其他股息和红利	
在乡外县内从业得到收入	61.11	租金(包括农业机械)	13.14
在县外省内从业得到收入	124.11	出让无形资产净收入	
在省外国内从业得到收入	0.50	储蓄性保险投资收入	
在国外从业得到收入		土地征用补偿收入	6.89
家庭经营现金收入	9468.07	转让承包土地经营权收入	405.94
第一产业现金收入	8744.75	其他投资收益	7.04
农业现金收入	6958.91	其他	68.34
林业现金收入	217.89	转移性收入	767.11
牧业现金收入	1567.95	家庭非常住人口寄回和带回	6.50
渔业现金收入		城市亲友赠送	1.66
第二产业现金收入	78.53	农村亲友赠送	11.85
工业收入	53.65	离退休金、养老金	13.90
建筑业收入	24.88	城市亲友支付赡养费	4.58
第三产业现金收入	644.78	农村亲友支付赡养费	3.01

5-7 续表

单位：元

指　　标	数　量	指　　标	数　量
救济金	8.65	文教卫生业生产费用支出	2.31
抚恤金	0.19	其他行业生产费用支出	5.92
救灾款	5.03	购置生产性固定资产支出	968.22
报销医疗费	11.83	建、造生产性固定资产雇工支出	46.11
退税	0.84	税费支出	7.52
无偿扶贫或扶持款	8.80	第一产业税	
得到赔款	0.21	第二产业税	
其他	155.81	第三产业生产纳税	5.89
其中:粮食直接补贴收入	80.43	其他各种收费	1.62
购置和更新大型农机具补贴收入	1.17	财产性支出	684.90
良种补贴收入(粮食种植)	21.49	宅基地有偿使用费	0.28
期内现金支出	7350.28	承包其他农户转让	669.84
生产费用支出	6413.08	其他	14.78
家庭经营费用支出	5398.75	转移性支出	244.78
第一产业生产费用支出	5089.36	寄给带给家庭非常人口现金	80.77
农业生产费用支出	4245.82	赠送农村亲友	36.94
林业生产费用支出	168.95	赠送城市亲友	0.15
牧业生产费用支出	674.42	交纳医疗保险	38.58
渔业生产费用支出	0.17	交纳社会保障基金	31.80
第二产业生产费用支出	29.01	购买非储蓄性保险	9.61
工业生产费用支出	17.58	赡养费	26.35
建筑业生产费用支出	11.43	其他直接税	6.04
第三产业生产费用支出	280.37	捐赠	0.25
交通运输邮电业生产费用支出(	154.39	赔款	2.26
批零贸易餐饮业生产费用支出	115.60	其他	12.04
社会服务业生产费用支出	2.16		

5-8　退耕户出售产品情况（2011 年）

指　　标	数　量	指　　标	数　量
出售产品情况(元)	8337.87	出售蔬菜金额(元)	159.26
农业(元)	6568.25	出售鲜菜数量(公斤)	196.37
谷物数量(公斤)	973.34	出售鲜菜金额(元)	159.07
金额(元)	1749.84	出售干菜数量(公斤)	…
出售小麦数量(公斤)	463.79	出售干菜金额(元)	0.03
出售小麦金额(元)	925.23	出售鲜菌数量(公斤)	0.04
出售稻谷数量(公斤)	31.11	出售鲜菌金额(元)	0.17
出售稻谷金额(元)	85.87	出售花卉、园艺金额(元)	0.24
出售玉米数量(公斤)	394.56	出售瓜类数量(公斤)	66.28
出售玉米金额(元)	564.04	出售瓜类金额(元)	71.81
出售高粱数量(公斤)	1.79	其中：出售西瓜数量(公斤)	55.09
出售高粱金额(元)	5.38	出售西瓜金额(元)	55.82
出售谷子数量(公斤)		出售甜瓜数量(公斤)	11.20
出售谷子金额(元)		售甜瓜金额(元)	15.99
出售青稞数量(公斤)		出售白兰瓜数量(公斤)	
出售青稞金额(元)		出售白兰瓜金额(元)	
出售其他谷物数量(公斤)	82.09	出售草莓数量(公斤)	
出售其他谷物金额(元)	169.32	出售草莓金额(元)	
出售薯类数量(公斤)	14.90	出售园林水果数量(公斤)	283.36
出售薯类金额(元)	63.37	出售园林水果金额(元)	1179.09
出售豆类数量(公斤)	19.92	其中：出售苹果数量(公斤)	1.72
出售豆类金额(元)	80.83	出售苹果金额(元)	3.45
出售棉花数量(公斤)	198.56	出售梨数量(公斤)	115.42
出售棉花金额(元)	1641.30	出售梨金额(元)	672.79
出售油料数量(公斤)	93.13	出售葡萄数量(公斤)	123.12
出售油料金额(元)	369.56	出售葡萄金额(元)	326.43
出售麻类数量(公斤)		出售桃数量(公斤)	4.10
出售麻类金额(元)		出售桃金额(元)	32.78
出售糖料数量(公斤)	46.13	出售杏数量(公斤)	31.13
出售糖料金额(元)	32.77	出售杏金额(元)	65.90
出售烟草数量(公斤)		出售枣数量(公斤)	6.71
售烟草金额(元)		出售枣金额(元)	70.31
出售蔬菜数量(公斤)	196.40	出售香料数量(公斤)	0.85

5-8 续表

指　　标	数　量	指　　标	数　量
出售香料金额(元)	21.05	牧业(元)	1538.63
出售中药材数量(公斤)	1.67	出售肉猪及猪肉总重量(公斤)	0.09
出售中药材金额(元)	117.60	出售肉猪及猪肉总金额(元)	2.26
出售其他种植业产品金额(元)	4.09	出售菜羊及羊肉总重量(公斤)	23.09
出售采集野生植物金额(元)	0.02	出售菜羊及羊肉总金额(元)	851.50
出售农作物副产品数量(公斤)	19.49	出售肉牛及牛肉总重量(公斤)	15.79
出售农作物副产品金额(元)	7.06	出售肉牛及牛肉总金额(元)	475.46
出售手工业产品金额(元)		出售其他活家畜及自宰畜头数(头)	0.12
出售专用农产品金额(元)	1070.35	出售其他活家畜及自宰畜肉重量(公斤)	1.03
林业(元)	216.82	出售其他活家畜及自宰畜肉金额(元)	27.38
出售采集林产品金额(元)	138.32	出售家禽总重量(公斤)	0.57
出售天然林和人工林地采集果实(元)	138.27	出售家禽总金额(元)	10.03
其中：出售板栗数量(公斤)		出售蛋类的数量(公斤)	0.18
出售板栗金额(元)		出售蛋类的金额(元)	1.54
出售核桃数量(公斤)	20.66	出售畜皮数量(张)	0.09
出售核桃金额(元)	137.50	出售畜皮金额(元)	8.34
出售采集野生植物和果实金额(元)	32.07	出售毛、绒数量(公斤)	4.33
其中：柴数量(公担)	0.01	出售毛、绒金额(元)	19.06
柴金额(元)	0.05	出售奶类数量(公斤)	36.16
中药材数量(公斤)	0.77	出售奶类金额(元)	78.03
中药材金额(元)	32.02	出售仔、幼、育肥畜禽和小动物(元)	57.18
出售竹木金额(元)	40.34	出售其他牧业产品金额(元)	6.51
竹数量(根)		出售狩猎和捕捉野生动物(元)	
竹金额(元)		出售牧业副产品金额(元)	0.48
木材数量(立方米)	12.90	出售牧业手工业产品金额(元)	0.86
木材金额(元)	40.34	调查户数(户)	0.21
出售育种、育苗金额(元)	5.05	附记：购买生产资料综合补贴(元)	7.90
林木种子数量(公斤)		领取最低生活保障费(元)	22.63
林木种子金额(元)		宴请支出(元)	62.59
育苗数量(株)	4.15	外出务工成本(元)	2.76
育苗金额(元)	5.05	退耕林地收入(元)	87.40
出售林业副产品金额(元)	1.08	退耕林（草）地支出(元)	31.09
出售林业手工业产品金额(元)		农业政策补贴收入(元)	110.99

5-9　退耕户粮食收支平衡表（2012年）

指　　标	数　量	指　　标	数　量
耕地面积、粮食生产及平衡情况		其中：稻谷(公斤)	69.46
年末实有耕地面积(亩)	5.71	小麦(公斤)	521.50
年末经营耕地面积(亩)	7.02	玉米(公斤)	951.09
年末国家专项规划基本口粮田累计完成面积(亩)	0.14	年内购入粮食(公斤)	113.71
其中：水田(亩)	0.11	年内借入粮食(公斤)	1.02
水浇地(亩)	5.71	收回借出粮(公斤)	0.06
旱地(亩)	0.51	其他粮食收入(公斤)	8.45
国家专项规划基本口粮田改造完成后增产情况	0.03	年内粮食支出合计(公斤)	1359.92
0%-20%(户)		主食用粮(公斤)	186.01
20%-50%(户)	…	其他生活用粮(公斤)	11.69
50%-100%(户)	…	出售粮食(公斤)	950.91
100%以上(户)	…	种籽用粮食(公斤)	50.28
未增产(户)	0.20	饲料用粮食(公斤)	156.42
粮食收支平衡表		借出粮食(公斤)	0.16
年初粮食结存(公斤)	236.54	归还借粮(公斤)	0.19
年内粮食收入合计(公斤)	1554.71	其他粮食支出(公斤)	4.26
年内生产粮食(公斤)	1431.47	年末粮食结存(公斤)	431.33

5-10 退耕户退耕还林(草)完成情况（2012年）

指　标	数　量	指　标	数　量
退耕地造林种草面积和效益情况		本年接受针对退耕户技能培训人次	0.16
本年末退耕地造林种草累计面积(亩)	2.74	未接受过培训(户)	0.13
其中：实际保存面积(亩)	2.54	1次(户)	0.03
按林草种分(亩)		2次(户)	0.02
生态林(亩)	1.60	3次及以上(户)	0.02
经济林(亩)	1.14	本年退耕地补植补造面积(亩)	0.06
草(亩)		本年退耕地补植补造株数(株)	8.07
退耕地生态林效益情况		本年退耕地补植补造费用(元)	13.95
面积(亩)	1.84	后续产业项目中种植业（亩）	0.19
年末该地块树木棵数(棵)	149.71	后续产业项目中林果茶业（亩）	0.07
年末种植的树木平均树龄(年)	1.08	后续产业项目中养殖业棚圈（平方米）	0.04
退耕还林（草）补助和巩固退耕还林成果情况		后续产业项目中养殖业青贮窖(立方米)	
本年退耕地林产品总值(元)	800.44	后续产业项目中设施农业（亩）	0.01
其中：中药材价值(元)	5.82	后续产业项目中饲草基地（亩）	0.03
木材价值(元)	225.96	总收入中：退耕还林还草补贴收入(元)	101.25
竹材价值(元)		纯收入中：退耕还林还草补贴(元)	101.25
干鲜果产品价值(元)	423.43	现金收入中：退耕还林还草补贴(元)	101.25
是否参加巩固成果后续产业建设项目	0.38	退耕还林（草）粮食补助折成现金(元)	54.54
是(户)	0.04	退耕还林（草）种苗款补助(元)	18.47
否(户)	0.17	退耕还林（草）生活费现金补助(元)	28.23

5-11 退耕户基本情况（2012 年）

指标	数量	指标	数量
退耕户基本情况		原值(元)	2944.31
家庭基本情况(调查户数)(户)	466.80	产品畜	
年末常住人口(人)	2166.28	数量(头)	1.91
拥有生产性固定资产情况		原值(元)	22339.91
生产用房屋及建筑物面积		工业机械	
数量(平方米)	105.89	数量(台)	0.01
原值(元)	22526.13	原值(元)	130.43
生产用汽车		建筑机械	
数量(辆)	0.01	数量(台)	…
原值(元)	7917.05	原值(元)	5.57
大中型拖拉机		其他生产性固定资产	
数量(辆)	0.02	数量(任选)	0.28
原值(元)	15089.52	原值(元)	3429.65
小型和手扶拖拉机		土地种植情况	
数量(辆)	0.10	粮食播种面积(亩)	4.52
原值(元)	11891.48	其中：小麦(亩)	2.19
机动脱粒机		水稻(亩)	0.09
数量(台)	0.01	玉米(亩)	1.89
原值(元)	439.34	豆类(亩)	0.14
收割机		薯类(亩)	0.01
数量(台)	0.01	经济作物播种面积(亩)	5.37
原值(元)	2038.92	棉花(亩)	1.08
农用动力机械		油料(亩)	1.13
数量(台)	0.02	麻类(亩)	
原值(元)	652.63	糖料(亩)	0.04
水泵		烟草(亩)	
数量(台)	0.03	蔬菜(亩)	0.05
原值(元)	1006.09	瓜类(亩)	0.02
役畜		酱用西红柿(亩)	2.12
数量(头)	0.09	打瓜(亩)	0.94

5-12 退耕户当年生产经营情况（2012 年）

指　　标	数　　量	指　　标	数　　量
农业	3056.70	瓜果类产量(公斤)	40.81
谷物产量(公斤)	1877.54	西瓜产量(公斤)	39.41
小麦(公斤)	632.06	甜瓜产量(公斤)	1.39
稻谷(公斤)	59.79	园林水果产量(公斤)	319.31
玉米(公斤)	1133.92	苹果产量(公斤)	0.42
高粱(公斤)	3.04	梨产量(公斤)	115.00
谷子(公斤)		葡萄产量(公斤)	152.02
青稞(公斤)		桃产量(公斤)	6.02
其他谷物(公斤)	48.72	杏产量(公斤)	31.96
薯类产量(公斤)	6.35	枣产量(公斤)	10.54
豆类产量(公斤)	18.95	其他产量	3.34
棉花产量(公斤)	204.76	香料产量(公斤)	3.06
油料产量(公斤)	114.54	中药材(人工种植)产量(公斤)	1.85
麻类产量(公斤)		其他种植业产品	38.91
糖料产量(公斤)	134.34	野生植物采集	
烟草产量(公斤)		农作物副产品产量(公斤)	6.05
蔬菜产量(公斤)	76.26	用农产品加工手工业产品	
鲜菜(公斤)	76.26	专用农产品	188.59
干菜(公斤)		林业	33.33
花卉、园艺		采集的林产品	33.30

5-12　续表

指　标	数　量	指　标	数　量
天然林和人工林地采集的果实	31.91	畜肉产量(公斤)	56.29
板栗产量(公斤)		肉猪头数(头)	0.05
核桃产量(公斤)	31.91	肉猪肉产量(公斤)	1.02
野生植物、果实	0.73	菜羊只数(只)	1.41
柴(公担)		菜羊肉产量(公斤)	31.54
草(公担)	0.40	肉牛头数(头)	0.20
野生菌类产量(公斤)		肉牛肉产量(公斤)	23.32
野果产量(公斤)		其他牲畜头数(头)	0.01
中药材(野生)产量(公斤)	0.31	其他牲畜肉产量(公斤)	0.42
其他	0.02	家禽肉产量(公斤)	1.72
竹木采伐量	0.27	蛋类产量(公斤)	0.70
竹(根)		皮产量(张)	0.09
木材(立方米)	27.44	毛、绒产量(公斤)	5.95
育种、育苗	0.12	奶类产量(公斤)	29.83
林木种子产量(公斤)		仔、幼、育肥畜、禽产品	8.08
树苗(株)	0.12	其他牧业产品	5.70
林业副产品		狩猎和捕捉野生动物	
用林产品加工手工业产品	0.30	牧业副产品产量	5.56
牧业	125.61	用牧产品加工手工业产品	0.06
畜禽肉产量(出售、自宰)(公斤)	58.01	采掘业、工业产品	0.01

5-13 退耕户总收入与总支出（2012 年）

单位：元

指标	数量	指标	数量
总收入	13882.54	林业收入	386.98
工资性收入	1021.20	林业产品收入	383.95
在非企业组织中劳动得到收入	278.94	林业服务性收入	3.02
乡村干部收入	174.86	牧业收入	2090.26
乡村教师收入	63.62	牧业产品收入	2088.26
行政事业单位等职工收入	40.46	牧业服务性收入	2.00
在本乡地域内劳动得到收入	455.44	第二产业收入	93.87
在企业中劳动得到收入	58.23	工业收入	42.99
在国家投资基建项目得到收入	0.01	工业产品收入	30.97
提供其他劳务收入	397.21	工业服务性收入	12.02
外出从业得到收入	286.82	建筑业收入	50.88
在乡外县内从业得到收入	163.22	建筑业产品收入	
在县外省内从业得到收入	123.60	建筑业服务性收入	50.88
在省外国内从业得到收入		第三产业收入	536.05
在国外从业得到收入		其他产品收入	0.43
家庭经营收入	11848.71	第三产业服务性收入	535.62
第一产业收入	11218.79	交通、运输、邮电业收入	169.44
农业收入	8741.56	批零贸易业、饮食业收入	348.35
农产品收入	8395.18	社会服务业收入	5.53
农业服务性收入	346.37	文教卫生业收入	1.07

5-13 续表

单位：元

指　　标	数　量	指　　标	数　量
其他行业收入	11.22	林业生产费用支出	283.78
财产性收入	394.55	牧业生产费用支出	908.11
利息		渔业生产费用支出	1.34
集体分配股息和红利		第二产业生产费用支出	36.69
其他股息和红利		工业生产费用支出	13.26
租金(包括农业机械)	25.33	建筑业生产费用支出	23.43
出让无形资产净收入		第三产业生产费用支出	273.80
6.储蓄性保险投资收入		交通运输邮电业生产费用支出	60.69
转让承包土地经营权收入	334.44	批零贸易餐饮业生产费用支出	172.97
其他投资收益		社会服务业生产费用支出	1.75
其他	34.78	文教卫生业生产费用支出	31.91
转移性收入	618.08	其他行业生产费用支出	6.48
其中：家庭非常住人口寄回和带回收入	1.70	购置生产性固定资产支出	839.32
城市亲友赠送收入	0.14	建、造生产性固定资产雇工支出	2.59
农村亲友赠送收入	7.10	税费支出	4.89
#粮食收入		第一产业税	
粮食直接补贴收入	76.77	第二产业税	
总支出	7193.31	第三产业生产纳税	
家庭经营费用支出	6118.74	其他各种收费	4.89
第一产业生产费用支出	5808.26	财产性支出	22.76
农业生产费用支出	4615.03	转移性支出	205.01

5-14 退耕户基本情况（2012 年）

单位：元

指　标	数　量	指　标	数　量
全年纯收入	7151.48	其他行业收入	3.71
工资性收入	1021.20	财产性纯收入	394.55
在非企业组织中劳动得到收入	278.94	利息	
乡村干部收入	174.86	集体分配股息和红利	
乡村教师收入	63.62	其他股息和红利	
行政事业单位等职工收入	40.46	租金(包括农业机械)	25.33
在本乡地域内劳动得到收入	455.44	出让无形资产净收入	
在企业中劳动得到收入	58.23	储蓄性保险投资收入	
在国家投资基建项目得到收入	0.01	转让承包土地经营权收入	334.44
提供其他劳务收入	397.21	其他投资收益	
外出从业得到收入	286.82	其他	34.78
在乡外县内从业得到收入	163.22	转移性纯收入	613.38
在县外省内从业得到收入	123.60	家庭非常住人口寄回和带回	1.70
在省外国内从业得到收入		城市亲友赠送	0.14
在国外从业得到收入		离退休金、养老金	46.75
家庭经营纯收入	5122.35	城市亲友支付赡养费	0.86
第一产业纯收入	4835.95	农村亲友支付赡养费	0.94
农业收入	3686.43	救济金	1.77
林业收入	80.24	抚恤金	
牧业收入	1070.79	灾款	0.58
渔业收入	-1.52	退税	0.18
非农产业纯收入	286.40	无偿扶贫或扶持款	44.69
第二产业纯收入	54.94	得到赔款	1.65
工业收入	28.87	其他	279.53
建筑业收入	26.07	其中:粮食直接补贴收入	76.77
第三产业纯收入	231.46	购置和更新大型农机具补贴收入	19.24
交通、运输、邮电业收入	89.10	良种补贴收入(粮食种植)	54.71
批零贸易业、饮食业收入	166.95	全年现金纯收入	5605.46
社会服务业收入	3.58	全年实物纯收入	1546.01
文教卫生业收入	-31.89		

5-15　退耕户现金收支情况（2012年）

单位：元

指　标	数　量	指　标	数　量
期内现金收入	12528.62	出售其他产品收入	0.43
工资性收入	1018.76	第三产业服务性现金收入	535.62
在非企业组织中劳动得到收入	276.49	交通、运输、邮电业收入	169.44
乡村干部收入	172.42	批零贸易业、饮食业收入	348.35
乡村教师收入	63.62	社会服务业收入	5.53
行政事业单位等职工收入	40.46	文教卫生业收入	1.07
在本乡地域内劳动得到收入	455.44	其他行业收入	11.22
在企业中劳动得到收入	58.23	财产性收入	375.54
在国家投资基建项目得到收入	0.01	利息	
提供其他劳务收入	397.21	集体分配股息和红利	
外出从业得到收入	286.82	其他股息和红利	
在乡外县内从业得到收入	163.22	租金(包括农业机械)	25.33
在县外省内从业得到收入	123.60	出让无形资产净收入	
在省外国内从业得到收入		储蓄性保险投资收入	
在国外从业得到收入		转让承包土地经营权收入	334.44
家庭经营现金收入	10516.36	其他投资收益	
第一产业现金收入	9886.44	其他	15.77
农业现金收入	7639.58	转移性收入	617.96
林业现金收入	346.96	家庭非常住人口寄回和带回	1.70
牧业现金收入	1899.90	城市亲友赠送	0.14
渔业现金收入		农村亲友赠送	7.10
第二产业现金收入	93.87	离退休金、养老金	46.75
工业收入	42.99	城市亲友支付赡养费	0.86
建筑业收入	50.88	农村亲友支付赡养费	0.94
第三产业现金收入	536.05	救济金	1.77

5-15 续表

单位：元

指　　标	数　　量	指　　标	数　　量
抚恤金		文教卫生业生产费用支出	31.91
救灾款	0.58	其他行业生产费用支出	6.48
退税	0.18	购置生产性固定资产支出	839.32
无偿扶贫或扶持款	44.69	建、造生产性固定资产雇工支出	2.59
得到赔款	1.65	税费支出	4.89
其他	277.01	第一产业税	
其中：粮食直接补贴收入	76.77	第二产业税	
购置和更新大型农机具补贴收入	19.24	第三产业生产纳税	
良种补贴收入(粮食种植)	54.71	其他各种收费	4.89
期内现金支出	7686.21	财产性支出	22.76
生产费用支出	7454.11	宅基地有偿使用费	22.66
家庭经营费用支出	6612.20	其他	0.10
第一产业生产费用支出	6301.72	转移性支出	204.45
农业生产费用支出	4613.99	寄给带给家庭非常人口现金	42.29
林业生产费用支出	283.78	赠送农村亲友	47.80
牧业生产费用支出	834.78	赠送城市亲友	0.15
渔业生产费用支出	1.34	交纳医疗保险	35.53
第二产业生产费用支出	36.69	交纳社会保障基金	27.80
工业生产费用支出	13.26	购买非储蓄性保险	23.89
建筑业生产费用支出	23.43	赡养费	4.75
第三产业生产费用支出	273.80	其他直接税	6.08
交通运输邮电业生产费用支出	60.69	捐赠	0.35
批零贸易餐饮业生产费用支出	172.97	罚款赔款	
社会服务业生产费用支出	1.75	其他	15.81

5-16　退耕户出售产品情况（2012年）

指　标	数　量	指　标	数　量
出售产品情况(元)	9566.45	出售蔬菜数量(公斤)	72.44
农业(元)	7293.21	出售蔬菜金额(元)	142.99
谷物数量(公斤)	1338.42	出售鲜菜数量(公斤)	72.44
金额(元)	2421.33	出售鲜菜金额(元)	142.93
出售小麦数量(公斤)	395.17	出售干菜数量(公斤)	
出售小麦金额(元)	835.47	出售干菜金额(元)	0.06
出售稻谷数量(公斤)	45.10	出售花卉、园艺金额(元)	7.98
出售稻谷金额(元)	132.33	出售瓜类数量(公斤)	40.81
出售玉米数量(公斤)	867.24	出售瓜类金额(元)	39.97
出售玉米金额(元)	1386.02	其中：出售西瓜数量(公斤)	39.41
出售高粱数量(公斤)	2.60	出售西瓜金额(元)	37.44
出售高粱金额(元)	6.01	出售甜瓜数量(公斤)	1.39
出售谷子数量(公斤)		出售甜瓜金额(元)	2.53
出售谷子金额(元)		出售园林水果数量(公斤)	318.95
出售青稞数量(公斤)		出售园林水果金额(元)	1161.56
出售青稞金额(元)		其中：出售苹果数量(公斤)	0.41
出售其他谷物数量(公斤)	28.31	出售苹果金额(元)	1.21
出售其他谷物金额(元)	61.49	出售梨数量(公斤)	115.14
出售薯类数量(公斤)	5.17	出售梨金额(元)	524.36
出售薯类金额(元)	16.11	出售葡萄数量(公斤)	151.55
出售豆类数量(公斤)	17.16	出售葡萄金额(元)	384.18
出售豆类金额(元)	76.97	出售桃数量(公斤)	6.02
出售棉花数量(公斤)	190.05	出售桃金额(元)	54.64
出售棉花金额(元)	1520.71	出售杏数量(公斤)	32.49
出售油料数量(公斤)	102.49	出售杏金额(元)	49.12
出售油料金额(元)	442.78	出售枣数量(公斤)	10.02
出售麻类数量(公斤)		出售枣金额(元)	137.43
出售麻类金额(元)		出售茶叶和其他饮料金额(元)	0.53
出售糖料数量(公斤)	121.97	出售香料数量(公斤)	3.06
出售糖料金额(元)	55.25	出售香料金额(元)	55.66
出售烟草数量(公斤)		出售中药材数量(公斤)	1.70
出售烟草金额(元)		出售中药材金额(元)	118.82

5-16 续表

指　　标	数　量	指　　标	数　量
出售其他种植业产品金额(元)	12.85	出售肉猪及猪肉总重量(公斤)	0.03
出售采集野生植物金额(元)	0.34	出售肉猪及猪肉总金额(元)	0.72
出售农作物副产品数量(公斤)	10.71	出售菜羊及羊肉总重量(公斤)	27.51
出售农作物副产品金额(元)	7.91	出售菜羊及羊肉总金额(元)	1005.63
出售手工业产品金额(元)	1.21	出售肉牛及牛肉总重量(公斤)	22.21
出售专用农产品金额(元)	1210.23	出售肉牛及牛肉总金额(元)	706.40
林业(元)	343.94	出售其他活家畜及自宰畜头数(头)	0.10
出售采集林产品金额(元)	238.59	出售其他活家畜及自宰畜肉重量(公斤)	0.52
出售天然林和人工林地采集果实(元)	235.62	出售其他活家畜及自宰畜肉金额(元)	18.73
其中：出售板栗数量(公斤)		出售家禽总重量(公斤)	0.80
出售板栗金额(元)		出售家禽总金额(元)	13.63
出售核桃数量(公斤)	30.07	出售蛋类的数量(公斤)	0.23
出售核桃金额(元)	235.59	出售蛋类的金额(元)	2.59
出售采集野生植物和果实金额(元)	18.92	出售畜皮数量(张)	0.10
其中：柴数量(公担)	0.67	出售畜皮金额(元)	9.91
柴金额(元)	1.21	出售毛、绒数量(公斤)	7.60
草数量(公担)	0.37	出售毛、绒金额(元)	20.84
草金额(元)	2.17	出售奶类数量(公斤)	18.95
中药材数量(公斤)	0.83	出售奶类金额(元)	47.06
中药材金额(元)	14.50	出售仔、幼、育肥畜禽和小动物(元)	57.30
出售竹木金额(元)	66.26	出售其他牧业产品金额(元)	6.16
竹数量(根)		出售狩猎和捕捉野生动物(元)	
竹金额(元)		出售牧业副产品金额(元)	6.53
木材数量(立方米)	44.85	出售牧业手工业产品金额(元)	2.38
木材金额(元)	66.26	调查户数(户)	0.22
出售育种、育苗金额(元)	22.83	附记：购买生产资料综合补贴(元)	6.11
林木种子数量(公斤)		领取最低生活保障费(元)	27.22
林木种子金额(元)		宴请支出(元)	48.25
育苗数量(株)	13.31	外出务工成本(元)	0.15
育苗金额(元)	22.83	退耕林地收入(元)	145.10
出售林业副产品金额(元)		退耕林（草）地支出(元)	104.40
出售林业手工业产品金额(元)	0.30	农业政策补贴收入(元)	156.83
牧业(元)	1897.90		

5-17　退耕户粮食收支平衡表（2013 年）

指　　标	数　量	指　　标	数　量
耕地面积、粮食生产及平衡情况		其中：稻谷(公斤)	64.03
年末实有耕地面积(亩)	5.73	小麦(公斤)	609.62
年末经营耕地面积(亩)	7.17	玉米(公斤)	1068.78
其中：水田(亩)	0.06	年内购入粮食(公斤)	110.18
水浇地(亩)	6.03	年内借入粮食(公斤)	3.21
旱地(亩)	1.07	收回借出粮(公斤)	0.69
年末国家专项规划基本口粮田累计完成面积(亩)	0.12	其他粮食收入(公斤)	3.89
国家专项规划基本口粮田改造完成后增产情况	0.01	年内粮食支出合计(公斤)	1794.15
0%-20%(户)		主食用粮(公斤)	180.71
20%-50%(户)		其他生活用粮(公斤)	7.97
50%-100%(户)		出售粮食(公斤)	1339.25
100%以上(户)		种籽用粮食(公斤)	55.08
未增产(户)	0.21	饲料用粮食(公斤)	205.57
粮食收支平衡表		借出粮食(公斤)	1.21
年初粮食结存(公斤)	269.85	归还借粮(公斤)	0.60
年内粮食收入合计(公斤)	1877.80	其他粮食支出(公斤)	3.75
年内生产粮食(公斤)	1759.83	年末粮食结存(公斤)	353.51

注：数量指人均退耕面积 10 亩以下户的人均数。

5-18　退耕户退耕还林(草)完成情况（2013 年）

指　　标	数　量	指　　标	数　量
退耕地造林种草面积和效益情况		本年接受针对退耕户技能培训人次	0.17
本年末退耕地造林种草累计面积(亩)	2.83	未接受过培训(户)	0.10
其中：实际保存面积(亩)	2.53	1 次(户)	0.09
按林草种分(亩)		2 次(户)	0.01
生态林(亩)	1.61	3 次及以上(户)	0.01
经济林(亩)	1.19	本年退耕地补植补造面积(亩)	0.07
草(亩)	0.04	本年退耕地补植补造株数(株)	7.55
退耕地生态林效益情况		本年退耕地补植补造费用(元)	14.29
面积(亩)	1.52	后续产业项目中种植业（亩）	0.22
年末该地块树木棵数(棵)	138.10	后续产业项目中林果茶业（亩）	0.06
年末种植的树木平均树龄(年)	0.81	后续产业项目中养殖业棚圈（平方米）	0.06
退耕还林（草）补助和巩固退耕还林成果情况		后续产业项目中养殖业青贮窖(立方米)	
本年退耕地林产品总值(元)	984.99	后续产业项目中设施农业（亩）	
其中：中药材价值(元)	21.01	后续产业项目中饲草基地（亩）	0.04
木材价值(元)	250.83	总收入中：退耕还林还草补贴收入(元)	104.41
竹材价值(元)		纯收入中：退耕还林还草补贴(元)	104.41
干鲜果产品价值(元)	711.51	现金收入中：退耕还林还草补贴(元)	104.41
是否参加巩固成果后续产业建设项目	0.36	退耕还林（草）粮食补助折成现金(元)	84.09
是(户)	0.06	退耕还林（草）种苗款补助(元)	9.65
否(户)	0.15	退耕还林（草）生活费现金补助(元)	10.66

5-19　退耕户基本情况（2013 年）

指　标	数　量	指　标	数　量
退耕户基本情况		原值(元)	540.24
家庭基本情况(调查户数)(户)	466.80	产品畜	
年末常住人口(人)	2109.33	数量(头)	2.92
拥有生产性固定资产情况		原值(元)	3862.39
生产用房屋及建筑物面积		工业机械	
数量(平方米)	111.22	数量(台)	
原值(元)	22040.24	原值(元)	55.71
生产用汽车		建筑机械	
数量(辆)	0.01	数量(台)	
原值(元)	670.67	原值(元)	376.36
大中型拖拉机		其他生产性固定资产	
数量(辆)	0.03	数量(任选)	0.28
原值(元)	1795.90	原值(元)	488.50
小型和手扶拖拉机		土地种植情况	
数量(辆)	0.11	粮食播种面积(亩)	5.31
原值(元)	1271.46	其中：小麦(亩)	2.52
机动脱粒机		水稻(亩)	0.09
数量(台)	0.01	玉米(亩)	2.49
原值(元)	68.54	豆类(亩)	0.15
收割机		薯类(亩)	
数量(台)	0.01	经济作物播种面积(亩)	3.38
原值(元)	505.19	棉花(亩)	0.89
农用动力机械		油料(亩)	1.58
数量(台)	0.02	麻类(亩)	
原值(元)	88.64	糖料(亩)	0.04
水泵		烟草(亩)	
数量(台)	0.03	蔬菜(亩)	0.15
原值(元)	85.54	瓜类(亩)	0.05
役畜		酱用西红柿(亩)	
数量(头)	0.23	打瓜(亩)	0.66

5-20 退耕户当年生产经营情况（2013 年）

指　标	数　量	指　标	数　量
农业	3883.12	瓜果类产量(公斤)	102.03
谷物产量(公斤)	2538.41	西瓜产量(公斤)	89.20
小麦(公斤)	751.97	甜瓜产量(公斤)	12.83
稻谷(公斤)	54.12	园林水果产量(公斤)	456.61
玉米(公斤)	1717.27	苹果产量(公斤)	1.99
高粱(公斤)	3.20	梨产量(公斤)	129.70
谷子(公斤)		葡萄产量(公斤)	262.10
青稞(公斤)		桃产量(公斤)	2.01
其他谷物(公斤)	11.84	杏产量(公斤)	36.82
薯类产量(公斤)	0.24	枣产量(公斤)	20.19
豆类产量(公斤)	22.47	其他产量	3.80
棉花产量(公斤)	208.92	香料产量(公斤)	3.34
油料产量(公斤)	91.38	中药材(人工种植)产量(公斤)	3.53
麻类产量(公斤)		其他种植业产品	154.09
糖料产量(公斤)	152.29	野生植物采集	0.04
烟草产量(公斤)		农作物副产品产量(公斤)	6.34
蔬菜产量(公斤)	35.00	用农产品加工手工业产品	
鲜菜(公斤)	35.00	专用农产品	107.44
干菜(公斤)		林业	62.75
花卉、园艺		采集的林产品	57.38

5-20　续表

指　　标	数　量	指　　标	数　量
天然林和人工林地采集的果实	52.44	畜肉产量(公斤)	73.83
板栗产量(公斤)		肉猪头数(头)	0.01
核桃产量(公斤)	52.44	肉猪肉产量(公斤)	0.86
野生植物、果实	0.30	菜羊只数(只)	1.46
柴(公担)	0.02	菜羊肉产量(公斤)	35.84
草(公担)	0.28	肉牛头数(头)	0.21
野生菌类产量(公斤)		肉牛肉产量(公斤)	36.93
野果产量(公斤)		其他牲畜头数(头)	0.02
中药材(野生)产量(公斤)		其他牲畜肉产量(公斤)	0.21
其他		家禽肉产量(公斤)	1.83
竹木采伐量	2.41	蛋类产量(公斤)	0.97
竹(根)		皮产量(张)	0.18
木材(立方米)	240.90	毛、绒产量(公斤)	11.16
育种、育苗	6.84	奶类产量(公斤)	31.17
林木种子产量(公斤)		仔、幼、育肥畜、禽产品	11.19
树苗(株)	6.84	其他牧业产品	0.99
林业副产品	0.75	狩猎和捕捉野生动物	
用林产品加工手工业产品		牧业副产品产量	0.77
牧业	150.63	用牧产品加工手工业产品	
畜禽肉产量(出售、自宰)(公斤)	75.66	采掘业、工业产品	0.02

5-21 退耕户总收入与总支出（2013 年）

单位：元

指　标	数　量	指　标	数　量
总收入	16835.27	林业收入	786.06
工资性收入	1260.02	林业产品收入	776.60
在非企业组织中劳动得到收入	325.92	林业服务性收入	9.46
乡村干部收入	170.08	牧业收入	2969.88
乡村教师收入	81.11	牧业产品收入	2945.75
行政事业单位等职工收入	74.73	牧业服务性收入	24.13
在本乡地域内劳动得到收入	533.71	第二产业收入	131.06
在企业中劳动得到收入	92.15	工业收入	47.67
在国家投资基建项目得到收入	4.22	工业产品收入	36.10
提供其他劳务收入	437.34	工业服务性收入	11.57
外出从业得到收入	400.39	建筑业收入	83.39
在乡外县内从业得到收入	242.10	建筑业产品收入	
在县外省内从业得到收入	132.30	建筑业服务性收入	83.39
在省外国内从业得到收入	25.99	第三产业收入	968.95
在国外从业得到收入		其他产品收入	39.15
家庭经营收入	14367.45	第三产业服务性收入	929.80
第一产业收入	13267.44	交通、运输、邮电业收入	394.31
农业收入	9511.50	批零贸易业、饮食业收入	474.26
农产品收入	9065.07	社会服务业收入	43.82
农业服务性收入	446.43	文教卫生业收入	1.18

5-21　续表

单位：元

指　　标	数　量	指　　标	数　量
其他行业收入	16.22	林业生产费用支出	317.29
财产性收入	463.98	牧业生产费用支出	1593.58
利息		渔业生产费用支出	
集体分配股息和红利		第二产业生产费用支出	41.31
其他股息和红利		工业生产费用支出	5.76
租金(包括农业机械)	11.21	建筑业生产费用支出	35.55
出让无形资产净收入		第三产业生产费用支出	544.40
6.储蓄性保险投资收入		交通运输邮电业生产费用支出	251.21
转让承包土地经营权收入	391.85	批零贸易餐饮业生产费用支出	260.60
其他投资收益		社会服务业生产费用支出	13.93
其他	60.92	文教卫生业生产费用支出	1.42
转移性收入	743.81	其他行业生产费用支出	17.24
其中：家庭非常住人口寄回和带回收入	1.88	购置生产性固定资产支出	1191.20
城市亲友赠送收入	0.09	建、造生产性固定资产雇工支出	31.46
农村亲友赠送收入	8.66	税费支出	0.95
#粮食收入		第一产业税	
粮食直接补贴收入	153.14	第二产业税	
总支出	9288.13	第三产业生产纳税	
家庭经营费用支出	7749.38	其他各种收费	0.95
第一产业生产费用支出	7163.67	财产性支出	38.61
农业生产费用支出	5252.80	转移性支出	276.53

5-22 退耕户基本情况（2013 年）

单位：元

指 标	数 量	指 标	数 量
全年纯收入	8306.98	其他行业收入	30.60
工资性收入	1260.02	财产性纯收入	463.98
在非企业组织中劳动得到收入	325.92	利息	
乡村干部收入	170.08	集体分配股息和红利	
乡村教师收入	81.11	其他股息和红利	
行政事业单位等职工收入	74.73	租金(包括农业机械)	11.21
在本乡地域内劳动得到收入	533.71	出让无形资产净收入	
在企业中劳动得到收入	92.15	储蓄性保险投资收入	
在国家投资基建项目得到收入	4.22	转让承包土地经营权收入	391.85
提供其他劳务收入	437.34	其他投资收益	
外出从业得到收入	400.39	其他	60.92
在乡外县内从业得到收入	242.10	转移性纯收入	742.06
在县外省内从业得到收入	132.30	家庭非常住人口寄回和带回	1.88
在省外国内从业得到收入	25.99	城市亲友赠送	0.09
在国外从业得到收入		离退休金、养老金	52.62
家庭经营纯收入	5840.91	城市亲友支付赡养费	9.38
第一产业纯收入	5375.09	农村亲友支付赡养费	4.28
农业收入	3747.77	救济金	2.89
林业收入	429.63	抚恤金	0.34
牧业收入	1197.69	灾款	0.12
渔业收入		退税	1.76
非农产业纯收入	465.82	无偿扶贫或扶持款	11.18
第二产业纯收入	87.25	得到赔款	76.12
工业收入	41.48	其他	327.96
建筑业收入	45.78	其中:粮食直接补贴收入	153.14
第三产业纯收入	378.57	购置和更新大型农机具补贴收入	22.23
交通、运输、邮电业收入	125.77	良种补贴收入(粮食种植)	33.92
批零贸易业、饮食业收入	193.35	全年现金纯收入	6833.45
社会服务业收入	29.18	全年实物纯收入	1473.53
文教卫生业收入	-0.33		

5-23　退耕户现金收支情况（2013 年）

单位：元

指　　标	数　量	指　　标	数　量
期内现金收入	15712.75	出售其他产品收入	39.15
工资性收入	1240.46	第三产业服务性现金收入	929.80
在非企业组织中劳动得到收入	323.11	交通、运输、邮电业收入	394.31
乡村干部收入	167.27	批零贸易业、饮食业收入	474.26
乡村教师收入	81.11	社会服务业收入	43.82
行政事业单位等职工收入	74.73	文教卫生业收入	1.18
在本乡地域内劳动得到收入	533.71	其他行业收入	16.22
在企业中劳动得到收入	92.15	财产性收入	448.24
在国家投资基建项目得到收入	4.22	利息	
提供其他劳务收入	437.34	集体分配股息和红利	
外出从业得到收入	383.65	其他股息和红利	
在乡外县内从业得到收入	225.35	租金(包括农业机械)	11.21
在县外省内从业得到收入	132.30	出让无形资产净收入	
在省外国内从业得到收入	25.99	储蓄性保险投资收入	
在国外从业得到收入		转让承包土地经营权收入	391.85
家庭经营现金收入	13280.23	其他投资收益	
第一产业现金收入	12180.22	其他	45.18
农业现金收入	8882.81	转移性收入	743.81
林业现金收入	535.44	家庭非常住人口寄回和带回	1.88
牧业现金收入	2761.97	城市亲友赠送	0.09
渔业现金收入		农村亲友赠送	8.66
第二产业现金收入	131.06	离退休金、养老金	52.62
工业收入	47.67	城市亲友支付赡养费	9.38
建筑业收入	83.39	农村亲友支付赡养费	4.28
第三产业现金收入	968.95	救济金	2.89

5-23 续表

单位：元

指　标	数　量	指　标	数　量
抚恤金	0.34	文教卫生业生产费用支出	1.42
救灾款	0.12	其他行业生产费用支出	17.24
退税	1.76	购置生产性固定资产支出	1191.20
无偿扶贫或扶持款	11.18	建、造生产性固定资产雇工支出	31.46
得到赔款	76.12	税费支出	0.95
其他	321.04	第一产业税	
其中：粮食直接补贴收入	153.14	第二产业税	
购置和更新大型农机具补贴收入	22.23	第三产业生产纳税	
良种补贴收入(粮食种植)	33.92	其他各种收费	0.95
期内现金支出	10026.99	财产性支出	38.61
生产费用支出	9711.16	宅基地有偿使用费	
家庭经营费用支出	8488.50	其他	38.61
第一产业生产费用支出	7902.78	转移性支出	276.28
农业生产费用支出	5252.80	寄给带给家庭非常人口现金	48.03
林业生产费用支出	317.29	赠送农村亲友	77.24
牧业生产费用支出	1507.50	赠送城市亲友	
渔业生产费用支出	.	交纳医疗保险	77.14
第二产业生产费用支出	41.31	交纳社会保障基金	38.27
工业生产费用支出	5.76	购买非储蓄性保险	12.83
建筑业生产费用支出	35.55	赡养费	4.29
第三产业生产费用支出	544.40	其他直接税	
交通运输邮电业生产费用支出	251.21	捐赠	0.16
批零贸易餐饮业生产费用支出	260.60	罚款赔款	0.16
社会服务业生产费用支出	13.93	其他	18.15

5-24　退耕户出售产品情况（2013 年）

指　标	数　量	指　标	数　量
出售产品情况(元)	11775.45	出售蔬菜数量(公斤)	127.23
农业(元)	8436.38	出售蔬菜金额(元)	142.79
谷物数量(公斤)	2214.23	出售鲜菜数量(公斤)	127.23
金额(元)	3385.74	出售鲜菜金额(元)	142.76
出售小麦数量(公斤)	615.99	出售干菜数量(公斤)	
出售小麦金额(元)	1402.08	出售干菜金额(元)	0.04
出售稻谷数量(公斤)	39.36	出售花卉、园艺金额(元)	3.86
出售稻谷金额(元)	117.12	出售瓜类数量(公斤)	101.91
出售玉米数量(公斤)	1540.17	出售瓜类金额(元)	144.25
出售玉米金额(元)	1827.74	其中：出售西瓜数量(公斤)	89.34
出售高粱数量(公斤)	2.27	出售西瓜金额(元)	114.54
出售高粱金额(元)	9.20	出售甜瓜数量(公斤)	12.57
出售谷子数量(公斤)		出售甜瓜金额(元)	29.71
出售谷子金额(元)		出售园林水果数量(公斤)	429.94
出售青稞数量(公斤)		出售园林水果金额(元)	1453.55
出售青稞金额(元)		其中：出售苹果数量(公斤)	0.61
出售其他谷物数量(公斤)	16.43	出售苹果金额(元)	2.31
出售其他谷物金额(元)	29.60	出售梨数量(公斤)	129.43
出售薯类数量(公斤)	1.52	出售梨金额(元)	530.04
出售薯类金额(元)	12.44	出售葡萄数量(公斤)	225.73
出售豆类数量(公斤)	13.96	出售葡萄金额(元)	532.71
出售豆类金额(元)	63.18	出售桃数量(公斤)	6.61
出售棉花数量(公斤)	203.97	出售桃金额(元)	54.72
出售棉花金额(元)	1703.00	出售杏数量(公斤)	43.11
出售油料数量(公斤)	74.94	出售杏金额(元)	53.44
出售油料金额(元)	305.82	出售枣数量(公斤)	20.23
出售麻类数量(公斤)		出售枣金额(元)	261.87
出售麻类金额(元)		出售茶叶和其他饮料金额(元)	8.44
出售糖料数量(公斤)	152.29	出售香料数量(公斤)	3.64
出售糖料金额(元)	70.76	出售香料金额(元)	72.71
出售烟草数量(公斤)		出售中药材数量(公斤)	4.25
出售烟草金额(元)		出售中药材金额(元)	269.28

5-24 续表

指　　标	数　　量	指　　标	数　　量
出售其他种植业产品金额(元)	23.89	出售肉猪及猪肉总重量(公斤)	0.99
出售采集野生植物金额(元)	0.75	出售肉猪及猪肉总金额(元)	13.11
出售农作物副产品数量(公斤)	35.52	出售菜羊及羊肉总重量(公斤)	34.32
出售农作物副产品金额(元)	17.70	出售菜羊及羊肉总金额(元)	1311.91
出售手工业产品金额(元)		出售肉牛及牛肉总重量(公斤)	33.88
出售专用农产品金额(元)	758.21	出售肉牛及牛肉总金额(元)	1206.14
林业(元)	525.98	出售其他活家畜及自宰畜头数(头)	0.27
出售采集林产品金额(元)	436.55	出售其他活家畜及自宰畜肉重量(公斤)	0.42
出售天然林和人工林地采集果实(元)	434.56	出售其他活家畜及自宰畜肉金额(元)	16.53
其中：出售板栗数量(公斤)		出售家禽总重量(公斤)	0.98
出售板栗金额(元)		出售家禽总金额(元)	17.82
出售核桃数量(公斤)	66.29	出售蛋类的数量(公斤)	0.37
出售核桃金额(元)	434.56	出售蛋类的金额(元)	4.80
出售采集野生植物和果实金额(元)	21.01	出售畜皮数量(张)	0.09
其中：柴数量(公担)		出售畜皮金额(元)	6.68
柴金额(元)	0.07	出售毛、绒数量(公斤)	5.94
草数量(公担)	0.01	出售毛、绒金额(元)	18.06
草金额(元)	1.92	出售奶类数量(公斤)	17.52
中药材数量(公斤)	0.53	出售奶类金额(元)	48.17
中药材金额(元)	18.58	出售仔、幼、育肥畜禽和小动物(元)	68.86
出售竹木金额(元)	26.27	出售其他牧业产品金额(元)	9.59
竹数量(根)		出售狩猎和捕捉野生动物(元)	
竹金额(元)		出售牧业副产品金额(元)	16.17
木材数量(立方米)	240.37	出售牧业手工业产品金额(元)	
木材金额(元)	26.27	调查户数(户)	466.00
出售育种、育苗金额(元)	42.86	附记：购买生产资料综合补贴(元)	6.36
林木种子数量(公斤)		领取最低生活保障费(元)	38.95
林木种子金额(元)		宴请支出(元)	105.36
育苗数量(株)	10.38	外出务工成本(元)	3.20
育苗金额(元)	42.86	退耕林地收入(元)	214.20
出售林业副产品金额(元)	0.75	退耕林（草）地支出(元)	103.63
出售林业手工业产品金额(元)	0.54	农业政策补贴收入(元)	215.65
牧业(元)	2737.84		

第六篇

企业调查

6-1　规模以下工业主要指标（2011-2013 年）

指　　标	2011	2012	2013
总体估计量			
单位数（万个）	3.62	3.74	3.63
期末从业人数（万人）	19.96	19.65	19.22
工业增加值（当年价格）（亿元）	106.90	125.90	148.07
企业子总体估计量			
单位数（万个）	0.61	0.57	0.58
期末从业人数（万人）	10.99	10.01	9.9
工业增加值（当年价格）（亿元）	82.99	91.84	109.54
个体子总体估计量			
单位数（万个）	3.01	3.17	3.05
期末从业人数（万人）	8.97	9.64	9.32
营业收入（亿元）	69.86	95.66	108.22

注：规模以下工业主要指标是由抽样调查推算而得。在 95%的概率保证程度下，抽样核心指标工业总产值的最大相对误差控制在 10%以内，其他指标为非核心指标。

6-2　规模以下工业主要经济指标（2010-2013 年）

年　份	单位数（万个）			期末从业人数(万人)			工业增加值（亿元）	
		企业	个体		企业	个体	本期	增幅（%）
2010	4.34	0.55	3.79	18.84	8.68	10.16	62.40	9.9
2011	3.62	0.61	3.01	19.96	10.99	8.97	106.90	12.0
2012	3.74	0.57	3.17	19.65	10.01	9.64	125.90	12.9
2013	3.63	0.58	3.05	19.22	9.90	9.32	148.07	13.0

注：1. 2011 年以前数据为企业年营业收入在 500 万元以下的工业企业和全部个体工业单位。
　　2011 年及以后数据为企业年营业收入在 2000 万元以下的工业企业和全部个体工业单位。
　2. 工业增加值按当年价格计算，增幅按可比价格计算。

6-3 规模以下工业企业分行业主要指标（2012 年）

指　　标	企业数（个）	从业人员期末人数（人）	主营业务收　入（万元）	主营业务成　本（万元）	税金总额（万元）
总 计	5744	100061	2475647.34	2034432.51	120319.83
按登记注册类型分组					
内资企业	5696	97592	2419002.87	1986136.32	119401.57
国有企业	230	9866	142640.59	127653.22	6361.28
集体企业	82	2492	77736.93	62847.93	3656.93
股份合作企业	46	1564	30321.22	25563.20	4016.32
联营企业	2	286	2066.18	1430.25	-1.31
有限责任公司	958	24594	614666.78	491222.39	42927.14
股份有限公司	18	559	27955.73	20393.45	1312.51
私营企业	4356	58181	1519165.63	1254779.75	61031.95
其他企业	4	52	4449.82	2246.15	96.76
港、澳、台商投资企业	26	1691	47179.29	40863.31	342.64
合资经营企业(港或澳、台资)	8	122	3021.34	2186.11	149.06
合作经营企业(港或澳、台资)					
港、澳、台商独资经营企业	6	378	74.86	26.75	19.37
港、澳、台商投资股份有限公司	2	144	3403.12	2883.93	5.07
其他港、澳、台商投资企业	10	1047	40679.97	35766.53	169.13
外商投资企业	23	779	9465.17	7432.84	575.62
中外合资经营企业	4	134	4497.25	3182.02	140.87
中外合作经营企业	5				
外资企业	7	85	135.63	124.13	181.99
外商投资股份有限公司					
其他外商投资企业	7	560	4832.29	4126.69	252.76

其中：所得税（万元）	应付职工薪酬（万元）	固定资产原价（万元）	本年折旧（万元）	固定资产净值（万元）	资产总计（万元）	应收账款（万元）	利息支出（万元）
9844.05	312680.65	2853760.15	286780.57	2124845.08	7107836.84	590603.32	67711.31
9765.54	304499.19	2821291.14	283608.80	2103972.82	6797560.56	583916.58	66830.95
396.58	32330.48	385763.57	53454.45	242456.72	478123.79	25067.11	390.68
61.87	10318.41	30451.83	4154.63	20220.71	78628.98	25277.53	107.80
19.67	5966.84	426702.09	977.26	422415.86	721085.51	5166.22	10895.23
	188.18	3575.10	48.13	3530.98	4889.80		1.57
2986.84	87637.30	887680.28	97604.12	652158.28	2502717.96	153622.83	29880.70
42.13	1974.69	109592.39	9924.23	99206.20	153602.93	2750.01	3193.98
6258.45	165767.06	974658.29	117126.69	661447.38	2854313.10	371705.68	22304.19
	316.27	2867.59	319.29	2536.71	4198.48	327.20	56.80
51.57	6660.10	12311.54	2103.51	8757.49	269330.63	3302.94	869.25
50.26	583.44	2626.78	126.36	1328.94	20964.67	294.92	788.07
0.22	3702.81	3076.56	746.74	1948.23	218741.16	836.29	
1.09	598.51	1783.27	181.15	1617.22	3849.08	1676.00	42.39
	1775.35	4824.93	1049.27	3863.10	25775.73	495.73	38.78
26.95	1521.34	20157.48	1068.26	12114.77	40945.65	3383.80	11.11
26.71	260.65	1485.95	125.96	1386.30	4011.65	652.30	11.11
0.24	294.69	14207.63	800.27	9826.17	19429.80	875.10	
	966.00	4463.90	142.04	902.30	17504.20	1856.40	

6-4 规模以下工业企业分行业主要指标（2013 年）

指标	企业数（个）	从业人员期末人数（人）	主营业务收入（万元）	主营业务成本（万元）	税金总额（万元）
总 计	5769	99013	2990544.12	2440946.63	124507.47
按登记注册类型分组					
内资企业	5739	97891	2721051.77	2200820.42	115181.44
国有企业	226	10738	157134.01	133996.41	7129.58
集体企业	84	2480	95361.68	80305.11	5436.66
股份合作企业	40	423	18825.38	12279.69	635.48
联营企业	2	29	1436.62	1023.49	106.47
有限责任公司	1122	25657	845986.19	658327.34	42279.53
股份有限公司	21	622	31312.98	25009.61	1513.67
私营企业	4214	57045	1534803.12	1264966.03	57047.17
其他企业	31	897	36191.78	24912.76	1032.87
港、澳、台商投资企业	15	1034	3866.23	3287.06	73.70
合资经营企业(港或澳、台资)	7	40	1031.18	849.20	13.17
合作经营企业(港或澳、台资)					
港、澳、台商独资经营企业	7	909	1245.59	1358.02	50.72
港、澳、台商投资股份有限公司	1	85	1589.45	1079.85	9.82
其他港、澳、台商投资企业					
外商投资企业	15	89	1027.10	842.65	74.96
中外合资经营企业	3	47	935.03	764.11	65.79
中外合作经营企业	5				
外资企业	7	42	92.07	78.55	9.16
外商投资股份有限公司					
其他外商投资企业					

其中：所得税（万元）	应付职工薪酬（万元）	固定资产原价（万元）	本年折旧（万元）	固定资产净值（万元）	资产总计（万元）	应收账款（万元）	利息支出（万元）
8488.97	347280.63	3022031.37	333812.37	2147064.22	6734206.87	715221.06	54492.82
7715.61	313717.19	3001401.22	312301.86	2129069.54	6422701.04	713460.40	49681.77
319.87	41386.01	404887.15	59144.79	220264.63	508964.54	22557.75	797.14
43.37	12455.06	56323.94	4842.55	43418.41	113940.69	36956.83	19.67
10.82	1809.89	13283.27	999.39	8212.55	19320.52	2541.45	41.38
	121.64	7996.40	117.38	7718.40	10257.10	190.00	
3852.38	94141.15	1215519.03	117932.16	929866.49	2721074.80	198537.04	27330.70
37.18	2699.17	111090.07	7788.43	90178.03	144757.10	5485.14	4331.78
3361.98	157827.85	1178121.85	120658.60	816553.23	2862515.05	445390.42	17066.72
90.00	3276.44	14179.52	818.55	12857.78	41871.24	1801.78	94.36
1.52	6944.09	19315.99	1045.53	16864.90	309446.87	1044.86	64.37
1.45	268.81	1864.21	112.46	1436.43	15831.11	213.23	25.53
0.07	6304.32	17071.71	894.17	15084.05	292126.95	831.63	
	370.96	380.07	38.89	344.42	1488.81		38.85
40.23	183.24	1314.16	69.51	1129.78	2058.97	715.80	5.90
39.91	118.72	1194.16	55.88	1022.28	1922.97	11.22	5.90
0.33	64.52	120.00	13.64	107.50	136.00	704.58	

6-5 规模以下工业企业分行业主要指标（2012 年）

指 标	企业数（个）	从业人员期末人数（人）	主营业务收入（万元）	主营业务成本（万元）	税金总额（万元）
总 计	5744	100061	2475647.34	2034432.51	120319.83
按行业分组					
煤炭开采和洗选业	121	3681	16640.59	14187.89	1707.44
石油和天然气开采业	7	39	1527.38	1384.85	107.78
黑色金属矿采选业	294	1434	39271.87	31061.80	6036.22
有色金属矿采选业	116	685	8223.48	6936.29	547.29
非金属矿采选业	201	2477	81069.19	68159.70	6024.03
开采辅助活动	22	343	9940.29	7684.18	782.73
其他采矿业	3	73	2071.75	1384.69	6.00
农副食品加工业	481	9361	259492.82	200272.00	3787.51
食品制造业	216	5229	91561.28	74328.54	7608.63
酒、饮料和精制茶制造业	212	2147	28849.26	19404.06	2019.48
烟草制品业					
纺织业	106	3164	46437.61	50946.04	1606.55
纺织服装、服饰业	54	1087	23401.87	21012.81	611.12
皮革、毛皮、羽毛及其制品和制鞋业	6	89	967.75	783.27	25.09
木材加工和木、竹、藤、棕、草制品业	87	1071	20943.95	17421.00	370.51
家具制造业	76	781	16409.81	14269.96	602.89
造纸和纸制品业	144	3080	50734.72	43426.68	1746.47
印刷和记录媒介复制业	269	4774	58390.82	54957.07	3021.97
文教、工美、体育和娱乐用品制造业	37	490	7111.00	6444.42	200.67
石油加工、炼焦和核燃料加工业	57	826	40773.71	36244.31	1521.53

其中：所得税（万元）	应付职工薪酬（万元）	固定资产原价（万元）	本年折旧（万元）	固定资产净值（万元）	资产总计（万元）	应收账款（万元）	利息支出（万元）
9844.05	312680.65	2853760.15	286780.57	2124845.08	7107836.84	590603.32	67711.31
32.87	12413.56	97947.43	11184.48	84959.22	210381.96	3895.74	22.52
	136.15	1370.20	139.69	129.35	2965.30	1378.65	
107.35	6178.26	46559.00	7210.89	30721.33	285939.95	35365.60	1940.75
127.87	2466.05	21306.17	1577.60	13687.52	87553.64	2266.32	158.45
234.16	11474.42	40339.14	4032.68	28324.62	88167.44	15057.19	238.64
154.33	1463.20	10099.23	1221.96	5132.93	16781.23	2054.83	85.99
	296.29	1549.50	167.13	996.30	1049.60	30.10	
336.04	24378.78	180393.15	20666.47	152120.55	380559.99	24044.14	2992.43
196.94	15165.46	105538.50	13184.67	69979.19	281825.10	14833.45	2946.63
65.06	5385.63	46709.63	8639.45	28473.05	65948.13	2464.23	500.77
19.92	6937.24	61917.11	5346.87	29053.81	182674.60	11771.16	1631.41
43.53	3051.01	4025.22	370.71	2909.30	33571.22	9089.50	4.92
	252.76	382.90	17.45	108.00	1645.80	369.30	1.75
24.26	2105.93	14768.01	860.47	10429.97	31550.78	3689.61	152.74
115.92	2264.06	11738.67	712.65	5673.66	24535.41	7483.98	106.82
173.23	7389.85	36792.64	4018.92	23421.50	99578.92	11283.42	595.63
236.91	12991.19	119290.75	21425.32	69219.10	181249.62	9852.07	659.78
3.23	1232.71	18300.55	1955.91	11704.26	24195.98	469.52	1.01
130.73	1871.49	23007.36	3755.56	18562.68	81939.48	7506.04	265.55

6-5 续表

指　　标	企业数（个）	从业人员期末人数（人）	主营业务收　入（万元）	主营业务成　本（万元）	税金总额（万元）
化学原料和化学制品制造业	478	9060	452126.16	359610.92	25834.50
医药制造业	45	1251	38359.74	30321.38	2217.72
化学纤维制造业	8	210	4474.46	3379.93	102.19
橡胶和塑料制品业	644	8653	288041.30	243996.43	9379.95
非金属矿物制品业	838	12772	303709.24	240634.73	23387.77
黑色金属冶炼和压延加工业	153	3299	86080.73	66653.02	2649.57
有色金属冶炼和压延加工业	28	1993	3852.69	3744.95	121.81
金属制品业	261	3308	102701.01	85392.41	2103.50
通用设备制造业	136	1366	35622.50	29940.40	767.73
专用设备制造业	129	2290	63474.89	51786.71	2311.23
汽车制造业	12	100	4537.75	3624.76	28.58
铁路、船舶、航空航天和其他运输设备制造业	2	53	987.55	966.63	18.93
电气机械和器材制造业	147	2110	75846.00	63667.06	1941.22
计算机、通信和其他电子设备制造业	4	40	974.43	565.57	90.53
仪器仪表制造业	6	135	2036.40	678.55	267.05
其他制造业	2	24	1421.73	1248.02	61.29
废弃资源综合利用业	7	42	2548.67	1754.51	125.30
金属制品、机械和设备修理业	23	1221	35779.66	29884.25	2303.30
电力、热力生产和供应业	183	5401	101672.22	94360.96	3846.79
燃气生产和供应业	12	266	9511.79	7366.72	451.60
水的生产和供应业	122	5638	58069.30	44544.99	3975.38

其中：所得税（万元）	应付职工薪酬（万元）	固定资产原价（万元）	本年折旧（万元）	固定资产净值（万元）	资产总计（万元）	应收账款（万元）	利息支出（万元）
986.71	28095.62	192810.00	21056.97	122496.41	718686.48	132763.08	3664.23
62.76	3114.80	15173.96	4167.64	8903.56	68655.59	6923.56	767.20
1.10	680.64	4330.80	399.44	3232.45	14237.94	1728.72	0.05
956.04	28325.85	121229.82	9594.85	82412.20	468637.80	73370.62	6293.43
1399.73	44893.40	613882.58	20477.01	567443.30	1422247.99	57068.57	29109.47
610.13	9715.23	32468.93	2904.02	22971.14	150409.38	52827.69	1063.73
2905.75	5840.64	18157.06	2122.03	14981.33	314410.56	925.47	
218.30	9439.87	36717.81	4194.23	29134.40	148449.12	10750.65	2150.27
16.10	4438.33	27068.91	3972.06	17469.85	72537.46	13918.92	110.27
220.85	6693.36	26555.40	2399.88	18697.36	64699.89	11360.74	351.06
	296.62	13242.30	510.55	12767.70	18898.40	993.90	69.60
	231.11	799.51	337.65	483.70	1990.17	579.49	
64.12	5774.60	28359.97	1963.71	21357.74	91721.12	21453.77	1161.14
6.59	85.36	705.07	16.37	56.57	765.81	1104.22	
61.09	612.44	1358.90	74.62	491.90	13581.10	2170.80	25.75
0.38	73.76	1130.21	90.84	469.12	1257.11	222.46	17.45
34.01	94.64	1192.63	113.42	957.09	3175.26	143.19	1.12
0.79	6819.60	9926.48	498.12	5171.89	33033.18	13489.69	0.97
77.51	18368.73	438350.00	59817.48	315545.13	1010145.42	20601.39	5938.86
67.47	579.64	6006.75	908.63	3699.37	15661.63	45.97	607.31
152.26	21052.37	422257.91	44672.16	290496.55	392521.30	5255.58	4073.60

6-6 规模以下工业企业分行业主要指标（2013 年）

指　　标	企业数 （个）	从业人员期末人数 （人）	主营业务收　入 （万元）	主营业务成　本 （万元）	税金总额 （万元）
总 计	5769	99013	2990544.12	2440946.63	124507.47
按行业分组					
煤炭开采和洗选业	117	2203	19319.45	21483.34	8403.57
石油和天然气开采业	7	52	1049.45	524.02	57.44
黑色金属矿采选业	288	1376	49242.65	40876.28	2528.43
有色金属矿采选业	127	1307	6992.25	6199.13	276.47
非金属矿采选业	218	3472	101751.86	88395.93	9817.23
开采辅助活动	19	278	8413.34	6815.42	692.07
其他采矿业	2				
农副食品加工业	532	10711	311325.93	233777.66	5974.32
食品制造业	222	5253	144375.10	117120.50	7239.90
酒、饮料和精制茶制造业	219	2053	33930.89	22239.30	2185.49
烟草制品业					
纺织业	104	1575	43569.68	38315.66	1402.92
纺织服装、服饰业	52	1011	11566.54	10151.76	828.42
皮革、毛皮、羽毛及其制品和制鞋业	6	75	903.49	750.22	25.09
木材加工和木、竹、藤、棕、草制品业	92	1281	26109.66	18068.46	467.55
家具制造业	78	1016	15395.66	13246.69	507.91
造纸和纸制品业	144	3200	60218.74	50106.53	2887.98
印刷和记录媒介复制业	249	4554	63622.85	58519.46	2734.00
文教、工美、体育和娱乐用品制造业	39	914	9605.87	7680.47	431.37
石油加工、炼焦和核燃料加工业	62	734	49325.48	42507.97	1318.95

其中：所得税（万元）	应付职工薪酬（万元）	固定资产原价（万元）	本年折旧（万元）	固定资产净值（万元）	资产总计（万元）	应收账款（万元）	利息支出（万元）
8488.97	347280.63	3022031.37	333812.37	2147064.22	6734206.87	715221.06	54492.82
6.55	8751.17	94264.72	13432.03	79356.65	175899.68	6341.26	275.81
	142.53	1370.20	19.85	99.45	2197.65	341.90	
	6230.18	73437.78	5187.44	54250.03	296667.26	45543.42	973.31
	7334.31	22874.67	2776.44	15449.34	343139.72	778.43	
236.89	19371.54	57561.26	8072.51	41188.04	179046.57	36009.48	143.64
76.29	1356.47	10670.57	1810.91	4995.23	13491.47	1074.70	88.80
637.39	28016.34	215581.86	21341.38	179586.76	392881.42	35291.64	2887.57
202.24	16998.89	87948.28	7976.12	55935.13	279773.87	17254.56	3846.22
175.38	5363.50	59390.95	10651.33	33268.01	85937.73	3775.05	498.74
201.64	3973.70	49367.00	2198.50	19120.70	125256.12	9874.52	893.92
15.13	2065.10	2971.36	237.10	1986.19	30659.52	10672.36	1.30
	258.33	382.90	17.45	92.00	1807.50	543.90	3.27
12.98	2927.60	23333.26	2471.83	18272.22	53739.68	2845.40	163.66
28.54	2928.97	12206.96	633.40	4303.37	19879.55	6340.52	48.38
252.25	8418.16	36551.58	3078.69	22252.05	90348.67	10675.27	669.67
100.09	16692.03	113240.95	31765.41	56202.20	174743.99	10506.35	383.86
2.29	1236.34	23501.19	2008.51	9969.90	29704.20	507.30	
132.12	2847.02	37845.84	2986.36	33030.75	115675.04	10728.60	229.21

6-6 续表

指　　标	企业数（个）	从业人员期末人数（人）	主营业务收　入（万元）	主营业务成　本（万元）	税金总额（万元）
化学原料和化学制品制造业	472	6607	321692.73	261931.09	10493.16
医药制造业	36	991	18844.07	13156.79	1889.04
化学纤维制造业	8	191	5145.48	3939.58	107.05
橡胶和塑料制品业	603	8865	383665.89	320535.09	9876.10
非金属矿物制品业	845	14045	368172.28	285258.92	14290.68
黑色金属冶炼和压延加工业	153	3262	93104.59	73260.73	3562.55
有色金属冶炼和压延加工业	22	359	4273.28	3696.65	141.22
金属制品业	285	2421	69113.16	56306.19	2217.17
通用设备制造业	82	1789	42461.06	34940.50	1060.46
专用设备制造业	141	2318	67793.49	53829.26	2684.76
汽车制造业	13	89	4031.24	3232.36	111.16
铁路、船舶、航空航天和其他运输设备制造业	2	91	3115.17	2427.23	155.35
电气机械和器材制造业	158	2928	76138.41	65860.31	2182.50
计算机、通信和其他电子设备制造业	5	45	1564.23	1017.98	74.71
仪器仪表制造业	7	187	4384.34	1566.32	474.03
其他制造业	2	24	861.63	846.70	32.68
废弃资源综合利用业	6	70	5347.89	3785.62	520.81
金属制品、机械和设备修理业	23	1151	53082.06	45502.41	4040.13
电力、热力生产和供应业	199	6300	164708.14	130587.68	8909.41
燃气生产和供应业	15	482	16327.62	12264.84	704.07
水的生产和供应业	119	5736	65399.42	54225.10	4023.92

其中：所得税（万元）	应付职工薪酬（万元）	固定资产原价（万元）	本年折旧（万元）	固定资产净值（万元）	资产总计（万元）	应收账款（万元）	利息支出（万元）
964.12	19978.98	181368.16	17421.05	126700.12	628064.05	132982.69	4358.38
145.62	2830.90	13885.48	4171.09	8686.05	64366.94	5561.59	588.56
4.60	662.50	3971.72	347.23	3505.77	8743.02	1141.13	3.71
1331.61	30838.87	133476.88	12728.04	92875.61	386104.14	76540.58	1491.67
1249.00	39074.89	359872.28	31665.99	273129.52	591857.13	88796.25	789.30
413.38	10265.35	33729.98	2539.38	19731.07	182298.87	48583.41	2418.76
0.65	480.43	22998.36	622.86	18304.77	96133.56	14830.69	52.15
242.48	6681.73	39429.51	3752.83	32163.69	87619.10	13390.36	572.18
163.44	3014.17	32103.50	3911.04	20444.85	62387.04	16744.12	132.98
292.93	6685.52	36999.46	3045.74	28428.45	82231.83	16461.45	329.42
14.62	358.25	19868.50	1816.80	18269.80	22461.00	691.30	1482.76
10.80	640.19	409.81	33.34	280.70	2318.48	627.31	
32.36	6038.34	40902.12	3333.31	29093.76	155133.26	39375.33	944.85
5.57	120.31	725.11	68.38	284.86	1332.50	1008.90	
10.36	1055.05	2437.67	1106.72	1324.38	17676.69	3093.09	24.55
	65.85	924.20	63.47	342.48	1212.24	-48.41	
51.27	265.29	4193.84	547.60	3661.67	7361.10	89.26	3.76
116.04	8529.63	12619.13	932.21	6975.26	39214.36	20618.03	0.95
330.77	24146.57	695866.54	61373.84	532424.25	1411471.55	18751.15	24259.56
167.24	1795.61	14806.57	1475.61	11680.42	28339.28	443.57	400.69
130.71	22403.92	448941.23	45795.15	289398.72	447031.14	6434.61	790.45

6-7　规模以下服务业样本企业发展状况（2012 年）

指　标	合　计	交通运输、仓储和邮政业	信息传输、软件和信息技术服务业	房地产业
企业执行何种税收种类				
增值税	10.3	4.5	19.7	2.8
营业税	84.7	92.9	80.3	96.3
免　税	4.9	2.6		0.9
有关部门对企业的收费比上期				
增加	21.6	19.9	32.8	18.7
持平	71.5	71.8	63.9	72.9
减少	6.9	8.3	3.3	8.4
企业本期流动资金比上期				
充足	8.3	6.4	14.8	4.7
一般	58.5	62.8	54.1	59.8
紧张	33.2	30.8	31.1	35.5
企业本期融资				
容易	1.9	2.6	3.3	
困难	16.6	22.4	21.3	10.3
没有	81.5	75.0	75.4	89.7
企业获取资金主要来源				
银行贷款	6.6	10.3	9.8	2.8
民间借贷	10.0	12.2	8.2	3.7
专项资金	2.6	3.8	3.3	1.9
其他	80.8	73.7	78.7	91.6
企业信息化建设主要目的				
信息发布	10.9	7.7	16.4	7.5
网上销售	2.4	4.5	3.3	2.8
其他	26.7	24.4	44.3	16.8
没有	60.0	63.5	36.1	72.9

注：1. 除企业当前面临的突出问题和企业对政府有关部门有何要求与建议为多项选择外，其余均为单项选择。
2. 房地产业只包括物业管理和房地产中介服务。

单位：%

租赁和商务服务业	科学研究和技术服务业	水利、环境和公共设施管理业	居民服务、修理和其他服务业	教育	卫生和社会工作	文化、体育和娱乐业
4.3	10.6	13.0	48.0	2.0	2.0	4.9
94.6	87.6	78.3	46.7	91.8	56.9	93.9
1.1	1.8	8.7	5.3	6.1	41.2	1.2
15.2	23.9	23.9	21.3	14.3	19.6	29.3
73.9	73.5	69.6	66.7	85.7	70.6	67.1
10.9	2.7	6.5	12.0		9.8	3.7
8.7	9.7	6.5	6.7	16.3	5.9	8.5
56.5	60.2	34.8	57.3	61.2	58.8	64.6
34.8	30.1	58.7	36.0	22.4	35.3	26.8
3.3	1.8			8.2		1.2
13.0	16.8	21.7	20.0	10.2	11.8	14.6
83.7	81.4	78.3	80.0	81.6	88.2	84.1
6.5	5.3	4.3	4.0	8.2	7.8	6.1
8.7	11.5	6.5	13.3	10.2	9.8	13.4
1.1	2.7	2.2	1.3		3.9	4.9
83.7	80.5	87.0	81.3	81.6	78.4	75.6
10.9	7.1	13.0	9.3	14.3	13.7	19.5
3.3	2.7				2.0	1.2
23.9	35.4	28.3	30.7	28.6	17.6	22.0
62.0	54.9	58.7	60.0	57.1	66.7	57.3

6-7 续表 1

指 标	合 计	交通运输、仓储和邮政业	信息传输、软件和信息技术服务业	房地产业
企业本期应收未收款比上期				
增加	24.5	25.0	29.5	31.8
持平	27.2	31.4	18.0	34.6
减少	17.4	18.6	27.9	15.0
没有	30.9	25.0	24.6	18.7
其中：应收未收款变动的主要影响因素				
欠款方资金紧张	33.5	33.8	34.3	20.0
欠款方故意拖欠	7.4	8.8	2.9	22.0
其他	59.0	57.4	62.9	58.0
企业本期销售(服务收费)价格比上期				
增加	22.0	21.8	21.3	12.1
持平	61.3	59.0	62.3	76.6
减少	16.7	19.2	16.4	11.2
其中：销售(服务收费)价格变动的主要影响因素				
原材料价格	15.8	15.6	8.7	8.0
劳动力成本	28.3	14.1	34.8	40.0
费用支出	23.0	32.8	21.7	20.0
市场竞争	26.1	31.3	26.1	28.0
其他	6.8	6.3	8.7	4.0
企业本期营业收入比上期				
增加	42.3	39.1	54.1	42.1
持平	25.4	21.8	14.8	24.3
减少	32.3	39.1	31.1	33.6
其中：营业收入变动的主要影响因素				
市场需求	48.5	44.3	59.6	35.8
产品价格	8.1	8.2	9.6	3.7
其他	43.5	47.5	30.8	60.5

单位：%

租赁和商务服务业	科学研究和技术服务业	水利、环境和公共设施管理业	居民服务、修理和其他服务业	教育	卫生和社会工作	文化、体育和娱乐业
21.7	23.9	32.6	26.7	12.2	21.6	17.1
22.8	23.0	21.7	33.3	32.7	25.5	22.0
18.5	17.7	21.7	10.7	18.4	11.8	15.9
37.0	35.4	23.9	29.3	36.7	41.2	45.1
37.8	46.8	44.0	50.0	33.3	5.9	18.5
2.7	6.4	8.0	3.6		5.9	
59.5	46.8	48.0	46.4	66.7	88.2	81.5
22.8	18.6	23.9	29.3	26.5	25.5	26.8
59.8	60.2	65.2	53.3	69.4	54.9	52.4
17.4	21.2	10.9	17.3	4.1	19.6	20.7
13.5	15.6	31.3	28.6	13.3	13.0	12.8
32.4	22.2	25.0	37.1	6.7	60.9	25.6
24.3	15.6	12.5	14.3	66.7	8.7	20.5
24.3	28.9	18.8	20.0	13.3	17.4	33.3
5.4	17.8	12.5				7.7
39.1	42.5	41.3	42.7	55.1	35.3	40.2
33.7	23.9	19.6	22.7	26.5	35.3	32.9
27.2	33.6	39.1	34.7	18.4	29.4	26.8
50.8	46.5	54.1	56.9	58.3	42.4	50.9
8.2	7.0	5.4	10.3	8.3	6.1	14.5
41.0	46.5	40.5	32.8	33.3	51.5	34.5

6-7 续表 2

指　　标	合　计	交通运输、仓储和邮政业	信息传输、软件和信息技术服务业	房地产业
企业本期营业成本比上期				
下降	10.6	5.8	14.8	11.2
持平	24.8	30.1	14.8	27.1
上升	64.7	64.1	70.5	61.7
其中：企业成本变动的主要影响因素				
原材料价格	25.9	27.5	26.9	6.4
劳动力成本	60.1	58.7	59.6	82.1
融资成本	5.9	9.2	9.6	3.8
研发与宣传	3.5	0.9	3.8	2.6
其他	4.6	3.7		5.1
企业本期收益比上期				
盈利增加	24.6	21.2	32.8	15.9
盈利减少	28.1	29.5	29.5	23.4
亏损增加	24.8	26.3	21.3	40.2
亏损减少	10.7	10.9	8.2	12.1
其他	11.8	12.2	8.2	8.4
其中：盈利变动的主要影响因素				
业务量	43.9	44.5	51.8	27.6
成本费用	42.9	39.4	37.5	55.1
税费	1.1	2.2	1.8	2.0
其他	12.1	13.9	8.9	15.3
企业本期对劳动力的需求比上期				
增加	37.0	31.4	57.4	43.9
持平	49.6	51.3	32.8	43.9
减少	13.3	17.3	9.8	12.1
劳动力需求变动的主要影响因素				
经济效益	24.1	28.9	19.5	11.7
订单变动	17.9	17.1	34.1	5.0
劳动力成本	32.0	32.9	26.8	51.7
其他	26.0	21.1	19.5	31.7

单位：%

租赁和商务服务业	科学研究和技术服务业	水利、环境和公共设施管理业	居民服务、修理和其他服务业	教育	卫生和社会工作	文化、体育和娱乐业
12.0	15.9	10.9	13.3	2.0	5.9	12.2
31.5	23.9	19.6	14.7	18.4	23.5	29.3
56.5	60.2	69.6	72.0	79.6	70.6	58.5
33.3	24.4	18.9	34.4	37.5	28.2	27.6
57.1	54.7	62.2	53.1	57.5	56.4	55.2
3.2	9.3	5.4	4.7	2.5		5.2
1.6	5.8	2.7	3.1	2.5	7.7	6.9
4.8	5.8	10.8	4.7		7.7	5.2
25.0	29.2	21.7	28.0	28.6	23.5	26.8
28.3	31.0	21.7	32.0	20.4	29.4	30.5
17.4	23.9	32.6	21.3	22.4	19.6	17.1
13.0	6.2	15.2	6.7	6.1	9.8	18.3
16.3	9.7	8.7	12.0	22.4	17.6	7.3
44.2	46.1	45.2	47.0	50.0	45.2	47.4
40.3	42.2	40.5	43.9	39.5	47.6	40.8
1.3	1.0					
14.3	10.8	14.3	9.1	10.5	7.1	11.8
22.8	34.5	45.7	32.0	46.9	41.2	34.1
62.0	46.9	30.4	56.0	51.0	54.9	57.3
15.2	18.6	23.9	12.0	2.0	3.9	8.5
25.7	25.0	21.9	21.2	12.5	43.5	37.1
22.9	26.7	25.0	12.1	12.5	4.3	14.3
14.3	25.0	28.1	39.4	29.2	30.4	31.4
37.1	23.3	25.0	27.3	45.8	21.7	17.1

6-7 续表3

指 标	合 计	交通运输、仓储和邮政业	信息传输、软件和信息技术服务业	房地产业
企业本期综合经营状况				
良好	15.9	10.3	27.9	9.3
一般	57.8	62.8	52.5	59.8
不佳	26.3	26.9	19.7	30.8
企业经营处于				
创业阶段	16.7	13.5	13.1	12.1
发展阶段	67.1	71.2	77.0	66.4
成熟阶段	16.2	15.4	9.8	21.5
企业当前面临的突出问题				
招工难	36.2	25.6	50.8	40.2
融资难	16.1	18.6	16.4	7.5
用工成本上升快	69.6	72.4	70.5	79.4
原材料成本上升快	32.7	30.1	34.4	18.7
资金紧张	36.1	34.6	45.9	33.6
市场需求不足	29.9	33.3	26.2	23.4
其他	3.4	3.2	1.6	5.6
企业对政府有关部门有何要求与建议				
加大政策扶持及落实力度	70.6	68.6	75.4	72.0
减免税费	60.8	56.4	73.8	67.3
创新融资产品，扩宽融资渠道	10.6	9.6	11.5	2.8
专业人才引进和培训	14.8	9.0	21.3	7.5
加强引导和市场开拓	33.3	37.2	31.1	28.0
规范和指导企业管理	20.7	23.1	6.6	29.0
进一步加大公共服务力度	22.6	19.9	24.6	25.2
其他	1.1	1.3		0.9

单位：%

租赁和商务服务业	科学研究和技术服务业	水利、环境和公共设施管理业	居民服务、修理和其他服务业	教育	卫生和社会工作	文化、体育和娱乐业
23.9	19.5	10.9	12.0	22.4	13.7	15.9
56.5	56.6	45.7	65.3	59.2	60.8	50.0
19.6	23.9	43.5	22.7	18.4	25.5	34.1
20.7	23.0	21.7	14.7	12.2	11.8	23.2
59.8	58.4	63.0	66.7	71.4	76.5	67.1
19.6	18.6	15.2	18.7	16.3	11.8	9.8
25.0	29.2	23.9	44.0	34.7	52.9	52.4
18.5	22.1	13.0	12.0	10.2	15.7	20.7
60.9	63.7	60.9	72.0	77.6	72.5	64.6
35.9	31.0	43.5	48.0	44.9	29.4	28.0
42.4	34.5	54.3	36.0	22.4	27.5	32.9
37.0	38.9	17.4	28.0	22.4	13.7	37.8
4.3	2.7	8.7	1.3		2.0	3.7
69.6	61.9	82.6	69.3	77.6	80.4	65.9
50.0	54.9	67.4	66.7	61.2	56.9	64.6
13.0	18.6	15.2	10.7	2.0	9.8	11.0
12.0	14.2	19.6	25.3	14.3	31.4	12.2
38.0	42.5	23.9	29.3	30.6	17.6	36.6
25.0	26.5	19.6	10.7	28.6	11.8	13.4
21.7	22.1	10.9	25.3	20.4	23.5	29.3
1.1		4.3	1.3			2.4

6-8 规模以下服务业样本企业发展状况（2013 年）

指　　标	合　　计	交通运输、仓储和邮政业	信息传输、软件和信息技术服务业	房地产业
企业执行何种税收种类				
增值税	40.5	57.6	68.1	25.0
营业税	53.5	40.3	29.8	75.0
免　税	6.0	2.2	2.1	
有关部门对企业的收费比上期				
增加	16.6	15.1	14.9	17.4
持平	59.2	61.9	55.3	59.8
减少	10.9	12.9	12.8	10.9
无收费情况	13.3	10.1	17.0	12.0
企业本期流动资金比上期				
充足	9.4	6.5	12.8	12.0
一般	57.6	59.0	61.7	62.0
紧张	33.1	34.5	25.5	26.1
企业本期融资				
容易	1.0	2.2	2.1	
一般	16.9	16.5	23.4	15.2
困难	23.4	22.3	19.1	14.1
无融资需求	58.8	59.0	55.3	70.7
企业获取资金主要来源				
银行贷款	8.3	12.2	14.9	1.1
民间借贷	12.2	13.7	4.3	4.3
专项资金	3.8	2.2	8.5	
其他	75.6	71.9	72.3	94.6

注：1. 除企业当前面临的突出问题和企业对政府有关部门有何要求与建议为多项选择外，其余均为单项选择。
2. 房地产业只包括物业管理和房地产中介服务 2 个行业中类。

单位：%

租赁和商务服务业	科学研究和技术服务业	水利、环境和公共设施管理业	居民服务、修理和其他服务业	教育	卫生和社会工作	文化、体育和娱乐业
48.2	50.5	8.1	67.2	2.2	8.3	25.6
51.8	47.4	78.4	25.4	88.9	45.8	71.8
	2.1	13.5	7.5	8.9	45.8	2.6
21.2	11.3	24.3	20.9	15.6	8.3	19.2
56.5	62.9	45.9	53.7	64.4	72.9	53.8
8.2	10.3	5.4	13.4	4.4	4.2	17.9
14.1	15.5	24.3	11.9	15.6	14.6	9.0
10.6	9.3	2.7	10.4	8.9	6.3	12.8
56.5	55.7	48.6	53.7	62.2	66.7	50.0
32.9	35.1	48.6	35.8	28.9	27.1	37.2
1.2				4.4		
21.2	16.5	21.6	16.4	22.2	6.3	12.8
23.5	32.0	29.7	29.9	13.3	22.9	25.6
54.1	51.5	48.6	53.7	60.0	70.8	61.5
8.2	10.3		10.4	4.4	6.3	9.0
17.6	15.5	13.5	16.4	8.9	10.4	12.8
2.4	3.1	13.5	1.5		4.2	10.3
71.8	71.1	73.0	71.6	86.7	79.2	67.9

6-8 续表 1

指 标	合 计	交通运输、仓储和邮政业	信息传输、软件和信息技术服务业	房地产业
企业本期科研经费投入比上期				
增加	3.5	0.7	12.8	1.1
持平	9.1	8.6	17.0	6.5
减少	1.9	1.4	4.3	2.2
没有	85.4	89.2	66.0	90.2
企业信息化建设主要目的				
信息发布	12.1	7.2	23.4	8.7
网上销售	2.9	4.3	2.1	2.2
其他	19.9	16.5	38.3	19.6
没有	65.2	71.9	36.2	69.6
企业获取新技术等科技成果的途径				
联合开发	2.9		14.9	3.3
技术成果转让	1.4			2.2
其他	13.6	5.0	27.7	6.5
没有	82.2	95.0	57.4	88.0
企业本期应收未收款比上期				
增加	24.8	28.8	34.0	29.3
持平	28.4	27.3	34.0	28.3
减少	23.1	21.6	27.7	22.8
没有	23.7	22.3	4.3	19.6
其中：应收未收款增加的主要影响因素				
欠款方资金紧张	52.2	62.5	31.3	25.9
欠款方故意拖欠	7.7			25.9
其他	40.1	37.5	68.8	48.1
企业本期销售(服务收费)价格比上期				
增加	21.2	18.7	21.3	19.6
持平	60.7	59.0	63.8	69.6
减少	18.1	22.3	14.9	10.9
其中：销售(服务收费)价格增加的主要影响因素				
原材料价格	17.3	3.8	20.0	11.1
劳动力成本	48.7	46.2	40.0	61.1
费用支出	14.1	15.4	20.0	11.1
市场竞争	7.7	19.2		5.6
其他	12.2	15.4	20.0	11.1

单位：%

租赁和商务服务业	科学研究和技术服务业	水利、环境和公共设施管理业	居民服务、修理和其他服务业	教育	卫生和社会工作	文化、体育和娱乐业
2.4	8.2	5.4	1.5	6.7		2.6
7.1	12.4	16.2	6.0	8.9	8.3	6.4
1.2	4.1			2.2	4.2	
89.4	75.3	78.4	92.5	82.2	87.5	91.0
15.3	11.3	18.9	7.5	11.1	12.5	16.7
1.2	2.1		1.5		4.2	7.7
15.3	21.6	18.9	19.4	15.6	18.8	21.8
68.2	64.9	62.2	71.6	73.3	64.6	53.8
2.4	5.2	5.4	1.5			1.3
	4.1		1.5			3.8
15.3	22.7	8.1	20.9	13.3	10.4	14.1
82.4	68.0	86.5	76.1	86.7	89.6	80.8
29.4	25.8	29.7	29.9	6.7	14.6	10.3
25.9	25.8	27.0	26.9	17.8	39.6	34.6
23.5	27.8	29.7	23.9	28.9	12.5	16.7
21.2	20.6	13.5	19.4	46.7	33.3	38.5
72.0	68.0	63.6	55.0	33.3	14.3	37.5
8.0	4.0	9.1	10.0			12.5
20.0	28.0	27.3	35.0	66.7	85.7	50.0
18.8	18.6	27.0	25.4	28.9	18.8	24.4
60.0	63.9	51.4	55.2	55.6	72.9	52.6
21.2	17.5	21.6	19.4	15.6	8.3	23.1
25.0	27.8	30.0	23.5	7.7	22.2	15.8
56.3	38.9	70.0	52.9	53.8	66.7	21.1
6.3	16.7		5.9	23.1	11.1	26.3
6.3			5.9			21.1
6.2	16.7		11.8	15.4		15.8

6-8 续表 2

指 标	合 计	交通运输、仓储和邮政业	信息传输、软件和信息技术服务业	房地产业
企业本期营业收入比上期				
增加	45.4	43.2	59.6	56.5
持平	18.2	18.0	12.8	17.4
减少	36.3	38.8	27.7	26.1
其中：营业收入变动的主要影响因素				
市场需求	47.1	50.0	53.7	39.5
产品价格	8.5	3.5	7.3	7.9
其他	44.4	46.5	39.0	52.6
企业本期营业成本比上期				
上升	56.1	48.9	74.5	63.0
持平	27.5	28.8	14.9	22.8
下降	16.5	22.3	10.6	14.1
其中：企业单位成本上升的主要影响因素				
原材料价格	19.9	8.8	22.9	5.2
劳动力成本	58.7	63.2	34.3	81.0
融资成本	2.4	1.5	5.7	1.7
研发与宣传	0.7		2.9	
其他	18.2	26.5	34.3	12.1
企业本期收益比上期				
盈利增加(亏损减少)	29.7	38.8	40.4	22.8
盈利减少(亏损增加)	39.2	33.1	31.9	45.7
由盈转亏	6.9	7.2	4.3	4.3
扭亏为盈	7.8	5.8	12.8	12.0
盈亏不变	16.5	15.1	10.6	15.2
其中：盈利变动的主要影响因素				
业务量	49.7	56.8	61.9	39.7
成本费用	3.6	6.8	2.4	5.1
税费	32.1	22.0	19.0	41.0
其他	14.7	14.4	16.7	14.1
企业本期对劳动力的需求比上期				
增加	31.6	25.2	42.6	40.2
持平	51.7	54.0	40.4	46.7
减少	16.7	20.9	17.0	13.0

单位：%

租赁和商务服务业	科学研究和技术服务业	水利、环境和公共设施管理业	居民服务、修理和其他服务业	教育	卫生和社会工作	文化、体育和娱乐业
44.7	39.2	45.9	38.8	44.4	52.1	38.5
23.5	21.6	8.1	17.9	15.6	18.8	19.2
31.8	39.2	45.9	43.3	40.0	29.2	42.3
40.0	57.9	35.3	49.1	52.6	41.0	46.0
10.8	6.6	5.9	14.5	10.5	15.4	9.5
49.2	35.5	58.8	36.4	36.8	43.6	44.4
58.8	43.3	59.5	62.7	53.3	62.5	52.6
29.4	34.0	18.9	23.9	28.9	31.3	32.1
11.8	22.7	21.6	13.4	17.8	6.3	15.4
26.0	19.0	31.8	42.9	8.3	23.3	24.4
58.0	61.9	50.0	54.8	66.7	46.7	51.2
2.0		4.5		4.2	6.7	2.4
2.0					3.3	
12.0	19.0	13.6	2.4	20.8	20.0	22.0
24.7	27.8	32.4	34.3	31.1	14.6	25.6
40.0	41.2	29.7	37.3	40.0	54.2	39.7
10.6	6.2	8.1	11.9	11.1	2.1	3.8
4.7	6.2	8.1	4.5	4.4	16.7	7.7
20.0	18.6	21.6	11.9	13.3	12.5	23.1
47.1	57.0	27.6	52.5	53.8	47.6	40.0
2.9	1.3		1.7	2.6		6.7
35.3	30.4	51.7	32.2	28.2	38.1	36.7
14.7	11.4	20.7	13.6	15.4	14.3	16.7
29.4	27.8	40.5	31.3	35.6	35.4	24.4
57.6	52.6	45.9	49.3	55.6	56.3	52.6
12.9	19.6	13.5	19.4	8.9	8.3	23.1

6-8 续表 3

指　　标	合　计	交通运输、仓储和邮政业	信息传输、软件和信息技术服务业
劳动力需求变动的主要影响因素			
经济效益	26.2	17.2	35.7
订单变动	13.5	15.6	32.1
劳动力成本	35.2	29.7	21.4
其他	25.1	37.5	10.7
企业本期综合经营状况			
良好	18.8	20.1	36.2
一般	53.2	54.0	51.1
不佳	28.0	25.9	12.8
企业经营处于			
创业阶段	11.8	10.1	6.4
发展阶段	67.3	67.6	76.6
成熟阶段	20.8	22.3	17.0
企业当前面临的突出问题			
招工难	31.2	23.0	40.4
融资难	13.6	18.7	10.6
用工成本上升快	64.8	61.2	59.6
原材料成本上升快	28.4	21.6	31.9
资金紧张	33.1	37.4	36.2
市场需求不足	33.6	34.5	36.2
其他	4.9	5.0	4.3
企业对政府有关部门有何要求与建议			
加大政策扶持及落实力度	61.4	62.6	61.7
减免税费	52.0	48.9	59.6
创新融资产品，扩宽融资渠道	7.5	7.2	8.5
专业人才引进和培训	15.0	5.8	21.3
加强引导和市场开拓	26.7	30.2	38.3
加强行业监管，营造公平竞争的市场环境	21.0	25.2	17.0
进一步加大公共服务力度	19.6	19.4	21.3
规范和指导企业管理	15.2	17.3	14.9
转变部门工作作风，简化办事程序	20.8	20.9	25.5
其他	2.3	0.7	2.1

单位：%

房地产业	租赁和商务服务业	科学研究和技术服务业	水利、环境和公共设施管理业	居民服务、修理和其他服务业
12.2	27.8	37.0	20.0	29.4
10.2	16.7	15.2	20.0	11.8
55.1	36.1	28.3	35.0	47.1
22.4	19.4	19.6	25.0	11.8
19.6	17.6	14.4	8.1	13.4
56.5	50.6	60.8	51.4	49.3
23.9	31.8	24.7	40.5	37.3
8.7	11.8	16.5	24.3	10.4
59.8	68.2	64.9	67.6	61.2
31.5	20.0	18.6	8.1	28.4
38.0	20.0	27.8	21.6	40.3
5.4	14.1	21.6	16.2	9.0
80.4	56.5	58.8	54.1	79.1
19.6	29.4	26.8	32.4	52.2
25.0	29.4	41.2	54.1	31.3
20.7	44.7	41.2	27.0	23.9
5.4	7.1	3.1	5.4	1.5
60.9	57.6	54.6	75.7	61.2
52.2	51.8	48.5	56.8	52.2
4.3	4.7	14.4	10.8	7.5
15.2	9.4	22.7	16.2	17.9
23.9	29.4	29.9	21.6	20.9
13.0	21.2	17.5	13.5	26.9
25.0	20.0	17.5	18.9	16.4
19.6	16.5	17.5	2.7	11.9
19.6	23.5	22.7	21.6	14.9
3.3	1.2	3.1	2.7	4.5

6-8 续表 4

单位：%

指　　标	教　育	卫生和社会工作	文化、体育和娱乐业
劳动力需求变动的主要影响因素			
经济效益	40.0	47.6	18.9
订单变动	5.0		5.4
劳动力成本	10.0	19.0	48.6
其他	45.0	33.3	27.0
企业本期综合经营状况			
良好	22.2	16.7	20.5
一般	46.7	62.5	44.9
不佳	31.1	20.8	34.6
企业经营处于			
创业阶段	8.9	8.3	15.4
发展阶段	71.1	70.8	73.1
成熟阶段	20.0	20.8	11.5
企业当前面临的突出问题			
招工难	28.9	50.0	34.6
融资难	4.4	18.8	10.3
用工成本上升快	66.7	64.6	64.1
原材料成本上升快	37.8	31.3	20.5
资金紧张	28.9	16.7	30.8
市场需求不足	35.6	27.1	38.5
其他	2.2	6.3	7.7
企业对政府有关部门有何要求与建议			
加大政策扶持及落实力度	71.1	68.8	55.1
减免税费	37.8	50.0	64.1
创新融资产品,扩宽融资渠道	4.4	8.3	5.1
专业人才引进和培训	8.9	29.2	15.4
加强引导和市场开拓	26.7	10.4	26.9
加强行业监管，营造公平竞争的市场环境	35.6	16.7	21.8
进一步加大公共服务力度	20.0	25.0	14.1
规范和指导企业管理	17.8	10.4	12.8
转变部门工作作风，简化办事程序	17.8	25.0	17.9
其他	2.2	4.2	1.3

第七篇

其他专项调查

7-1　主要农产品中间消耗（2010 年）

指　　标	小　麦（元/亩）	玉　米（元/亩）	油　料（元/亩）	棉　花（元/亩）	甜　菜（元/亩）
平均每单位中间消耗	360.38	476.30	326.04	1010.22	714.35
物质消耗	260.87	235.57	213.29	576.75	412.99
用种量	75.69	46.54	73.31	35.63	101.41
饲料、饲草	1.14	2.96		0.18	
肥料	144.26	137.27	119.17	155.02	244.03
燃料	2.04	0.79	0.07	3.82	0.15
农膜（棚膜、地膜）	0.23	11.44	0.69	52.10	50.52
农药	8.96	15.73	14.46	255.90	15.43
畜牧水产养殖用药					
水费	19.09	14.80	5.53	73.59	1.45
用电量	9.15	0.09	0.05	0.11	
棚架材料费					
小农具购置费	0.26	0.23	0.01	0.22	
办公用品购置		0.08			
其它物质消耗	0.05	5.65		0.18	
生产服务支出	99.51	240.73	112.75	433.47	301.36
修理费	0.20	0.52	0.04	0.15	0.15
外雇运输费	9.65	0.85	4.40	37.25	181.64
生产性邮电费	0.01				
外雇排灌费	19.41	31.32	35.52	0.02	38.45
外雇机械作业费	56.79	121.56	44.85	62.10	46.88
配种费					
防疫费					
技术咨询费	0.02				
上交管理费	8.90	20.53	26.90	323.82	27.88
保险费	0.04	0.01		6.95	
广告费					
职工教育费					
差旅费	0.42				
会议费					
其它劳务费	4.08	65.95	1.04	3.16	6.35

7-1 续表

指　　标	蔬　菜（元/亩）	水　果（元/亩）	猪（元/头）	肉　牛（元/头）	绵　羊（元/只）
平均每单位中间消耗	590.35	351.09	800.69	1707.86	214.97
物质消耗	494.78	325.27	786.39	1564.72	204.41
用种量	132.73	0.79	113.36	152.92	0.45
饲料、饲草			668.05	1369.20	198.09
肥料	218.43	164.73			
燃料	14.32	0.66	0.56	4.86	1.23
农膜（棚膜、地膜）	49.75	1.23			
农药	9.32	30.96			
畜牧水产养殖用药			3.76	23.22	3.75
水费	67.60	50.48		0.26	0.03
用电量	1.77	28.91	0.66	0.30	0.01
棚架材料费	0.76	42.95			
小农具购置费	0.05				
办公用品购置					
其它物质消耗	0.04	4.55		13.97	0.84
生产服务支出	95.57	25.82	14.30	143.13	10.56
修理费	9.64	0.38	0.30	1.16	1.23
外雇运输费	9.55			5.31	0.62
生产性邮电费					
外雇排灌费	3.22	0.14			
外雇机械作业费	49.61	4.00			
配种费				67.05	0.23
防疫费			5.81	20.31	4.28
技术咨询费				0.01	
上交管理费	11.21	7.44	0.25		
保险费	0.01				
广告费					
职工教育费			0.38		
差旅费			0.36		
会议费	3.46				
其它劳务费	8.88	13.85	7.20	49.30	4.20

7-2 主要农产品中间消耗（2011年）

指 标	小 麦（元/亩）	玉 米（元/亩）	油 料（元/亩）	棉 花（元/亩）	甜 菜（元/亩）
平均每单位中间消耗	**429.86**	**524.10**	**401.49**	**1117.26**	**943.75**
物质消耗	278.43	340.22	232.02	486.17	434.00
用种量	83.69	80.79	76.79	50.62	119.23
饲料、饲草	0.07	0.10		0.01	
肥料	154.85	186.68	130.17	221.61	237.50
燃料	2.19	1.31	0.36	14.06	0.39
农膜（棚膜、地膜）	0.09	40.17	1.08	46.85	46.48
农药	10.22	17.71	19.64	50.30	10.05
畜牧水产养殖用药					
水费	22.06	11.60	0.80	94.59	1.38
用电量	4.95	1.40	2.36	5.08	18.44
棚架材料费				0.03	
小农具购置费	0.19	0.04		0.64	
办公用品购置	0.01	0.01			
其它物质消耗	0.11	0.41	0.82	2.38	0.53
生产服务支出	151.43	183.88	169.47	631.09	509.75
修理费	0.07	0.08		1.74	1.20
外雇运输费	8.69	0.32	5.38	0.71	172.23
生产性邮电费	3.18			0.01	
外雇排灌费	35.91	34.62	56.92	0.14	44.37
外雇机械作业费	73.17	127.67	81.98	36.74	108.05
配种费					
防疫费					
技术咨询费			11.77		
上交管理费	22.51	20.58	9.23	134.85	19.19
保险费	0.02			3.78	
广告费					
职工教育费					
差旅费					
会议费					
其它劳务费	7.88	0.61	4.19	453.12	164.71

7-2 续表

指　标	蔬　菜（元/亩）	水　果（元/亩）	猪（元/头）	肉　牛（元/头）	绵　羊（元/只）
平均每单位中间消耗	**745.99**	**815.67**	**1286.13**	**2527.31**	**399.49**
物质消耗	523.25	584.06	1268.90	2465.96	391.67
用种量	153.13	2.40	92.52	939.50	17.35
饲料、饲草		6.40	1151.33	1509.47	368.21
肥料	203.47	237.36			
燃料	12.48	3.03	10.21	0.30	0.17
农膜（棚膜、地膜）	55.32	0.14			
农药	2.99	43.72			
畜牧水产养殖用药			9.09	9.33	5.62
水费	78.70	111.21	1.65	0.82	0.05
用电量			2.00	3.87	0.08
棚架材料费					
小农具购置费		1.07	1.92	0.41	0.02
办公用品购置			0.07		
其它物质消耗	17.16	178.73	0.11	2.26	0.17
生产服务支出	222.74	231.61	17.23	61.35	7.82
修理费	0.32	2.33		6.63	0.04
外雇运输费	34.92		0.02	4.91	0.82
生产性邮电费			0.21		
外雇排灌费	8.90	15.37			
外雇机械作业费	56.63	52.02			
配种费			1.26	30.37	0.03
防疫费			8.06	9.33	5.79
技术咨询费					
上交管理费			1.73	0.19	
保险费					
广告费					
职工教育费			0.13		
差旅费					
会议费				0.10	
其它劳务费	121.97	161.89	5.82	9.82	1.14

7-3　主要农产品中间消耗（2012年）

指　标	小　麦（元/亩）	玉　米（元/亩）	油菜籽（元/亩）	向日葵（元/亩）	棉　花（元/亩）	甜　菜（元/亩）
平均每单位中间消耗	415.62	388.63	430.72	362.68	658.30	777.82
物质消耗	298.96	292.77	242.74	206.33	470.91	365.15
用种量	71.95	52.41	31.09	54.14	50.94	72.44
饲料、饲草						
肥料	182.70	171.57	166.02	116.16	248.45	208.40
燃料	4.84	7.38	23.54	0.56	11.49	5.22
农膜（棚膜、地膜）	1.46	23.13	10.35		47.12	23.08
农药	4.88	5.74	6.54	16.03	37.86	19.21
畜牧水产养殖用药						
水费	29.49	26.80		6.42	62.65	14.99
用电量	1.03	2.33		8.75	1.45	12.67
棚架材料费						
小农具购置费	1.97	0.91			2.01	
办公用品购置		0.04				
其它物质消耗	0.63	2.46	5.21	4.27	8.95	9.14
生产服务支出	116.66	95.86	187.98	156.35	187.39	412.68
修理费	0.06	0.87			2.77	8.64
外雇运输费	6.41	4.97	40.44	0.33	8.37	164.47
生产性邮电费					0.07	
外雇排灌费	15.27	18.62	40.58	45.78	16.62	38.43
外雇机械作业费	87.18	64.19	79.43	95.92	52.30	72.56
配种费						
防疫费						
技术咨询费		0.26				
上交管理费	0.79	2.13		3.37	6.45	4.25
保险费	0.84	0.21	1.75		1.72	
广告费						
职工教育费						
差旅费					0.25	
会议费						
其它劳务费	6.11	4.61	25.79	8.41	98.84	124.33

7-3 续表

指　标	西红柿（元/亩）	葡萄（元/亩）	杏（元/亩）	核桃（元/亩）	牛（元/头）	绵羊（元/只）
平均每单位中间消耗	1101.25	700.34	86.62	231.92	2952.53	388.70
物质消耗	851.49	509.44	81.73	173.11	2902.05	380.32
用种量	266.51			31.54	1396.57	104.58
饲料、饲草					1441.51	265.57
肥料	299.56	343.18	52.06	133.86		
燃料	13.47	5.11		2.23	17.11	3.20
农膜（棚膜、地膜）	196.34	2.33				
农药	36.34	37.39	8.15	2.13		
畜牧水产养殖用药					24.20	4.09
水费	32.26	87.62	21.53	2.79	0.94	1.00
用电量	1.33				4.73	0.35
棚架材料费						
小农具购置费	0.35	0.69		0.33	0.32	0.05
办公用品购置						
其它物质消耗	5.32	33.11		3.55	16.69	1.49
生产服务支出	249.76	190.91	4.89	58.82	50.48	8.38
修理费	1.79	1.70				
外雇运输费	116.33	12.77			11.25	1.02
生产性邮电费						
外雇排灌费	59.01	48.78	4.89	10.92		
外雇机械作业费	51.07			16.40		
配种费					13.11	1.12
防疫费					5.04	2.53
技术咨询费						
上交管理费						
保险费	1.45					
广告费						
职工教育费						
差旅费						
会议费						
其它劳务费	20.12	127.66		31.50	21.08	3.71

7-4　主要农产品中间消耗（2013 年）

指　　标	小　麦 （元/亩）	玉　米 （元/亩）	棉　花 （元/亩）	甜　菜 （元/亩）
平均每单位中间消耗	**365.18**	**429.65**	**578.63**	**866.28**
物质消耗	253.74	280.84	450.37	492.29
用种量	79.37	65.72	49.56	94.86
饲料、饲草	0.00	0.00	0.00	0.00
肥料	128.09	159.42	214.95	304.66
燃料	1.26	1.33	7.84	14.44
农膜（棚膜、地膜）	0.00	24.38	49.40	18.70
农药	8.69	7.92	48.78	15.83
畜牧水产养殖用药	0.00	0.00	0.00	0.00
水费	30.00	9.08	61.84	12.35
用电量	6.32	7.67	2.20	15.16
棚架材料费	0.00	0.00	0.15	0.00
小农具购置费	0.00	0.00	1.46	0.00
办公用品购置	0.00	0.00	0.00	0.00
其它物质消耗	0.00	5.33	14.20	16.30
生产服务支出	111.44	148.81	128.25	373.99
修理费	0.00	0.22	4.09	1.81
外雇运输费	4.77	11.96	2.59	172.80
生产性邮电费	0.00	0.00	0.00	0.00
外雇排灌费	14.92	38.99	19.80	46.83
外雇机械作业费	90.16	95.76	73.76	152.56
配种费	0.00	0.00	0.00	0.00
防疫费	0.00	0.00	0.00	0.00
技术咨询费	0.00	0.00	0.15	0.00
上交管理费	0.00	1.71	4.34	0.00
保险费	1.13	0.17	4.27	0.00
广告费	0.00	0.00	0.14	0.00
职工教育费	0.00	0.00	0.00	0.00
差旅费	0.00	0.00	0.00	0.00
会议费	0.00	0.00	0.00	0.00
其它劳务费	0.46	0.00	19.12	0.00

7-4 续表

指　　标	西红柿（元/亩）	核　桃（元/亩）	牛（元/头）	绵　羊（元/只）
平均每单位中间消耗	**750.18**	**525.22**	**4824.77**	**487.56**
物质消耗	524.98	500.72	4778.04	482.22
用种量	130.52	85.65	2740.89	138.67
饲料、饲草	0.00	0.00	2009.15	330.73
肥料	244.38	348.31	0.00	0.00
燃料	13.69	0.00	11.49	7.52
农膜（棚膜、地膜）	39.87	0.00	0.00	0.00
农药	21.97	32.27	0.00	0.00
畜牧水产养殖用药	0.00	0.00	12.95	3.18
水费	56.39	34.49	0.16	0.92
用电量	3.33	0.00	2.03	1.21
棚架材料费	0.00	0.00	0.00	0.00
小农具购置费	0.00	0.00	0.93	0.00
办公用品购置	0.00	0.00	0.00	0.00
其它物质消耗	14.82	0.00	0.44	0.00
生产服务支出	225.20	24.50	46.73	5.34
修理费	1.31	0.00	0.43	0.75
外雇运输费	92.09	0.73	10.79	0.18
生产性邮电费	0.00	0.00	0.00	0.00
外雇排灌费	15.33	3.58	0.00	0.00
外雇机械作业费	98.10	12.82	0.00	0.00
配种费	0.00	0.00	15.74	3.39
防疫费	0.00	0.00	6.52	0.76
技术咨询费	0.00	7.08	0.95	0.02
上交管理费	7.00	0.29	0.00	0.00
保险费	1.33	0.00	2.00	0.00
广告费	0.00	0.00	0.00	0.00
职工教育费	0.00	0.00	0.00	0.00
差旅费	0.00	0.00	0.00	0.00
会议费	0.00	0.00	0.00	0.00
其它劳务费	10.03	0.00	10.31	0.24

7-5　小麦、玉米种植抽样调查基本情况（2010 年）

指　　标	小　　麦			玉　　米		
	全 疆	北 疆	南 疆	全 疆	北 疆	南 疆
实测地块总数（块）	1512	450	1062	1422	396	1026
地块丈量面积（公顷）	1039	658	381	784	456	328
亩化肥使用量（千克）	49	36	54	43	41	44
亩农家肥使用量(100 千克）	13.37	4.14	17.28	11.96	7.31	13.76
土地状况（%）						
1、水田	7.1	18.7	2.3	6.4	21.2	0.6
2、水浇地	80.6	77.3	81.9	86.9	72.7	92.4
3、其它	12.3	4.0	15.8	6.7	6.1	7.0
灌溉水源（%）						
1、井水	6.5	13.3	3.7	5.1	12.1	2.3
2、库水	12.4	14.7	11.4	12.2	15.2	11.1
3、其它	81.1	72.0	84.9	82.7	72.7	86.6
灌溉方式（%）						
1、喷灌						
2、滴灌	0.4	1.3		1.6	4.5	0.5
3、其它	99.6	98.7	100.0	98.4	95.5	99.5
灾种（%）						
1、水灾						
2、旱灾	4.0	8.0	2.3	9.6	5.8	11.1
3、雹灾	2.4	1.3	2.8	0.4	1.5	
4、霜冻	2.6	8.7				
5、其它	30.2	54.7	19.8	41.6	58.6	35.1
机耕率	100.0	100.0	100.0	86.5	100.0	81.3
机播率	100.0	100.0	100.0	74.5	99.8	64.7
机收率	52.6	94.0	35.0	18.3	36.1	11.4

7-6 小麦、玉米种植抽样调查基本情况（2011 年）

指　标	小　麦			玉　米		
	全 疆	北 疆	南 疆	全 疆	北 疆	南 疆
实测地块总数（块）	171	54	117	162	72	90
地块丈量面积（公顷）	513	162	351	495	225	270
亩化肥使用量（千克）	48	38	52	43	47	40
亩农家肥使用量(100 千克)	14.90	3.94	16.49	13.74	12.79	15.50
土地状况（%）						
1、水田				1.9		3.3
2、水浇地	89.3	100.0	54.6	90.7	100.0	83.3
3、其它	10.7		15.4	7.4		13.3
灌溉水源（%）						
1、井水	16.1	33.3	7.7	5.6	12.5	
2、库水	21.4	33.3	18.0	14.8	16.7	13.3
3、其它	62.5	33.4	74.4	79.6	70.8	86.7
灌溉方式（%）						
1、喷灌						
2、滴灌	0.6		0.9	5.6	12.5	
3、其它	99.4	100.0	99.1	94.4	87.5	100.0
灾种（%）						
1、水灾						
2、旱灾	5.7	12.8	2.7	2.0		3.3
3、雹灾	1.9		2.7	2.0	4.7	
4、霜冻	11.4		16.2			
5、其它	12.7	23.4	8.1	25.3	51.6	6.7
机耕率	100.0	100.0	100.0	89.5	97.2	83.3
机播率	100.0	100.0	100.0	72.2	95.8	53.3
机收率	70.3	94.4	62.2	21.0	47.2	

7-7　小麦、玉米种植抽样调查基本情况（2012 年）

指　　标	小　麦			玉　米		
	全 疆	北 疆	南 疆	全 疆	北 疆	南 疆
实测地块总数（块）	180	48	132	162	63	99
亩化肥使用量（千克）	47	41	50	44	46	42
亩农家肥使用量(100 千克）	14	15	18	15	3	22
土地状况（%）						
1、水田	1.7	6.7				
2、水浇地	79.3	93.3	74.4	95.1	95.2	95.0
3、其它	19.0		25.6	4.9	4.8	5.0
灌溉水源（%）						
1、井水	13.8	33.3	7.0	16.7	42.9	
2、库水	8.6	20.0	4.7	17.2	23.8	13.1
3、其它	77.6	46.7	88.3	66.1	33.3	86.9
灌溉方式（%）						
1、喷灌						
2、滴灌				13.0	31.8	1.0
3、其它	100.0	100.0	100.0	87.0	68.2	99.0
灾种（%）						
1、水灾	1.2	4.8				
2、旱灾	10.3	38.1	0.8	15.4	39.7	
3、雹灾	1.8		2.4			
4、霜冻	0.6		0.8			
5、其它	17.0		13.0	7.4	9.5	6.1
机耕率	98.3	100.0	97.7	77.8	100.0	63.6
机播率	99.4	100.0	99.2	63.4	100.0	39.8
机收率	57.5	100.0	42.6	30.9	79.4	…

7-8 小麦、玉米种植抽样调查基本情况（2013 年）

指　标	小　麦			玉　米		
	全 疆	北 疆	南 疆	全 疆	北 疆	南 疆
实测地块总数（块）	188	53	135	162	60	102
亩化肥使用量（千克）	49	38	54	45	43	46
亩农家肥使用量(100 千克）	13	14	18	14	3	21
土地状况（%）						
1、水田						
2、水浇地	82.2	83.8	82.0	96.1	96.0	96.3
3、其它	17.8	16.2	18.0	3.9	4.0	3.7
灌溉水源（%）						
1、井水	14.2	34.2	8.1	17.1	43.5	
2、库水	10.5	22.3	5.1	19.8	24.2	14.6
3、其它	75.3	43.5	86.8	63.1	32.3	85.4
灌溉方式（%）						
1、喷灌	-	-	-	-	-	-
2、滴灌	-	-	-	12.3	30.5	1.0
3、其它	100.0	100.0	100.0	87.7	69.5	99.0
灾种（%）						
1、水灾	1.3	5.1	-	-	-	-
2、旱灾	4.6	11.2	3.6	11.3	6.8	13.4
3、雹灾	2.1	1.5	-	1.2	1.7	-
4、霜冻	0.7	-	-	0.5	-	-
5、其它	14.0			12.0		
机耕率	99.0	100.0	99.0	89.1	100.0	77.2
机播率	100.0	100.0	100.0	77.3	100.0	46.5
机收率	63.5	100.0	44.3	36.2	83.0	0.0

7-9　主要农作物播种面积、总产量（2012年）

单位：千公顷、万吨

指　　标	播种面积	产　　量
一、粮食作物	2131.17	1273.00
其中：夏收粮食	1095.17	580.00
（一）谷物	2034.45	1234.81
稻谷	69.23	59.36
早　稻		
中稻和一季晚稻	69.23	59.36
双季晚稻		
小麦	1081.04	576.54
冬小麦	715.75	382.30
春小麦	365.29	194.24
玉米	855.72	592.11
谷子	0.13	
高粱	12.93	3.15
其他谷物	15.40	3.65
其中：大　麦	14.13	3.46
燕　麦		
荞　麦		
（二）豆类	68.75	25.02
其中：大　豆	55.23	21.55
绿　豆	1.10	
红小豆		
（三）薯类（折粮）	27.97	13.17
其中：马铃薯	26.69	12.21
二、棉花	1720.80	353.95

7-10 主要农作物播种面积、总产量（2013 年）

单位：千公顷、万吨

指　标	播种面积	产　量
一、粮食作物	2234.80	1377.00
其中：夏收粮食	1131.05	627.00
（一）谷物	2130.28	1339.71
稻谷	67.29	59.82
早　稻		
中稻和一季晚稻	67.29	59.82
双季晚稻		
小麦	1120.98	602.08
冬小麦	697.48	385.50
春小麦	423.50	216.58
玉米	920.80	669.02
谷子	0.66	
高粱	7.70	3.70
其他谷物	12.85	5.09
其中：大　麦	10.07	4.92
燕　麦		
荞　麦		
（二）豆类	73.94	21.12
其中：大　豆	59.15	18.03
绿　豆	4.44	1.29
红小豆	5.18	1.80
（三）薯类（折粮）	30.58	16.17
其中：马铃薯	29.05	15.33
二、棉花	1718.26	351.75

7-11　畜牧业生产情况

指　　标	2008	2009	2010
一、畜禽存栏			
猪（万头）	176.95	180.42	171.96
其中：能繁殖母猪（万头）	31.37	25.80	24.44
牛（万头）	335.98	330.76	330.47
羊（万只）	3025.68	3127.50	3013.37
山羊（万只）	550.87	569.41	528.73
绵羊（万只）	2474.81	2558.09	2484.64
活家禽（万只）	2927.54	2913.51	2857.86
活鸡（万只）			
二、畜禽出栏			
猪（万头）	265.52	254.23	262.72
牛（万头）	207.31	210.89	216.69
羊（万只）	2842.26	2749.30	2947.20
山羊（万只）	511.61	477.40	517.10
绵羊（万只）	2330.65	2271.90	2430.10
活家禽（万只）	4532.13	4998.00	5024.49
活鸡（万只）			
三、畜禽产品产量			
猪肉（万吨）	22.29	22.03	23.05
牛肉（万吨）	32.42	33.88	35.47
羊肉（万吨）	45.97	43.80	46.95
山羊肉（万吨）	8.28	7.00	8.24
绵羊肉（万吨）	37.69	36.80	38.71
禽肉（万吨）	7.50	8.13	8.29
鸡肉（万吨）			
禽蛋（万吨）	24.89	23.20	24.35
鸡蛋（万吨）			
生牛奶（万吨）	137.36	120.88	128.60

7-11 续表

指　　标	2011	2012	2013
一、畜禽存栏			
猪（万头）	254.00	265.43	274.72
其中：能繁殖母猪（万头）	31.50	30.30	32.71
牛（万头）	318.20	365.93	371.14
羊（万只）	3016.41	3502.05	3663.22
山羊（万只）	489.68	525.31	525.83
绵羊（万只）	2526.73	2976.74	3137.39
活家禽（万只）	2964.56	3527.83	3869.04
活鸡（万只）		3334.10	3746.77
二、畜禽出栏			
猪（万头）	411.94	427.60	439.57
牛（万头）	203.87	222.26	230.26
羊（万只）	2913.83	3001.24	3107.49
山羊（万只）	451.77	448.61	462.96
绵羊（万只）	2462.06	2552.63	2644.53
活家禽（万只）	5283.25	5758.79	6402.88
活鸡（万只）		5439.30	5939.74
三、畜禽产品产量			
猪肉（万吨）	29.80	30.15	31.33
牛肉（万吨）	33.76	36.16	37.82
羊肉（万吨）	46.44	48.01	49.71
山羊肉（万吨）	7.20	7.24	7.47
绵羊肉（万吨）	39.24	40.77	42.24
禽肉（万吨）	8.80	10.21	11.46
鸡肉（万吨）		9.50	10.37
禽蛋（万吨）	25.61	25.89	28.17
鸡蛋（万吨）		25.20	27.41
生牛奶（万吨）	130.50	132.21	135.00

第八篇

各省市区资料

8-1　全国各省市区城镇居民家庭平均每人可支配收入

单位：元

地　区	2007	2008	2009	2010	2011	2012	2013
全　国	13786	15781	17175	19109	21810	24565	26955
北　京	21989	24725	26738	29073	32903	36469	40321
天　津	16357	19423	21402	24293	26921	29626	32294
河　北	11690	13441	14718	16263	18292	20543	22580
山　西	11565	13119	13997	15648	18124	20412	22456
内蒙古	12378	14433	15849	17698	20408	23150	25497
辽　宁	12300	14393	15761	17713	20467	23223	25578
吉　林	11286	12829	14006	15411	17797	20208	22275
黑龙江	10245	11581	12566	13857	15696	17760	19597
上　海	23623	26675	28838	31838	36230	40188	43851
江　苏	16378	18680	20552	22944	26341	29677	32538
浙　江	20574	22727	24611	27359	30971	34550	37851
安　徽	11474	12990	14086	15788	18606	21024	23114
福　建	15505	17961	19577	21781	24907	28055	30816
江　西	11222	12866	14022	15481	17495	19860	21873
山　东	14265	16305	17811	19946	22792	25755	28264
河　南	11477	13231	14372	15930	18195	20443	22398
湖　北	11485	13153	14367	16058	18374	20840	22906
湖　南	12294	13821	15084	16566	18844	20319	23414
广　东	17699	19733	21575	23898	26897	30227	33090
广　西	12200	14146	15451	17064	18854	21243	23305
海　南	10997	12608	13751	15581	18369	20918	22929
重　庆	13715	15709	15749	17532	20250	22968	25216
四　川	11098	12633	13839	15461	17899	20307	22368
贵　州	10678	11759	12863	14143	16495	18701	20667
云　南	11496	13250	14424	16065	18576	21075	23236
西　藏	11131	12482	13544	14980	16196	18028	20023
陕　西	10763	12858	14129	15695	18245	20734	22858
甘　肃	10012	10969	11930	13189	14989	17157	18965
青　海	10276	11648	12692	13855	15603	17566	19499
宁　夏	10859	12932	14025	15344	17579	19831	21833
新　疆	10313	11432	12258	13644	15514	17921	19874

8-2 全国各省市区农村居民家庭平均每人纯收入

地区	2003	2004	2005	2006	2007
全国	2622	2936	3255	3587	4140
北京	6496	7172	7860	8620	9559
天津	5861	6525	7202	7942	8752
河北	2853	3171	3482	3802	4293
山西	2299	2590	2891	3181	3666
内蒙古	2268	2606	2989	3342	3953
辽宁	2934	3307	3690	4090	4773
吉林	2530	3000	3264	3641	4190
黑龙江	2509	3005	3221	3552	4132
上海	6658	7337	8342	9213	10222
江苏	4239	4754	5276	5813	6561
浙江	5431	6096	6660	7335	8265
安徽	2128	2499	2641	2969	3556
福建	3734	4089	4450	4835	5467
江西	2458	2953	3266	3585	4098
山东	3150	3507	3931	4368	4985
河南	2236	2553	2871	3261	3852
湖北	2567	2890	3099	3419	3997
湖南	2533	2838	3118	3390	3904
广东	4055	4366	4691	5080	5624
广西	2095	2305	2495	2771	3224
海南	2588	2818	3004	3256	3791
重庆	2215	2510	2809	2874	3509
四川	2230	2580	2803	3002	3547
贵州	1565	1722	1877	1985	2374
云南	1697	1864	2042	2251	2643
西藏	1691	1861	2078	2435	2788
陕西	1676	1867	2052	2260	2645
甘肃	1673	1852	1980	2134	2329
青海	1817	2005	2165	2358	2684
宁夏	2043	2320	2509	2760	3181
新疆	2106	2245	2482	2737	3183

单位：元

2008	2009	2010	2011	2012	2013
4761	5153	5919	6977	7917	8896
10662	11669	13262	14736	17804	18337
7911	8688	10075	12321	14552	15841
4795	5150	5958	7120	16476	9102
4097	4244	4736	5601	10543	7154
4656	4938	5530	6642	12202	8596
5576	5958	6908	8297	9384	10523
4933	5266	6237	7510	9447	9621
4856	5207	6211	7591	7440	9634
11440	12483	13978	16054	8604	19595
7357	8004	9118	10805	6357	13598
9258	10007	11303	13071	8081	16106
4203	4504	5285	6232	9967	8098
6196	6680	7427	8779	7829	11184
4697	5075	5789	6892	7852	8781
5641	6119	6990	8342	14026	10620
4454	4807	5524	6604	7383	8475
4656	5035	5832	6898	7525	8867
4512	4909	5622	6567	6180	8372
6400	6907	7890	9372	7001	11669
3690	3980	4543	5231	8598	6791
4390	4744	5275	6446	5763	8343
4126	4478	5277	6480	7611	8332
4121	4462	5087	6129	4753	7895
2797	3005	3472	4145	5417	5434
3103	3369	3952	4722	6008	6141
3176	3532	4139	4904	7161	6578
3136	3438	4105	5028	7408	6503
2724	2980	3425	3909	4507	5108
3061	3346	3863	4608	5364	6196
3681	4048	4675	5410	5719	6931
3503	3883	4643	5442	6394	7296

8-3 全国各省市区居民消费价格指数

地区	2003	2004	2005	2006	2007
全国	101.2	103.9	101.8	101.5	104.8
北京	100.2	101.0	101.5	100.9	102.4
天津	101.0	102.3	101.5	101.5	104.2
河北	102.2	104.3	101.8	101.7	104.7
山西	101.8	104.1	102.3	102.0	104.6
内蒙古	102.2	102.9	102.4	101.5	104.6
辽宁	101.7	103.5	101.4	101.2	105.1
吉林	101.2	104.1	101.5	101.4	104.8
黑龙江	100.9	103.8	101.2	101.9	105.4
上海	100.1	102.2	101.0	101.2	103.2
江苏	101.0	104.1	102.1	101.6	104.3
浙江	101.9	103.9	101.3	101.1	104.2
安徽	101.7	104.5	101.4	101.2	105.3
福建	100.8	104.0	102.2	100.8	105.2
江西	100.8	103.5	101.7	101.2	104.8
山东	101.1	103.6	101.7	101.0	104.4
河南	101.6	105.4	102.1	101.3	105.4
湖北	102.2	104.9	102.9	101.6	104.8
湖南	102.4	105.1	102.3	101.4	105.6
广东	100.6	103.0	102.3	101.8	103.7
广西	101.1	104.4	102.4	101.3	106.1
海南	100.1	104.4	101.5	101.5	105.0
重庆	100.6	103.7	100.8	102.4	104.7
四川	101.7	104.9	101.7	102.3	105.9
贵州	101.2	104.0	101.0	101.7	106.4
云南	101.2	106.0	101.4	101.9	105.9
西藏	100.9	102.7	101.5	102.0	103.4
陕西	101.7	103.1	101.2	101.5	105.1
甘肃	101.1	102.3	101.7	101.3	105.5
青海	102.0	103.2	100.8	101.6	106.6
宁夏	101.7	103.7	101.5	101.9	105.4
新疆	100.4	102.7	100.7	101.3	105.5

（上年价格=100）

2008	2009	2010	2011	2012	2013
105.9	99.3	103.3	105.4	102.6	102.6
105.1	98.5	102.4	105.6	103.3	103.3
105.4	99.0	103.5	104.9	102.7	103.1
106.2	99.3	103.1	105.7	102.6	103.0
107.2	99.6	103.0	105.2	102.5	103.1
105.7	99.7	103.2	105.6	103.1	103.2
104.6	100.0	103.0	105.2	102.8	102.4
105.1	100.1	103.7	105.2	102.5	102.9
105.6	100.2	103.9	105.8	103.2	102.2
105.8	99.6	103.1	105.2	102.8	102.3
105.4	99.6	103.8	105.3	102.6	102.3
105.0	98.5	103.8	105.4	102.2	102.3
106.2	99.1	103.1	105.6	102.3	102.4
104.6	98.2	103.2	105.3	102.4	102.5
106.0	99.3	103.0	105.2	102.7	102.5
105.3	100.0	102.9	105.0	102.1	102.2
107.0	99.4	103.5	105.6	102.5	102.9
106.3	99.6	102.9	105.8	102.9	102.8
106.0	99.6	103.1	105.5	102.0	102.5
105.6	97.7	103.1	105.3	102.8	102.5
107.8	97.9	103.0	105.9	103.2	102.2
106.9	99.3	104.8	106.1	103.2	102.8
105.6	98.4	103.2	105.3	102.6	102.7
105.1	100.8	103.2	105.3	102.5	102.8
107.6	98.7	102.9	105.1	102.7	102.5
105.7	100.4	103.7	104.9	102.7	103.1
105.7	101.4	102.2	105.0	103.5	103.6
106.4	100.5	104.0	105.7	102.8	103.0
108.2	101.3	104.1	105.9	102.7	103.2
110.1	102.6	105.4	106.1	103.1	103.9
108.5	100.7	104.1	106.3	102.0	103.4
108.1	100.7	104.3	105.9	103.8	103.9

8-4 全国各省市区商品零售价格指数

地 区	2003	2004	2005	2006	2007
全 国	99.9	102.8	100.8	101.0	103.8
北 京	98.2	99.2	99.7	100.2	100.8
天 津	97.4	100.8	99.9	100.4	103.2
河 北	100.2	103.2	101.1	101.5	104.1
山 西	100.3	103.1	100.3	101.2	104.2
内蒙古	99.6	102.7	101.5	101.4	103.6
辽 宁	98.9	101.9	100.1	101.3	104.4
吉 林	100.5	103.5	101.1	101.5	103.3
黑龙江	99.7	102.8	100.4	101.5	105.6
上 海	99.0	100.9	99.4	100.2	102.4
江 苏	99.8	102.2	100.3	100.8	102.9
浙 江	99.6	102.7	100.9	100.8	103.8
安 徽	101.3	102.7	100.6	100.8	104.5
福 建	99.1	102.7	100.6	100.5	104.3
江 西	100.1	103.0	100.9	101.2	104.0
山 东	100.2	102.8	100.6	100.6	103.6
河 南	101.3	105.7	101.7	100.9	104.4
湖 北	101.2	104.1	102.1	101.1	104.2
湖 南	100.6	103.9	102.3	101.3	104.3
广 东	100.0	102.9	101.8	101.5	103.4
广 西	100.2	103.9	101.1	100.3	104.8
海 南	100.4	103.4	100.9	101.3	103.8
重 庆	99.5	101.4	98.7	101.6	103.7
四 川	100.1	103.7	100.6	101.7	105.3
贵 州	100.0	103.2	101.3	100.9	104.2
云 南	99.9	104.7	100.1	100.8	104.4
西 藏	99.4	100.7	100.8	100.2	101.7
陕 西	100.5	102.5	100.1	101.8	105.0
甘 肃	100.2	102.1	99.9	101.2	104.4
青 海	100.8	102.6	100.7	102.0	106.0
宁 夏	99.5	102.8	100.4	101.3	104.1
新 疆	99.2	100.7	99.4	101.8	105.1

（上年价格=100）

2008	2009	2010	2011	2012	2013
105.9	98.8	103.1	104.9	102.0	101.4
104.4	97.8	100.4	103.2	100.6	99.8
105.1	98.9	103.4	104.7	103.0	101.7
106.7	99.0	103.1	105.0	102.2	102.2
107.2	99.1	102.3	104.9	101.8	101.8
104.7	99.5	103.0	104.9	102.5	102.6
105.3	99.8	103.2	105.0	102.2	101.6
106.2	99.3	104.1	104.9	101.7	101.6
105.8	98.9	103.1	104.5	102.2	101.1
105.3	99.4	101.7	104.1	101.2	100.2
104.9	98.9	103.2	104.6	102.1	101.4
106.3	98.8	103.9	105.5	101.9	101.0
106.3	99.0	103.2	105.3	102.1	101.3
105.7	97.9	103.4	104.8	101.8	101.1
106.1	99.1	102.7	104.8	102.1	101.5
104.9	99.4	102.7	104.7	101.6	101.4
107.5	99.4	103.7	105.7	102.3	101.9
106.3	98.6	103.1	105.6	102.6	101.8
105.6	98.5	103.1	105.5	101.7	101.7
106.0	96.8	103.3	105.1	102.2	101.0
107.6	98.0	103.0	106.0	102.3	101.2
106.7	98.5	104.6	105.4	102.7	101.5
105.0	97.3	101.7	104.7	101.6	101.8
105.3	100.1	103.0	104.6	101.6	101.7
107.2	97.6	103.0	105.5	102.0	101.5
106.1	100.1	103.6	105.1	102.4	102.6
103.9	99.5	101.0	103.7	102.9	103.0
106.9	99.9	103.6	104.8	102.3	101.8
107.9	101.8	104.6	105.4	102.6	102.6
110.6	101.6	104.3	105.4	102.1	102.7
108.5	99.5	103.2	105.3	101.0	102.4
108.5	100.4	104.6	105.1	103.3	103.3

8-5 全国 36 个大中城市居民消费价格指数

地　区	2003	2004	2005	2006	2007
平均指数	100.7	102.4	101.4	101.5	103.9
北　京	100.2	101.0	101.5	100.9	102.4
天　津	101.0	102.3	101.5	101.5	104.2
石家庄	102.0	102.5	101.5	101.8	104.3
太　原	101.9	103.9	101.1	101.6	104.1
呼和浩特	101.7	102.4	102.2	101.7	103.7
沈　阳	100.9	102.2	100.7	101.8	104.5
大　连	100.6	102.6	101.4	101.4	104.0
长　春	101.0	104.1	101.7	101.3	103.7
哈尔滨	100.1	103.1	100.5	101.1	104.1
上　海	100.1	102.2	101.0	101.2	103.2
南　京	101.4	103.0	102.1	101.7	103.7
杭　州	99.5	102.5	101.7	101.2	103.5
宁　波	101.2	102.7	102.0	101.9	103.9
合　肥	101.2	102.2	100.9	100.9	105.6
福　州	99.4	103.9	102.5	100.3	104.1
厦　门	101.0	103.1	101.0	100.8	104.6
南　昌	100.5	103.2	101.0	101.9	104.3
济　南	99.9	102.5	101.1	100.9	103.9
青　岛	101.4	102.1	102.3	100.9	104.5
郑　州	102.0	105.7	102.4	101.4	105.6
武　汉	102.3	103.3	102.7	101.4	104.1
长　沙	100.9	103.2	101.9	101.1	104.9
广　州	100.1	101.7	101.5	102.3	103.4
深　圳	100.7	101.3	101.6	102.2	104.1
南　宁	100.8	104.2	101.1	102.5	104.4
海　口	99.8	103.0	101.3	101.3	104.4
重　庆	100.6	103.7	100.8	102.4	104.7
成　都	102.1	103.9	102.3	101.8	105.2
贵　阳	100.8	102.1	100.7	101.1	105.1
昆　明	101.6	106.5	102.0	101.6	105.8
拉　萨	100.4	101.8	101.3	100.6	103.2
西　安	100.5	102.3	100.3	101.6	104.7
兰　州	100.9	101.1	100.6	101.7	105.3
西　宁	101.8	102.6	99.9	101.8	106.4
银　川	101.7	103.2	101.7	101.6	105.3
乌鲁木齐	100.6	100.9	99.5	100.1	104.6

（上年价格=100）

2008	2009	2010	2011	2012	2013
105.7	99.2	103.1	105.3	102.8	102.7
105.1	98.5	102.4	105.6	103.3	103.3
105.4	99.0	103.5	104.9	102.7	103.1
106.7	100.3	103.0	105.7	102.8	102.9
107.4	99.9	103.0	105.4	102.1	103.1
104.6	100.1	102.6	105.5	103.1	103.8
104.4	99.9	102.9	105.4	103.0	102.5
104.4	100.2	102.7	105.4	103.4	102.5
104.4	99.8	103.6	105.5	102.3	103.0
104.7	100.2	103.7	105.6	103.2	102.1
105.8	99.6	103.1	105.2	102.8	102.3
106.2	100.1	104.2	105.4	102.7	102.7
104.9	98.6	103.9	104.8	102.5	102.5
105.0	99.4	103.7	105.3	101.7	102.2
106.4	99.1	102.7	105.7	102.2	102.7
104.2	98.7	103.5	104.9	102.0	102.6
104.9	97.3	103.0	105.2	102.1	102.3
106.1	99.7	103.3	105.0	102.9	102.3
105.7	100.3	102.1	105.4	102.4	102.8
104.7	100.5	102.2	105.0	102.7	102.5
106.1	99.8	103.0	104.9	102.7	102.8
105.7	99.4	103.0	105.2	102.8	102.4
105.2	99.4	102.9	105.5	102.3	102.8
105.9	97.5	103.2	105.5	103.0	102.6
105.9	98.7	103.5	105.4	102.8	102.7
108.4	98.2	102.5	105.7	102.9	102.1
105.8	99.9	104.2	105.4	103.3	102.9
105.6	98.4	103.2	105.3	102.6	102.7
104.3	100.3	103.0	105.4	103.0	103.1
107.0	97.7	102.9	105.5	102.6	103.2
105.8	100.8	104.2	104.9	103.1	103.9
106.4	101.7	102.2	105.0	103.2	103.4
106.0	99.7	103.5	105.6	102.8	102.7
107.2	99.6	103.8	105.4	102.4	103.5
108.2	102.2	104.5	105.7	102.7	103.8
107.6	99.7	103.8	105.5	102.6	103.5
107.0	100.4	102.7	104.5	103.4	103.5

8-6 全国36个大中城市商品零售价格指数

地　区	2003	2004	2005	2006	2007
平均指数	99.2	101.0	100.0	100.7	102.6
北　京	98.2	99.2	99.7	100.2	100.8
天　津	97.4	100.8	99.9	100.4	103.2
石家庄	99.7	101.3	101.0	101.8	104.4
太　原	100.9	102.0	100.2	100.6	102.9
呼和浩特	100.1	101.7	101.7	101.6	102.7
沈　阳	99.7	100.7	99.3	101.9	103.2
大　连	99.4	101.5	99.5	101.4	101.9
长　春	100.7	102.7	101.3	101.5	102.1
哈尔滨	98.9	100.9	99.2	100.3	103.7
上　海	99.0	100.9	99.4	100.2	102.4
南　京	98.1	98.1	96.7	98.9	99.9
杭　州	98.1	101.6	100.3	100.2	103.1
宁　波	101.6	102.0	101.1	101.8	103.3
合　肥	101.4	100.8	99.7	100.6	104.6
福　州	97.6	102.4	101.1	99.9	103.1
厦　门	99.0	100.8	99.0	100.3	103.9
南　昌	99.7	101.3	100.0	101.9	103.5
济　南	98.0	100.6	100.4	100.3	102.2
青　岛	98.3	99.0	99.3	99.7	102.7
郑　州	101.5	105.6	101.2	100.9	102.7
武　汉	100.4	101.0	100.9	100.7	103.0
长　沙	99.2	101.3	100.4	101.1	102.3
广　州	99.1	102.1	101.6	101.2	102.9
深　圳	100.0	100.7	101.2	101.8	103.5
南　宁	99.5	102.7	100.3	101.0	103.1
海　口	99.9	102.6	100.4	100.6	103.4
重　庆	99.5	101.4	98.7	101.6	103.7
成　都	100.2	101.4	99.8	101.2	104.2
贵　阳	97.6	100.4	100.2	100.3	102.8
昆　明	100.7	104.6	100.5	99.7	103.4
拉　萨	99.9	100.0	100.4	99.6	101.2
西　安	100.0	101.9	99.7	101.5	103.7
兰　州	99.2	101.0	98.8	100.3	103.1
西　宁	101.9	103.2	100.9	102.6	105.7
银　川	99.8	102.0	100.6	101.3	103.6
乌鲁木齐	100.2	101.1	99.9	99.9	104.6

（上年价格=100）

2008	2009	2010	2011	2012	2013
105.3	98.6	102.5	104.5	101.8	101.0
104.4	97.8	100.4	103.2	100.6	99.8
105.1	98.9	103.4	104.7	103.0	101.7
107.7	100.1	103.4	104.9	101.9	102.1
107.9	99.1	102.6	104.8	101.2	101.3
105.4	99.9	102.6	104.7	101.5	101.9
105.0	97.9	102.6	105.2	102.4	101.6
106.0	99.4	104.0	104.4	102.5	101.0
105.6	99.6	104.6	104.8	101.8	101.3
105.3	98.5	101.9	104.4	102.5	101.2
105.3	99.4	101.7	104.1	101.2	100.2
103.7	98.7	103.5	104.2	101.4	101.2
106.0	98.6	103.7	104.4	101.9	101.5
107.1	98.8	103.9	105.7	101.8	101.0
106.3	99.8	102.1	105.1	101.9	101.2
104.4	99.1	102.9	104.0	101.1	101.0
104.5	97.8	102.8	104.7	101.6	100.4
106.2	99.4	103.0	105.2	102.4	101.3
104.5	98.7	101.3	104.6	101.8	101.3
103.9	98.6	101.4	104.5	101.7	101.4
106.0	100.3	102.7	104.9	102.4	101.4
105.1	98.4	103.1	104.7	102.3	100.9
103.9	97.7	103.8	105.4	101.5	101.2
105.7	96.8	103.2	105.1	101.9	100.5
106.5	97.5	103.2	105.3	102.4	100.7
107.9	98.5	102.3	104.9	101.7	100.8
105.6	99.2	103.7	105.0	102.8	101.6
105.0	97.3	101.7	104.7	101.6	101.8
104.5	99.0	102.4	104.3	101.4	101.7
105.4	98.2	103.2	105.0	102.0	101.9
105.4	100.0	103.6	104.9	102.0	102.5
104.6	100.1	101.2	103.9	102.9	103.5
105.4	99.5	102.7	104.4	102.3	101.7
107.2	100.5	103.9	105.4	102.4	102.7
110.1	102.3	104.6	106.0	102.3	102.5
105.9	98.5	102.5	104.2	100.6	102.3
108.7	100.1	103.4	104.1	102.9	103.5

8-7 全国各省市区工业生产者出厂价格指数

地　区	2003	2004	2005	2006	2007
全　国	102.3	106.1	104.9	103.0	103.1
北　京	101.5	103.0	101.3	99.1	99.7
天　津	102.5	104.1	100.1	100.6	101.5
河　北	107.1	111.6	104.4	100.8	106.9
山　西	112.2	116.1	110.2	101.0	107.4
内蒙古	103.2	105.1	105.1	103.0	105.7
辽　宁	103.6	107.1	105.1	104.1	104.4
吉　林	102.4	105.0	104.3	101.7	102.7
黑龙江	111.9	113.1	116.7	109.9	105.3
上　海	101.4	103.6	101.7	100.6	101.2
江　苏	102.3	106.5	102.6	101.5	102.6
浙　江	100.6	105.0	102.3	103.8	102.4
安　徽	103.5	108.2	103.3	103.1	103.6
福　建	100.7	102.6	100.2	99.2	100.8
江　西	104.0	109.7	108.8	109.7	106.2
山　东	103.5	106.4	103.7	102.3	103.3
河　南	105.0	110.2	106.1	104.3	105.2
湖　北	103.5	105.7	104.5	102.9	103.9
湖　南	102.6	108.0	106.0	104.3	106.1
广　东	99.3	101.7	101.5	101.4	101.3
广　西	102.8	109.7	104.9	109.6	104.5
海　南	99.5	100.0	99.5	100.8	102.7
重　庆	100.6	103.3	103.0	102.2	103.5
四　川	100.5	105.4	104.0	101.9	103.9
贵　州	103.4	108.0	107.2	104.3	105.0
云　南	101.4	108.8	104.5	104.6	105.7
西　藏		101.9	104.2	106.0	101.1
陕　西	105.7	107.3	110.4	109.6	102.9
甘　肃	110.0	114.3	109.6	109.8	105.5
青　海	105.5	112.2	110.2	109.5	104.2
宁　夏	103.9	110.0	106.2	106.2	103.7
新　疆	115.1	116.4	116.6	114.4	106.3

（上年价格=100）

2008	2009	2010	2011	2012	2013
106.9	94.9	105.5	106.0	98.3	98.1
103.3	94.4	102.2	102.3	98.4	97.4
104.1	92.5	105.1	103.8	97.0	97.0
116.7	89.1	109.0	107.7	94.7	96.6
122.4	92.0	109.5	107.5	94.5	90.7
112.5	96.2	106.7	107.8	100.2	97.0
110.9	94.0	107.4	106.5	99.9	99.0
104.9	96.1	105.2	105.4	99.1	98.7
114.0	87.4	115.0	112.0	100.0	98.0
102.2	93.8	102.3	102.9	98.4	98.2
104.6	95.2	107.3	106.2	97.1	98.0
104.3	94.9	106.2	105.0	97.3	98.2
108.4	92.8	109.0	108.3	98.3	98.2
102.7	95.5	103.2	103.9	98.7	98.4
106.4	93.0	115.3	111.3	96.5	98.5
108.6	94.1	107.2	106.0	98.4	98.4
112.1	94.9	107.8	107.2	99.4	98.5
106.1	95.6	104.9	106.6	100.3	99.2
109.3	94.3	106.9	108.5	99.1	98.5
103.1	95.8	103.2	103.7	99.5	98.8
109.0	93.5	112.0	108.5	97.8	98.2
104.5	90.6	107.7	108.8	100.8	99.5
105.8	95.5	103.1	103.8	99.9	98.0
109.3	96.5	105.0	107.3	98.6	98.7
112.4	95.1	104.7	105.4	101.0	97.4
105.8	91.5	108.8	104.7	97.9	97.5
105.6	98.2	105.8	104.3	99.7	99.8
108.4	96.1	108.7	107.2	100.7	97.3
104.9	91.0	115.0	111.0	96.8	96.9
107.6	91.3	109.4	107.4	96.9	97.0
112.9	93.9	109.1	109.5	97.4	96.0
116.4	85.5	125.3	114.8	96.9	96.5

8-8 全国各省市区工业生产者购进价格指数

地　区	2003	2004	2005	2006	2007
全　国	104.8	111.4	108.3	106.0	104.4
北　京	104.7	114.2	111.4	105.5	105.0
天　津	108.7	115.4	104.9	104.7	105.7
河　北	109.4	118.4	107.0	105.0	107.8
山　西	107.8	114.5	108.2	102.6	105.3
内蒙古	102.9	109.2	109.9	105.9	104.8
辽　宁	105.1	112.1	108.1	104.2	104.8
吉　林	104.8	110.5	107.0	103.8	105.2
黑龙江	107.6	115.2	111.8	105.6	105.0
上　海	106.4	116.4	106.8	104.8	104.1
江　苏	106.5	116.3	107.6	106.4	105.0
浙　江	105.8	113.4	105.4	105.6	105.3
安　徽	106.7	115.0	107.1	103.9	105.1
福　建	106.3	113.3	108.1	103.9	104.3
江　西	106.5	114.5	110.0	108.6	107.9
山　东	105.7	113.4	105.9	104.3	104.8
河　南	107.8	115.7	108.3	105.3	106.4
湖　北	108.2	113.1	107.0	104.9	104.5
湖　南	106.7	114.4	109.4	106.5	106.1
广　东	104.1	110.6	105.0	103.6	103.3
广　西	101.2	116.3	108.2	111.4	106.1
海　南	102.2	105.9	104.2	101.5	105.0
重　庆	104.9	113.0	108.2	104.8	106.2
四　川	101.7	110.3	109.3	104.3	105.7
贵　州	106.0	112.0	107.4	107.3	107.5
云　南	102.7	109.6	106.5	107.6	108.2
西　藏					
陕　西	104.8	110.4	107.5	106.7	106.3
甘　肃	105.6	112.5	109.9	108.8	104.3
青　海	101.8	108.5	105.3	102.8	104.4
宁　夏	106.8	117.3	109.7	108.5	107.1
新　疆	114.8	118.2	110.7	111.1	103.8

（上年价格=100）

2008	2009	2010	2011	2012	2013
110.5	92.1	109.6	109.1	98.2	98.0
115.8	88.6	110.5	108.4	98.7	97.8
112.9	90.2	110.0	109.7	97.1	97.4
115.9	93.5	110.9	110.9	96.2	97.6
118.3	96.6	109.0	108.1	98.1	95.5
111.7	99.1	105.0	106.1	102.0	99.3
111.5	93.3	108.6	108.3	99.0	98.5
111.3	95.3	108.6	106.1	99.3	99.4
114.1	93.4	114.5	111.1	98.8	98.7
110.3	89.8	111.2	107.5	94.7	96.5
115.0	91.9	112.8	108.9	95.8	97.1
110.6	92.6	112.0	108.3	96.7	97.7
112.4	95.3	111.8	110.8	98.2	96.9
110.2	93.2	107.7	108.0	97.7	98.4
114.2	90.7	111.8	112.4	98.3	98.4
113.1	95.5	109.3	109.2	99.2	98.4
111.9	97.1	110.2	110.1	99.2	99.3
110.9	93.4	110.4	111.5	98.9	98.2
112.0	92.6	110.0	110.8	100.1	98.4
107.9	93.8	107.3	107.3	99.5	98.2
110.6	95.1	111.2	110.0	99.2	98.9
111.6	85.3	110.3	115.3	99.6	97.0
112.2	95.0	106.9	105.7	99.5	97.6
112.4	95.3	106.1	112.6	100.0	99.2
112.5	93.5	109.8	115.0	102.3	96.4
111.6	95.0	109.0	108.0	99.3	98.8
111.2	98.4	109.7	109.6	100.0	99.3
110.2	90.5	114.4	115.1	98.7	97.8
110.4	99.8	108.6	107.0	98.6	98.8
121.8	94.7	114.1	112.8	99.5	97.0
117.8	90.6	123.9	117.8	97.9	97.8

8-9 全国各省市区固定资产投资价格指数

地 区	2003	2004	2005	2006	2007
全 国	102.2	105.6	101.6	101.5	103.9
北 京	102.2	104.3	100.7	100.4	102.8
天 津	102.6	107.3	101.2	100.7	102.6
河 北	102.3	107.0	101.9	101.7	103.8
山 西	102.9	105.2	103.0	101.5	104.1
内蒙古	102.6	105.0	103.7	103.3	103.8
辽 宁	102.6	104.8	102.8	102.1	104.3
吉 林	101.1	104.1	102.0	102.2	103.9
黑龙江	102.3	104.6	102.2	102.1	104.5
上 海	102.4	106.7	100.8	100.1	103.5
江 苏	104.3	109.3	100.9	101.2	104.9
浙 江	103.5	105.9	100.3	101.5	104.3
安 徽	103.5	106.1	101.0	101.9	105.4
福 建	101.4	103.4	100.7	102.0	105.9
江 西	105.1	107.4	100.5	103.2	105.4
山 东	102.9	107.4	102.9	101.8	104.0
河 南	103.8	110.1	101.4	101.6	104.6
湖 北	103.3	106.0	102.2	101.8	104.1
湖 南	102.8	105.5	103.6	103.1	105.8
广 东	102.2	106.4	101.6	100.7	102.4
广 西	101.8	104.6	101.4	101.2	102.3
海 南	103.2	105.6	101.2	101.0	106.1
重 庆	102.9	105.1	102.3	101.7	105.5
四 川	102.2	106.8	103.9	102.9	104.7
贵 州	102.0	104.9	101.4	101.1	103.5
云 南	102.2	108.0	104.6	101.8	104.2
西 藏					
陕 西	101.6	104.4	103.7	102.6	104.0
甘 肃	101.7	105.5	102.2	104.1	102.8
青 海	102.0	102.8	102.1	102.4	104.2
宁 夏	102.3	104.9	102.1	101.3	103.2
新 疆	103.4	104.5	102.8	102.2	104.4

（上年价格=100）

2008	2009	2010	2011	2012	2013
108.9	97.6	103.6	106.6	101.1	100.3
107.8	97.1	102.5	105.7	101.3	99.9
109.2	97.6	102.6	105.7	100.0	99.5
109.6	96.5	103.7	105.5	100.3	99.9
113.3	98.1	103.7	105.5	101.2	100.5
108.1	98.5	105.4	106.3	101.6	99.6
109.1	97.0	103.3	106.6	101.0	100.0
107.3	99.4	102.4	105.6	100.4	100.0
109.0	97.6	105.2	107.5	100.8	100.1
107.9	97.0	103.8	106.5	99.4	100.2
110.0	97.7	105.1	106.8	98.6	100.5
109.3	96.7	104.7	107.5	99.2	100.0
109.4	96.0	105.4	108.1	101.0	100.2
105.9	98.0	103.3	106.2	100.3	100.1
108.1	96.1	104.8	108.4	101.0	100.4
107.7	96.9	103.6	106.8	100.8	100.4
109.0	96.4	103.5	107.4	101.0	99.9
109.4	98.8	104.7	107.3	101.8	100.5
109.9	99.7	104.0	107.2	101.7	101.3
108.6	96.7	103.0	105.5	101.5	101.4
107.9	97.9	103.0	106.2	100.6	100.1
113.3	97.7	105.2	106.4	102.0	99.3
110.2	97.8	102.1	105.9	101.8	100.5
112.5	98.3	102.5	105.2	101.0	100.4
108.9	100.5	102.7	105.4	101.5	100.9
107.4	98.1	102.7	104.6	101.4	101.1
109.5	99.3	103.6	105.9	102.6	102.0
106.7	101.5	103.5	104.7	102.1	100.4
110.5	100.9	103.8	106.5	102.2	101.5
109.0	100.2	104.2	107.5	101.5	99.8
111.2	98.0	104.6	107.1	100.6	100.5

魅力乌苏 生机无限

乌苏市

乌苏市与太百投资有限公司签订投资合作协议——新疆太平洋百货正式入驻乌苏市。

乌苏市2013年重点项目集中开工仪式

2013 年重点项目集中开工仪式在新区友好啤酒广场建设工地举行。市委副书记、市长马依山·扎合帕尔（前排）出席并讲话。

新疆友好集团入驻乌苏—友好啤酒广场项目施工现场。

2013 年，乌苏市委、市人民政府认真贯彻落实自治区、地区有关会议精神和各项决策部署，紧紧围绕“保稳定、促发展、为民生”工作主脉，大力实施“产业强市、生态美市、文化名市、民生惠市”战略，推动“三化”进程，着力保障和改善民生，维护社会大局稳定，全面加强党的建设，巩固了经济快速发展、社会和谐稳定的良好态势。预计全市实现生产总值 143.3 亿元，同比增长 18.1%。其中：第一产业增加值 30.5 亿元，增长 6.5%；第二产业增加值 86.46 亿元，增长 23.2%；第三产业增加值 26.34 亿元，增长 34%。完成工业增加值 72.02 亿元，增长 29.3%。三次产业结构调整为 21:60:19。公共财政预算收入突破十亿元大关，近些年首度跃居全塔城地区第一。完成全社会固定资产投资 72.08 亿元，增长 20.3%。招商引资到位资金 40.82 亿元，完成目标任务的 114.9%。农牧民人均纯收入达到 14568 元，较上一年增加 1444 元。社会消费品零售总额 12.01 亿元，增长 14.8%。民生支出达 17.72 亿元，占公共财政预算支出的 78.9%。外贸进出口总额达到 7.8 亿元，同比增长 13 倍，占整个塔城地区的 70%以上。荣获全国科技进步先进市、全国生态文明先进市、国家级农业综合标准化示范市、全国社会主义新农村建设档案工作示范县、自治区药品安全示范市等殊荣。

过年七天乐节目现场

迎新春文艺晚会

新疆乌苏啤酒节捐赠活动